NEANDERTALES

REBECCA WRAGG SKYES

NEANDERTALES

EL FIN DE LA BRECHA ENTRE ELLOS Y NOSOTROS

CRÍTICA

Obra editada en colaboración con Editorial Planeta - España

Título original: *KINDRED - Neanderthal Life, Love, Death and Art*

Esta edición ha sido publicada de mutuo acuerdo con Bloomsbury Publishing Plc. Todos los derechos reservados.

Ilustraciones de inicio de capítulo: Alison Atkin
Resto de ilustraciones: Marc Dand

Bajo el sello editorial CRÍTICA M.R.
Avenida Presidente Masarik núm. 111,
Piso 2, Polanco V Sección, Miguel Hidalgo
C.P. 11560, Ciudad de México
www.planetadelibros.com.mx
www.paidos.com.mx

Primera edición impresa en España: septiembre de 2021
ISBN: 978-84-08-24655-8

Primera edición impresa en México: marzo de 2022
ISBN: 978-607-569-211-1

Impreso en los talleres de Impregráfica Digital, S.A. de C.V.
Av. Coyoacán 100-D, Valle Norte, Benito Juárez
Ciudad De Mexico, C.P. 03103
Impreso en México –*Printed in Mexico*

SUMARIO

Nota sobre los nombres	7
Introducción	9
Capítulo 1: La primera cara	17
Capítulo 2: El río corta el árbol	35
Capítulo 3: Cuerpos que crecen	43
Capítulo 4: Cuerpos que viven	65
Capítulo 5: Hielo y fuego	89
Capítulo 6: Las rocas permanecen	107
Capítulo 7: El mundo material	135
Capítulo 8: Comer y vivir	157
Capítulo 9: La casa neandertal	199
Capítulo 10: Tierra adentro	229
Capítulo 11: Cosas hermosas	275
Capítulo 12: Dentro de las mentes	305
Capítulo 13: Maneras de morir	323
Capítulo 14: Viajeros del tiempo en la sangre	363
Capítulo 15: Desenlaces	385
Capítulo 16: Queridos inmortales	409
Epílogo	439
Agradecimientos	449
Índice onomástico	453

NOTA SOBRE LOS NOMBRES

El mundo científico del siglo XIX es muy diferente al del XXI no solo por los cambios radicales en los métodos de análisis, sino también por la profusión: solo en la década pasada el número de artículos científicos es muchísimas veces superior a los publicados entre 1800 y 1900. Al escribir sobre los neandertales se pueden abarcar en detalle los trabajos de los primeros prehistoriadores imprescindibles, básicamente porque eran pocos. Además, durante los siglos XIX y principios del XX, estos pioneros forman parte del contexto para comprender el impacto de los primeros descubrimientos neandertales en la ciencia y la sociedad.

Pero más o menos a partir de 1930, el número de personas que trabajan en este campo crece exponencialmente, y por eso decidí prescindir de nombres y hacer referencia genérica a los «arqueólogos» o los «investigadores», tanto en aras de la legibilidad —las listas de nombres y laboratorios suelen pasarse mentalmente por alto— como de la brevedad. Por mi formación científica, donde todo lo que se dice precisa el refrendo de las citas, esta fue una decisión muy meditada. Pero para el tipo de escritura que exigía este libro quería que cada palabra importara al contar la historia de los neandertales. No había espacio para consignar los nombres y afiliaciones de los investigadores al mencionar cada yacimiento o dato concreto.

Con ello no pretendo en absoluto quitar importancia a las aportaciones realizadas en los últimos 80 o 90 años por estos investigadores anónimos al conocimiento sobre los neandertales. Muchas de las personas no mencionadas individualmente en el texto han sido y siguen siendo colegas míos, y algunos, además, buenos amigos. Aunque sus nombres y publicaciones aparecen indicados en la bibliografía virtual adjunta al libro (rebeccawraggsykes.com/biblio), quiero transmitirles mi agradecimiento expreso, porque sin su esfuerzo, arrojo, inspiración y —literalmente— transpiración, este libro no existiría.

INTRODUCCIÓN

Un sonido fuera del tiempo llena la cueva: no es el rumor de las olas, pues el mar retrocedió cuando llegó el reino del frío y las montañas se contrajeron ante la armadura de hielo. Ahora las paredes rodean un aliento que se apaga y un pulso que se ralentiza. En el confín del mundo, literal y figuradamente, el último neandertal de la península ibérica asiste a la salida del sol al otro lado del distante Mediterráneo. Mientras un cielo oscuro como pedernal se ilumina en un gris amanecer, el suave arrullo de las palomas bravías compite con los graznidos de gaviotas perdidas que lloran como niños hambrientos. Pero ya no quedan niños, ni nadie que acompañe a contemplar cómo desaparecen las estrellas, que vele hasta que el último aliento se enfríe en el aire.

Unos cuarenta mil años después, los océanos se han elevado de nuevo, la sal impregna el aire y entre las paredes de la misma cueva resuenan voces y música: un réquiem para el sueño de los ancestros.

Estamos en la cueva de Gorham (Gibraltar), en el 2014. Arqueólogos y antropólogos se reúnen anualmente en esta punta de Europa para celebrar uno de los muchos congresos sobre neandertales. Pero ese año ocurrió algo especial. Entre los delegados que visitaban estas cuevas de dimensiones catedralicias se encontraba el músico Kid Coma —el biólogo y profesor universitario Doug Larson—, que empezó a rasguear la guitarra cantando al «último hombre en pie» (algunos de los hallazgos arqueológicos más recientes sobre los neandertales proceden de la península ibérica y de estas cuevas). Durante unos minutos, mientras su voz reverberaba en la gran sala de piedra y sus colegas escuchaban, las preocupaciones profesionales, las teorías defendidas con ardor o las complejidades clasificatorias de las herramientas líticas quedaron relegadas por la necesidad humana de conectar con el pasado remoto. Este momento extraño y conmovedor puede revivirse, porque alguien lo filmó y subió a YouTube.

Aquella serenata a las tumbas milenarias arroja otra luz sobre las personas vinculadas a la ciencia. Terminadas las minuciosas y objetivas presentaciones científicas, es en los cafés y bares donde surgen especulaciones menos constreñidas —apasionadas incluso— entre los colegas (que son además amigos). Las conversaciones fluctúan entre los yacimientos «soñados», los conocidos y por conocer; todas giran en torno a si alguna vez llegaremos a desentrañar quiénes fueron los neandertales.

El presente libro es una ventana abierta a esas discusiones. Va destinado a los que han oído hablar de los neandertales y a los que no; a los vagamente interesados y al aficionado experto; incluso a los científicos afortunados que investigan en su antiquísimo mundo. Porque esa es una tarea cada vez más inabarcable: los tortuosos senderos que atraviesan datos y teorías se entrecruzan con descubrimientos nuevos, que imponen desvíos e incluso giros de 180°. Tan ingente información es difícil de procesar: pocos especialistas tienen tiempo para leer todos los artículos que se publican sobre su subcampo de estudio, y no digamos la totalidad de la producción académica sobre los neandertales.

Y esta abundancia de atención y análisis se debe a que los neandertales importan; siempre han importado. Su caché en la cultura popular no se compara con ninguna otra especie humana extinta. Entre nuestros parientes remotos (los homínidos), los neandertales ocupan un lugar preferente, y los grandes descubrimientos acaparan las portadas de las principales revistas científicas y los titulares de los medios. Nuestra fascinación por ellos no parece disminuir: Google Trends demuestra que las búsquedas de «neandertal» han superado incluso a las de «evolución humana».

Tanta celebridad es sin embargo un arma de doble filo. Los directores de periódicos saben que los neandertales son cebos poderosos y atraen a los lectores abordando el asunto con un sesgo provocador, en la línea de «X mató a los neandertales» o «¡Los neandertales no eran tan tontos como creíamos!».

El entusiasmo de los investigadores por compartir sus trabajos se frustra por la irrupción constante de teorías contradictorias, que los hace parecer veletas apuntando a una idea y a otra. Evidentemente, la ciencia opera mediante la discusión; sin embargo, los datos y teorías nuevos no reflejan la perplejidad de los investigadores, sino su extraordinario dinamismo. Además, debido a las continuas y tópicas «neandernoticias» una persona media nunca se entera de algunos de los descubrimientos más fascinantes.

También resulta difícil abordar el asunto desde una perspectiva más amplia por el cambio radical operado desde 1856, momento en que los excepcionales fósiles[1] de una cantera alemana fueron considerados provisionalmente como una especie humana desaparecida. Los científicos empezaron a excavar en busca de más restos de aquellos extraños seres, y al estallar la I Guerra Mundial, el número creciente de huesos neandertales dejó bien sentado que la tierra había alumbrado a muchos hermanos nuestros. El interés se extendió a las innumerables herramientas de piedra descubiertas, y así empezó la primera investigación seria sobre la cultura neandertal. A mediados del siglo XX, los yacimientos que hasta entonces habían estado flo-

1. La fosilización es el proceso de mineralización de los huesos.

tando en un limbo temporal y muy separados en el espacio se conectaron por los avances en las técnicas de datación y las geocronologías. Siete décadas después, es sobre estos cimientos desde donde hoy contemplamos la vasta panorámica del mundo neandertal, que abarca miles de kilómetros y más de 350 000 años.

Pero la arqueología del siglo XXI dista un mundo de sus inicios, y quizá se asemeje más a las fantasías de un futurista victoriano. Los primeros prehistoriadores apenas tenían piedras y huesos para reconstruir el pasado remoto, mientras que los investigadores actuales trabajan con métodos desconocidos por sus predecesores. El escaneo con láser sustituye los dibujos a tinta y compone el retrato de todo un yacimiento, mientras que los especialistas estudian objetos que hace un siglo era impensable encontrar. Desde escamas de pez y barbas de plumas hasta las microhistorias de hogares concretos, nuestros conocimientos provienen hoy tanto de la lente de un microscopio como del filo de una paleta.

Casi podemos mirar sobre el hombro de un neandertal, reconstruyendo los pocos minutos que tardaba un canto en quedar reducido a láminas cortantes hace 45 ka (milenios). El registro arqueológico estático se convierte en dinámico: observamos cómo las herramientas se mueven por los yacimientos y se transportan al paisaje exterior; incluso podemos seguir su rastro en sentido inverso hasta los afloramientos rocosos. Y hoy es posible penetrar hasta lo más íntimo de los cuerpos neandertales. Centrándonos solo en la dentición, podemos estudiar las líneas de crecimiento día a día, conocer la dieta por las micropartículas del esmalte e incluso «oler» químicamente el humo del hogar que se infiltraba en sus cálculos dentales.

Fruto de tanta abundancia informativa es el renacimiento de las investigaciones sobre los neandertales en las tres últimas décadas. Una sucesión de hallazgos extraordinarios ha llegado a los titulares, y nuestros conocimientos sobre dónde y cuándo vivieron, cómo utilizaban las herramientas, qué comían y la dimensión simbólica de su mundo han cambiado radicalmente. Y lo más asombroso: de insignificantes fragmentos óseos se extraen historias de amor entre especies, y una pequeña cucharada de tierra de una cueva puede producir genomas completos.

Las máquinas nos permiten obtener *terabytes* de información sobre cualquier sustancia imaginable, pero al tiempo los arqueólogos constatan que la formación de los yacimientos resulta decisiva para entender su contenido. Durante milenios, los azares de la conservación, la erosión y el tiempo dan como resultado que todo nos llega en forma de fragmentos. Registrar las posiciones de los útiles es fundamental para entender la integridad de cada estrato antes de dejarse arrastrar por la emoción del análisis. Pueden juntarse partes rotas y separadas durante mucho tiempo, mientras que la estructura del suelo, el ángulo de inclinación de las láminas de pedernal o el deterioro de las esquirlas de hueso contribuyen a descifrar la formación del yacimiento. Es a partir de estos archivos despiezados y con frecuencia desordenados como debemos indagar en la historia.

Los arqueólogos se siguen emocionando al clavar la pala, pero una excavación normal produce decenas o centenares de miles de objetos cuidadosamente reunidos que deben lavarse, etiquetarse y depositarse en bolsas selladas. En coexistencia digital con ingentes bases de datos sobre su procedencia, estos objetos son un recurso de valor incalculable para explorar las confluencias entre la geología, el medio y la acción de los homínidos. Esta circunstancia ha modificado también nuestra manera de ver las colecciones museísticas. Cada vez más, los yacimientos «clásicos» —algunos visitados por miles de turistas al año— revelan secretos nuevos mediante el análisis con métodos más avanzados. Es la suma de todo esto lo que nos permite responder con más precisión que nunca preguntas como «¿qué comían los neandertales?».

Sin embargo, incluso una breve incursión científica en la dieta neandertal demuestra la engañosa sencillez de una pregunta como esa. No solo por la variedad de los materiales y métodos disponibles —examen de las proporciones de los huesos de animales, desgaste microscópico de dientes y herramientas de piedra, residuos alimenticios y análisis químico y genético de fósiles—, sino porque las sospechas sobre cómo se formaron los yacimientos se extienden a la investigación forense de la dieta.

Incluso en lugares repletos de restos animales con marcas de cortadas por herramientas de piedra, la conclusión no siempre está clara. Por eso los arqueólogos han aprendido a considerar el papel de otros depredadores, y que no todas las partes del cuerpo se corrompen a la misma velocidad.

Pero cada avance enriquece la visión de conjunto. Resulta que en el menú no solo figuraban bestias grandes, pero ¿todos los neandertales comían lo mismo en todas las épocas y lugares? Todo en la vida de los neandertales estaba interrelacionado, y abundan las interconexiones con otras grandes preguntas: ¿cuánta comida necesitaban? ¿Cocinaban? ¿Cómo cazaban? ¿Cuál era la extensión de sus territorios? ¿Cómo eran sus vínculos sociales? Cada pregunta revela otro nivel de complejidad.

Clasificar patrones partiendo de una infinidad de objetos y yacimientos implica mirar hacia arriba y hacia fuera, tender puentes entre lugares y épocas. La vida neandertal era cuatridimensional, así que al tiempo que reconstruimos al detalle cómo cazaban renos en un sitio concreto, debemos preguntarnos qué hacían en otros lugares y momentos. Existen yacimientos de muchas clases, desde regueros de piedras que circundan una carcasa hasta cúmulos de huesos incrustados en colosales depósitos de ceniza: las piras de centenares de bestias. La consideración de registros tan diferentes nos enfrenta directamente con la caprichosa cadencia temporal del pasado: dependiendo de cuántos niveles se formen, dos estratos de sedimentos de igual profundidad podrían representar una tarde o diez milenios. Datar objetos concretos es una herramienta poderosa, pero solo con la certeza de que no se hayan desplazado entre estratos. Y la información obtenida de objetos, estratos o yacimientos específicos se expande hacia el exterior, relacionando diferentes escalas de comportamiento.

Tales sutilezas raramente se plantean en discusiones públicas sobre los neandertales. La mayoría de la gente posee ideas esquemáticas, pero ignora los detalles científicos. Además, se les concibe con un trasfondo de hielo y mamuts. Sin embargo, existieron otros neandertales más allá de los estereotipos de figuras tiritantes y harapientas en páramos helados, que resistieron a duras penas hasta extinguirse con la llegada del *Homo sapiens*. Pese al acceso inmediato a la investigación científica —gracias a los investigadores activos en redes sociales o congresos en *streaming*—, el tsunami de nuevos datos y la complejidad de interpretarlos dificulta encontrar perspectivas equilibradas y actualizadas. Es cierto que algunos hallazgos genuinamente relevantes atraen la atención de los noticieros e incluso sorprenden a los investigadores, pero estas historias «deslumbrantes» no son siempre las más fascinantes. Las teorías meticulosamente razonadas y los debates que duran décadas no generan titulares atractivos, pero contienen algunas de las ideas más sorprendentes sobre la vida neandertal.

Las perspectivas se ensanchan al tiempo que los datos se acumulan, y la brecha entre «nosotros» y «ellos» disminuye sin cesar. Muchas cosas que creíamos que sobrepasaban el conocimiento de los neandertales gozan hoy de amplia aceptación por una lenta acumulación de datos: herramientas fabricadas con materiales distintos de la piedra, uso de pigmentos minerales, recolección de objetos como conchas y garras de águila... y, por extensión, la aparición del sentido estético. Además, ha entrado en escena la diversidad: hoy los neandertales, más que homínidos estereotipados, son habitantes de un mundo tan ancho y rico como el Imperio romano. Su vasta extensión en el espacio y el tiempo comporta variedad cultural, complejidad y evolución. Heterogéneos y adaptables, los neandertales sobrevivieron en mundos desaparecidos donde glaciares de altura kilométrica lindaban con la tundra, pero también en bosques templados, desiertos, costas y montañas.

Durante los 160 años transcurridos desde su (re)descubrimiento, nuestra obsesión por los neandertales perdura. Es un idilio más largo que el lapso de una vida, pero comparado con la ancha franja de tiempo en que pisaron la tierra —guiñando los ojos a la salida del sol, respirando a pleno pulmón, dejando huellas en lodo, arena y nieve— supone apenas un levísimo temblor del minutero en el reloj del tiempo. Nuestra manera de pensarlos y de sentirlos se halla en constante evolución, desde la persona que busca en Google «¿Son humanos los neandertales?» hasta las que trabajan con sus vestigios a diario. Los neandertales son reimaginados ante nuestros ojos, y cada descubrimiento reaviva nuestros deseos (y miedos) sobre quiénes eran estas personas de época tan remota. Lo más extraño es esta su segunda vida en una posteridad que nunca pudieron concebir: enmarañada en casi dos siglos de ciencia, historia y cultura popular, su historia se extiende hoy hasta nuestro futuro lejano.

El resto de estas páginas pintará un retrato de los neandertales propio del siglo XXI: no representándolos como perdedores lerdos en una rama quebradiza del árbol genealógico, sino como parientes sumamente adaptables e incluso triunfadores. Estás leyendo este libro porque te interesas por ellos y por las preguntas trascendentales que plantean: quiénes somos, de dónde venimos y hacia dónde —quizá— nos dirigimos.

Mira pues, lector, a través de las sombras, escucha más allá de los ecos; tienen mucho que contar. No solo sobre otra forma de ser humanos, sino de ojos nuevos con los cuales vernos. Lo más extraordinario de los neandertales es que nos pertenecen a todos, y que no son un fenómeno concluso y pretérito. Están aquí, presentes en las manos con que escribo y en tu cerebro que comprende mis palabras.

Continúa leyendo para conocer a tus primos lejanos.

Capítulo I

LA PRIMERA CARA

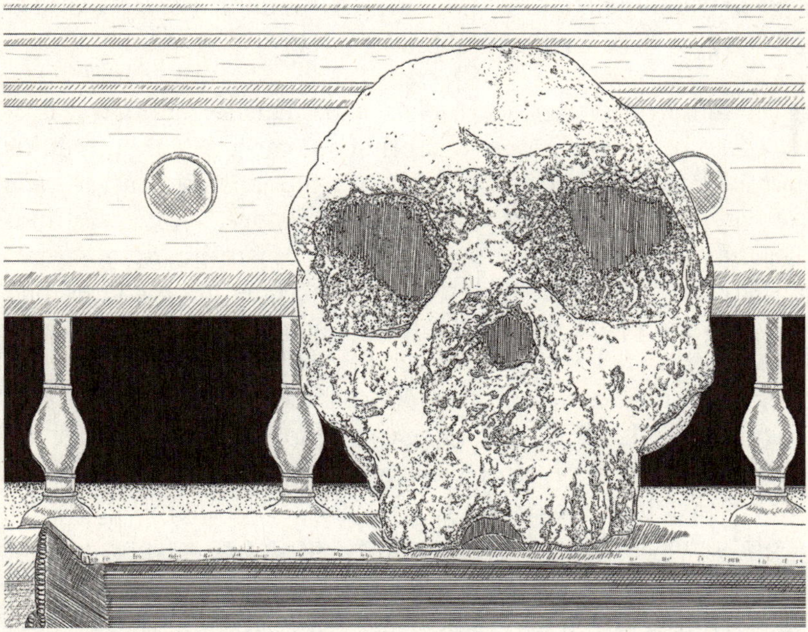

La tierra arenosa raspa los pies: nos encontramos en lo alto de un vertiginoso rascacielos. Superando cualquier sueño de Babel, esta torre ha crecido desde la tierra como una colosal estalagmita, a razón de un metro por cada año de historia de la humanidad. Por encima, a trescientos kilómetros de altura, la Estación Espacial Internacional pasa como una centella. Mirando por el borde de la torre, se ve a todo lo largo un halo de luz de miles de aberturas. Por la parte superior se abren ventanas de departamentos con luces led, pero más abajo —a más profundidad en el tiempo— la naturaleza de la luz cambia. La visión se ajusta cuando los focos fluorescentes ceden paso a las lámparas de gas, y después empieza el canto coral de las velas.

Ahora guiñas los ojos para percibir, aún más abajo, una tenue luminosidad. Las volutas de humo que deja la luz antigua de decenas de miles de lámparas de arcilla envuelven la torre, pero todavía no has llegado a las profundidades de la historia humana. Sacas un pequeño telescopio y mientras tus pupilas se agrandan, ávidas de fotones antiguos, ves cómo empieza unos treinta kilómetros más abajo el resplandor oscilante de las fogatas, que continúa hasta una profundidad diez veces mayor, remontándose trescientos mil años atrás. Llamas y sombras se retuercen y arquean, reflejándose en las paredes de piedra, hasta que solo hay oscuridad y los años dejan de contarse.

El tiempo es engañoso. Vuela a velocidad aterradora o se destila tan despacio que lo sentimos como una carga, medida por los latidos del corazón. Cada vida humana está entreverada de recuerdos y preñada de ensoñaciones, pese a que existimos en una corriente de «ahoras» que discurre sin fin. Somos seres arrastrados por el fluir del tiempo, pero emerger y contemplar todo el curso del río supera nuestras posibilidades. No se trata de contar o medir; la ciencia actual puede calcular valores con increíbles niveles de exactitud, ya sea la edad del universo o un segundo de Planck.[1] Pero llegar a comprender la escala del tiempo a un nivel evolutivo, planetario y cósmico sigue resultando casi imposible, igual que para los primeros geólogos, asombrados al vislumbrar la edad real de la tierra. Conectar con el pasado más allá de tres o cuatro generaciones —el límite de la «memoria viva» para la mayoría de nosotros— es difícil. Identificarse con antepasados más lejanos resulta más complicado aún. Contemplando fotografías antiguas nuestra perspectiva se vuelve borrosa, e incluso este archivo visual solo abarca un par de generaciones. Después entramos en el mundo de los retratos pintados, y otra capa de irrealidad difumina aún más el pasado. Comprender la mareante inmensidad del profundo tiempo arqueológico es muchísimo más arduo.

Existen trucos mentales para salvar la brecha entre nuestras vidas efímeras y el abismo del tiempo. Contraer los 13 800 millones de años del universo en un periodo de 12 meses coloca a los dinosaurios cerca de la Navidad, mientras que los primeros *Homo sapiens* no aparecen hasta unos minutos antes de los fue-

1. La unidad de tiempo más pequeña susceptible de medición.

gos artificiales de Año Nuevo. Pero determinar el tiempo a esa escala entendible no transmite las abismales extensiones de años. Recurriendo a curiosas yuxtaposiciones es posible verlo con más claridad: por ejemplo, median menos años entre el reinado de Cleopatra y los alunizajes que entre ella y la construcción de las pirámides de Guiza. Esto se refiere tan solo a los últimos miles de años, porque el Paleolítico —el periodo arqueológico previo a la última glaciación— es todavía más inabarcable. Los toros de Lascaux se hallan más cercanos en el tiempo a las fotografías del celular que a los paneles de caballos y leones de Chauvet. ¿Y dónde encajan los neandertales? Pues nos retrotraen muchísimo antes de que unos dedos dibujaran bestias sobre paredes de piedra.

Aunque es imposible localizar al «primero» de la especie, los neandertales se convirtieron en una población claramente diferenciada hace entre 450 y 400 ka. El cielo nocturno que entonces se tendía sobre las poblaciones de homínidos nos resultaría extraño, pues nuestro sistema solar se hallaba a años luz de la posición actual en su incesante vals galáctico. Si ahora hacemos una pausa a mitad de camino del dominio temporal de los neandertales, hace unos 120 ka, observamos que, aunque la tierra y los ríos son en su mayoría reconocibles, el mundo parece distinto. Hace más calor, y los océanos rebosantes por el deshielo han inundado la tierra, elevando playas a muchos metros de altitud. Bestias sorpresivamente tropicales campan por los grandes valles de la Europa septentrional. Los neandertales resistieron nada menos que 350 000 años, hasta que los perdemos de vista —o, al menos, sus fósiles y útiles— hace unos 40 ka.

Pero no es solo cuestión de tiempo: los neandertales se extendieron además por espacios inmensos. Más euroasiáticos que europeos, vivieron desde el norte de Gales hasta las fronteras de China, y por el sur hasta los límites de los desiertos de Arabia.

Existen miles de yacimientos arqueológicos, así que nos ceñiremos a los fundamentales, a los que constituyen hitos en la historia neandertal. Algunos, ya sea el Abric Romaní en España o la cueva Denísova en Siberia, nos cuentan historias increíbles de descubrimientos del siglo XXI. Otros, como Le Moustier en el Périgord, en el suroeste de Francia, ofrecen crónicas de la vida neandertal entretejidas en la historia de la arqueología. Aquí se encontraron dos esqueletos sumamente importantes de los que nos ocuparemos más adelante, y es además un yacimiento con un tipo de utensilios de piedra (líticos) que definieron una cultura neandertal específica. Le Moustier ha sido escenario de más de un siglo de investigaciones, ha acogido a una sucesión de científicos, e incluso aglutinó inquietudes geopolíticas antes de la I Guerra Mundial. Pero no es en Le Moustier, ni en la Francia de 1914, donde comienza la verdadera historia de los neandertales; necesitamos retroceder otros cincuenta años, hasta la década de 1850.

Zona cero

A todos nos gustan las historias del tipo «¿cómo se conocieron?». El enrevesado relato de nuestra relación con los neandertales se entreteje con hilos de intuición y perplejidad: alumbrada por la Revolución Industrial, chamuscada por las guerras, iluminada por tesoros perdidos y hallados. Desde olvidados encuentros hace decenas de miles de años, cuando nos reconocimos como humanos, hasta el descubrimiento relativamente reciente de estos antiquísimos parientes, nuestra pasión no ha cesado. Impacientes por tocar la escarcha y sentir el aliento de los mamuts, resulta tentador activar una máquina del tiempo y emprender raudos un viaje directo hasta el Pleistoceno.[2] Pero necesitamos situarnos en el punto medio de esta magna e intrincada historia para ver con claridad un principio o un final.

Viajemos cinco o seis generaciones atrás para asistir al nacimiento de la evolución humana como ciencia. Esencialmente narcisista —hija de la cosmovisión victoriana—, siempre se ha preguntado quiénes somos y por qué. Entre las mayores turbulencias socioeconómicas conocidas hasta entonces, los estudiosos del siglo XIX se devanaban los sesos escudriñando extraños

2. El Pleistoceno es una división geológica del tiempo y la primera época del Cuaternario, que empezó hace unos 2,8 millones de años y duró aproximadamente hasta hace unos 11 700 años, cuando comenzó el Holoceno, la época en que vivimos.

huesos procedentes de cuevas europeas. Los neandertales suscitaron continuas discusiones sobre lo que significaba ser humano. Pocas preguntas más trascendentales pueden plantearse, y más allá de la curiosidad las respuestas revisten suma importancia. Analizar el afán de los primeros prehistoriadores por categorizar a estas desconcertantes criaturas nos ayuda a entender muchas teorías contradictorias y explica las ideas preconcebidas que aún perduran.

Esta historia empieza a fines del verano de 1856. La explotación de canteras por la demanda de las potentes industrias de mármol y cal había devorado la profunda garganta al suroeste de Düsseldorf, un pintoresco y famoso paraje prusiano. En los altos de las paredes rocosas se descubrió una cavidad —la cueva Kleine Feldhofer— tapada por espesos sedimentos que obligaron a perforar. Los grandes huesos que los obreros arrojaron por la boca de la cueva llamaron la atención de uno de los propietarios de la cantera. Como era miembro de una sociedad de historia natural, supuso que podrían ser restos animales de interés científico y rescató un variado muestrario óseo que incluía una bóveda craneal. El fundador de la sociedad, Johann Carl Fuhlrott visitó la cantera y advirtió que los huesos eran humanos; además, eran fósiles y, por tanto, debían ser muy antiguos.[3]

Parece que el descubrimiento de Feldhofer encendió la imaginación de las personas del lugar, según se desprende de los periódicos, y los estudiosos más relevantes empezaron a pedir permiso para ver los misteriosos huesos. A principios de 1857 se envió un molde de la bóveda craneal al anatomista Hermann Schaaffhausen, de Bonn, cuya mente, por fortuna, estaba abierta a la posibilidad de que se tratara de fósiles humanos. Por último, una caja de madera con los restos, custodiada por Fuhlrott, partió hacia Bonn en ferrocarril. El ojo experto de Schaaffhausen reparó enseguida en el gran tamaño de los huesos —especialmente el cráneo—, en tanto que otros rasgos como la frente inclinada le recordaron a los simios. Dada su evidente antigüedad y procedencia, se inclinaba a pensar que debían de pertenecer a

3. Incluso en fósiles de «solo» unas pocas decenas de miles de años de antigüedad, las diferencias de textura saltan a la vista.

una especie humana primitiva. Aquel verano, Johann Carl Fuhlrott y él presentaron sus hallazgos ante la Junta General de la Sociedad de Historia Natural de la Renania y Westfalia Prusianas. Pocos años después de esta presentación extraoficial en sociedad, otros huesos rescatados por azar se convertirían en el primer fósil humano con nombre científico: *Homo neanderthalensis.*

La historia del término «neandertal», tan familiar hoy, está llena de una extraña congruencia. El *thal* ('valle') de Neander, morada originaria de los huesos, tomó su nombre del profesor, poeta y compositor de fines del siglo XVII Joachim Neander. De religión calvinista, su fe estaba inspirada en parte por la naturaleza, como el famoso barranco del río Düssel, cuyas maravillas geológicas —acantilados, cuevas, arcos— fueron tan apreciadas por artistas y románticos que propiciaron una industria turística. Joachim Neander murió en 1680, pero su legado —unos célebres himnos interpretados tres siglos después en las bodas de diamante de la reina Isabel II— ha perdurado. A principios del siglo XIX, una de las formaciones de la garganta recibió en su honor el nombre de Neanderhöle, pero unas décadas después aquellos parajes habrían sido irreconocibles para Joachim. Devorado por la extracción masiva, el barranco desapareció y el nuevo valle fue conocido como el Neander Thal. Y ahora viene lo curioso: el apellido de la familia de Joachim era originariamente Neumann, convertido por su abuelo en Neander, siguiendo la moda de adoptar nombres más clásicos. Neumann —y Neander— significan literalmente 'hombre nuevo'. ¿Podría haber un nombre más adecuado para el lugar donde descubrimos por primera vez otra especie humana?

Pero si el caso parecía claro desde el punto de vista anatómico, se necesitaban pruebas de la antigüedad de los huesos. Fuhlrott y Schaaffhausen regresaron a la cantera para hablar con los obreros, que confirmaron que los restos se habían encontrado a unos 0.5 m de profundidad entre arcillas intactas. En una interpretación entre bíblica y geológica, para Fuhlrott este dato indicaba una época anterior a la glaciación, lo que otorgaba al esqueleto una enorme antigüedad, y le dio la suficiente confianza para afirmar la existencia de una especie humana extinguida anterior al *H. sapiens.* Más convergencias: aquel mismo año de 1859 la comunidad científica se conmocionó por las teorías de la selección natural de Charles Darwin y Alfred Russel Wallace. Pero Feldhofer no alcanzó fama hasta unos dos años más tarde, cuando su artículo fue traducido del alemán por el biólogo George Busk.

Poco conocido hoy, Busk figuraba entre la élite científica del siglo XIX y, como muchos de sus contemporáneos, sus intereses eran multidisciplinares. Miembro de la Sociedad Geológica, presidente de la Sociedad Etnográfica y, desde 1858, secretario de zoología de la Sociedad Linneana (a la vanguardia en el estudio de la biología), Busk añadió un comentario a su traducción en 1861 del descubrimiento de Feldhofer, señalando que la extraordinaria antigüedad de la especie humana quedaba atestiguada por los útiles encontrados en otros lugares junto con animales extintos, y comparó específicamente el cráneo con los chimpancés.

En realidad, ya se habían producido descubrimientos anteriores, aunque no reconocidos. La humanidad había olvidado durante milenios a sus primos perdidos, y de repente —como ocurre a veces con los autobuses— aparecieron tres en la primera mitad del siglo XIX. El primero llegó en 1829 de la mano de Philippe-Charles Schmerling. Aficionado a los fósiles, como muchos en aquel tiempo, poseía formación médica, y en la cueva de Awirs, cerca de Engis (Bélgica), encontró partes de un cráneo que, junto con restos de criaturas prehistóricas y utensilios de piedra, había permanecido bajo 1.5 m de detritos cementados por coladas calcáreas.[4]

Pese a su extraña forma alargada, el cráneo de Engis no despertó mayor atención porque pertenecía a un niño. El cráneo adulto de Feldhofer era más pesado y además se acompañaba con otras partes del cuerpo.[5] Aunque el niño de Engis permaneció sin clasificar hasta principios del siglo XX, por suerte para

4. Este material se conoce como brecha.

5. En total los restos óseos de Feldhofer constaban de ambos fémures, la cadera izquierda, partes de la clavícula, un omóplato, casi todos los huesos de los brazos y cinco costillas.

Busk alguien más había encontrado otro neandertal adulto en suelo británico.

En 1848 llegó un cráneo a manos del teniente Edmund Flint, destinado en Gibraltar. Una vez más, la extracción de caliza —ahora para reforzar las fortificaciones militares— propició el descubrimiento, y el rango de Flint, unido a su interés por la historia natural, permitió que se conservara la pieza.[6]

El peñón despunta de la península ibérica como el diente de una enorme hiena, y su flora y fauna despertaron el interés de los compañeros de regimiento de Flint aficionados a la historia natural y miembros de una sociedad científica de la que él era secretario. Las actas del 3 de marzo de 1848 dejan constancia de que presentó un «cráneo humano» procedentes de la cantera de Forbes, situada por encima de la batería artillera del siglo XVIII. Seguramente los oficiales se lo pasaron de mano en mano, contemplando sus enormes órbitas oculares, pero a pesar de hallarse en esencia completo (a diferencia del de Feldhofer), no lo consideraron nada extraordinario; es posible que la capa de sedimento cementado ocultara los detalles, pero sorprende que nadie alcanzara a «ver» su forma exótica.

El cráneo de Forbes permaneció sin clasificar en los fondos de la sociedad hasta 1863. En diciembre de aquel año, Thomas Hodgkin,[7] médico visitante interesado en la etnografía, pudo verlo junto con otras piezas de la colección. Puesto quizá en antecedentes por la traducción del informe de Feldhofer hecha por su amigo Busk, él sí apreció algo singular en el cráneo, que probablemente se hallaba al cuidado del capitán Joseph Frederick Brome, respetado anticuario gibraltareño y gobernador de la prisión militar. Apasionado por la geología y la paleontología, Brome llevaba varios años enviando a Busk hallazgos de sus propias excavaciones, y así el cráneo de Forbes partió en barco hacia Gran Bretaña, adonde llegó en julio de 1864.

Busk debió percatarse al momento de que la gran nariz y el prognatismo facial guardaban un extraordinario parecido con

6. Es muy probable que el descubrimiento se debiera a trabajadores anónimos de la cantera y no al teniente.

7. Fue quien describió el linfoma de Hodgkin.

los rasgos que apuntaba el cráneo de Feldhofer, que constaba solo de la bóveda craneana más parte de una órbita ocular; también supuso que estas personas desaparecidas debieron haber vivido «desde el Rin hasta las Columnas de Hércules». Tan solo dos meses después, el cráneo de Forbes debutó ante la ciencia, aunque hubo quien asistió a un preestreno. Gracias a los hábitos epistolares de los caballeros victorianos, sabemos que el cráneo de Forbes llegó muy probablemente a manos de Charles Darwin a través de un colega paleontólogo de Busk —Hugh Falconer— porque la mala salud de Darwin le impidió acudir al magno desvelamiento. A este le pareció «maravilloso», pero no existe constancia documental de su reacción científica ante los neandertales.

Ansiosos por determinar el contexto geológico del cráneo, Busk y Falconer regresaron a Gibraltar antes de fin de año. Lo que vieron los convenció para hacer público que era un «prehumano» muy antiguo. Sin embargo, el nombre que pretendían dar a la especie, *Homo calpicus*,[8] no se consolidó. William King, exdirector del Museo Hancock de Newcastle y profesor de Geología y Mineralogía en Galway, había estudiado vaciados de los restos de Feldhofer y, cuando el cráneo de Gibraltar estaba llegando a Gran Bretaña, se publicó el nombre que había propuesto: *Homo neanderthalensis*. De conformidad con las reglas de «primeras peticiones» adoptadas por la ciencia, este es el nombre que seguimos usando.

Pero la denominación de estos singulares fósiles fue lo menos controvertido. Considerarlos miembros extintos de nuestro género, *Homo*, tuvo implicaciones muy profundas que reverberaron más allá del mundo científico. Enfrentada radicalmente al pensamiento científico occidental del siglo XIX, la idea encontró una enconada oposición.[9] Enseguida se alzaron las críticas

8. *Calpicus* hace referencia al antiguo nombre fenicio de Gibraltar; de haberse reconocido el descubrimiento belga anterior, hoy quizá hablaríamos de los «awirios».

9. Los editores del artículo de Feldhofer se anticiparon a esta reacción añadiendo una nota en la que señalaban que no todo el mundo compartía las extravagantes interpretaciones de los autores.

de Augustus Franz Josef Karl Mayer, anatomista retirado, colega de Schaaffhausen y creacionista.

Mayer afirmaba que los restos pertenecían a un humano enfermo y herido, pero normal. Algo más tarde, en 1874, el eminente biólogo Rudolf Virchow examinó los huesos de Feldhofer y convino en que sus peculiaridades anatómicas podían explicarse si un cosaco con artritis, raquitismo, una pierna rota y las extremidades inferiores arqueadas por su carrera en la caballería se había escondido en una cueva y había muerto. Esto parece hoy disparatado —y, paradójicamente, subrayaba lo muy parecidos a los humanos que eran aquellos huesos—; pero Virchow era un pionero de la patología celular muy respetado e impulsor de las primeras autopsias sistemáticas, y por eso no extraña su inclinación a interpretar los rasgos anatómicos de Feldhofer como consecuencia de la enfermedad y las heridas, sugiriendo incluso que los prominentes arcos superciliares eran resultado del excesivo fruncimiento del ceño debido a un dolor crónico.[10]

Pero Busk era médico también. Las décadas que había pasado en la Marina tratando toda suerte de heridas, enfermedades y parásitos lo hacían igual de proclive a ver a los neandertales a través de un filtro patológico, aunque esta tendencia se atemperaba por su formación como zoólogo y su experiencia en la clasificación de especies.[11] Busk estaba seguro de que ninguna enfermedad ni traumatismo podía explicar los rasgos anatómicos que había observado, y señaló con cierta satisfacción que quienes se negaban a aceptar a Feldhofer debían admitir la improbabilidad de que un cosaco enfermo acabara expirando en Gibraltar. Estas acaloradas discusiones se prolongaron hasta bien entrado el siglo XX. La comunidad intelectual de Occidente dudaba cada vez más de que el mundo fuera un reflejo fiel de los relatos bíblicos, así que, en cierto sentido, los neandertales no

10. Virchow se valió una vez de sus investigaciones científicas para defenderse tras ser retado a duelo por Otto von Bismarck; a Virchow se le permitió elegir arma y escogió dos salchichas, una de las cuales contenía larvas de un parásito que, según había demostrado, podía infectar a los humanos. Bismarck renunció a batirse.

11. Busk identificó especímenes de la colección «Beagle» de Darwin y había publicado trabajos suyos y de Wallace sobre la selección de las especies.

eran flechas incendiarias que surgían inesperadamente desde la oscuridad.

Las revelaciones sobre la naturaleza desde el Medievo —desde continentes desconocidos hasta la identificación de cuerpos celestes antes invisibles— obligaron a reconsiderar los conocimientos y la filosofía. Y aunque se conocían fósiles desde hacía milenios, los biólogos del siglo XVIII empezaron a verlos como criaturas que estuvieron vivas y podían estudiarse. Las profundidades de la Tierra se exploraban cada vez más, como la gran cueva de Gailenreuth en Alemania desde 1771, lo que contribuyó a la naciente comprensión de «mundos perdidos» poblados por bestias extintas. Los ciclos de desastres y renacimientos de inspiración teológica continuaron ejerciendo influencia, pero la existencia de mundos desconocidos anteriores al Diluvio ya se aceptaba a principios del siglo XIX. No era solo que criaturas árticas como los renos hubieran vivido miles de kilómetros más al sur, sino que lo contrario también era cierto, pues se habían encontrado huesos de hipopótamo en una región tan poco tropical como Yorkshire. Pero no todo el mundo estaba convencido de la evolución de los seres vivos. Algunos —entre ellos científicos con creencias religiosas, como Virchow— percibían incluso un peligro moral en tales teorías, temiendo que condujeran al darwinismo social.

Sin embargo, a medida que se descubrían fósiles empezó a aceptarse la idea de la existencia de otra especie humana. Un año después de que King pusiera nombre oficial a los neandertales, se propuso la teoría de que una pesada mandíbula inferior sin mentón descubierta en Bélgica junto con mamuts, renos y rinocerontes era de la misma especie. Pero tuvieron que pasar otras dos décadas hasta el descubrimiento de esqueletos casi completos. También en Bélgica, los restos de dos adultos hallados en 1886 en la cueva de Betche-aux-Rotches en Spy demostraron que los cráneos planos y alargados, mandíbulas prominentes y extremidades robustas procedentes de otros yacimientos pertenecían a las mismas criaturas. Aquello propició el reconocimiento científico de los neandertales como una población extinta anatómicamente definida. Pero los fósiles son solo la mitad de la historia.

El tiempo y la piedra

Los primeros prehistoriadores se enfrentaron a un problema fundamental: el tiempo. A falta de métodos para determinar con exactitud la antigüedad de los hallazgos, confiaban en cronologías relativas: los fósiles o utensilios encontrados junto con animales extinguidos eran lógicamente más antiguos que el mundo actual. El biólogo británico Charles Lyell sabía que el pasado más profundo de la Tierra debía remontarse mucho más allá de los confines bíblicos de unos pocos milenios, y demostró en su magna obra *Elementos de geología* que, con tiempo suficiente, los procesos geológicos sencillos y observables eran los únicos responsables de la creación del mundo. Así pues, podía extraerse una historia completa del planeta aplicando el principio de la estratigrafía: puesto que los sedimentos se superponen con el paso del tiempo, a mayor profundidad corresponde mayor antigüedad. Lyell se interesó vivamente por Feldhofer y, en 1860 —antes de la traducción de Busk—, visitó el lugar para estudiar los depósitos. Fuhlrott le mostró el cráneo y le regaló un vaciado. Para entonces la cueva se encontraba al borde de la destrucción, y la opinión de Lyell era decisiva para ganarse el reconocimiento científico de su antigüedad.

Además, el concepto de estratigrafía de Lyell formó el basamento de la arqueología como disciplina, porque permitía profundizar en los procesos temporales, establecer épocas relativas en los paisajes e ilustrar la formación de depósitos dentro de los yacimientos. Durante una excavación, las variaciones en los colores o texturas de los sedimentos, así como los contenidos de cada nivel —utensilios y huesos animales—, son indicadores de los cambios en las condiciones ambientales a lo largo del tiempo. Durante muchas décadas, la prueba de que los neandertales eran tan antiguos como muchos sospechaban se basaba exclusivamente en dicho razonamiento. Los científicos tardaron casi un siglo en concebir métodos que pudieran datar directamente las cosas. Partiendo del radiocarbono en la década de 1950, se han sucedido un sinfín de métodos aplicables a casi todo: huesos, estalagmitas e incluso granos de arena.[12]

12. El radiocarbono es probablemente el método de datación directa más co-

Algunas categorías de útiles líticos pueden incluso datarse directamente, aunque ningunos de los primeros fósiles neandertales parecía estar acompañado de objetos culturales. Ahora sabemos que había muchos instrumentos de piedra al menos en Feldhofer, pero los descubridores no estaban lo bastante familiarizados con este tipo de utensilios para diferenciar entre la roca fragmentada y la tallada deliberadamente.

Igual que por los fósiles, los humanos se habían interesado por los artefactos prehistóricos antes del hallazgo de los primeros neandertales. Los descubrimientos fortuitos de pesados mangos de hacha o flechas de piedra requerían una explicación. La gente buscaba causas naturales y sobrenaturales, y las llamaba «piedras del trueno», creyéndolas capaces de detener los rayos,[13] o ideando historias en las que eran lanzadas por elfos: las armas de las «Criaturas Pequeñas». Los historiadores, por su parte, explicaban estos objetos dentro de las cronologías existentes. Una de las primeras descripciones documentadas de una herramienta prehistórica de piedra data de 1673, cuando se descubrió un instrumento triangular cerca de unos huesos de «elefante» en Gray's Inn Lane (Londres). Pese a que por entonces la noción del tiempo geológico empezaba a calar, el objeto fue interpretado como un elefante romano atacado por un guerrero celta. La idea de que hubiera sido fabricado por manos humanas miles de años antes de la fundación de Roma escapaba a cualquier comprensión. Pero más o menos un siglo después, los mangos de hacha enterrados a mucha profundidad fueron descritos como procedentes de «un periodo ciertamente muy remoto, anterior incluso al mundo presente».[14] Sin embargo, la importancia de los útiles líticos para el conocimiento de los antiguos humanos aún estaba por llegar.

---

nocido por los no especialistas. Basado en el predecible ritmo de desintegración del isótopo del carbono 14, hoy puede utilizarse para datar materiales orgánicos de hasta hace unos 55 ka.

13. Esto no es tan disparatado como parece, puesto que en un sedimento rico en sílice el rayo puede producir un mineral llamado fulgurita.

14. Palabras de John Frere, que en 1797 descubrió instrumentos líticos asociados a animales extintos en Norfolk (Gran Bretaña).

La primera persona conocida que desenterró intencionadamente instrumentos neandertales fue el francés François René Bénit Vatar de Jouannet. Entre 1812 y 1816 excavó los abrigos de Pech de l'Azé I y Combe Grenal, en el suroeste de Francia, donde encontró huesos quemados de animales y restos de producción lítica. Lo más importante fue que observó que estaban encastrados en coladas calcáreas antiquísimas, pero como el cráneo de Engis aún tardaría más de una década en encontrarse, no tenía conocimiento de los neandertales ni de ningún homínido extinguido. Su estimación cronológica de los utensilios —«galos muy antiguos»— se parecía curiosamente a la interpretación del hallazgo de Gray's Inn casi 150 años atrás.[15]

Después de Jouannet, se acumularon las evidencias de que tales hallazgos no se correspondían con cronologías históricas ni bíblicas. En el sureste de Francia, el anticuario Paul Tournal había exhumado huesos de osos y renos, junto con útiles de fabricación claramente humana, en las cuevas de Bize, por lo que propuso en 1833 la teoría de una edad *«anté-historique»*. Por la misma época, el arqueólogo francés Jacques Boucher de Crèvecoeur de Perthes descubrió pedernales tallados enterrados a gran profundidad en graveras del valle del Somme, en el norte de Francia. Era difícil imaginar que hubieran llegado hasta allí en época reciente, máxime cuando incluso la evidencia de fósiles de elefante y rinoceronte había obtenido escasa aceptación científica. No fue hasta la difusión de la noticia del descubrimiento de Feldhofer cuando las cosas cambiaron.

Y nos encontramos de nuevo con Hugh Falconer, que le llevaría a Darwin el cráneo de Forbes. Igual que Busk, sigue siendo poco conocido, pero fue fundamental en la consideración de la evolución humana como ciencia. Después de años en la India colonial, donde se interesó por la paleontología, en 1858 Falconer estaba excavando la cueva de Brixham, en Devon, donde encontró restos de industria lítica y fauna extinta sellados bajo un suelo de estalagmitas. Aquel mismo año visitó las graveras excavadas por De Perthes y, convencido de su antigüedad, aconsejó

15. Estaba trabajando antes de que Christian Jürgensen Thomsen propusiera las «tres edades» de Piedra, Bronce y Hierro en 1817.

al geólogo Joseph Prestwich que fuera a verlas. Por casualidad, Prestwich coincidió allí con el experto en herramientas de piedra John Evans —y con Charles Lyell, que había ido por su cuenta—, y en 1859 publicaron sus expertas opiniones certificando que la época de los utensilios líticos y de las criaturas extintas se solapaban en un remotísimo pasado. Por parte de los científicos, el asunto quedaba zanjado, pero los escépticos insistían: ¿era posible que los fabricantes de herramientas, por antiguos que fueran, hubieran vivido después de que criaturas como los mamuts fueran ya huesos secos?

Un testimonio incontrovertible —y emocionante— vino a demostrar que, en efecto, los humanos habían contemplado bestias ya extintas en todo su lanudo esplendor. Más de 560 km al sur de las graveras del Somme, en la confluencia de los ríos Beaune y Vezère, se encuentra el pueblo de Les Eyzies-de-Tayac. En enero reina el silencio suficiente para oír los graznidos de los halcones peregrinos sobre los acantilados, pero en verano sus aceras estrechas y asoleadas son un hervidero de turistas: el pueblo es la capital de un país de las maravillas prehistórico, rodeado por cientos de cuevas y abrigos en espectaculares gargantas y mesetas calizas. Después de probar el *omelette* de trufas del Café de La Mairie, los visitantes suben hasta el Museo Nacional de Prehistoria, construido en torno a un *château* ruinoso bajo un saliente calizo. Las suntuosas chimeneas que se conservan son un extraño eco de las capas de cenizas prehistóricas acumuladas a metros de profundidad. Desde las antiguas murallas, la enorme escultura *art déco* de un neandertal mira inescrutable a un paisaje que, como los pensamientos secretos de la estatua, ha ocultado muchas cosas.

El relativo aislamiento de Les Eyzies terminó en 1863, cuando el ferrocarril que unía París con Madrid tendió un ramal hasta el Périgord, lo que transformó aquel pueblito tranquilo en el epicentro de discusiones sobre los orígenes de la civilización occidental y, por último, en Patrimonio Mundial. Para seguir la ruta, cerca de donde la vía férrea se arquea hacia el sur desde la estación, puede alquilarse una canoa y remontar el curso del Vezère. Pasados unos kilómetros y frente a un *château* se encuentra el abrigo de La Madeleine. Al lado de los famosos restos del castillo, donde hoy se recibe a los turistas, existe un yacimiento oculto todavía por la vegetación, igual que en 1864.

Aquel verano se encontraba allí Falconer asistiendo a una colaboración arqueológica entre dos pasajeros llegados en los flamantes trenes el año anterior. La riqueza del financiero británico Henry Christy le permitió reunir «una de las colecciones arqueológicas privadas más selectas de Europa».[16] Su socio francés, Édouard Lartet, era ya un prehistoriador famoso que excavaba yacimientos desde la década de 1830.[17] Basándose en rumores sobre las colecciones de un *vicomte* del lugar y los hallazgos en poder de un anticuario parisino, empezaron a colaborar en el valle del Vezère. Después de investigar en el abrigo superior de Le Moustier, un día, de regreso, repararon en otra cavidad grande en la orilla opuesta del río, visible porque era invierno y las ramas que la tapaban estaban desnudas.

Conocido como La Madeleine, este yacimiento contenía una riquísima colección de piezas arqueológicas fabricadas por los primeros *H. sapiens* decenas de milenios después de los neandertales; pero además guardaba un objeto fundamental para el reconocimiento del lugar de los neandertales en nuestra evolución. Hasta entonces, los escépticos sobre la remota antigüedad humana habían explicado las tallas en astas de renos descubiertos en otros puntos de Francia como el resultado de un material ya fosilizado y labrado mucho después. Ese argumento se invalidó en La Madeleine cuando los obreros de Lartet y Christy sacaron a la luz los fragmentos de un colmillo de mamut con marcas. Aquel mismo día se produjo por coincidencia la visita de Falconer —máxima eminencial mundial en elefantes fósiles—, quien al limpiar con un cepillo la tierra del marfil observó al instante que las incisiones formaban la inconfundible cabeza abombada de un mamut, con su hirsuto pelaje perfectamente reconocible.[18] Este único objeto probaba que los huma-

16. De las memorias de Falconer (p. 631).

17. Lartet era abogado, pero al parecer se apasionó por la paleontología tras recibir de un agricultor un colmillo de mamut en pago por sus servicios.

18. El descubrimiento de *permafrost* ruso en el siglo XVIII ya había demostrado que los mamuts eran lanudos.

nos sí habían coexistido con especies extintas, y que todos los «desechos» de sus vidas extraídos de cuevas de toda Europa procedían en realidad de un mundo prodigiosamente antiguo.

El descubrimiento de La Madeleine colocó la piedra angular de la disciplina que estudia los orígenes humanos. Habrían de transcurrir unos 50 años para que los prehistoriadores reunieran útiles líticos que permitieran empezar a comprender quiénes habían hecho qué, y cuándo. Pero ya se había cruzado un Rubicón entre dos cosmologías: la visión antigua de un universo concebido para nosotros, y la de un mundo nuevo donde éramos los hijos —con muchas hermanas y hermanos— de la propia Tierra. Por la senda que conduce a esta última concepción del devenir humano nos llevará el resto de este libro, para aprender cómo los neandertales se transformaron de extravagancias científicas en las criaturas extrañamente inmortales y queridas que hemos descubierto y, en cierto sentido, creado. Pero primero necesitamos un retrato de familia que nos ayude a situarlos en la inmensidad de su contexto evolutivo.

Capítulo 2

EL RÍO CORTA EL ÁRBOL

Cierra los ojos, descálzate. La tenue luz rojiza del sol resplandece más allá de tus párpados; la hierba te pica los dedos y el polvo se extiende bajo las plantas de tus pies. Algo tibio roza tu brazo mientras una mano sujeta la tuya; de algún modo sabes quién es. Abres los ojos y, bajo un cielo a la vez brillante de sol y pintado de estrellas, tu madre está ante ti. Es el lugar fuera del tiempo donde todos los humanos se encuentran unos a otros. Se escucha el sonido leve de unas pisadas y otra mujer se acerca: tu abuela materna. Quizá hablaste con ella la semana pasada, o hace veinte años, o tal vez solo la conocías por fotografías borrosas. Ella une su mano a la de tu madre y después gira la cabeza; por detrás, una fila de mujeres, unidas por las manos y las miradas, se extiende por una llanura infinita.

Tus ojos pierden la cuenta, pero las sientes por centenares, por miles. Los rostros se desdibujan en la distancia, a pesar de que reconoces, de alguna manera, las curvas de las mejillas, los rizos del cabello o un movimiento de la cadera. Más allá, la cadena continúa hasta fundirse con el horizonte y alzas la mirada hasta la láctea espuma de lo alto: allí, a muchos milenios de distancia, incluso las estrellas se han desplazado. Después sientes como si un rayo pasara por 40 000 manos: ciclos infinitos de amor y de pérdida palpitando a través de pechos y huesos durante 500 000 años hasta llegar a tu sangre, a tu corazón. Te mareas, pero la mano de tu madre te aprieta, y solo entonces, con ojos parpadeantes, lo entiendes. Desde esta cadena única de linaje materno se extiende una inmensa tracería humana, calados de (in)mortalidad que se entrelazan hacia la meseta, azulada por la distancia, de los confines del tiempo. Todas están aquí, todas las otras. Siempre han estado.

Somos el legado corpóreo de todas nuestras madres. Los predecesores de esos ojos tuyos que enfocan estas palabras vieron la luz por primera vez hace más de 500 millones de años (Ma). Los cinco dedos que se mueven diestros por estas páginas han asido, aferrado, escarbado durante 300 millones de años. Quizá estás escuchando música, o la versión en audio de este mismo libro; esa ingeniosa estructura de tres huesitos en tu oído empezó a escuchar sonidos amorosos y terribles mientras nos escabullíamos entre las patas de los saurios. El cerebro que procesa esta frase se había engrosado hasta alcanzar casi su tamaño actual hace 500 ka, y los neandertales lo compartían.

Situarnos, nosotros y ellos, en un contexto biológico y evolutivo más profundo resalta lo que compartimos, y revela también lo erradas que estaban las visiones decimonónicas de los neandertales como el eslabón perdido entre nosotros y los demás simios. Los primates fósiles ya se conocían: en 1836 nada menos que Édouard Lartet descubrió un mono primitivo; después —el mismo año en que se extrajeron huesos neandertales de la cueva de Feldhofer—, encontró el primer simio europeo, al que denominó *Dryopithecus*. No obstante, los fósiles humanos todavía producían una fuerte conmoción.

Hoy la situación ha cambiado. Aunque se siguen discutiendo detalles, nuestro árbol genealógico está más poblado de lo que jamás imaginaron estudiosos como George Busk o Charles Darwin: hay más de veinte especies de homínidos identificados solo en los últimos 3.5 millones de años. Sus raíces son todavía más profundas. La transformación de pequeños mamíferos en homínidos y por último en neandertales tardó muchísimo tiempo. Hace 25 Ma, bosques inmensos se hallaban repletos de monos cuando ya se abría la brecha que dio origen a los simios. Los primeros embajadores de estos primates sin cola, los simios *Proconsul*, ya jugaban lejos de los árboles en el África oriental. Después, cuando se formó el Gran Valle del Rift, comenzó un masivo enfriamiento global y los simios iniciaron un proceso de extraordinaria diversificación y dispersión. Evolucionando hacia al menos cien especies hace entre 15 y 10 Ma, los hábiles dedos del *Dryopithecus* buscaban comida por igual en bosques lluviosos y en tierras abiertas.

A partir de este momento se acumulan pruebas fósiles y genéticas cada vez más precisas que demuestran cuándo y dónde los grandes simios empezaron a marchar por su cuenta. Los orangutanes de Asia compartían sus junglas con el enorme *Gigantopithecus*, cuyos rugidos debieron reverberar en brumosos amaneceres.[1] Volviendo a África, hace unos 10 Ma se separaron los primeros gorilas, después los chimpancés, y por esa época empezamos a ver criaturas caminando sobre dos piernas. No todos eran homínidos —antepasados directos de los neandertales y nuestros—, pero aquello marcó un punto de inflexión.

Se aprecia una especie de «mosaico» evolutivo en los huesos de homínidos datados hace entre 7 y 3 Ma, a menudo con mezclas de rasgos anatómicos primitivos y avanzados.[2] Está el *Kenyanthropus*, de rostro plano, y los muchos australopitecos: verdaderos «protohumanos» que caminaban erguidos y estaban

1. Aunque pesaban unos 400 kg, probablemente vivían en relativa paz con los gorilas y quizá sobrevivieron hasta época relativamente reciente.

2. Tipificado en *Ardipithecus ramidus*, un homínido etíope bípedo que todavía conservaba huesos prensiles en la patas, lo que apunta a que probablemente trepaba a los árboles.

desarrollando cerebros más grandes. Y alguien, hace 3.3 Ma, fue el responsable del Lomekwiense: los instrumentos de piedra más sencillos. Esto habría marcado el inicio de un ciclo de interrelación entre la carne y las herramientas líticas: probablemente las tendencias carnívoras se remontaban a mucho más atrás, pero los filos cortantes eran imprescindibles para extraer toda la carne y la grasa de carcasas grandes.

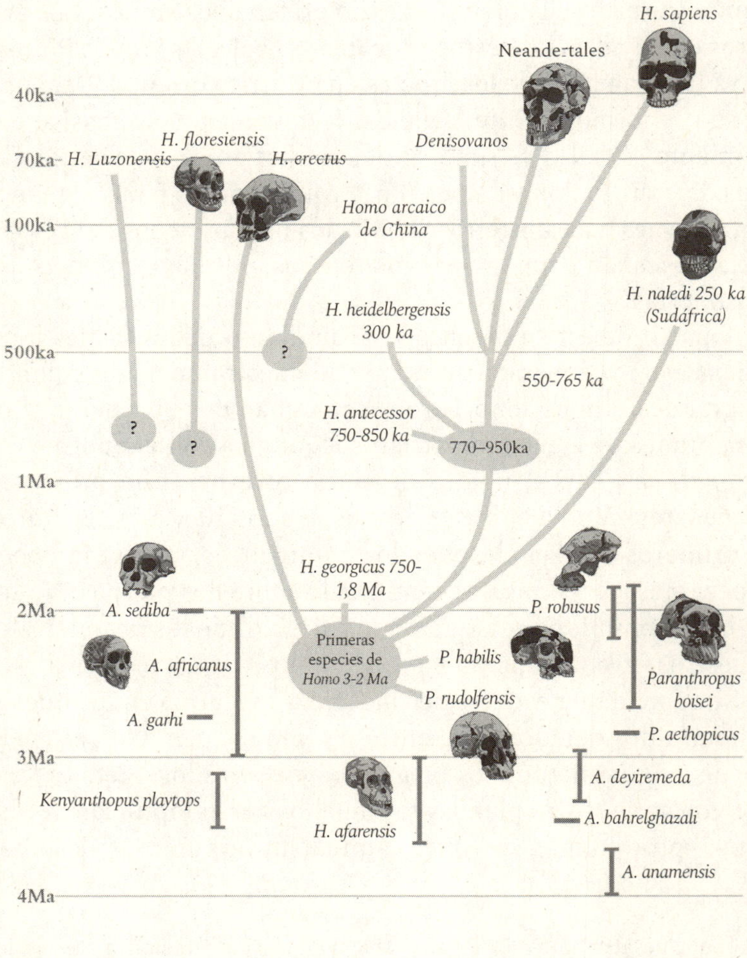

Figura 1. *Contexto evolutivo de los neandertales como miembros de la familia de los homínidos.*

No queda claro de qué grupo homínido anterior surgió el género *Homo*, pero el primer antepasado común que sin duda compartimos con los neandertales entra en escena hace unos 2 Ma. Era el *Homo ergaster*,[3] y hace 1 Ma estos humanos arcaicos ya vivían como cazadores-recolectores «verdaderos», con un refinamiento tecnológico muy superior al de especies anteriores. Ellos fabricaron los primeros útiles líticos conocidos como bifaces —herramientas trabajadas por dos lados[4]— y los trasladaron a lugares más distantes del paisaje en el contexto de unas vidas caracterizadas por una mayor organización y el estrechamiento de los vínculos sociales.

Los individuos de *H. ergaster* tenían un cuerpo esencialmente humano. Eran altos, corredores competentes sin vestigios de pies trepadores, y sus caras relativamente pequeñas, dientes disminuidos de tamaño y extremidades proporcionadas los proclaman antepasados directos de los neandertales y también nuestros. Lo más llamativo es el agrandamiento de los cerebros: fueron los primates más sagaces y versátiles que han pisado la tierra. No hay duda de que se desplazaron fuera del gran continente africano, aunque se conocen fósiles y herramientas sencillas de una población euroasiática «superarcaica» anterior, de hace unos 2 Ma.[5]

Pero ¿de dónde venían exactamente los neandertales? Los restos homínidos más antiguos de Europa occidental proceden del yacimiento de la Sima del Elefante en Atapuerca (Burgos), datados hace unos 1.2 Ma, pero muy anteriores a los huesos más antiguos que parecen neandertales. Un yacimiento de Atapuerca de época más reciente conocido como la Gran Dolina contiene huesos datados hace entre 850 y 800 ka que podrían pertenecer a una población antepasada de los neandertales y de *H. sapiens*, o al menos a un grupo muy cercano. Denominados *H. antecessor*, estos homínidos no estuvieron solo en la península-

3. En África, esta especie se conoció durante décadas como *H. erectus*, pero hoy ese nombre se reserva para sus representantes en Asia.

4. Estas herramientas se denominan también hachas de mano.

5. Por toda Eurasia se han encontrado fósiles y útiles líticos datados hace entre 1.8 y 1 Ma, y en China se han descubierto herramientas de más de 2 Ma.

la ibérica, sino que sobrevivieron a climas rigurosos del extremo noroccidental de Europa. Así se demostró en el 2013 tras los extraordinarios hallazgos de Happisburgh, en la costa británica oriental del mar del Norte, donde unas profundas mareas dejaron al descubierto arcillas con 900 000 años de antigüedad. Su superficie extrañamente agujereada conservaba docenas de huellas: los vestigios de un pequeño grupo de homínidos que se trasladaban río arriba desde un inmenso estuario, donde el Támesis vertía un curso norte hoy desaparecido.[6] En solo quince días este increíble yacimiento fue borrado por el mar, pero el registro en 3D reveló que por allí había pasado al menos un adulto con un grupo de jóvenes, desde adolescentes hasta niños pequeños. Estos últimos debieron mantenerse erguidos a duras penas mientras avanzaban sobre un lodo resbaladizo que se metía entre los dedos de los pies, y los granos de polen conservados confirman que este humedal se hallaba rodeado de bosques de pinos y píceas.

Es rarísimo encontrar trazas de cuerpos blandos de un pasado tan remoto, que contrastan con los fósiles resecos con los que los investigadores intentan establecer la ascendencia de los neandertales. La genética nos dice que surgieron como linaje hace unos 700 ka, y aunque los moradores de la Gran Dolina vivieron solo unos 100 000 años antes, no se parecen mucho. Entra en lo posible que por entonces habitara en Europa más de una clase de homínidos, pero muchos huesos de los milenios siguientes guardan cierta semejanza con fósiles contemporáneos de África, como una enorme mandíbula inferior descubierta en Alemania en 1907 que se denominó *H. heidelbergensis.* Aunque estos homínidos se catalogaron durante mucho tiempo como probables antecesores de los neandertales, trabajos recientes en un tercer yacimiento de Atapuerca, la Sima de los Huesos, han redefinido la imagen. Es un misterio cómo los 28 homínidos —muchos en condiciones excepcionales— terminaron en lo más profundo de la sima. Pero su antigüedad de entre 450 y 439 ka y su anatomía los convierte en sospechosos princi-

6. Todo el curso del Támesis fue desplazado hacia el sur por glaçiares posteriores hace unos 450 ka.

pales de ser verdaderos protoneandertales, según confirmó el análisis de ADN en el 2016.[7]

¿Por qué es importante conocer la historia evolutiva más remota de los neandertales? La concepción errada de que representan un puente con los simios persiste, pese a los millones de años que nos separan de nuestros parientes primates más cercanos. En términos anatómicos, podemos «ver» a los neandertales surgiendo un poco antes en la Sima de los Huesos que los fósiles más antiguos parecidos al *H. sapiens*, datados en África hace unos 300 a 200 ka: una brecha temporal en la que caben miles de generaciones. Pero en términos evolutivos más amplios, son una de las especies de homínidos más jóvenes, y criaturas extremadamente similares a nosotros. El saber de dónde venían demuestra que la flecha de la evolución no siguió una trayectoria recta por la Autopista de los Homínidos hasta nosotros. Más bien existieron muchas carreteras simultáneas, algunas sin salida y otras, como la de los neandertales, que desarrollaron cuerpos y mentes comparables a los nuestros. Y no estaban solos: según se ha ido descubriendo en la década pasada, el propio linaje *Homo* tiene otras historias que contar. Los «*hobbits*» de Flores (Indonesia) son un ejemplo, pues quizá se remontan a 700 ka atrás y sobrevivieron hasta hace unos 50 ka. A medio mundo de distancia, en el 2013 aparecieron en Sudáfrica otros esqueletos inesperados. Denominados *H. naledi*, estos homínidos presentaban algunos rasgos muy primitivos y se les atribuyó inicialmente una antigüedad de millones de años; sin embargo, habían vivido hace solo 250 ka, lo que los convierte en contemporáneos de los neandertales y en representantes tempranos de nuestra especie.

Pero entre todos los descubrimientos recientes sobre la evolución humana, acaso el más extraordinario para comprender a los neandertales sea que pudieron, y lo hicieron, cruzarse con nosotros. Y ahora parece que el remoto linaje materno de la mayoría, si no toda la población humana actual —un archivo de cuerpos y de sangre que palpitan hasta el presente— incluía a

7. Los fósiles de la Sima de los Huesos siguen siendo los homínidos más antiguos del mundo que han proporcionado material genético.

los neandertales. Esta revelación ha traído aparejada una profunda revisión que los desplazó de golpe desde una rama familiar primitiva y truncada hasta la posición de antepasados genuinos que contribuyeron a lo que somos y a quiénes somos.

Este es el nuevo escenario en que nos encontramos en el estudio arqueológico de los neandertales, que, cual revolucionarios, descuajaron el viejo árbol dinástico en cuya copa nos posábamos orgullosos. Ahora, nuestra historia remota parece una lluvia de hojas que caen revoloteando a un gran río. Algunas siguen arroyos rápidos; otras, lentos hilitos de agua. Se separan, se juntan y se empozan en hondonadas hasta que las aguas se desbordan y confluyen con profundos canales que penetran en la tierra.

Capítulo 3

CUERPOS QUE CRECEN

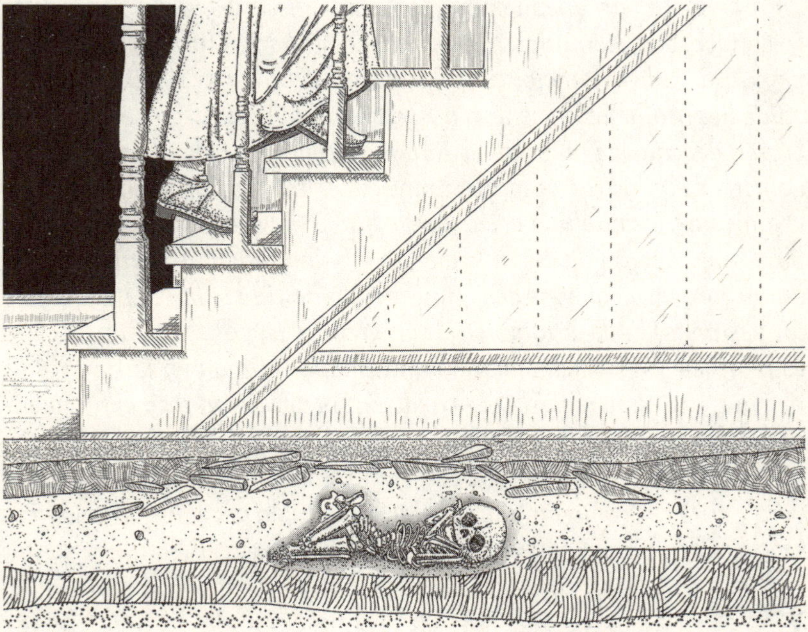

Raya el alba sobre los acantilados, y el verde tiñe las ramas cuando su gente siente la necesidad de volver a ponerse en marcha. Las bestias lanudas se han vuelto precavidas y no dejan huellas que poder seguir. El cuerpecito que expulsó de sus entrañas se fue quedando flaco y mamaba débilmente. Al final dejó de moverse y se puso rígido. Aun así, ella lo seguía llevando, mientras la piel se contraía en las extremidades tiesas como palos y se tensaba sobre los omóplatos. El grupo se prepara para marchar, y ella siente que tiene que acompañarlos. Pero le aterra desprenderse de su carga. Aspirando el embriagador olor al parto que desprende su criatura, impregnado todavía en su pelo oscuro, ella se agacha en la entrada del refugio, deposita el bulto en el

suelo y por primera vez lo aparta de su cuerpo. Los otros se acercan curiosos, extienden las manos para palpar, jalar, acariciar; para saber. Pero después vendrán las bestias y algo tan precioso debe protegerse. Ella excava un hueco, desliza el cuerpo ya cubierto de polvo y lo oculta, dejándolo abrazado por la blanda tierra llena de restos pétreos; retrocede y se une a los demás para seguir caminando.

Los cielos parpadean mientras pasan días, años, siglos. Los suelos se condensan y comprimen los delicados huesos. Otros vienen y van, pero al final las vibraciones de las pisadas cesan. Ni siquiera los zarcillos del frío helador penetran hasta el minúsculo esqueleto. Transcurren decenas de miles de inviernos, después desciende un rumor de golpeteos sordos. El peso disminuye. Llegan voces: personas nuevas están construyendo una casa, donde nadie ha vivido hace tanto tiempo. Unos zuecos golpetean subiendo y bajando por escaleras de madera sobre los pequeños despojos, arrullo de vida sobre la muerte. En un pestañeo, la casa también desaparece, después los sedimentos se estremecen y desplazan cuando unas manos hurgan en la tierra. Los terrones se desmenuzan, y el rayo de un sol de verano roza el fragmento blanco de cráneo, delgado como una cáscara de huevo. Una voz grita: «Arrête! Os!». *Después de tanto tiempo, unas manos ásperas pero tiernas —como las que tocaron por última vez a este pequeño— se extienden para recogerlo.*

Es el 19 de mayo de 1914. En el transcurso de un mes, un automóvil hará un giro equivocado en Sarajevo, sonarán disparos de pistola y la muerte de dos aristócratas se cobrará veinte millones de vidas. Por el otro lado de Europa, en el Périgord francés, una vida perdida 40 milenios atrás ve la luz. El diario de Denis Peyrony en el abrigo de Le Moustier registra el descubrimiento de unos huesos tan pequeños que inspiraban pena. Peyrony fue uno de los prehistoriadores más respetados del siglo XX, hoy caído en un relativo olvido a diferencia de su colega François Bordes.[1] Nacido en una familia de agricultores por la misma década en que los neandertales de Feldhofer y Gibraltar

1. También novelista de ciencia ficción, Bordes dio incluso nombre a una parada de tranvía enfrente mismo de la Universidad de Burdeos, donde trabajó durante décadas.

ocupaban los titulares, Peyrony creció pegado a la tierra. Además de convertirse en maestro de la escuela de Les Eyzies, sentía fascinación por el pasado más remoto.

En 1894 había empezado a colaborar con Louis Capitan, patólogo convertido en antropólogo y prehistoriador, y siete años después descubrieron las impresionantes pinturas de la Edad de Hielo de Font de Gaume. A fines de la primavera de 1914, Peyrony era ya un avezado excavador de yacimientos neandertales, como el de los esqueletos del gran abrigo de La Ferrasie. Cuando aquel mayo se descubrieron restos en Le Moustier, los reconoció al instante como pertenecientes a un niño muy pequeño. Milagrosamente intactos pese a las construcciones y demoliciones realizadas encima mismo, la criatura conocida hoy como Le Moustier 2 se perdería y reaparecería una vez más durante los 80 años siguientes. Es uno de los muchos neandertales con historias fascinantes ligadas a su descubrimiento.

Todos los huesos de homínidos, fosilizados o no, son singulares. Representantes físicos de vidas que transcurrieron hace decenas o centenares de milenios, su presencia nos cautiva. Pero también su rareza: tenemos más millones de utensilios fabricados por neandertales que huesos de las manos que un día los tocaron. Y sin embargo, en conjunto los conocemos más íntimamente que a cualquiera de nuestros parientes cercanos. El puñado de restos que hace 100 años musitaban historias sobre otra especie humana se han incrementado hoy hasta miles de fósiles de muchísimos yacimientos. Representan a un par de cientos de individuos, desde recién nacidos hasta adultos, que —sin ser decrépitos según los criterios actuales— probablemente eran ancianos en su sociedad. Este rico muestrario nos permite reconstruir la diversidad biológica neandertal.

Incluso con cifras tan impresionantes, cada fragmento de esqueleto merece ser tratado con guante de seda, y son conservados y transportados en cajas cerradas, como diamantes o reliquias sagradas. Su valor radica en el tesoro de datos que aportan sobre vidas concretas, al tiempo que actúan como ventanas abiertas a poblaciones enteras. Los especialistas aplican una gran variedad de técnicas, desde la bioquímica hasta las visualizaciones más avanzadas, para examinar cuerpos completos o acercarse casi hasta las capas diarias de los dientes. Por el ADN que contienen, los restos neandertales son también nuestra conexión directa con estas personas desaparecidas.

Aunque estemos doblemente separados de sus huesos secos —por el tiempo y por el cristal de las vitrinas de los museos—, al encontrarnos con ellos es difícil evitar un escalofrío, sobre todo cuando vemos esos restos en miniatura: la vida de un niño segada abruptamente, no importa hace cuánto tiempo.

Crecimiento

Que perduren huesos durante escalas de tiempo tan inmensas es asombroso, y más aún los frágiles cuerpos de los bebés. Así sucede en Le Moustier, un abrigo en una cresta caliza que discurre entre dos valles. Durante más de un siglo, estos acantilados han contemplado tantas teorías sobre los neandertales como crecidas del río. Le Moustier ha sufrido la inmadurez de la prehistoria como disciplina, pues fue descubierto antes de que se comprendiera que las excavaciones revelan y a la vez destruyen el registro arqueológico. De poco sirven las técnicas empleadas para estudiar utensilios específicos si un yacimiento ha sido vaciado sin registrar los patrones que nos indican la procedencia y orden de los objetos encontrados.

La arqueología distingue entre las partes de un yacimiento. En un nivel superior a los instrumentos específicos se sitúa la colección: el grupo identificable más pequeño de hallazgos que parecen relacionados. Por lo habitual, las colecciones corresponden a estratos: depósitos sedimentales identificados por los investigadores según su color, textura o contenido arqueológico. La secuencia de estratos se llama estratigrafía: el archivo de todo lo ocurrido en el lugar, ya sean detritos humanos o la acumulación natural de rocas desprendidas, residuos fangosos o polvo arrastrado por el viento. Excavar implica remover estratos, y cuanto más se profundice, más antiguos serán.

Suele haber complicaciones: erosión, inversiones localizadas o incluso perturbaciones por actividad prehistórica posterior. Es fundamental identificar la mezcla o el movimiento entre los estratos, y se consigue examinando cuidadosamente no solo los útiles, sino también los suelos y las relaciones espaciales entre los objetos. Parafraseando a Carl Sagan, para entender lo que los neandertales hacían en un yacimiento, primero hay que reconstruir toda la historia de su formación.[2] En esto consiste la tafonomía, hoy reconocida como una de las ramas más importantes de la arqueología.

Le Moustier no permaneció intacto entre la excavación de Lartet y Christy y la de Peyrony. El arqueólogo suizo Otto Hauser también estuvo activo en el Périgord, incluso en Le Moustier a partir de 1907.[3] Por puro milagro, ni sus trabajos ni las obras de construcción en el siglo XVIII habían perturbado los minúsculos huesos que reposaban a solo 25 cm bajo la superficie: el grueso de un cabello a escala geológica. Regresaremos a Hauser más adelante, pero digamos ahora que después de su partida le sustituyó Peyrony, que descubrió los depósitos intactos bajo una casa demolida. Aquí era donde el niño había yacido oculto: un fantasma bajo la escalera. Pese a que ya había exhumado varios esqueletos neandertales, Peyrony apenas registró detalles del hallazgo, más allá de constatar la existencia de una fosa.

Pero envió inmediatamente los restos al anatomista parisino Marcel Boule, considerado ya una autoridad en los neandertales. Una semana después recibió su opinión, que confirmaba que los restos eran de un recién nacido. A partir de este momento, por increíble que parezca, el esqueleto desaparece de los registros. El diario de Peyrony nunca lo vuelve a mencionar, y a los dos meses se interrumpió el trabajo de campo porque la I Guerra Mundial asoló a toda Europa. Durante muchas décadas se dio por sentado que el bebé había sido una víctima más, por pérdida o por destrucción, de los largos años de conflicto.

En realidad, parte de los restos habían permanecido a salvo, aunque sin ser reconocidos, a pocos kilómetros del yacimiento.

2. Es famosa su cita sobre la historia de universo y la tarta de manzana.

3. Es el abrigo inferior de Le Moustier donde Peyrony y Hauser estuvieron excavando; Lartet y Christy trabajaron en el abrigo superior, pero se conserva poca información.

En 1913, el año anterior al descubrimiento del esqueleto, Peyrony había fundado un magnífico museo en Les Eyzies. Durante el inventario de sus colecciones unos 80 años después, aparecieron unos huesos con la etiqueta «esqueleto» entre las cajas de Les Eyzies. Por pertenecer sin duda a un único recién nacido, los investigadores quisieron pensar que podría tratarse del bebé neandertal perdido, localizado por última vez en París. Seis meses de análisis exhaustivos revelaron que los sedimentos que aún recubrían algunos huesos y contenían pequeños fragmentos líticos eran idénticos a los de Le Moustier.

Por lo tanto, parte del esqueleto debió quedarse en el Périgord y con el tiempo cayó en el olvido.[4] Pero ¿qué ocurrió con los restos enviados a París? Esta es la historia de una confusión de identidades. En 1914 los esfuerzos de Peyrony se dividían entre tres yacimientos neandertales, todos con esqueletos: Le Moustier, Pech de l'Azé y La Ferrasie. El grueso de estos restos óseos los enviaba a Boule, algunos todavía en bloques de sedimentos, para que los excavaran en el laboratorio. Décadas después se reparó en que dos huesos de un supuesto doble entierro de bebés en La Ferrasie eran sospechosamente distintos en color y estado. Los análisis en el siglo XX confirmaron que los sedimentos adheridos y los fragmentos de pedernal que contenían no concordaban con los de La Ferrasie, sino con los de Le Moustier. Y lo que es más, el fémur y el húmero eran exactamente los huesos que faltaban al bebé de Le Moustier. El caótico laboratorio de Boule, repleto de restos neandertales sin identificar cuando estalló la guerra, era el marco perfecto para que las piezas se confundieran y se clasificaran erróneamente junto con la criatura de La Ferrasie.

Esta extraña reunión de dos pequeñas almas perdidas, separadas en vida por muchos milenios, se mantiene hoy, porque las extremidades del bebé de Le Moustier siguen en París a más de 160 km del resto de su cuerpo.

Hoy, cuando los huesos neandertales se tratan como objetos de valor incalculable, asombra una historia así. Pero el redescu-

4. Incluso Peyrony los omite en algunas de sus publicaciones sobre Le Moustier, y fueron mencionados por última vez en 1937, el año posterior a su muerte.

brimiento del pequeño esqueleto no fue solo una coda feliz. La trágica existencia invertida de los bebés fósiles, con vidas póstumas inmensamente más largas que el tiempo que pasaron bajo el sol, ofrece oportunidades únicas a la ciencia: para entender si los neandertales se desarrollaron física y cognitivamente tan rápido como nuestros propios hijos, necesitamos conocer el punto de partida.

Conozcamos ahora a algunos retoños neandertales que reposan en museos de todo el mundo. Al bebé de Le Moustier le habría servido el ajuar de cualquier recién nacido, pero hay niños de muchas edades. Imaginemos una fotografía de grupo: en primer plano, aparecen criaturas de siete meses junto a otras algo mayores que ya gatean, niños inquietos que empiezan a caminar y una pandilla de revoltosos de 3 años; detrás, de pie, se sitúan niños de 3 años para arriba. Vienen de España, Francia, Israel, Siria, y hasta uno de 8 años de Uzbekistán.

Solo el ADN puede identificar si los niños eran hembras o varones, pero la edad puede calcularse por los dientes y huesos; y de aquí se desprende que los neandertales crecían a un ritmo algo diferente del *H. sapiens.*

Los dientes son principalmente minerales, lo que los convierte en protofósiles que sobreviven a la destrucción del hueso. Cuando los investigadores cuentan las líneas interiores de crecimiento, conocidas como «periquimatias», descubren que en los niños neandertales el ritmo de formación era por término medio un día más rápido. Algunos neandertales perdían sus dientes de leche de 1 a 3 años más tarde, pero en otros casos las periquimatias y el desarrollo de los dientes concuerda con los ritmos actuales. Así lo demuestra uno de los neandertales completos más famosos, descubierto en 1961 en Roc de Marsal, a unas cuantas horas caminando desde Le Moustier, río abajo. Los cálculos de la edad del esqueleto arrojaron una antigüedad de entre 2.5 y 4 años, pero la microtomografía por radiación sincrotrónica —un tipo de rayos X de extrema intensidad— descubrió molares más avanzados junto con incisivos retrasados con respecto a niños actuales de edad similar.

Una impresión también contradictoria se obtiene del cuerpo de un muchacho de la cueva de El Sidrón (Asturias). Sus dientes traseros estaban menos desarrollados de lo que cabría deducir por las periquimatias, y algunos de sus huesos se parecían más a los de un niño de 2 o 3 años menos. Quizá era solo un niño escuálido, pero esto demuestra que el desarrollo de los neandertales era variable y complejo.

Curiosamente, el cerebro del niño de El Sidrón presentaba también un cierto retraso para la edad que aparentaba, y comprender este aspecto del crecimiento reviste especial importancia. Un hecho que cala en la memoria de la gente —es probable que por inesperado— es el cerebro supuestamente más grande de los neandertales. Como carecemos de cuerpos momificados o congelados, no podemos examinarlos directamente; sin embargo, los cerebros dejan una impronta en el interior del cráneo. Estudiados con vaciados de yeso, la moderna tecnología de escaneo los recrea utilizando modelos en 3D invertidos: la materia gris desaparecida regresa como un espectro digital, mostrándose incluso una arteria en otro tiempo llena de sangre. Y resulta que los cerebros aparentemente mayores se deben en realidad a muestras separadas por sexos: cuando solo se comparan varones, la diferencia es mucho menor, lo que plantea la probabilidad de que los cerebros neandertales más completos pertenezcan a hombres.[5]

Al nacer, sus cráneos presentaban un tamaño bastante parecido al nuestro, pero de haber acariciado la cabeza sedosa del niño de Le Moustier, su forma se nos habría antojado un tanto extraña. Al combinar los escáneres de este y de otro recién nacido, se demuestra que las partes medias de sus caras ya eran ligeramente prominentes y que carecían de las bonitas barbillas de nuestros bebés. Se discute mucho sobre cómo se desarrollaron sus cerebros durante los primeros y cruciales años de vida, y a juzgar por algunas proyecciones de tamaño se parecían muchísimo a los nuestros, aunque crecían algo más deprisa. Esto parece indicar que los bebés neandertales experimentaban los momentos mágicos de sonreír, asir y balbucear más o menos al mismo tiempo que los nuestros. Con el tiempo, no obstante, aparecen

5. Los hombres tienen por término medio cabezas más grandes que las mujeres.

pequeñas diferencias, así que puede que su infancia fisiológica terminara antes, dejando menos tiempo para adquirir habilidades sociales y tecnológicas complejas. Pero lo que ocurría con los cerebros se compensaba con otras partes del cuerpo.

De huesos a cuerpos

Asombra que, aunque hayan pasado por el tamiz del tiempo y la tafonomía los restos de menos del 0.01 por ciento de todos los neandertales que existieron, representen a entre 200 y 300 individuos. La mayoría consiste en huesos o fragmentos de mandíbula con dientes, pero entre 30 y 40 son esqueletos más completos, y originariamente debieron de enterrarse enteros. Abordaremos las inhumaciones en el capítulo 13, pero, sean cuales fueren sus historias particulares, cada esqueleto permite «conocer» íntimamente a un individuo. E incluso los fragmentos son importantes, porque nos ayudan a estudiar las poblaciones: patrones de heridas, edades al morir y si hombres y mujeres utilizaban sus cuerpos de distinta manera.

Un yacimiento con un registro fósil sumamente rico es el abrigo de Krapina, en Croacia, que produjo más de 900 huesos de entre 20 y 80 neandertales.[6] Sin embargo, aun tomando como referencia la cifra más baja, faltan en torno a tres cuartas partes de los esqueletos. La excavación apresurada del yacimiento al final del siglo XIX puede ser la causa, pero Spy se descubrió no mucho antes y tiene cuerpos más completos. De hecho, muchos huesos de Krapina fueron fracturados por los propios neandertales, y es probable que nunca se depositaran como esqueletos íntegros. En contraste, El Sidrón fue descubierto en 1994 —casi un siglo después de Krapina— y es el yacimiento con más abundancia de fósiles neandertales conocido hasta ahora.[7] Una cuidadosa excavación recuperó más de 2500 restos, pero de solo 13 neandertales:

6. El resultado varía dependiendo del método de cálculo que se emplee debido al alto estado de fragmentación de los huesos.

7. Con resonancias de Feldhofer, los espeleólogos que descubrieron huesos en El Sidrón creyeron que eran de soldados escondidos allí durante la Guerra Civil española.

cuatro mujeres, tres hombres, tres adolescentes, dos niños y un bebé, aunque los cuerpos recuperados se hallaban fragmentados.

Estos casos demuestran que no hay dos yacimientos iguales. Interpretarlos exige precaución, sobre todo para estudiar los patrones de mortalidad. La distribución por edades en las poblaciones humanas suele reflejar los sucesivos peligros para la salud a lo largo de la vida: hay muchos niños, menos adultos y unos pocos ancianos. Pero los fósiles no son necesariamente una imagen especular de las poblaciones. Del mismo modo que ciertos sectores sociales quedaban excluidos de los cementerios de las iglesias, el registro arqueológico atestigua que no todos los neandertales eran tratados del mismo modo cuando fallecían.

Hecha esta consideración, el material de que disponemos es increíblemente variado y basta para afirmar que nuestro conocimiento sobre de qué estaban hechos —literal y figuradamente— es exhaustivo. Más que nunca, podemos reconstruir lo que los diferenciaba de nosotros, e incluso cómo era su experiencia del mundo.

Puestos cara a cara ante un neandertal, lo reconoceríamos como una especie de humano, aunque nada convencional. Algo más bajos que la media, con cajas torácicas y cinturas más anchas, las proporciones de sus miembros eran también algo distintas. Bajo unos muslos muy musculosos, los huesos de las piernas eran más gruesos y redondeados, y ligeramente curvos; además, pese a incontables reconstrucciones inexactas, es seguro que caminaban igual de erguidos que nosotros.

Acercando el foco, se aprecian peculiaridades anatómicas casi por todas partes, algunas evidentes y otras más sutiles. Como miembro de la especie *H. sapiens*, tú mismo sirves como modelo anatómico: pellízcate la barbilla, y bajo la carne y los músculos flácidos sentirás un núcleo óseo. Casi todos los neandertales carecían de este rasgo, incluso desde bebés. Pálpate la cabeza: es alta pero globular; tu cara es corta y vertical bajo la frente. Aunque compartían nuestros cerebros abultados en relación con los de otros homínidos, la forma de sus cráneos era muy diferente. Las coronillas más bajas les conferían una apariencia más aerodinámica y esculpida, rematada por una visible protuberancia por encima de la nuca.[8] Unos ojos más grandes y hundidos miraban desde una cara cuya nariz y boca parecían proyectadas hacia delante, pero con los pómulos hundidos. Enmarcando todo el conjunto se dibujaban unos pronunciados arcos superciliares, sin separación central como los tuyos, y mucho más imponentes. Pero el cerebro —el que controlaba esos ojos que devuelven intensamente la mirada— era tan grande y capaz de pensar como el tuyo.

Las diferencias van más allá de lo exterior. Palpa el punto donde tu mandíbula se junta con tu cabeza y haz como si masticaras; en los neandertales, esta articulación tenía una forma muy distinta, con un hueco asimétrico y un protuberante hueso adicional. Desliza la lengua hasta el fondo de la boca, donde están (o estaban) las muelas del juicio; la mayoría de los dientes de *H. sapiens* suben para tocar el arco mandibular, pero en los neandertales se hallan más adelantados, dejando un hueco. Quizá podían introducir la lengua en ese espacio retromolar, y habrían sentido los bordes ligeramente curvos de sus grandes dientes anteriores con forma de pala. Dentro de la mandíbula, sus molares eran también diferentes, a menudo con grandes raíces fusionadas. Incluso las «yemas» dentales de los recién nacidos se distinguen lo bastante para identificarlas a falta de otros huesos.

Tiende la mano para saludar y verás que, aunque la última falange de tu pulgar es más corta que la penúltima, en los neandertales —incluso los niños— ambas tienen casi la misma longitud. Y la mano que aprieta la tuya con enfática firmeza es más ancha, con las puntas de los dedos más gruesas.

El conjunto de diferencias anatómicas no indica, sin embargo, que fueran más primitivos, en su acepción más habitual.[9] Tanto ellos como nosotros heredamos algunos rasgos antiguos comunes, pero su linaje conservó otros que nosotros perdimos, aunque también ocurre lo contrario. Más bien, neandertales y *H. sapiens* reflejan dos caminos divergentes de ser

8. Se conoce como chongo occipital.

9. «Primitivo», en términos de evolución, significa sencillamente un rasgo con orígenes muy antiguos compartido entre especies del mismo grupo de antepasados.

humanos, cada uno con sus singularidades. Las cajas torácicas estrechas, las características del oído interno o los dientes que poseemos en exclusividad son igual de «raros» que las peculiaridades de los neandertales en el contexto más amplio de la evolución de los homínidos. Sin embargo, explicar por qué existen estas diferencias, y lo que significaban para el modo de vida neandertal, ha sido siempre una cuestión fundamental para los investigadores.

A nuestras mentes inquisitivas les encanta descubrir las razones de todo, pero, de hecho, la evolución por selección natural depende básicamente del éxito reproductivo, no de una hiperadaptación. Las explicaciones de la biología neandertal suelen centrarse en las posibles ventajas, pero la realidad es más compleja, con múltiples variables en acción. La conformación de los cuerpos es un proceso interconectado, y alterar una parte puede provocar la transformación de las restantes. Las mutaciones genéticas son solo errores aleatorios de copiado, y a veces dan como resultado rasgos anatómicos que, sin afectar negativamente a la supervivencia, persisten en poblaciones pequeñas y aisladas.

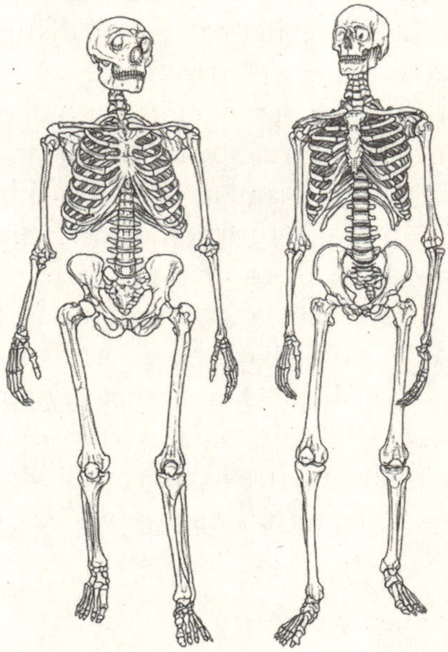

Figura 2. *Esqueleto de un neandertal medio (izquierda) y de un* H. sapiens *medio reciente (derecha).*

Aunque la huella genética es de capital importancia, el modo de vida de los homínidos también afecta profundamente a los cuerpos, desde los huesos hasta el nivel celular. El entorno y las actividades habituales pueden dejar huellas permanentes; solo hay que ver cómo los músculos de los atletas profesionales pueden modificar sus esqueletos con el paso del tiempo.

Desentrañar la influencia de la genética en oposición a la del comportamiento es fundamental para comprender la anatomía y formas de vida neandertales. Por ejemplo, ¿eran inherentes las diferencias en la longitud de los miembros, se debían al uso o ambas cosas? Por ello son tan importantes los bebés y los niños neandertales, así como los que se encontraban en los difíciles años de la adolescencia. Un individuo en particular que nos ayuda a comprender esta segunda etapa de la vida tiene una historia especialmente conmovedora: el primer esqueleto encontrado en Le Moustier.

Del hielo al fuego

Después de las excavaciones de Lartet y Christy en la década de 1860 en el abrigo superior, los acantilados permanecieron tranquilos hasta principios del siglo XX, cuando empezaron dos de las historias más extrañas de la «vida de ultratumba neandertal». Una fue el bebé de los trabajos de Peyrony, conocido oficialmente como Le Moustier 2 porque ya se había encontrado otro individuo seis años antes. Este esqueleto Le Moustier 1 fue arrastrado por la marea de la guerra y durante décadas se creyó destruido; lo había descubierto Otto Hauser, que empezó a excavar el gran abrigo inferior en 1907. No fue hasta la primavera siguiente cuando la pala de Jean Leysalles golpeó los huesos inferiores de una pierna; a diferencia de Le Moustier 2 (que permaneció oculto), existe un registro muy detallado de lo que encontraron.[10]

Durante varios días salieron huesos hasta que una noche lluviosa se descubrió el cráneo, aunque se tardó varios meses en

10. Leysalles regentaba un café en Laugerie, al otro lado del río frente a Les Eyzies, donde se hospedaba el equipo de Hauser.

removerlo todo. Tanto retraso indujo a pensar que Hauser pretendía atraer a visitantes con dinero, pero lo que en realidad quería, además de cubrir nuevamente los huesos, era asegurarse de que los restos estuvieran protegidos y fueran examinados por expertos. Hauser había elegido para el equipo a Hermann Klaatsch —profesor universitario de antropología y experto de fama mundial en los neandertales[11]—, e invitó a científicos extranjeros a asistir al «levantamiento» final el 12 de agosto, pero solo se presentaron colegas alemanes. Del traslado de los huesos se ocupó casi exclusivamente Klaatsch, al tiempo que Hauser sacaba fotografías; un archivo único para la época. Después de los intentos de reconstrucción del cráneo frente al café del pueblo mientras los niños miraban,[12] los restos fueron guardados en un armario y asegurados con clavos antes de ser enviados en cajas a Alemania. Así empezaba casi un siglo de viajes insólitos.

Hauser había concertado una lucrativa venta al Museo Etnográfico de Berlín, donde el esqueleto permaneció expuesto como un objeto valioso durante décadas. Aquel reposo terminó a principios de la II Guerra Mundial, cuando fue escondido como un tesoro irreemplazable en un enorme búnker de la torre Flak del zoológico. Entre otras estructuras fortificadas que albergaban cañones y refugios antiaéreos, esta torre funcionaba también como almacén de bienes culturales de valor incalculable.

Hacia el final de la guerra los nazis intentaron trasladar el tesoro, pero solo consiguieron sacar algunas piezas. Cuando cayó Berlín en mayo de 1945, la torre del zoológico acogió un último foco de resistencia y soportó, junto con los animales que quedaban, atroces bombardeos.[13]

De los miles de animales solo sobrevivieron unos pocos centenares y, junto con el neandertal en la soledad de la torre, una

11. Klaatsch había estudiado las colecciones de Feldhofer, Spy y Krapina, junto con otros hallazgos de homínidos.

12. Madame Guimboud, entonces una niña de 7 años, recordaba ver a través de la reja cómo el cráneo se rompió al caer de una mesa; la reconstrucción tuvo que empezar de nuevo.

13. La torre del zoológico soportó todo lo que los soviéticos le arrojaron, salvo enormes cantidades de dinamita.

extraña retaguardia del Pleistoceno —leones, hienas, un elefante y un hipopótamo— aguardó al Ejército Rojo. Al saquear la ciudad, la Comisión de Trofeos Soviéticos arrasó además con casi dos millones de objetos de las torres Flak y de toda Alemania. En algún momento, el cráneo Le Moustier 1 salió en tren, junto con obras maestras de la pintura y el tesoro de Troya, con destino a Moscú.

Más de una década después, el cráneo regresó a Berlín desde el otro lado del telón de acero. Su viaje a Rusia lo había protegido, pero el resto de Le Moustier 1 que quedó atrás no corrió tanta suerte. Poco después del final de la guerra, más de dos mil aviones aliados habían iniciado un atroz bombardeo que destruyó el museo donde, por increíble que parezca, el esqueleto había continuado expuesto. El cuerpo sin cabeza debió de quedarse allí mientras los muros caían devorados en aquel infierno de fuego. Sepultado por segunda vez, estuvo perdido entre un inmenso amasijo de escombros y utensilios derretidos, hasta que todo aquel desastre fue laboriosamente excavado 10 años después.

Pero la reunificación tardó otras tres décadas. El botín de guerra devuelto estaba desordenado y para reconocer el cráneo fue necesario un meticuloso cotejo de fotografías y catálogos antiguos. Tras el derribo del Muro de Berlín, que juntó familias y amigos, por fin en 1991 los restos de Le Moustier 1 volvieron a reunirse.

Los científicos empezaron a llegar en peregrinación para estudiar la famosa reliquia, y 99 años después de su descubrimiento original se publicó el primer estudio definitivo de Le Moustier 1. El adolescente neandertal más completo que se conoce es probablemente un chico de entre 11 y 15 años. Su cráneo presentaba la clásica forma estrecha y alargada, con el punto más alto hacia la parte trasera, pero da la impresión de que se hallaba en medio del estirón puberal. Su cara se estaba proyectando con más rapidez hacia arriba que hacia delante, así que carecía del característico espacio retromolar, y ni los arcos superciliares ni la nariz eran tan imponentes como los de un adulto. Gracias a Le Moustier 1 sabemos que los neandertales pasaban por la complicada fase de la adolescencia;

quizá el exceso de hormonas los hacía también proclives a los granos y al malhumor.

Por si no fuera suficiente haber sido llevado por toda Europa, bombardeado y quemado, su cráneo había soportado cinco restauraciones. Pero la tecnología del siglo XXI permitió un estudio visual más preciso, utilizando una imagen especular para «enderezar» las partes deformadas por la presión de los sedimentos. El resultado reveló una cara que, aunque inmadura, ya estaba dominada por unas enormes órbitas oculares y no se parecía a la de ningún adolescente vivo. Curiosamente, su cerebro era ya grande en términos comparativos, así que quizá hubiera llegado a ser un adulto corpulento.

Queda un último misterio: en algún momento entre el final de la guerra y la reunificación del esqueleto en la década de 1990, se perdieron un incisivo y algunos huesos faciales. ¿Ocurrió en Berlín cuando se desembaló el embarrado botín de guerra? ¿O puede que antes, cuando se abrieron las cajas de la torre del zoológico en algún lugar de la Unión Soviética? Cabe imaginar que el cráneo se dañara mientras lo manipulaban soldados rodeados de lingotes y pinturas. Nunca lo sabremos, aunque la idea de un diente neandertal perdido en la oscuridad de una mina de sal rusa es bastante sugestiva.

Caras y sentidos

Los cráneos neandertales son fascinantes, pero, aun sin deformar, las funciones de sus estructuras son difíciles de reconstruir. Analizar las razones de las diferencias anatómicas entre ellos y nosotros es una tarea enormemente ardua. La geometría craneal forma intersecciones complejas, y los científicos apenas han comenzado a comprender los factores genéticos y bioquímicos que determinan el crecimiento óseo. Quizá la forma del cráneo se deba hasta cierto punto a la deriva genética de miles de generaciones; pero son siempre los rasgos que pudieron comportar ventajas evolutivas los que centran la atención, sobre todo en un mundo helado. Sin embargo, hoy la teoría de las condiciones glaciales como las impulsoras de la evolución física de los neandertales ha perdido fuerza, y más bien se cree que sus cuerpos fueron moldeados en buena medida por su forma de vida.

Ya desde la parte superior del cuerpo podemos ver cómo han ido evolucionando las teorías. Las explicaciones de esas cejas enormes han fluctuado desde el apoyo estructural para una cara grande hasta su función de viseras naturales para el sol. Una teoría reciente y algo estrambótica sostiene que los neandertales las empleaban para comunicarse, de modo parecido a como los babuinos hacen valer su estatus levantando sus cejas de colores. Pero el modelo computarizado reveló que los enormes arcos superciliares en realidad dificultan esa función, y los chimpancés demuestran que hay otras muchas maneras de transmitir información con la cara y el cuerpo.

Después vienen los ojos: ¿cómo veían el mundo los neandertales? Sus órbitas eran mayores que las de cualquier *H. sapiens* pasado o presente, y unos ojos más grandes comportarían una retina con mayor absorción de luz y más sensible. ¿Por qué los necesitarían? Se da por sentado que el corazón del territorio neandertal se situaba en Eurasia occidental, una región que se encuentra a una latitud mucho más alta que el grueso del continente africano, con menos luz e inviernos especialmente oscuros. Los animales septentrionales suelen tener ojos más grandes, y, por término medio, incluso las personas de latitudes más altas poseen globos oculares hasta un 20 por ciento mayores que las que viven cerca del ecuador. Unos ojos agrandados exigirían un sistema visual más grande, y esta zona del cerebro, alojada en el característico chongo occipital, es claramente mayor en los neandertales.

Una mejor visión en condiciones de luz escasa podría haber hecho sus días más largos y provechosos, pero, incluso admitiendo que los cerebros neandertales fueran algo más grandes, esta circunstancia podría haberles mermado su capacidad computacional para otras tareas. El córtex frontal, en particular, controla las interacciones sociales, y su tamaño parece asociado a unas relaciones sociales más amplias. Nuestro cerebro está especialmente abultado en esta zona, en comparación con el neandertal. Pero, por otro lado, los cerebros son flexibles, y se adaptan después de lesiones graves desplazando las tareas entre zonas, e incluso formando tejido nuevo en áreas usadas con mucha frecuencia.[14] Sin observar a los neandertales con una resonancia magnética, es difícil asegurar si sus ojos grandes y mayor volumen de neuronas visuales limitaban otras capacidades cognitivas y sociales.

Tuvieran o no una visión de búho, los neandertales compartían probablemente nuestros raros (entre los simios) globos oculares blancos y la paleta cromática del iris. Sin embargo, reconstruir la pigmentación de los individuos —sea de ojos, pelo o piel— resulta complicado, puesto que intervienen muchos genes que, al interactuar, producen un número inabarcable de combinaciones. De manera similar a nuestra historia evolutiva, es improbable que existieran neandertales de piel muy oscura, porque, incluso con una continua exposición al sol, obtener suficiente vitamina D en las altas latitudes donde vivían sería imposible.

Los neandertales desarrollaron tal vez una coloración más clara, pero el ADN demuestra que el proceso no fue idéntico a los mecanismos biológicos que actúan hoy en personas con ascendencia euroasiática. Las comparaciones genéticas indican que la combinación de pelo rojo y pecas es posible en algunos individuos neandertales, pero no podemos asegurar que esos genes se manifestaran igual que en nosotros. Lo que está claro, sin embargo, es que su población era también variada: el marcador de pecas aparece en algunos neandertales españoles e italianos, mientras que otro análisis indica que los individuos de Croacia tenían piel, ojos y pelo más oscuros.

Al margen del color de aquellos ojos que oteaban las manadas en el horizonte, la capacidad auditiva era igual de crucial para la supervivencia. El escaneo con tecnología de alta resolución demuestra que los huesitos y tejidos blandos del oído interno de los neandertales no se parecía ni a los nuestros ni a los del antepasado común. ¿Oían los neandertales de otra forma?

14. Para obtener su cualificación profesional, los conductores de los taxis negros londinenses deben memorizar más de 20 000 calles, lo que provoca que la parte posterior de su hipocampo —que se ocupa de la memoria espacial— experimente un significativo agrandamiento.

Sorprendentemente, los modelos funcionales apuntan a que estas partes del oído interno transmitían y amplificaban las ondas sonoras exactamente igual que en nuestros oídos.[15] La evolución parece haber ajustado su forma en paralelo a los cambios del cráneo, manteniéndolos receptivos al mismo tipo de sonidos que oímos nosotros.

Si su visión era quizá más aguda y su audición igual de sensible a las voces transportadas por la brisa, ¿cómo era su olfato? En el 2015 se lanzó un perfume llamado Neandertal,[16] que se decía inspirado en el «aroma a pedernal caliente» de la fabricación de herramientas de piedra. Por increíble que parezca, esto no era solo palabrería comercial: la fragmentación del pedernal produce un olor característico; suele compararse con el de un arma cuando se dispara, y es así exactamente cómo los astronautas describen el olor del polvo lunar. Más o menos la mitad de la superficie de la Luna, fina como el talco, es sílice de asteroides pulverizados: el ingrediente principal del pedernal, el cuarzo y otras rocas que suelen tallarse. No deja de extrañar que el «efluvio lunar» pudiera resultarle más familiar a un neandertal que a Neil Armstrong.

Sin embargo, aunque los sistemas visuales neandertales estaban agrandados en comparación con los nuestros, su bulbo olfativo —la región cerebral de los olores— era reducido. Pero interpretar esto como una menor sensibilidad exige cautela, y es aquí donde una vez más interviene la genética.

Aun sin ser idénticos, existen claras coincidencias entre nuestros genes para detectar olores y los de los neandertales. Una curiosa molécula, la androstenona, contribuye al «perfume» del sudor y la orina humanos, y entre más o menos el 50 por ciento de las personas que pueden detectarla,[17] una de las reacciones es un profundo desagrado. Si algunos neandertales podían también detectar este olor, quizá cumplía una función útil. La androstenona afecta a las hormonas y las emociones de las

15. Al menos, en las bajas frecuencias que se pueden reconstruir.

16. Se vendía en una botella de fabricación artesanal con forma de bifaz; 90 ml costaban nada menos que 200 libras esterlinas.

17. Concretamente, la feromona androstenol, muy parecida.

personas, pero también la segregan los jabalíes, y oler la versión porcina provoca una reacción espectacular en los perros. Es posible que tenga que ver con la caza: poder oler una manada al otro lado de una colina o detectar el paso de un animal debía de suponer una enorme ventaja. Con independencia de los detalles, es muy probable que para los neandertales los olores —resina de pino, sudor de caballo, humo de fogata— fueran un poderoso detonante de la memoria.

La aspiración de los olores a través de aquellas enormes fosas nasales que dominaban el centro de sus caras nos hace preguntarnos por qué eran tan grandes. El estudio microscópico de sus cráneos descubrió un número comparativamente inmenso de células de crecimiento óseo en la sección media del rostro, lo que se compadece con la prominencia de toda esa zona facial. Sin embargo, los modelos biomecánicos no avalan las teorías de que esta cara hocicuda les proporcionara fuerza adicional para masticar (aunque en el capítulo siguiente se tratará cómo utilizaban sus dientes). En contraste, el aspecto más pequeño y retraído de nuestras caras se debe a las células de absorción ósea; pero, sorprendentemente, mordemos con más fuerza.

La nariz sirve tanto para respirar como para oler. El modelo informatizado de la circulación del aire por los orificios nasales de los neandertales reconstruyó el tejido blando del esqueleto de La Chapelle-aux-Saints, en Francia, confirmando que su nariz era casi un tercio mayor que la de los humanos actuales. En general, una de las funciones de la nariz es «acondicionar» el aire calentándolo y humedeciéndolo antes de que llegue a nuestros sensibles pulmones. Esto puede ser especialmente importante en condiciones de aridez y frío, y en cierta manera las grandes estructuras nasales internas de los neandertales se asemejan a las del reno y el antílope saiga, que poseen enormes membranas mucosas para reducir la deshidratación y la pérdida de calor. Pero, curiosamente, las estructuras internas de los neandertales parecen ser peores para acondicionar el aire que las nuestras (aunque mejores que las de *H. heidelbergensis*). Lo que aquellas cavernosas narices sí podían hacer era controlar el flujo del aire, permitiendo a los neandertales inhalarlo a un ritmo casi dos veces más rápido que el nuestro.

Tras más de 150 años observando restos neandertales a escalas cada vez más precisas sabemos una enormidad sobre ellos, a veces con extraordinario detalle. Al indagar en cómo crecían, evolucionaban y percibían el mundo aparecen notables coincidencias con nosotros. Entrecerrar los ojos ante el destello de un sol invernal, aguzar el oído atentos al sonido de niños que juegan o arrugar la nariz por el humo de la leña fueron experiencias compartidas por la humanidad durante milenios.

Pero es un hecho que los neandertales eran anatómicamente distintos. Interpretar las características de sus cuerpos implica repensar la evidencia de las adaptaciones evolutivas a su particularísimo mundo. Todavía estamos desentrañando las funciones de elementos como los ojos más grandes, pero otros rasgos —como las narices— quizá tengan mucho menos que ver con la adaptación a un medio ártico de lo que se pensaba. Más bien es posible que mantener un cuerpo hambriento de combustible llevando una vida de enorme sobrecarga física fuera la mayor dificultad a que se enfrentaron para sobrevivir.

CAPÍTULO 4

CUERPOS QUE VIVEN

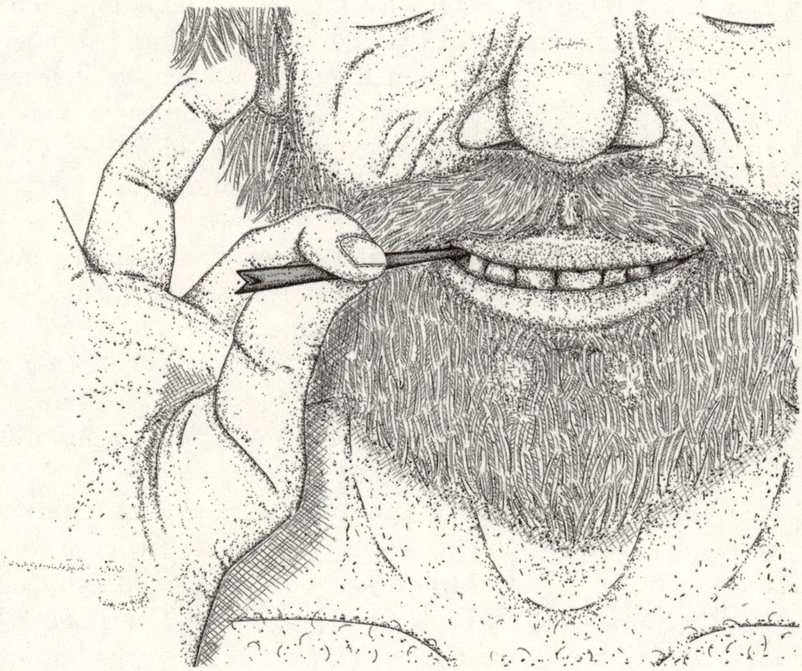

Pies que vuelan ajenos a los que zanquean y se arrastran.
¡Es bueno correr!
Pulmones llenos, mejillas encendidas al viento.
¡Bayas! Dedos rápidos las arrancan.
Ahora la colina,
piernas cortas se quedan atrás.
Hasta allí, el oscuro ojo de calavera de la roca,
vigilando a la gente.
Estómago cansado, vacío,
los altos se agachan, dan un bocado.
Los dientes trabajan, imitando las mandíbulas que en torno al fuego ablandan pieles.

Claridad de crepúsculo, hora de comer:
manos pequeñas que todavía aprenden el corta-mastica, corta-mastica, y, dejan marcas en piel, esmalte, huesos.
Ojos que brillan con resplandor de hogar,
párpados que se cierran, la cabeza cae sobre un regazo de sueños.

Los neandertales han ostentado durante mucho tiempo el título de los homínidos más fornidos. Aunque más bajos que nosotros, pesaban en torno a un 15 por ciento más, sus huesos eran más gruesos y pesados, y exhibían una poderosa musculatura. Tradicionalmente, esto se explicaba por las «edades de hielo». Desde el siglo XIX, los biólogos saben que las especies adaptadas al frío —frecuentes en latitudes septentrionales— suelen ser corpulentas, pero con las extremidades más cortas. Estas proporciones achaparradas comportan menor superficie y mejor retención del calor. Pero la estacionalidad también interviene: la masa corporal se halla ligada a la duración de la temporada de cultivo, que trae aparejada abundancia y disponibilidad de comida, y las criaturas más corpulentas acumulan mayores reservas de grasa para cuando escasee el alimento.

Los humanos actuales parecen seguir a grandes rasgos estos patrones geográficos y estacionales, y así los europeos suelen ser más bajos y fornidos, con diáfisis más gruesas que los de ascendencia africana.[1] En apariencia, los neandertales encajaban también en este patrón, y como inicialmente sus huesos aparecieron sobre todo en contextos glaciales, esta teoría prosperó. El severo desgaste físico causado por el frío desencadena reacciones bioquímicas que afectan a la producción de las hormonas del crecimiento y, como vimos con sus narices, durante mucho tiempo la mayoría de las peculiaridades anatómicas de los neandertales fueron estudiadas desde esta perspectiva.

Pero ni los cuerpos robustos ni los climas fríos son exclusivos de los neandertales. Los homínidos más antiguos, e incluso

1. Sin embargo, los antepasados de casi todas las personas con ascendencia europea no llevan más que unos pocos milenios en latitudes septentrionales: las poblaciones más viejas de cazadores-recolectores fueron reemplazadas por agricultores neolíticos de Oriente Próximo.

los primeros *H. sapiens*, eran más fornidos y tenían huesos más gruesos que nosotros. Además, investigaciones recientes demuestran que el tamaño y morfología de los neandertales les habría reportado escasamente 1 °C de resistencia adicional al frío, y el gran tamaño de su cerebro tampoco se corresponde con una característica térmica. Para ser justos, algunos estudiosos del siglo XIX como el biólogo Thomas Huxley ya interpretaron la fuerza muscular de los neandertales no como un signo de brutalidad, sino como consecuencia de una forma de vida regida por una alta movilidad. Respaldando sus proféticas opiniones, en las últimas décadas se ha producido un desplazamiento hacia explicaciones más matizadas gracias a investigaciones anatómicas y modelos biomecánicos.

Es el impacto de unas condiciones de vida extremadamente duras lo que adquiere cada vez más importancia. Los neandertales tenían que alcanzar un equilibrio entre necesidades en conflicto: sus cuerpos más grandes soportaban mejor el desgaste físico de su forma de vida. Y las calorías adicionales necesitan más oxígeno para convertirse en energía. Por tanto, la eficiencia respiratoria se volvió fundamental, como ejemplifican las enormes narices que trasvasan aire como un sifón y las cajas torácicas mayores para acomodar pulmones con más capacidad. Además, los experimentos demuestran que el incremento del ejercicio fortalece no solo las extremidades de los animales jóvenes, sino todo el cuerpo. Los cráneos ganan peso, los arcos superciliares se agrandan, las inserciones musculares aumentan. Y las proporciones del cuerpo cambian: los niños que crecen a gran altitud, cuyos metabolismos deben forzarse por la reducción de oxígeno, pueden desarrollar piernas un poco más cortas. Algo muy similar vemos en los neandertales.

Desde los dedos de la mano hasta los de los pies, sus esqueletos dan evidencias claras de huesos más gruesos y músculos más grandes, lo que los hace al menos un 10 por ciento más fornidos que poblaciones de *H. sapiens* de parecida complexión. Esta característica era a todas luces genética, puesto que ya se aprecia en los bebés, pero incluso los más jóvenes llevaban vidas que exigían gran esfuerzo físico. Las piernas de Le Moustier 1 estaban ya bien desarrolladas antes de la adolescencia por su intensa actividad.

Las ratios de fuerza pierna-brazo en un neandertal medio eran superiores a las de atletas que corren 160 km por semana campo a través. Y no se trata solo de la distancia: el grosor óseo relativo de las extremidades de los neandertales se asemeja más al de poblaciones de *H. sapiens* prehistóricos y recientes que se desplazaban habitualmente por parajes abruptos. Y su fuerza no se concentraba en las piernas: sus brazos eran tan poderosos como los de muchos atletas actuales.

Así pues, sus cuerpos eran los adecuados para moverse por terrenos ásperos, pero es posible que el clima fuera también un elemento de la ecuación. En la configuración de los cuerpos neandertales intervinieron complejos procesos de adaptación al medio: una forma de vida extremadamente activa en terreno adverso, con fases frías que perfilaron unos rasgos físicos concretos. Las adaptaciones producidas durante las glaciaciones pudieron haber persistido incluso en periodos más cálidos, unas veces comportando ventajas, pero otras planteando nuevas dificultades.[2]

Que los neandertales se movían mucho nunca se ha dudado, pero el modo de hacerlo sí se ha discutido bastante. El tópico de la criatura que andaba arrastrando los nudillos circuló desde el principio, pese a que en la década de 1880 los restos hallados en Spy habían aportado la evidencia anatómica de que caminaban tan erguidos como nosotros. Además de los huesos de las piernas de Le Moustier en 1907, un par de años después y unos pocos kilómetros al oeste, Denis Peyrony y Louis Capitan descubrieron el esqueleto masculino La Ferrasie 1 (LF1).

Se trata de uno de los esqueletos neandertales más completos que se conocen, al que solo le faltaba una rótula y algunos huesitos de manos y pies. Aunque de corta estatura (1.6 m), era fornido, pesaba probablemente unos 85 kg y sin duda caminaba erguido. Pero fue el esqueleto de La Chapelle-aux-Saints —descubierto en 1908— el que ejerció mayor influencia. Boule re-

2. El sobrecalentamiento durante los periodos climáticos templados pudo haber sido un problema.

construyó erróneamente las piernas y la columna vertebral en posición inclinada, y esta imagen se difundió después a millones de personas a través de una reconstrucción ilustrada en 1909 —incluso con dedos prensiles en los pies— que era a todas luces simiesca.

Hoy no se discute que los neandertales se mantenían erguidos, pero si camináramos a su lado posiblemente no llevaríamos el mismo paso. Algunas diferencias anatómicas indican una manera de caminar que no era idéntica a la nuestra, y al ser más bajos probablemente se desplazaban de un 4 a un 7 por ciento más despacio. Sin embargo, los análisis biomecánicos recientes no indican una locomoción mucho menos eficiente, sobre todo comparados con los primeros homínidos más o menos contemporáneos. Partiendo de ahí, las mujeres neandertales gastaban solo 1 kilocaloría (kcal) más al caminar y, teniendo en cuenta sus cuerpos relativamente más pesados, al final, sus piernas resultan más eficientes. Aunque la imagen de caminantes incansables concuerde con la evidencia esquelética, parece que correr no era su fuerte. Con arcos plantares reforzados para soportar su mayor corpulencia, no habrían rendido mucho en pruebas de sprint, y menos aún en carreras de resistencia. Quizá los neandertales hubieran perdido frente a cualquier *H. sapiens* en 5000 m lisos, pero, como contrapartida, sus tendones de Aquiles les proporcionaban mayor agarre en terreno desigual.

Seres biosociales

Hasta ahora, los neandertales parecen situados entre los senderistas y los velocistas: gran capacidad pulmonar, muslos macizos y gemelos flexibles. Pero ¿para qué esos brazos tan poderosos? Su giro de muñeca era potentísimo, y habrían ganado a campeones de pulso. Pero casi toda su fuerza residía en los antebrazos, rasgo que los distingue de cualquier población reciente de *H. sapiens.* Y se observan interesantes asimetrías: sabemos por los utensilios líticos y patrones de desgaste dental que los neandertales eran diestros, y que el lado dominante estaba entre un 25 y un 60 por ciento más desarrollado. Eso los acerca a los jugadores de críquet y los tenistas, e implica una actividad extenuante, que suele asociarse a la caza con lanza. Los fósiles, como un brazo izquierdo de 200 000 años de antigüedad procedente de Tourville-la-Rivière (Francia), confirman que algunos neandertales realizaban movimientos ascendentes y rotatorios similares a un lanzamiento y, como veremos después, se conservan lanzas parecidas a jabalinas. Pero, en conjunto, la mecánica de su hombro no está tan bien adaptada al movimiento por encima de la cabeza como el nuestro, y los patrones asimétricos en el desarrollo muscular del brazo tampoco concuerdan.

Existe otra posibilidad: la monitorización con electrodos revela que la flexión del músculo de los neandertales se explica mejor por la acción de raspar con una mano que por arrojar lanzas. Sabemos que raspaban diversos materiales, entre ellos madera, pero puede que el trabajo con pieles fuera la labor principal que provocó la asimetría de su brazo derecho. El capítulo 10 explica el duro trabajo de los neandertales con las pieles. Cada piel animal puede exigir más de 10 horas de raspado en múltiples fases, de manera que, aun cuando solo procesaran la mitad de las pieles que obtenían, un neandertal podía dedicar 100 horas anuales a raspar.[3]

Pero el experimento con electrodos demostró algo más: que, al arrojar una lanza, no es la articulación del codo dominante la que soporta la tensión, sino la del opuesto, porque ayuda a guiar el asta. Exactamente este patrón de asimetría en el codo izquierdo es el que se observa en los neandertales, causado por la enorme tensión mientras el brazo estaba recto y extendido. Así, es posible que sus cuerpos guarden registro de la caza, aunque no del modo que habría cabido esperar.

Si hiciéramos acopio de valor para tenderle la mano a un neandertal, ¿nos la aplastaría? Sí, si quisiera. Las diferencias en la anatomía ósea y los músculos de la mano los dotaban de una fuerza formidable sin sacrificar la destreza. Los análisis recientes no sustentan las afirmaciones de que eran menos hábiles con los dedos, pero sus manos parecen formadas para lidiar con

3. El dato se basa en cálculos de diferentes culturas indígenas norteamericanas, entre ellas los hurones, con unas treinta pieles anuales por familia.

fuerzas poderosas y transmitirlas al brazo. Poseían un vigor inusitado cuando agarraban algo en la palma de la mano, y los grandes músculos combinados con grandes tendones en los dedos aseguraban una presión de acero. Las anchas puntas de los dedos estaban probablemente adaptadas para sujetar los objetos con extrema firmeza, con solo una mínima pérdida de precisión para las tareas delicadas.

La biomecánica indica que el tallado puede explicar algunos de estos rasgos anatómicos. La base del pulgar soporta la mayor tensión, lo que coincide exactamente con el punto de su anatomía adaptado para soportar grandes esfuerzos. Y al usar herramientas líticas, es en los bordes exteriores del pulgar y los otros dedos donde se requiere fuerza, lo que también se refleja en la anatomía de su mano.

Aun cuando su destreza para manipular con las puntas de los dedos hubiera sido mínimamente inferior a la nuestra, la arqueología demuestra que eran capaces de fabricar y utilizar utensilios minúsculos. Es posible que la mayor fuerza de agarre y flexión del pulgar sirvieran de compensación, permitiéndoles sostener con firmeza objetos diminutos.

Pero en algunos neandertales se registran variaciones, posiblemente relacionadas con la realización de tareas diferentes a lo largo de la vida. La arqueología biosocial estudia los esqueletos según la edad y el sexo como un medio para establecer patrones sobre quién hacía qué. La Ferrasie 2 (LF2) está especialmente bien estudiado como uno de los pocos esqueletos casi completos identificados como femeninos. Bueno, probablemente femenino: la identificación del sexo depende de la forma y tamaño de huesos específicos como la pelvis. Una de las hembras más completas y famosas fue hallada en 1932 en la cueva Tabun en el monte Carmelo, en lo que entonces era Palestina. En un extraordinario caso de serendipia, tres arqueólogas participaron en la exhumación de sus huesos. Los primeros dedos que tocaron a Tabun 1, sosteniendo un diente bajo el sol, fueron los de Yusra, una experta trabajadora de campo. Con ella trabajaba Jacquetta Hawkes, una arqueóloga recién graduada invitada a la expedición de Tabun por su directora, la eminente prehistoriadora Dorothy Garrod.[4] La identificación del sexo no es segura al 100 por ciento sin una prueba de ADN (que todavía no se ha realizado a ningún neandertal de Oriente Próximo), pero para establecer el sexo de un esqueleto el cálculo de su peso también ayuda. Descubierto a solo 50 cm de LF1, LF2 pertenece claramente a un adulto, pero mucho menos robusto. Aun así, la diferencia media de tamaño entre los hombres y mujeres actuales es bastante parecida a la que se aprecia en los neandertales: los varones europeos pesaban entre 77 y 85 kg; las hembras, entre 63 y 69 kg.

Como nosotros, a veces los hombres y mujeres neandertales utilizaban sus cuerpos de modo diferente. Las piernas eran en conjunto igual de fuertes, pero las mujeres presentaban cierta asimetría, con los muslos más musculosos que las pantorrillas. Las diferencias entre cuánto caminaban y cuánto corrían, unidas al tipo de terreno, podrían explicar esta característica, pero es difícil establecer modelos específicos.

También hay disimilitud por sexos entre los huesos de las partes superior e inferior del brazo. Los bíceps de LF2 no eran probablemente tan fuertes como los del varón neandertal medio, ni quizá como los de las mujeres de varias poblaciones de *H. sapiens.* Pero su antebrazo tenía una fuerza superior a la de cualquier grupo comparable. Esto debe ser un reflejo de la repetición de acciones concretas, pero extrañamente las mujeres neandertales no muestran en general, como los hombres, asimetría entre el brazo derecho y el izquierdo. Hicieran lo que hicieran con sus antebrazos, en la mayoría de los casos utilizaban las dos manos. Basándose en estudios sobre algunas cazadoras-recolectoras, el trabajo de las pieles con ambas manos es una posibilidad nada desdeñable, quizá en alguna fase preparatoria.

Otra parte del cuerpo que cuenta historias interesantes son los dientes. Fundamentales para determinar la edad, también dejan constancia de cómo se usaba la boca para acciones distintas de roer o mascar. En muchas culturas donde solo se emplea un

4. Garrod ya había exhumado otro neandertal en Gibraltar, y siete años después del descubrimiento de Tabun se convirtió en la primera catedrática de Oxbridge.

cuchillo para comer, la gente corta los trozos elegidos mientras sujeta la comida con la boca. Cuando el filo toca el esmalte, sobre todo con una herramienta de piedra, deja minúsculos fragmentos en los dientes. Tales marcas son visibles en los neandertales y proporcionan pruebas concluyentes de la tendencia a utilizar una mano u otra,[5] pero también de diferencias sociales. Los recientes trabajos en que se compararon adultos por sexos —algunos de El Sidrón— revelaron que las marcas suelen ser más numerosas y largas en las mujeres.

También existen otros estigmas dentales. Piénsese en lo útiles que pueden ser los dientes para deshacer un nudo o sujetar algo cuando las manos están ocupadas. Los datos etnográficos nos dicen que las bocas pueden ser herramientas vitales para sostener o procesar cosas —por ejemplo, tendones o materiales vegetales— mediante la masticación. Se sabe desde antiguo que los incisivos de los neandertales presentan un desgaste extremo por usos como este, hasta el punto de dejar expuesta la dentina. En concreto, parecen asemejarse a sociedades de cazadores-recolectores que utilizaban la boca para trabajar la piel, apretando los dientes como un tornillo de banco para jalar de la piel y ablandarla, o para procesar tendones. También aquí hay diferencias entre sexos: algunas mujeres parecen tener los incisivos mucho más desgastados. La similitud más clara se da con sociedades históricas de cazadores-recolectores árticos como los inuits, yupikes, chukchis o iñupiats, donde las mujeres pasaban casi todo el tiempo trabajando las pieles. Sin embargo, el patrón no es idéntico: las neandertales utilizaban mucho más sus incisivos superiores, y sus molares no presentaban un desgaste acusado por masticar pieles. O bien aplicaban un método muy particular, o realizaban otra tarea desconocida hasta ahora.

Para reforzar la impresión de que algunas tareas eran realizadas por un sexo más que por el otro, las mujeres neandertales presentan una frecuencia más alta de mellas en sus incisivos inferiores, mientras que en los hombres se da en los superiores. Ninguna pista etnográfica explica tales asimetrías, pero como

5. Las marcas siguen la dirección de corte del cuchillo, y por eso sus ángulos reflejan dicha tendencia.

estos patrones son bastante similares en los yacimientos de Europa occidental, cabe pensar en elementos comunes muy extendidos en la organización de actividades.

No obstante, se impone cierta cautela, porque la muestra de esqueletos femeninos es limitada, y la manera de interpretar las cosas puede adolecer de parcialidad. Para algunos es más fácil imaginar a las mujeres trabajando las pieles que admitir la posibilidad de que la asimetría de los brazos masculinos se explique mejor por raspar con una mano que por manejar la lanza. Además, apenas sabemos cómo definían sus categorías de género, lo que va más allá del espectro de variaciones biológicas por razón de sexo. Sus diferencias sociales no tienen por qué haber sido binarias ni reflejarse directamente en su anatomía.

Desde luego, las madres soportaban de por vida una carga biológica adicional, que en parte podría leerse en los huesos. Quizá algunas de las diferencias locomotoras en las mujeres venían de cargar habitualmente con la prole, y una buena parte del trabajo con la piel que dejó huella en brazos y dientes consistía probablemente en ropa para los niños y envoltorios para transportar a los bebés.

Sin embargo, como con todo el mundo, la individualidad sale a la luz. Algunos neandertales disfrutaban más con unas tareas que con otras, o las realizaban mejor y con más frecuencia. Las anomalías en el daño dental tal vez sean un reflejo de esto. Un hombre de la cueva de l'Hortus (Francia) presentaba melladuras anormales en solo uno de sus incisivos, debidas a un uso prolongado, mientras que el hombre El Sidrón 1 mostraba un daño mayor, pero en ambos incisivos. La causa no queda clara; una posibilidad es que retocaran los útiles líticos con los dientes, algo que, aunque parezca inverosímil, está documentado en algunas culturas de cazadores-recolectores.[6]

Probablemente la categoría social más numerosa en cualquier grupo neandertal eran los niños. Más fuertes que nosotros al nacer, la actividad intensa endurecía aún más sus cuerpos. Antes incluso de los 10 años, las piernas del niño de Teshik-Tash en Uzbekistán debieron de caminar incansablemente, mientras

6. Talla secundaria.

que los brazos del adolescente Le Moustier 1 eran casi tan musculosos como los de un adulto. Los dientes de los jóvenes revelan además que practicaban o se sumaban a las tareas de los adultos: en la Sima de los Huesos, el esmalte de los niños mayores y los adolescentes ya había empezado a desgastarse. Pero incluso los más pequeños, aquí y en todas partes, presentan hasta cierto grado un característico desgaste por sujeción, lo que indica que empezaban a ayudar en el trabajo de las pieles a edad temprana.

En conjunto, el microdesgaste dental de los niños aumenta con la edad, pero es más complejo que el mero uso excesivo de la boca. Los microarañazos en el muchacho de El Sidrón no solo eran menos numerosos, sino diagonales en vez de verticales. Esto significa que había aprendido a comer como un adulto utilizando una herramienta lítica, pero realizaba pocas más tareas con la boca. Se advierten indicios de un entorno social en que quizá él y otros niños aprendían e imitaban tareas, porque en conjunto su patrón de daño dental se parece más al de las mujeres que al de los hombres.

Sin duda los niños neandertales aprendían con la práctica, y desde su nacimiento veían cómo se realizaban casi todas las tareas que desempeñarían de adultos, ya fuera extraer grasa de los músculos, comer en derredor de un hogar o moverse por el territorio. Es probable que se les enseñaran las labores especialmente complicadas. En muchas culturas de cazadores-recolectores los niños juegan con herramientas cortantes, manejándolas a veces antes incluso de saber caminar, y salen por su cuenta en busca de alimento. Pero esas actividades tan tempranas acarreaban un elevado costo, que algunos de los más pequeños pagaban.

Cargas en los huesos

De haber sabido sobre los neandertales, el filósofo del siglo XVII Thomas Hobbes sin duda los habría incluido en su famosa descripción de los cazadores-recolectores como personas con vidas «pobres, inmundas, brutales y cortas», con «miedo constante y en peligro de muerte violenta». Este prejuicio se ha aplicado con frecuencia a neandertales y homínidos, reforzado además por las conclusiones extraídas de sus cuerpos. Los esqueletos más completos presentan signos de padecer al menos un mal, ya sea una enfermedad o una herida, y a veces les sobrevenía una verdadera «serie de castróficas desdichas». Pero al mismo tiempo la investigación moderna tiende a demostrar que, aunque los neandertales sufrieran penalidades, no necesariamente eran peores que las que han soportado otros humanos en entornos hostiles.

Un caso concreto afecta a las líneas de interrupción del crecimiento dental, bastante común en los neandertales y esgrimida durante mucho tiempo como prueba de que sufrían periodos de hambruna infantil. Todos los individuos de El Sidrón las mostraban, formadas desde que empezaron a caminar hasta unos 4 o incluso 12 años de edad, y algunos de este y otros yacimientos, como Le Moustier 1, las presentan en múltiples fases. Pero no es una regla universal, pues otros no las tenían. Las interpretaciones biomédicas actuales indican que, aunque pueden deberse a desnutrición, la mayoría de las veces indican un desgaste sistémico, como una enfermedad o infección vírica graves.

Por lo demás, los padecimientos de las poblaciones neandertales no eran peores que los de otros grupos humanos. Las muestras tomadas de yacimientos prehistóricos inuits presentan series de líneas más duraderas desde la primera infancia, mientras que los niños neandertales parecen verse afectados desde que empiezan a caminar. Esto podría estar relacionado con la introducción de comida sólida, una etapa con más exposición a los gérmenes. Curiosamente, las primeras muestras de *H. sapiens* revelan más líneas en criaturas muy pequeñas, lo que podría apuntar a un desgaste físico todavía más intenso que el de niños neandertales.

Incluso sin líneas de crecimiento, puede afirmarse que la mayoría de los neandertales necesitaban un dentista. Como muchas sociedades prehistóricas, la mala salud bucal era habitual y muchos debieron de sufrir dolores por el extremo desgaste de los dientes. El sarro causaba retraimiento de las encías, acumulaba restos de comida y acababa provocando abscesos. Las estrías de microdesgaste en un adulto joven de El Sidrón demuestran que con el tiempo cambió de mano para comer, lo que podría guardar relación con un absceso radicular agudo.

Otros padecían enfermedades del crecimiento: Le Moustier 1 tenía un canino no erupcionado, y un individuo de Krapina presenta dos molares mal posicionados, uno de ellos impactado y probablemente muy doloroso. Como nosotros, los neandertales intentaban ser sus propios higienistas. Unos surcos característicos demuestran que algunos se escarbaban los dientes de manera habitual, sobre todo en zonas doloridas.[7] Sin embargo, los índices varían de un yacimiento a otro, lo que puede denotar estados diferentes de salud o hasta tradiciones sociales distintas. La posibilidad de que los arqueólogos encuentren auténticos palillos parece infinitesimal, pero en El Sidrón se halló un fragmento de madera de conífera incrustado en el sarro junto a un diente con surcos.

Los análisis realizados en el siglo XXI revelan incluso aspectos no visibles en los huesos: también en El Sidrón, el ADN de los cálculos dentales procedía de un parásito de las encías que causa diarrea.[8] En conjunto, aunque no parecen especialmente enfermizos en comparación con otros cazadores-recolectores, los neandertales padecieron otros problemas de salud. Algunas enfermedades son raras en la actualidad: el fragmento de cráneo de los Zeeland Ridges es el único neandertal verdaderamente «submarino» encontrado hasta el presente, y lleva la marca de un mal genético. Sacado a la superficie en el 2001 tras dragar a unos 30 m de profundidad, a 15 km de la costa de los Países Bajos, muestra claramente una gran úlcera provocada por un quiste. Visible sin duda en vida, quizá no le ocasionara demasiadas molestias, pero estas úlceras pueden causar problemas de equilibrio y dolores de cabeza, o, en los casos más graves, hemorragia cerebral y convulsiones.

7. Con el fin de identificar con precisión este tipo de desgaste, se emplearon varias horas para obtener restos dentales de unas mandíbulas halladas en un osario del siglo XVIII en Madrid.

8. Esta especie en concreto, *Enterocytozoon bieneusi*, es común en los cerdos y puede contagiarse por comer carne contaminada por heces.

En varios neandertales se han documentado otras dolencias, que hoy se identifican con distintos síntomas. Tres individuos —dos del mismo yacimiento— presentan excrecencias óseas en los ligamentos de la columna vertebral y otras zonas.[9] Es posible que fueran indoloras, o que provocaran dolor de espalda, problemas de movilidad o incluso parálisis total. Curiosamente, esta dolencia es hoy más común en varones, y se ha vinculado con dietas ricas en carnes y grasas en casos históricos conocidos, como varios miembros de la dinastía florentina de los Médicis en el Renacimiento, el faraón Ramsés II y los monjes y mercaderes medievales que disfrutaban de alimentos hipercalóricos.

Ejemplares de neandertales de otros lugares presentaban engrosamientos óseos del cráneo.[10] Causados probablemente por altos niveles de estrógenos, pueden provocar dolores de cabeza, problemas de tiroides y aumento de peso. Las mujeres de edad se hallan sujetas a una mayor exposición a los estrógenos a lo largo de su vida, lo que tal vez explica por qué lo vemos en el cráneo de la cantera de Forbes en Gibraltar, que perteneció a una mujer de al menos 40 años. Pero los hombres con bajos niveles de testosterona también corren riesgos, y eso coloca a los dos neandertales conocidos con esa deficiencia hormonal en el mismo grupo que el castrato del siglo XVIII Farinelli y los pacientes de cáncer de próstata.

Pese a la creencia común de que los neandertales casi nunca pasaban de la veintena, la mujer de Forbes constituye solo un ejemplo de las féminas neandertales de edad media —o más entradas en años— que se han hallado. Incluso si crecían más rápido en la niñez, esto apenas habría influido en su esperanza de vida, así que biológicamente no hay motivo para suponer que no hubiera neandertales septuagenarios acurrucados junto al fuego. La escasez de individuos mayores de 50 años es habitual en los registros arqueológicos de todos los periodos, ya que determinar la edad con exactitud más allá de ese límite es complicado[11] y los huesos de los más longevos suelen ser más frágiles.

9. Hiperostosis esquelética idiopática difusa.

10. Hiperostosis frontal interna.

11. El desgaste dental es un cálculo, pero pasada cierta edad no resulta fiable.

Un abuelo especialmente famoso vivió en Shkaft Mazin Shanidar (Gran Abrigo Rocoso de Shanidar), en el Kurdistán iraquí. Excavado entre 1951 y 1960 y hoy estudiado de nuevo, este yacimiento espectacular produjo más de diez esqueletos, en su mayoría completos. El primero que se encontró, conocido como Shanidar 1, era de mediana edad y había superado un sinfín de complicaciones físicas.[12] Poco antes de llegar a adulto, sufrió una terrible fractura múltiple en su brazo derecho, que se le encogió por una mala cicatrización. Por increíble que suene, parece como si alguien le hubiera amputado el antebrazo. Aunque pudo sobreponerse a estas heridas, sufrió una malformación del omóplato derecho que pudo afectar a la clavícula, dejándola extremadamente corta y con una grave infección bacteriana, quizá a consecuencia de la herida.

Pero sus problemas no terminaban aquí, porque posiblemente padecía dolorosas malformaciones óseas y una mala audición que dificultaba la comunicación con sus congéneres.[13] Y para rematar, también sobrevivió a múltiples lesiones en la cabeza. Un golpe le aplastó el lado superior izquierdo de la cara, deformándole el hueso en torno al ojo y la mejilla. Este fue quizá el mismo traumatismo que le fracturó el brazo, pero sin duda después recibió otros golpes lo bastante fuertes para afectar al hueso. Cuandoquiera que ocurriera, la herida grande le provocó no solo un daño masivo en los tejidos blandos, sino probablemente la pérdida de visión parcial —o total— de un ojo.

Aunque viviera con un dolor crónico y padeciera muchos achaques, Shanidar 1 se adaptó a la vida del grupo. Siguió usando su brazo dominante, pese a haber perdido una mano, y es posible que incluso tallase utilizando alguna técnica modificada. Al morir presentaba una acentuada cojera resultado de una artritis avanzada, pero el buen desarrollo de los huesos de las

12. Este individuo quedó inmortalizado en el hechicero Creb de la novela de Jean M. Auel *El clan del oso cavernario*, que inspiró a toda una generación de prehistoriadores entre los que me incluyo.

13. Su sordera parcial se debía a unas protuberancias benignas dentro del oído; en la literatura médica se conocen como «oído de surfista» porque están relacionadas con la natación en aguas frías, pero pueden deberse a una infección, herida o incluso exposición prolongada al viento frío.

piernas apunta a una edad adulta con la misma movilidad que otros neandertales. Sin embargo, después de tantos padecimientos, es posible que su perdición viniera por su lentitud de reflejos, dado que algunas evidencias indican que fue arrollado por un desprendimiento de rocas.

Shanidar 1 es el neandertal de peor salud conocido, pero ni mucho menos el único que soportó más de una afección física. Décadas después de su descubrimiento, otro esqueleto se ganó el apodo de «el Viejo». Solo cuatro días antes de que el cráneo Le Moustier 1 fuera extraído por fin en 1908, tres sacerdotes entusiastas de la prehistoria exploraron unas cuevas cerca de La Chapelle-aux-Saints, en Corrèze. Dentro de una cavidad, abierta como la cuenca de un ojo en un cerro, sacaron a la luz un cuerpo tendido de lado con las rodillas flexionadas. Con la adrenalina disparada por su extraordinaria suerte, exhumaron y guardaron los restos, escribiendo aquella misma noche a científicos eminentes para pedirles consejo. Boule se adelantó y los restos fueron enviados a su laboratorio. En cuanto llegaron, la importancia del esqueleto de La Chapelle-aux-Saints como el primer neandertal casi completo quedó clara.

Aunque algo más joven que Shanidar 1, las penalidades de su existencia se hallaban impresas en los huesos del Viejo. Además de una parecida pérdida de audición, el desgaste dental masivo le habría hecho padecer insoportables abscesos, y le faltaban más o menos la mitad de las piezas: algo excesivo incluso para cazadores-recolectores más longevos. La degeneración ósea, que le habría provocado dolores al caminar, es visible en todo su cuerpo. Aunque pudo deberse a heridas, el motivo principal fue probablemente el sobreesfuerzo de acarrear pesadas piedras o carcasas animales. Por otra parte, a diferencia de Shanidar 1 y otros neandertales, su única lesión clara era una costilla rota, soldada mucho tiempo atrás.

De hecho, podría establecerse con facilidad un contraste con La Ferrasie 1, que por la misma época yacía también en el laboratorio de Boule. Probablemente más joven que el Viejo, con entre 45 y 50 años de edad, LF1 había sufrido más lesiones (pero menos que Shanidar 1). Presentaba una clavícula fracturada (lesión bastante común hoy en día, y no demasiado grave), que quizá le dejó el hombro algo torcido y afectó al movimiento del brazo. Pero revestía más gravedad para LF1 la rotura del cuello del fémur en la articulación de la cadera: una rara lesión que suele deberse a una caída aparatosa.

Acaso el embarramiento del terreno mientras LF1 cazaba convirtió un resbalón en algo más peligroso, o quizá lo derribó la propia presa. En cualquier caso, sabemos que el percance ocurrió décadas antes de su muerte, y que nunca volvió a caminar igual, lo que acabó desviándole la columna vertebral. Después padeció una artritis, seguida de una enfermedad grave que le ocasionó dolorosísimas inflamaciones de las articulaciones y las puntas de los dedos de manos y pies.[14] Al final de su existencia, puede que LF1 sufriera dolores permanentes.

No sorprende que algunos neandertales más viejos padecieran achaques, pero más inesperadas resultan las lesiones graves en niños. Le Moustier 1 sirve de ejemplo: soportaba una mandíbula rota y mal soldada, que le pudo causar un desgaste dental asimétrico por la prolongada dificultad para comer. Además de que posiblemente afectara a la comunicación verbal, el desgaste nos indica que la lesión se produjo bastante antes de su muerte, entre los 11 y 15 años.

E incluso niños de menos edad sufrían roturas similares. A menos de 1 km de la cantera de Forbes, en Gibraltar, se encuentra el yacimiento de la Torre del Diablo, explorado en 1925 por una joven Dorothy Garrod. Lo que allí descubrió, casi una década después del hallazgo de Tabun 1, fueron los restos de un niño de no más de cinco años con la mandíbula rota. Más asombroso todavía: la lesión se había producido al menos un par de años antes, y después el niño había sufrido fracturas de cráneo potencialmente mortales. ¿Habría participado un niño tan pequeño en actividades peligrosas como la caza, o estamos ante accidentes ocurridos cuando nadie vigilaba? Pero dos lesiones graves parecen demasiada mala suerte; también cabe que fuera golpeado.

El riesgo de herida y muerte aumentaría si el peligro viniera de dentro. Han persistido perniciosas creencias de que los

14. Osteoartropatía pulmonar hipertrófica; hoy se da principalmente en casos de cáncer de pulmón.

neandertales eran proclives a la violencia, aunque es raro encontrar pruebas irrefutables de agresiones. Es verdad que hay un número considerable de heridas en la cabeza, pero casi nunca puede determinarse cómo se infligieron. Los estudios médicos indican que los golpes por peleas suelen ser faciales o por encima de las orejas. Y puesto que el 90 por ciento de quienes los asestan son diestros, casi siempre se localizan en el lado izquierdo. Entre las diversas heridas en los cráneos de la Sima de los Huesos destaca una provocada dos veces con el mismo objeto desde ángulos diferentes. Es difícil explicarlo como un accidente, pero el arma pudo ser una pezuña y no un hacha de mano. Del gran tamaño de la herida de Shanidar 1 se deduce que fue atacado con algo enorme o golpeado muchas veces.

De manera parecida, un fragmento de la cabeza de Krapina presenta una tremenda fractura por detrás del oído derecho. Es el traumatismo craneal más grave conocido en un homínido fósil, pero en realidad resulta demasiado grande para concordar con la mayoría de las heridas por agresión; es mucho mayor que la que suele causar un arma empuñada. Asombrosamente, esta herida tan grave acabó cicatrizando, aunque al individuo quizá le quedaron lesiones cerebrales, con los consiguientes efectos a largo plazo. En conjunto, los neandertales de Krapina presentan altos índices de lesiones craneales por aplastamiento —algunas con inflamación masiva—, pero pocas localizadas en la «zona de agresión». Los accidentes parecen explicaciones probables para la mayoría de los casos, lo que coincide con lo que sabemos de algunas poblaciones de cazadores-recolectores, donde es común que las caídas ocasionen lesiones graves.

Entre miles de fósiles, solo se conocen dos casos palmarios de agresión entre neandertales. Uno es otro adulto de Shanidar con una incisión tan profunda en el pecho que la herida atravesó dos costillas. Estas se soldaron y, por insólito que parezca, crecieron en torno a un fragmento del arma que quedó alojado dentro. A juzgar por la forma del boquete, coincidiría con una lasca o una punta lítica; no obstante, es posible que la causa fuera un accidente y no un acto intencionado. Puede que, en los últimos segundos frenéticos de una cacería, un lanzazo no abatiera a la bestia sino a otro cazador.

El último ejemplo, sin embargo, va «más allá de una duda razonable». A fines de la década de 1960, los restos de un neandertal del que hablaremos mucho más en el capítulo 15 fueron exhumados en La Roche-à-Pierrot, cerca de Saint-Césaire, en el suroeste de Francia. La reconstrucción en 3D del cráneo de —probablemente— una mujer reveló una terrible herida de más de 7 cm de largo; estaba localizada en la cúspide del cráneo, y en términos forenses se asemeja mucho a las heridas causadas por objetos punzantes de filo recto. El misterioso objeto golpeó la cabeza de la mujer de Saint-Césaire —por detrás o de frente— con tal violencia que le desgarró el cuero cabelludo y destrozó el hueso. Una vez más, sin embargo, las señales de cicatrización demuestran que la víctima sobrevivió al violento traumatismo.

Así que algo de violencia sí había. ¿Quiere eso decir que los neandertales eran asesinos habituales? Seguramente no. Es más probable que los enfermos o heridos muriesen en cuevas y abrigos y quedaran allí conservados, aparte de que vivir en tales lugares ya entrañaba peligro. Los mineros, por ejemplo, registraron altos índices de lesiones craneales hasta que las reformas en materia de seguridad introdujeron los cascos protectores.[15] Los neandertales no abrían túneles con explosivos, pero encendían hogueras bajo techos de piedra, lo que provoca cambios rápidos en la temperatura con el consiguiente peligro de desprendimientos.

La evaluación de muestras más amplias revela, además, que las heridas graves no eran la norma: de 279 partes de extremidades superiores en Krapina, solo tres huesos de brazos y una clavícula estaban dañados, y ninguno de los más de 170 huesos de piernas estaba afectado. Sí es cierto que los neandertales de más edad encontrados en otros lugares indican que la salud empeoraba con los años, algo común a todos los humanos con una vida dura.

Además, la comparación con los primeros *H. sapiens* es clarificadora. El yacimiento de Mladeč (República Checa) reveló

15. Algunos datos históricos proceden de mineros de Cornualles, una de las últimas regiones de Gran Bretaña en que se empleó habitualmente la trepanación para las heridas craneales.

los restos de al menos nueve personas datadas hace unos 36 ka, unos cuantos milenios después de los últimos neandertales conocidos. Casi todos presentaban indicadores de mala salud, ya fueran líneas de interrupción severa del crecimiento dental, discapacidad auditiva o sordera, infecciones, un tumor benigno, degeneración ósea, enfermedad gingival y, posiblemente, escorbuto o meningitis. Además de un brazo roto, un cráneo de varón conocido como Mladeč 1 presentaba tres probables heridas por agresión. Más al este y unos miles de años después, en Sunghir (Rusia), hay incluso un caso claro de asesinato de *H. sapiens.* La garganta del esqueleto de un adulto lujosamente enterrado había sido tajada violentamente, ocasionándole con mucha probabilidad la muerte.

La juventud de los primeros *H. sapiens* no era menos ardua que la de los neandertales. Otro entierro espectacular en Sunghir es el de dos niños sepultados cabeza con cabeza. Ambos presentaban más de una fase de interrupción del crecimiento de los dientes, y los fémures de uno eran extremadamente cortos y arqueados, cabe suponer que por un trastorno genético. Los huesos faciales del otro también eran anormales, y probablemente dificultaban la masticación: no mostraba desgaste dental, lo que sugiere que le proporcionaban comidas blandas especiales. Podemos incluso encontrar un equivalente del maltratado muchacho de la Torre del Diablo en el esqueleto de *H. sapiens* temprano de un niño de 4 a 5 años encontrado en Lagar Velho (Portugal); cuando empezaba a caminar había sufrido un fuerte golpe en la cara y una grave herida, ya cicatrizada, en el brazo.[16]

Puestos en la balanza, puede que en realidad seamos más violentos que los neandertales, porque en ninguna parte se han hallado pruebas de que mataran a niños. No ocurre así en el yacimiento de *H. sapiens* tempranos de Balzi Rossi, en el noroeste de Italia, donde hay altas probabilidades de que un niño pereciera tras ser acuchillado o golpeado por la espalda. Un frag-

16. Poco antes de que muriera, sus dientes registraban ya varias interrupciones del crecimiento con escasos meses de diferencia, lo que sugiere una enfermedad grave.

mento de una herramienta de piedra se alojaba todavía en una vértebra, y aunque no es descartable algún terrible accidente, todo apunta a un conflicto social. Esta clase de agresiones están bien documentadas en nuestra especie, incluso entre cazadores-recolectores, e indudablemente se aceleraron durante los últimos 40 000 años. Por el contrario, no conocemos un fenómeno semejante durante los cientos de milenios de existencia de los neandertales.

Muchas tierras, muchas vidas

Los huesos de todos los neandertales encierran historias singulares. A gran escala geográfica o de tiempo geológico, se aprecian sutiles diferencias anatómicas. Dos niños neandertales separados probablemente desde el nacimiento por 30 000 años y miles de kilómetros —Le Moustier 2 en Francia y Mezmaiskaya 1 en Rusia— compartían unos huesos de notable grosor. Pero en otros aspectos, como las proporciones de los brazos, eran algo diferentes. E incluso neandertales que vivieron en las mismas zonas más o menos por la misma época distaban mucho de ser clones.

Las variaciones fisiológicas que parecen más comunes en algunos lugares y épocas son visibles también en adultos. Por ejemplo, los rostros de los neandertales noreuropeos eran un poco más prominentes, lo que les dejaba huecos mayores detrás de los molares. Y entre los neandertales Le Moustier 1 y Kaprina, a los que separaban cientos de kilómetros y de 80 000 a 90 000 años, se aprecian en la dentición diferencias pequeñas pero evidentes.

En algunos lugares vemos rarezas anatómicas muy localizadas. En La Quina, en el suroeste de Francia, tres adultos y un adolescente comparten un rasgo craneal muy difícil de encontrar en otros sitios. Esto implica procesos largos con subpoblaciones que quedaron lo bastante aisladas genéticamente para que se produjeran mutaciones aleatorias. Los neandertales de La Quina vivieron al final de una intensa glaciación, lo que podría haber menguado las poblaciones, causando aislamiento y altos niveles de endogamia.

A veces el clima regional pudo influir directamente en la anatomía. Los neandertales de Europa meridional estaban hasta cierto punto aislados del frío (aunque no siempre de la aridez) y, sorprendentemente, los de Oriente Próximo tienen cuerpos más delgados y menos robustos. Pero si la anatomía de los neandertales se veía afectada por la actividad física, esta diferencia podría reflejar también la influencia del medio en el grado de movilidad.

Varios estudios recientes sobre las extremidades apoyan esta teoría. Aunque los varones europeos tenían más desarrollada la parte inferior de las piernas, los de Oriente Próximo presentaban unos muslos más fuertes, lo que sugiere una variación en su nivel de movilidad o en el tipo de terreno. En las mujeres, aunque la muestra es muy pequeña, la diferencia es aún mayor. Pero tanto los hombres como las mujeres de esta región poseían brazos más fornidos.

La anatomía dental propiamente dicha no muestra tendencias regionales claras, pero los patrones de desgaste sí. Más de cuarenta neandertales en más de veinte yacimientos, que van desde Pontnewydd en Gales hasta Shanidar en Irak, evidencian que el entorno afectaba no solo a lo que comían, sino también a la utilización de la boca como herramienta. Los individuos de regiones o periodos con vegetación más abierta, como la estepa, presentaban niveles más altos de utilización de los dientes como elemento de agarre. La razón más lógica quizá sea que los neandertales que vivían en condiciones más frías necesitaban más ropa y pasaban más tiempo trabajando pieles de animales.

Hay patrones a menor escala más difíciles de establecer, pero que podrían caracterizar tradiciones regionales en la tecnología o las tareas: en particular, los neandertales italianos muestran más desgaste que los europeos occidentales. Y después de 60 ka, asombra que ningún neandertal de Oriente Próximo presente este tipo de desgaste. Esto, combinado con la evidencia obtenida de las extremidades, denota que quienes vivían en esta zona cálida y árida, pero rica en plantas, cazaban, buscaban alimento y procesaban los materiales de manera singular.

Pero siempre se dan excepciones. Algunos individuos de entornos más cálidos y con más vegetación utilizaban la boca exactamente igual que otros de regiones de tundra esteparia. Acaso en condiciones más benignas y sometidos a menor presión para sobrevivir, fuera más probable que los neandertales diversificaran sus habilidades, quedando impresa en sus cuerpos la huella de su pericia artesanal.

Los restos de los neandertales nos han proporcionado los detalles más singulares e íntimos de sus vidas. Cada amanecer traía un nuevo día de trabajo extenuante, pero su existencia no era a grandes rasgos más ardua que la de los cazadores-recolectores. Caminantes de fondo, devoraban terrenos ásperos pese a su corta zancada. Sus brazos y manos eran poderosísimos, pero capaces a la vez de una refinada destreza. E igual que ocurre con nosotros, había muchas maneras de ser neandertal. De haber emprendido un circuito a pie por su mundo, nos habríamos encontrado con grupos que parecían y —probablemente— sonaban muy diferentes, y cuya idea de «vida normal» podría haberles resultado tan mutuamente desconocida como a nosotros. Además, dentro de su diversidad biológica, cada individuo tomaba su propio camino.

A medida que avance la genética prehistórica, los mecanismos y adaptaciones que subyacen en la biología de los neandertales quedarán más claros. Pero quizá la mayor revolución haya sido el derribo de la Edad de Hielo como explicación de su apariencia y modo de vida. Sus cuerpos se fueron ahormando por y para unas formas de vida extraordinariamente duras, se encorvaran o no ante vientos glaciales. Puede que vivir en climas fríos en extremo solo sirviera para dar aún más lustre al motor ya bruñido que los propulsaba. Y cuando estudiamos a fondo el vasto espectro de climas y medios que conocieron los neandertales, su historia depara todavía más sorpresas.

CAPÍTULO 5

HIELO Y FUEGO

Una luz gris de lobo se filtra a través de los troncos mientras el amanecer otoñal se enreda alrededor de las bellotas. Las pieles tibias de los macacos los protegen del frío y sus cuerpos rojizos se desperezan mostrando a las crías resguardadas de la humedad de la noche. Su algarabía mañanera interrumpe el parloteo de las urracas y el griterío de los arrendajos en este bosque encendido de rojos colores. El promontorio calizo tapizado por el bosque es su morada, pero tanto los pájaros como los monos recelan del abrigo rocoso, donde aguardan ricas sobras, pero también acecha el peligro. Los más osados descienden hacia las sombras del saliente; saben que la pantera no está porque está la gente. O estaba ayer; el humo parece viejo.

Los macacos chupan ávidos los restos de cartílagos y tuétano que quedan en los huesos. Desde el valle envuelto en niebla ascienden sonidos: un ronco estruendo indica el avance de los elefantes hasta el río. Descienden graznidos desde un torbellino de grullas que vuelan en lo alto. A mayor altura —por encima de las montañas— una bandada de zorzales viaja hacia el oeste, buscando bosques cargados de bayas al otro lado del mar. Muchas horas de vuelo después, llegan a una isla que un día será famosa por la blancura ósea de sus acantilados meridionales. Pero, por ahora, esta tierra pertenece a las bestias.

Los zorzales se posan entre galerías de árboles junto al gran río que atraviesa la zona. Las aguas corren espesas y se remansan en torno a unos ojos de periscopio que escudriñan el entorno. El agua chorrea como en cascada de la mole gris que se alza cual submarino con casco en forma de barril, y mientras mastica, reconociendo el agua, el hipopótamo sacude las orejas. A prudente distancia, los búfalos de agua se regodean en el lodo, con hierba colgando de sus cuernos de media luna adornados con garcetas. Ignoran al león agazapado en la alta orilla, esperando a que la salida del sol disipe la niebla mientras el gamo aprovecha la ocasión para beber. Pero en ningún paraje de este río —ni en parte alguna de la isla regada por sus afluentes— se enreda el humo de leña en el aire del amanecer.

En un momento de un futuro inimaginablemente lejano, los zorzales se reúnen de nuevo, y la luz áurea de la mañana vuelve a dorar el gran río. Pero su curso está hoy encorsetado por una gran ciudad, con puentes que aprisionan el agua. Los leones se han quedado inmóviles, mudos sobre enormes pedestales. Ante ellos no se despliegan manadas, sino un gentío multicolor que fluye entre el tráfico. Por debajo de las estatuas y el tumulto, arroyos perdidos se abren paso a través del entramado urbano de cables, desagües y túneles. He aquí el sepulcro pétreo del Pre-Londres: una ciudad recostada sobre vastas graveras, compactada y acolchada por putrefacta tierra pardo negruzca. Aquí yacen mundos enteros desaparecidos: sembrados de huesos inmensos, atravesados por jirones embarrados de flores muertas mucho tiempo atrás, tachonados de alas de escarabajo todavía iridiscentes.

En la Europa del siglo XXI, las miradas salvajes de las grandes bestias se filtran casi siempre a través de cristales y rejas. Los «bebederos» junto al Támesis están abarrotados de políticos de Westminster, y hace más de dos milenios que la megafauna dejó sus últimas huellas a orillas del río antes inmenso. Los leones de Londres están hoy forjados en bronce y lucen melenas peinadas de las que carecían sus predecesores. Los hipopótamos nadan en tanques de cemento, e incluso se forman manadas de ciervos para el disfrute de la realeza. Pero si se mira al otro lado del canal de la Mancha se verá que las bestias están regresando: el oso pardo campa por las cumbres pirenaicas, el jabalí se pasea por la periferia de Berlín y las huellas de los lobos estarán pronto en las playas del mar del Norte.

Si ya nos maravillamos ante la fauna salvaje que nos queda, aun observándola desde una distancia de seguridad, es difícil imaginar este abarrotado continente poblado de criaturas mucho más grandes, y más aún lo es concebir ecosistemas enteros desaparecidos. La mayoría de los escritos sobre los neandertales están tintados de un azul de hielo, y a sus compañeros lanudos se les representa como criaturas adaptadas a temperaturas glaciales. Los primeros descubrimientos en cuevas o graveras fueron principalmente de renos o variantes lanudas de otras bestias como mamuts o rinocerontes. El concepto de un mundo neandertal helado se impuso, pero para comprender lo que experimentaron aquellos antepasados nuestros es preciso deconstruir la imagen simplista de una Edad de Hielo única y explorar los múltiples mundos en que vivieron, cada uno con su fauna.

Otros yacimientos excepcionales del siglo XIX revelaron mezclas extrañas de criaturas: en la cueva Victoria de Yorkshire apareció junto a una hiena un hipopótamo y un extraño elefante con un solo colmillo.[1] No solo especies árticas vivieron más al sur, sino que criaturas tropicales también se internaron en Europa. Aunque los geólogos sabían que el pasado más remoto abarcaba entornos naturales desaparecidos, el conocimiento preciso de la edad inmensa de la Tierra se coló como la luz que aclara un nuboso amanecer invernal. En la década de 1880 se contaba con evidencias de que a la vasta extensión de hielo polar que cubría gran parte de la Europa septentrional suce-

1. Igual que Lascaux, la cueva Victoria fue descubierta cuando un perro se perdió en una hondonada.

dieron fases «interglaciales» tan calurosas como la época actual.

Se tardó otro siglo en descubrir la verdadera complejidad del paleoclima. Hace unos 3 Ma se incrementaron los ciclos globales de enfriamiento y calentamiento, regidos por el eterno vals de la Tierra en torno al Sol. Los detalles de cómo la órbita elíptica del planeta, su inclinación y bamboleo afectan a nuestro clima son complejísimos pero predecibles; en esencia, la cantidad de luz solar determina en gran medida las temperaturas del aire y el mar. Estos son los motores que rigen la expansión y el derretimiento del hielo de los polos y los glaciares, cuyos efectos descontrolados producen el cambio climático.

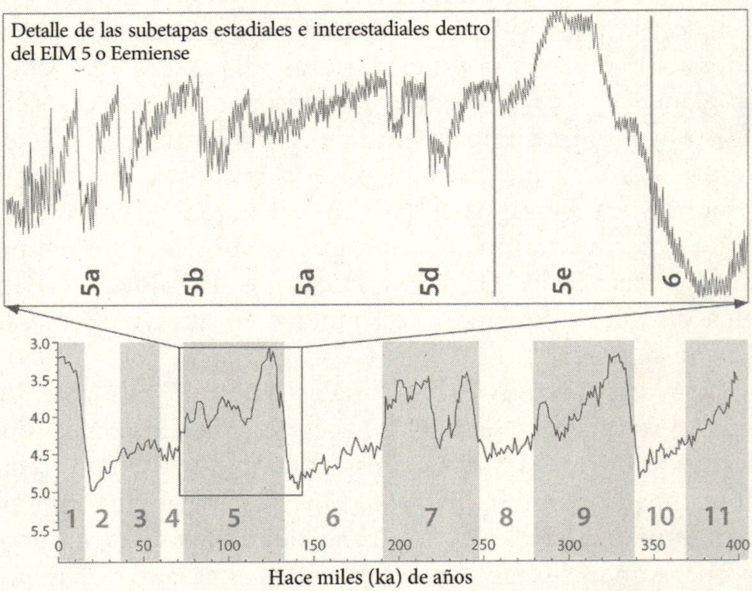

Estadios de isótopos marinos 11-1: concentraciones cambiantes de isótopos de oxígeno (18O y 16O) que caracterizan el clima global; datos del fondo del mar y de las capas de hielo

Figura 3. *Paleoclima en la época de los neandertales, con inclusión de los periodos glaciales y Eemiense: un mundo 2-4 °C más caluroso que el actual.*

La prueba se encuentra en los sedimentos depositados bajo el océano y en el hielo de Groenlandia y la Antártida. El manto perforado a gran profundidad contiene registros paleoclimáticos increíblemente antiguos, que revelan cambios en las temperaturas globales hace más de 100 000 años, con una resolución a escala milenaria. Datándolos y comparándolos con otros registros más breves —por ejemplo, secuencias de polen en lechos lacustres, acumulaciones de polvo de tundra antigua, coladas calcáreas en cuevas o arrecifes coralinos tropicales—, se puede graduar con precisión el paleoclima durante inmensos lapsos de tiempo.

El patrón es invariable: los ciclos de enfriamiento y calentamiento variaban en intensidad y duración, pero el corazón de la tierra late al mismo ritmo sea cual sea el registro en que nos fijemos. Los científicos han puesto nombre a los ciclos climáticos a largo plazo utilizando un sistema conocido como estadios isotópicos marinos (EIM). Actualmente, los habitantes de la Tierra vivimos en el estadio 1, un periodo cálido —o interglacial— que sigue al estadio 2, la última fase fría registrada, que terminó hace unos 11.7 ka.

El estadio 1 marca el límite geocronológico del Holoceno; todo lo anterior (casi cien ciclos) hasta hace casi 2 Ma es el Pleistoceno. Remontándonos muy atrás vemos que los picos del clima cálido son números impares (EIM 3, 5, 7...), mientras que los de las depresiones frías son números pares (EIM 2, 4, 6...). Aunque aparecieran elementos con anterioridad, los cuerpos y la cultura típicamente neandertales quedaron definidos con claridad no durante un periodo glacial, sino en el benigno interglacial EIM 9 después de hace 350 ka. Además, si se considera el lapso completo de hace unos 400 a 45 ka, contrariamente a lo que se cree, los neandertales vivieron en realidad más tiempo en periodos interglaciales que glaciales.

Otro avance significativo en nuestros conocimientos es que cada etapa climática era única. Cada una registraba desviaciones de temperatura más pequeñas y cortas: «estadiales» fríos y «estadiales» cálidos. Estas subetapas se clasifican con letras; una sobre la que volveremos más adelante es el primer pulso cálido durante el EIM 5, conocido como 5e.[2] Podían durar varios miles de años o unos pocos siglos, con cambios extremadamente repentinos. A veces, en el transcurso de una vida humana se producían transformaciones espectaculares en la temperatura, el medio e incluso el nivel del mar.

Todo esto significa que podemos reconstruir con notable minuciosidad las condiciones en que vivieron los neandertales en cualquier momento, y también cómo era el mundo cuando desaparecieron. Esto ocurre hace unos 40 ka en el EIM 3, lo que quiere decir que su clima y sus entornos naturales se han sometido a un escrutinio especial. Pese a su clasificación como interglacial, se trata más bien de una fase cálida ampliada hace entre unos 65 y 30 ka, durante un periodo más largo de condiciones por lo general más frías que empezó en el EIM 4 y duró hasta el final del EIM 2.

En comparación con verdaderos interglaciales más antiguos, el EIM 3 nunca fue realmente caluroso para la mayoría de los neandertales. Los veranos al norte de los Alpes fueron casi iguales a los de las Tierras Altas escocesas de hoy, seguidos de otoños pasados por agua. A menudo imaginamos a los neandertales encorvados ante las ventiscas, pero es igual de acertado figurárnoslos de pie en medio de un aguacero. Los inviernos, no obstante, eran indudablemente más fríos, y la nieve se quedaba en el suelo durante muchos meses. Pero, aun así, los ambientes euroasiáticos del EIM 3 distaban mucho de ser yermos glaciales. Por el contrario, lo que caracteriza a este ciclo climático es su inestabilidad, con un prolongado vaivén de subidas y bajadas térmicas.

MÁS ALLÁ DEL HIELO

Si resulta inesperado concebir a los neandertales chapoteando en el lodo y a la vez dejando surcos en la nieve, todavía aguardan sorpresas mayores. El interglacial propiamente dicho más reciente, EIM 5, fue incluso más caluroso que la época actual. Cuando terminó el glacial precedente EIM 6, las temperaturas subieron

2. Estas letras van hacia atrás, de modo que «e» es el primero de los cinco interestadiales y estadiales del EIM 5.

rápidamente, hasta alcanzar su cima hace unos 123 ka en la subetapa EIM 5e, conocida como Eemiense.[3] Este sigue siendo —hasta ahora— el periodo más caluroso que conocieron los homínidos en toda Eurasia; duró unos 10 000 años, poco tiempo a escala geológica pero equivalente a unas quinientas generaciones.[4]

Así pues, ¿cómo era este mundo cálido? Al menos al principio, más soleado que el presente. La posición de la Tierra con relación al Sol era algo distinta, lo que bañaba el planeta de más radiación solar en verano. Esto elevó las temperaturas medias entre 2 y 4 °C, con efectos palpables. Las cuevas alpinas en el límite actual de las nieves perpetuas eran lo bastante cálidas y húmedas para que se formaran estalagmitas, y por todo el continente se extendían vastos bosques. Y lo más espectacular: el derretimiento de los casquetes polares y glaciares elevó el nivel del mar unos 8 m.

Conforme aumentaba el calor, las playas alcanzaron cotas más altas y, como en un caleidoscopio, unas especies arbóreas sustituían a otras. Los registros de polen muestran que el abedul y el pino dieron paso a bosques donde abundaban los robles, salpicados de olmos, avellanos, tejos y tilos, de cuya maduración surgieron tupidos bosques de carpes. Estos últimos duraron hasta la llegada de píceas, abetos y pinos, que preludian el principio del subsiguiente y más frío estadial EIM 5d. Los neandertales que vivieron en diferentes épocas en estos bosques durante 10 000 años de mutaciones oyeron al alba coros muy diferentes. Los peleones piquituertos y herrerillos capuchinos cedieron paso a los gárrulos arrendajos y los melifluos ruiseñores, hasta la llegada de frías mañanas en que los ruidosos urogallos exhalaban vapor al aire cortante.

La otra fauna del Eemiense subvierte también las ideas tradicionales sobre los neandertales. Junto con uros y caballos —que ampliaron su dieta de la hierba al ramoneo— había jaba-

3. El Eemiense es un término paleoclimático de Europa occidental basado en un yacimiento tipo de polen antiguo; existen muchos otros nombres regionales, como el Ipswichiense para Gran Bretaña.

4. La vegetación de Europa meridional se adaptó más deprisa, y por eso duró varios milenios más que en Europa septentrional.

líes, corzos y gamos.[5] Los castores se daban festines de árboles jóvenes, inundando los valles y creando un nuevo y rico hábitat donde nadaban las tortugas. En una rara mutación ecológica, estos reptiles eran cazados por tejones.

Con el calor llegaron otras bestias de gran tamaño: búfalos de agua, elefantes de colmillos rectos e hipopótamos. Pero interesan especialmente unos migradores de clima meridional: los monos, y en concreto los macacos de Berbería.

Esta especie se halla hoy confinada a zonas aisladas del norte de África, sobre todo bosques de montaña. Pero durante el Pleistoceno estaba más extendida, y de vez en cuando aparecen en yacimientos neandertales anteriores y posteriores. La cueva poco profunda de Hunas en Alemania es probablemente eemiense, y contenía restos de macacos en el mismo estrato que un diente neandertal y útiles líticos. Los macacos de Berbería comen sobre todo plantas, pero cuando vienen tiempos difíciles no desprecian a los insectos ni a las crías de aves y conejos. Hoy les encanta hurgar en la basura, y entra en lo posible que también escarbaran en las sobras de los neandertales.

El Eemiense hace pensar en un paraíso exuberante, y si bien los neandertales no tenían que preocuparse por la congelación, aquello no era exactamente un clima tropical. Los bosques caducifolios, aunque sorprenda, no son cómodos para un cazador-recolector, puesto que casi todo lo comestible de las plantas precisa tiempo y energía para convertirse en alimento. Lo más fácil de recolectar, como frutos secos y bayas, suele ser estacional. Había caza mayor, pero era mucho más difícil de encontrar en los bosques.

Durante mucho tiempo la ausencia de yacimientos indujo a dudar de que los neandertales se hubieran adaptado realmente al Eemiense, pero probablemente la erosión posterior arrastró casi todos los sedimentos de aquel periodo. Hoy se conocen unos treinta yacimientos, aunque muy pocos son cuevas o abrigos. La mayoría se conserva en lechos lacustres enterrados, o en manantiales de superficie ricos en carbonatos. En aquel mundo

5. Todos los gamos «salvajes» de la Europa actual son resultado de introducciones históricas.

convenía mantenerse cerca del agua, único recurso que necesitan todas las presas.

Las investigaciones más recientes demuestran asimismo que el bosque salvaje del Eemiense no era un vasto dosel arbóreo ininterrumpido. Dos profundos lechos lacustres de Neumark-Nord, en Alemania oriental, se han conservado magníficamente, y al hacer catas cada 5 cm buscando restos de plantas, insectos y moluscos, los investigadores descubrieron que las orillas estaban rodeadas de vegetación mixta. Además de bosque claro, había matorrales de avellano y zonas secas y herbosas con tormentila, artemisa y margaritas. Este medio abigarrado atraía a una amplia variedad de animales: criaturas del bosque como jabalíes y elefantes de colmillos rectos; de pastos como bisontes o uros, y algunos herbívoros como caballos, que se desplazaban entre nichos ecológicos. Pero los esqueletos e incluso las huellas demuestran que todas las especies se sentían atraídas por los lagos.

¿Cómo encajaban los neandertales en este mundo frondoso? La secuencia de Neumark cubre ampliamente la fase inicial calurosa y más seca del Eemiense, cuando todavía no se habían formado bosques espesos. Este periodo registra más diversidad de animales y plantas, y es de cuando datan casi todos los restos arqueológicos. Después, cercado por los árboles, el lago menguó, las presas de caza probablemente escasearon y los neandertales empezaron a dispersarse. Sin embargo, no desaparecieron por completo: un estrato superior formado durante una época de bosque espeso contiene más de 120 000 fragmentos óseos de animales. Este es un registro riquísimo de despiece para el Eemiense, y prueba que los neandertales perduraron incluso cuando la luz del sol se filtraba por una filigrana de hojas cada vez más tupida, y se volvía más difícil descubrir costados lanudos tras los grandes troncos.

Mientras los neandertales cazaban ciervos al acecho en Neumark-Nord, al oeste, cruzando el canal de la Mancha, parece que nadie importunaba a las bestias. Los homínidos, según todos los indicios, estuvieron ausentes de Gran Bretaña durante 150 000 años, entre el final del EIM 7 y el principio del EIM 3. Es posible que surgiera una oportunidad de recolonización cuando disminuyó el frío intenso del EIM 6, pero quizá se interpuso un desastre natural de magnitudes colosales. Alimentado por el deshielo del casquete polar y rebosante por el desbordamiento de los ríos que drenaban casi toda Europa, se formó un inmenso lago tras una cordillera caliza que discurría desde el este de Gran Bretaña hasta Francia. La roca blanda no pudo soportar tanta presión y colapsó, liberando una montaña de agua que devastó el lecho del canal. Los estudios sísmicos han revelado las cicatrices de arrolladoras cataratas que abrieron valles inmensos hoy enterrados bajo los sedimentos marinos. Así de formidable fue la inundación cuyo símil más parecido serían las gargantas de Marte. Los neandertales habrían oído aquel fragor sobrenatural a kilómetros de distancia, y las manadas de mamuts, aún mucho más lejos, habrían percibido las ondas de infrasonidos estremeciendo la tierra.

Dogerlandia —la región hoy sumergida entre Gran Bretaña y el continente— quedó yerma y totalmente denudada: un páramo. Profundas quebradas, peligrosos desprendimientos y zonas inmensas de roca y grava separaban a los neandertales de las tierras altas de Gran Bretaña. Esto debía bastar para desalentarlos, pero parece que al principio del EIM 5 se produjo también una rápida elevación del nivel del mar. Gran Bretaña se desprendió antes de que a las poblaciones de homínidos les diera tiempo de llegar. Las especies amigas del calor que sí lo hicieron fueron quizá las que podían cruzar sin percances humedales, ríos crecidos e incluso cortas extensiones de mar, como elefantes e hipopótamos. Tuvieron que pasar 60000 años para que el clima se enfriara y el nivel del mar descendiera lo suficiente para que Dogerlandia emergiera nuevamente al final de EIM 4. Cuando las estepas pobladas de mamuts se extendieron nuevamente desde el Atlántico hasta el Pacífico, neandertales y caballos regresaron a sus dominios noroccidentales. El único indicio de que algunos homínidos pioneros pudieron cruzar con anterioridad lo aportan un par de posibles utensilios líticos en el sureste de Gran Bretaña durante una fase fría a finales del EIM 5. De ser auténticos, como probablemente el nivel del mar no era aún lo bastante bajo para cruzar a pie, no queda claro por qué medio llegaron los neandertales.

Crisis climática

Conforme las investigaciones sobre el paleoclima y el medio han ganado precisión, se ha descubierto que incluso durante el Eemiense se produjo un cambio climático breve pero intenso. Las temperaturas más elevadas y el nivel del mar más alto duraron solo cuatro milenios, hace entre 126 y 122 ka, hasta que empezó un enfriamiento gradual; pero esto fue la calma que precede a la tormenta. Lo que vino después se conoce como «pulso árido del final del Eemiense» (LEAP) y fue un periodo de crisis. La prueba del LEAP procede de los sedimentos lacustres de antiguos cráteres inundados. Las delgadísimas capas de sedimentación anual llamadas «varvas», de solo 1 mm de espesor, se acumularon con el tiempo, y es en este enfangado archivo de hace unos 118.6 ka donde aparece algo extraño: durante exactamente 468 años llovió polvo. Los científicos contaron más de cincuenta pulsos de polvo espeso, cada uno de los cuales representa un paisaje sumido repentinamente en el frío y la sequía. La pérdida masiva de vegetación produjo una tremenda erosión del suelo y colosales tormentas de polvo. Otras fuentes registran este inmenso *shock* climático, desde coladas calcáreas cuyo crecimiento se interrumpió de repente hasta núcleos de polen donde desaparecen bosques templados y surge la tundra en menos de un siglo. Se aprecian repetidas capas de carbón: el clima era tan seco que ardían los bosques.

Solo podemos imaginar cómo reaccionaron los neandertales al arrasamiento de sus bosques en poco más de un par de generaciones, o a un clima impredecible y aterrador. El LEAP acabó tan rápido como empezó. Y aunque una breve conjunción de temperatura y humedad permitió que recolonizaran algunos árboles que necesitan calor, otras regiones nunca se recuperaron. La aparición de bosques de coníferas marcó el principio de un descenso de temperaturas que duraría hasta el final del Pleistoceno. La tundra se adueñó de Europa septentrional hace unos 115 ka, y el derretimiento de los casquetes polares envió inmensas flotillas de icebergs que llegaron por el sur hasta la península ibérica. El interglacial EIM 5 se hallaba en sus últimas fases, devorado por sucesiones cada vez más rápidas de calor y frío. Aun así, los neandertales siguieron adelante. Durante los estertores del interglacial, el número de yacimientos aumenta y la inventiva tecnológica progresa.

La Edad de Hielo

Ni el bosque, ni el calor, ni el polvo bastaron para acabar con los neandertales. Pero ¿qué pasó con las verdaderas edades del hielo durante los glaciales? Sus fases más intensas registraron temperaturas medias unos 5 °C más bajas que las actuales. Aquello fue suficiente para que descendiera desde los polos un vasto frente helado de cientos de metros de espesor. La extensión de los casquetes polares varió con cada glacial, pero en el ápice del EIM 5 llegó hasta las Midlands británicas y Düsseldorf, en Alemania.[6] Durante la última helada profunda del EIM 2, incluso el suroeste de Francia —donde las temperaturas estivales alcanzan hoy 40 °C— era una tierra de permafrost y desierto polar. Aparte del frío, los océanos quedaron aprisionados cuando el hielo provocó tremendos descensos del nivel del mar, a veces por debajo de los 100 m. Esto reportó uno de los pocos beneficios de la vida en el periodo glacial: inmensos territorios nuevos bordeados por ricos estuarios.

Aunque se frenó el avance de los casquetes polares, aquella fue una época extremadamente rigurosa. Los patrones meteorológicos debieron ser extraños, con tormentas de nieve y hielo de una magnitud jamás vista. Y además de temperaturas gélidas, los glaciales trajeron aridez. El aire seco y cortante combinado con el agua subterránea congelada en zonas de permafrost convirtió la deshidratación en un peligro real.

Todo esto provocó colosales efectos ambientales. Los bosques de pinos desaparecieron de casi toda Eurasia septentrional. La tundra periglacial se extendió al sur del casquete polar, formando un abigarrado manto de musgos resistentes, líquenes

6. La madre de todos los glaciales fue anterior a la época de los neandertales, durante el EIM 12: el frente de hielo se extendió en Gran Bretaña hasta el norte de Londres, desplazó el Támesis hasta su curso actual y obstruyó un antiguo río —el Bytham— que drenaba gran parte de las Midlands.

y árboles enanos que a lo sumo rebasaban el tobillo. Hacia el sur, este panorama se suavizó para convertirse en tundra esteparia, similar a algunas zonas de la Siberia actual, pero que albergaba una mezcla de especies sin parangón en época moderna. Los vientos batían un mosaico de hierbas aromáticas, pastos y matorral; verdeante en primavera, la tierra se encendía como llamas y sangre en otoño.

Existían microhábitats con vegetación más exuberante, y el polen y el carbón nos dicen que algunos árboles resistieron. Los flexibles abedules se apiñaban junto a los ríos, e incluso los rezagados del interglacial —roble y tilo— se resguardaban en gargantas abrigadas. Por el este, en dirección a Asia, la estepa se hallaba salpicada de taiga: pantanosos bosques de coníferas donde moraba el alce,[7] pero por donde era difícil desplazarse. Incluso en el más aislado sur, bordeando el Mediterráneo, las comunidades de plantas cambiaron en respuesta a un clima más seco.

La mayoría de los neandertales evitaba las condiciones verdaderamente árticas. Por ejemplo, en el norte de Francia el rico registro arqueológico de fines del EIM 5 solo disminuye con la llegada del frío atroz y persistente del EIM 4. Puede que algunos se desplazaran hacia el sur, y que otros se extinguieran; pero los escasos yacimientos del EIM 4 están probablemente ligados a breves repuntes cálidos de la temperatura. Los rinocerontes y mamuts lanudos también abandonaron la tundra más inhóspita para cedérsela a expertos del frío como el reno o el zorro ártico. Los más tenaces fueron los bueyes almizcleros, adaptados al frío gélido y la nieve espesa, y que solo se expandieron hacia el sur durante los periodos glaciales extremos. Resulta fascinante que existan yacimientos aislados donde se ha hallado industria lítica junto con huesos de buey almizclero, lo que acredita que los neandertales eran lo bastante resistentes para sobrellevar, al menos por un tiempo, los entornos más hostiles de la Edad de Hielo. Pero los neandertales eran mucho más felices en la tundra esteparia del EIM 3, poblada por manadas casi tan abundantes como las de las grandes praderas africanas actuales. Induda-

7. Sin embargo, apenas hay pruebas de que los neandertales los cazaran.

blemente, la mayor precisión de los conocimientos actuales del clima y el medio del Pleistoceno arroja una luz menos diáfana sobre las explicaciones «hiperárticas» de la anatomía de los neandertales.

De la costa a la cima

Los neandertales subieron a la montaña rusa del clima terrestre durante cientos de miles de años, soportando las condiciones meteorológicas extremas que traía aparejadas. Desmontar los mitos sobre su mundo va más allá de la temperatura y se extiende a su vasto rango ambiental. Vivieron mucho más allá de las regiones europeas donde fueron descubiertos por primera vez y que durante mucho tiempo fueron consideradas el corazón de su territorio. La exploración de su rango geográfico en toda su amplitud revela que, aunque se adaptaron de forma satisfactoria a la tundra esteparia, en términos ecológicos los neandertales deben clasificarse igualmente como criaturas de los bosques mediterráneos. Penínsulas como la itálica permanecieron lo bastante templadas como para que los hipopótamos sobrevivieran incluso después del EIM 5 y, hasta donde sabemos, tales paisajes fueron un bastión neandertal hasta la extinción de la especie.

Empecemos por el extremo suroccidental de Europa: Gibraltar. Aquí penetra en el Mediterráneo el gran peñón, único lugar del continente donde los macacos salvajes trepan todavía por las rocas.[8] El ADN demuestra que no son reliquias de época remotas, sino introducciones históricas desde Argelia y Marruecos; el norte de África se vislumbra por el sur a través de la bruma marina. Pero aquí vivieron primates del Pleistoceno con la forma de los neandertales. Aunque pequeño —de solo 6 km de largo—, Gibraltar es un rico microcosmos de hábitats, vivificado por unas condiciones singularmente estables incluso durante las peores turbulencias climáticas. Olivares, geckos e in-

8. Al parecer existía la superstición de que, cuando los macacos se marcharan, los británicos perderían Gibraltar, lo que indujo a Churchill a ordenar su repoblación durante la II Guerra Mundial.

cluso ranas arbóreas han sobrevivido durante muchas decenas de miles de años, sin verse afectados por las condiciones rigurosas y áridas que se soportan más al norte en la península ibérica. Para los neandertales, este lugar era suelo privilegiado: abundancia y diversidad de recursos, y cuevas bañadas por el sol naciente.

Los humanos siempre han sentido atracción por el peñón. Numerosos utensilios neolíticos y romanos hallados proceden de algunas de sus más de 200 cuevas, aunque desde el siglo XVIII se intensificó el uso de esta inmensa mole de piedra. Hoy las fortificaciones militares se disputan el espacio con un teleférico y la reserva natural donde los macacos acosan a los turistas en demanda de golosinas. Pero, por debajo de todo esto, túneles diez veces más largos que todo el promontorio perforan la piedra caliza. En el siglo XVIII empezaron las excavaciones militares que condujeron al descubrimiento del cráneo de Forbes. Y mucho después, destinado en Gibraltar durante la I Guerra Mundial, el prehistoriador Henri Breuil, mentor de Dorothy Garrod, la puso en la pista para que descubriera al niño de la Torre del Diablo.[9] Pero no fue hasta la década de 1980 cuando se llevaron a cabo investigaciones en las grandes cuevas de los acantilados, que revelaron cómo se vivía en la «Costa del Neandertal».

Solo con un nivel del mar tan alto como el actual la luz del alba se dispersa desde el Mediterráneo hasta las altas cuevas de Vanguard y Gorham, pero el océano siempre fue importante para los neandertales que aquí vivieron. Cuando la costa quedaba más cerca, mariscaban y aprovechaban hallazgos más raros y grandes como peces o mamíferos marinos. Durante los periodos glaciales la costa retrocedió 5 km, dejando a la vista una seca llanura de dunas frente a las cuevas; pero incluso entonces los neandertales traían moluscos, como grandes mejillones extraídos de estuarios rocosos situados a considerable distancia por el este.

Como veremos en el capítulo 8, los contados yacimientos donde hallamos a los neandertales como recolectores en los li-

9. Breuil observó útiles líticos en la ladera mientras paseaba y le propuso a Garrod que excavase.

torales atlántico y mediterráneo son probablemente la punta del iceberg. Cientos de yacimientos más habrían sido anegados por las crecidas de los océanos: tiene que haber cuevas sumergidas cuyos actuales inquilinos en forma de cangrejos y morenas conviven con restos de criaturas marinas enterradas. Las excavaciones arqueológicas submarinas están empezando a estudiar los confines rocosos de Europa, pero debemos suponer que los pies neandertales no solo pisaban las estepas, sino que dejaban huellas en franjas de costa arenosas.

La playa que se abre hoy ante las cuevas de Gibraltar se mezcla con los escombros de los túneles perforados por los militares para construir enormes depósitos de agua con que abastecer a la guarnición durante la II Guerra Mundial. Los suministros para la ciudad siguen siendo un problema, y en la década de 1980 las obras a más de 250 m de altura en los acantilados descubrieron una pequeña cavidad. Parada de los neandertales que cazaban en las alturas de este entorno submontano, su presa principal eran los íbices, emparentados con las cabras pero mayores. Los restos dieron nombre al yacimiento —cueva del Íbex—, pero al parecer los neandertales no estuvieron aquí con intención de quedarse ni para el despiece de carcasas, porque hay muy pocos útiles líticos. Más bien, el reclamo habrían sido las dilatadas vistas de la llanura. Las presas eran transportadas hasta las cuevas de Gorham y Vanguard, quizá deslizándose por una enorme duna de arenas acumuladas por el viento contra el acantilado: un buen atajo cuando se acarrean pesados cuartos de carne.[10]

Se han documentado docenas de íbices en otros yacimientos neandertales en zonas escarpadas. Ágiles y muy fuertes, debieron exigir técnicas de caza específicas y mucha precaución para evitar sus enormes cuernos curvos. Más difíciles de cazar eran las gamuzas, pero también las encontramos a unos 1400 m de altura en Las Callejuelas (Teruel), donde incluso hoy hace frío y todo está muy seco. Pero ¿qué pasa a altitudes todavía mayores?

10. Entre los oficiales destinados en Gibraltar en el siglo XIX, la duna era un lugar muy frecuentado por los aficionados a la botánica y también una ruta para los desertores del ejército.

No hay problema: los neandertales de los Alpes, los Cárpatos y otras cordilleras trepaban por lo menos hasta los 2000 m. Fuera de los periodos interglaciales plenos, estos parajes debieron de estar caracterizados por glaciares expandidos y laderas nevadas casi todo el año.

¿Por qué razón eligieron lugares con unas condiciones tan extremas? Puede ser que persiguieran especies que migraban a altos pastizales, pero quién sabe si los atraían las propias montañas, que ofrecían abundante piedra de alta calidad: un recurso que los neandertales probablemente buscaron con avidez constante. Puede que incluso rastrearan aguas arriba el origen de los guijarros de los ríos, como hicieron pueblos prehistóricos posteriores.

Quizá figuraban en su menú del día otras especialidades de las montañas, como osos hibernantes, pero en realidad parece que los neandertales subían a tan impresionantes altitudes sencillamente porque se sentían cómodos. La cueva de Noisetier en los Pirineos franceses se encuentra a más de 800 m de altitud y carece de recursos montanos que pudieran haber atraído a los neandertales hace entre 100 y 60 ka. Los ciervos y cimarrones que cazaban eran también comunes a menor altitud, y no hay piedra especialmente buena por los alrededores. Esta cueva se parece a otras muchas del mundo neandertal, utilizadas con regularidad, aunque durante periodos breves, como refugio. O bien estos neandertales eran moradores permanentes de las montañas, o utilizaban la cueva como parada de camino a otras regiones, en cuyo caso el objetivo sería cruzar los Pirineos. Apoyan esta teoría los estudios de procedencia de los utensilios líticos, que prueban que los neandertales atravesaron altos pasos en los Pirineos, el Macizo Central y otras cordilleras.

Ya sea trepados en picos nevados o rebuscando entre algas, parece que había pocos paisajes que espantaran a los neandertales. Incluso los desiertos figuran en el vasto mapa de su reino: algo impensable en unos especialistas en climas árticos. El hábitat mediterráneo templado y rocoso que se extendía entre Gibraltar y Turquía se transforma en ecosistemas aún más secos en dirección a Asia central, todos los cuales son ricos en fósiles y restos arqueológicos neandertales. Ecológicamente, podían cambiar de marcha adaptándose a la oferta: desde dátiles hasta aceitunas, desde tortugas hasta gacelas, e incluso camellos en los confines de Arabia.

El único hábitat de Eurasia occidental donde hasta ahora se carece de pruebas del paso de los neandertales son los humedales. Para visitar estos lugares se necesita algún tipo de embarcación o estructuras elevadas como pasarelas o plataformas. Pero nunca se sabe: quizá en las turberas septentrionales, a gran profundidad bajo las momias dormidas y oscurecidas por el musgo de las ciénagas de la Edad del Hierro, aguarde alguna sorpresa.

La visión de neandertales avanzando penosamente por la nieve, con el aliento congelándose en el aire helado, ha persistido con firmeza desde que fueron descubiertos. Pero nuestro poco conocimiento sobre la Edad de Hielo ha ocultado su adaptabilidad innata. El desierto polar nunca fue su auténtica morada, aunque *in extremis* quizá tuvieran que soportarlo un tiempo. Por encima de todo evitaban el frío intenso y, según parece, donde mejor se asentaron fue en climas más templados, rodeados de llanuras herbosas o valles arbolados.

Incluso animales adaptados al frío como los mamuts lanudos eran ecológicamente maleables, pues surgieron durante el periodo glacial EIM 6 pero se hallaron junto con elefantes de colmillos rectos,[11] una especie de climas templados. Son nuestras tendencias clasificatorias las que confinan a los neandertales en los mundos glaciales, cuando la realidad es bastante más diversa. Pero tenían algo de lo que otras criaturas carecían y que les permitió enfrentarse a las amenazas del Pleistoceno: una cultura tecnológica compleja.

11. Estos, por el contrario, se extinguieron al final del interglacial EIM 5, más cálido.

CAPÍTULO 6

LAS ROCAS PERMANECEN

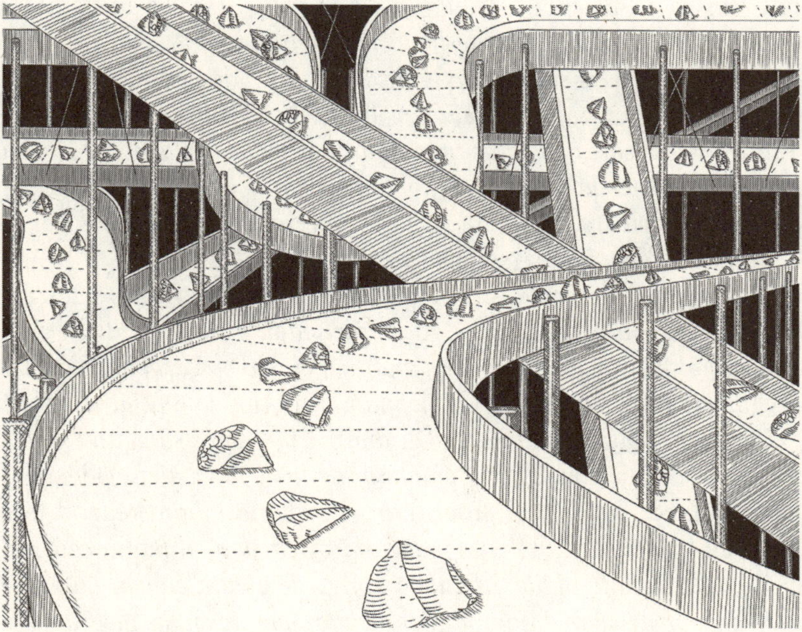

El sol arranca destellos de un mar rebosante por el derretimiento de los casquetes polares. Hace 80 millones de años, el rompecabezas continental de hoy está a medio completar, y los Pirineos y los Alpes todavía tienen que alzar sus cumbres. Donde un día estará Europa, un caleidoscopio subtropical de archipiélagos emerge y desaparece al compás de las subidas y bajadas de los océanos. Las pisadas de los titanosaurios estremecen la tierra, mientras en costas salobres las alas inmensas de los pterosaurios los elevan sobre el mar. Sus sombras pasan raudas sobre olas turquesa mientras una masa oscura palpita debajo. Una nube de amonites estalla, torpedeada por un mosasaurio, y los pedazos de sus conchas brillan en su lento descenso. Se van formando lodos blandos cuando los fragmentos se posan sobre el yer-

mo lecho marino, vivificado por una llovizna interminable de esponjas rotas, moluscos y formas putrefactas de plancton incontable.

Gira la Tierra como una canica: surgen continentes, el lodo se espesa y contrae, consolidándose en piedra caliza. La roca recién nacida resuda gel de sílice que rellena vacíos, algunos en antiguas madrigueras, otros llenan conchas. Pon un dedo en la canica para ralentizar el giro del planeta. Los mares se han secado, se elevan sierras, y ahora inmensos casquetes de hielo laten en los polos. Era tras era, presiones inmensas solidificaron el sílice, haciendo germinar microscópicas celdas cristalinas que, al evolucionar, se convierten en pedernal. Muy por encima, patas unguladas corren por la tierra, la brisa despeina pelajes lanudos. Las fluctuaciones de los ciclos climáticos erosionan la piedra caliza, mientras las fuerzas tectónicas y los ríos la cortan en serpenteantes cañones aterrazados.

Una tarde tormentosa de hace 100 000 años, un aguacero descarga en una de las gargantas. La roca empapada de lluvia cede, se desliza y vomita entre los escombros un fragmento de piedra, negra como las nubes. El pedernal cae salpicando en el río, se une al lecho de guijarros en lento movimiento. Durante 50 000 años se agita con las inundaciones, se congela en remolinos de hielo, se detiene por siglos en barras de grava. Una primavera, el pedernal ahora redondeado brilla en una ribera tras un aguacero. Por encima, el humo azula el cielo, ascendiendo desde un ancho abrigo de piedra caliza. La gente baja en tropel hasta el río, fijándose como siempre en las piedras, y el destello del guijarro llama la atención. Lo levantan, lo sopesan, lo golpean contra otra piedra para que suene su voz clara. Unos pocos golpes revelan que es bueno por dentro, liso como grasa vieja, y pronto estará resbaladizo por la sangre.

Las herramientas de piedra, átomos de la vida neandertal, conectaban cada aspecto de su mundo, y son las unidades fundamentales con que los arqueólogos intentan reconstruir sus culturas. Conocidas como «útiles líticos», cada una posee una historia singular que abarca desde la formación de la piedra hasta el día en que un neandertal la recogió, y continúa hasta su redescubrimiento con una paleta. Su acervo geológico, sea en el fondo del mar, bajo las montañas o como flujos de lava, define su naturaleza. Es también lo que atrajo la mirada de un homínido hace decenas de milenios, pero hoy los ojos de los visitantes de los museos suelen ignorar estos objetos.

Guardados en vitrinas, es difícil comprender su valor cuando tan poca gente los ha sostenido en la mano, y mucho menos los ha fabricado y confiado en ellos para sobrevivir. Su desnuda belleza quizá pueda apreciarse, incluso expuestos en galerías como obras de arte, pero para la mayoría permanecen mudos. Lo cierto es que, sueltos o agrupados, los útiles líticos son fuentes riquísimas de conocimiento sobre la vida neandertal.

Para los primeros prehistoriadores, la cuestión más perentoria era la clasificación. Al tener escasa experiencia directa en la fabricación o uso de los utensilios líticos, se concentraron en su aspecto. Ordenar los objetos por su similitud visual y características tecnológicas les permitió establecer «tipologías». Uno de los primeros que lo hicieron fue De Jouannet, que no solo se dedicó a desenterrar útiles líticos desde muy pronto, sino que también trató de entenderlos; dedujo que se fueron refinando con el tiempo, y en 1834 elaboró una tipología cronológica que situaba los objetos de piedra tallados en una época más remota que las herramientas afiladas o pulidas.

A lo largo de décadas, otros estudiosos establecieron clasificaciones culturales que son, en esencia, las mismas que se usan hoy: en 1865 el anticuario John Lubbock acuñó el término «Paleolítico» para referirse a la prehistoria más antigua, y posteriormente Lartet y Christy propusieron una subdivisión tripartita.[1] Observaron que los utensilios líticos de algunos yacimientos como Le Moustier se situaban cronológicamente «entre medio» de los de las graveras del Somme —a los que denominaron Paleolítico Inferior— y las herramientas de hoja procedentes de lugares como La Madeleine, a las que llamaron Paleolítico Superior. Paralelamente, el prehistoriador francés Gabriel de Mortillet utilizó los útiles líticos de Le Moustier para referirse a este como un «yacimiento tipo» y dio el primer nombre a una cultura neandertal del Paleolítico Medio: el Musteriense.[2]

1. La fortuna de Christy costeó una serie de 17 volúmenes lujosamente ilustrados sobre su trabajo.

2. En francés, *Moustérien*, una versión simplificada del término empleado ori-

Sin embargo, los primeros fósiles neandertales que se descubrieron no venían al parecer acompañados de útiles (los objetos líticos de Feldhofer pasaron inadvertidos, y no se descubrieron hasta la década de 1990 entre los escombros de la cantera). Durante unos 30 años los artífices del Musteriense fueron un misterio, y nadie sabía tampoco si los neandertales habían poseído una cultura material. La primera vinculación observada entre esqueletos y utensilios del Paleolítico Medio fue en Spy, y los prehistoriadores tardaron mucho más en comprender que los neandertales manipulaban la piedra con notable pericia.

Como es lógico, los expertos en industria lítica del siglo XXI distan mucho de los tipologistas. Nada se desecha, ni siquiera las astillas y esquirlas diminutas, y estudiar una colección puede significar cientos de horas de trabajo. Y si el registro del útil diezmilésimo se vuelve muy tedioso, solo hay que recordar el insólito privilegio que supone sostener en la mano estos objetos. La excavación y el registro están cada vez más digitalizados y automatizados, pero centrar la atención sigue siendo fundamental para el análisis. Cada objeto se queda grabado en la memoria al tiempo que se reconstruye mentalmente su creación leyendo los estigmas tecnológicos en su superficie.

Ahora es cuando se hace necesario aprender los aspectos mecánicos del tallado. El objeto trabajado, como un canto, se conoce como el «núcleo» y se golpea con algo más duro. Las partes que se desprenden se llaman «lascas», y son el resultado de una combinación de destreza, geología y física. La fuerza y el punto donde se golpee determinan la forma de la lasca. La energía cinética se expande en forma cónica desde el punto de percusión, y su borde es lo que forma una cara de la lasca. Este proceso suele dejar visibles ondulaciones tanto en la «cicatriz» negativa del núcleo como en la imagen especular de la superficie interior de la lasca. Observando estos y otros rasgos distintivos del tallado en núcleos y lascas, los investigadores pueden reconstruir el método empleado y, hasta cierto punto, su secuencia temporal, a veces con un solo utensilio.

La imagen de los neandertales como brutos cavernícolas que machacan piedras juntos es muy desacertada. El modo en

---

ginalmente por Mortillet, *Moustierien.*

que las rocas reaccionan al tallado refleja su estructura: cuanto más homogéneas y finas sean las partículas, más predecible será su fractura y más cortantes los bordes de las lascas.[3] Los neandertales calibraban estas características con la vista, el tacto e incluso el oído: la piedra de gran calidad como el pedernal suele resonar cuando se le golpea. Utilizando diversos métodos y técnicas de tallado, podían controlar la forma y el tamaño de un producto partiendo de cualquier núcleo, incluso con roca de peor calidad como la cuarcita.

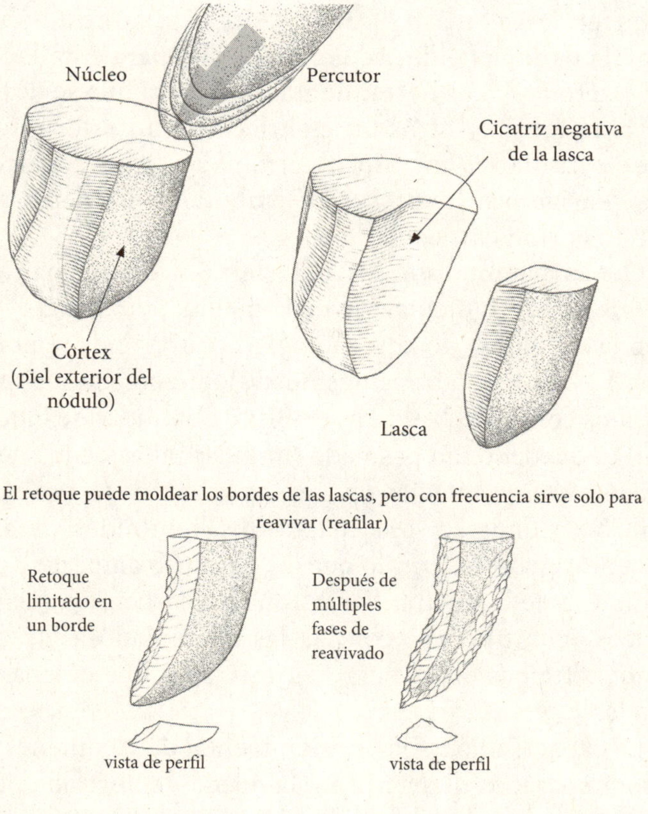

Figura 4. *Mecánica del tallado de la piedra y terminología de los útiles líticos.*

3. La roca natural más fina y cortante es la obsidiana, un cristal volcánico que se enfría tan rápidamente que no puede formarse ninguna estructura cristalina; aunque quebradiza, puede cortarse entre moléculas.

Artesanos nada torpes, conocían los útiles adecuados para el trabajo. Seleccionar los percutores —las herramientas con las que golpeaban los núcleos— era fundamental. Los cantos pequeños tienen la masa necesaria para golpear con fuerza y obtener lascas grandes, pero para trabajos más delicados son mejores los guijarros. Y utilizar percutores «blandos» en vez de duros produce efectos diferentes. Los materiales orgánicos, menos rígidos, como cornamentas y huesos, o incluso rocas de menor densidad como la caliza, expanden la energía cinética y producen lascas más delgadas y largas. Esto resultaba fundamental cuando el objetivo era moldear y para el tallado secundario (retoque). Las herramientas de piedra que se usaban, a su vez, para fabricar otros útiles líticos solían estar retocadas, a veces para darles un filo determinado, pero con frecuencia para reavivarlas: las lascas se embotan muy deprisa incluso cuando cortan carne.

Queda patente que los neandertales dominaban los rudimentos de la fragmentación de la piedra, pero ¿cuál es su encaje en la evolución de la tecnología lítica? Si nos remontamos a hace 3.5 Ma, los fabricantes australopitecos de los útiles más antiguos conocidos —lascas en bruto obtenidas de bloques— se habrían quedado tan pasmados ante las tallas de los neandertales como ante las realizadas por los primeros *H. sapiens.* No fue hasta hace unos 2.5 Ma cuando los homínidos desarrollaron conceptos geométricos, lo que les permitió empezar a controlar la fractura de la piedra. Por entonces aparecieron los primeros núcleos «centrípetos», con las lascas cuidadosa y secuencialmente extraídas en torno al perímetro, lo que dejaba fracturas radiales.

La capacidad para la división mental de volúmenes de nuestros antepasados de hace 1.8 Ma queda demostrada por el más icónico de todos los utensilios paleolíticos: el bifaz. La fabricación de estos útiles líticos de dos caras (conocidos también como «hachas de mano») fue posible por el uso creciente de percutores blandos, que permitía moldear las superficies extrayendo lascas delgadas.

Dominar la roca

Los neandertales heredaron estas formas ya antiguas de trabajar la piedra y fabricaron también bifaces, pero fueron un paso más allá en el tratamiento del material. Empezaron a surgir diversos métodos para obtener de los núcleos lascas grandes de manera más sistemática y precisa, y son estos métodos los que verdaderamente definen el Paleolítico Medio. Estas lascas aparecen por primera vez en África hace unos 500 ka, probablemente fabricadas por poblaciones antepasadas del *H. sapiens*, pero en Europa irrumpen al mismo tiempo que vemos cómo se materializa la anatomía neandertal, hace entre 400 y 500 ka. Lo que diferencia al lascado del Paleolítico Medio es que amplió la división conceptual de los bloques de piedra, tratando los núcleos como dos mitades. Dando forma a la base y preparando zonas laterales especiales para ser percutidas fue posible controlar cómo se desprendían las lascas de la superficie exterior, determinando así su forma y tamaño.

La primera identificación de este estandarte de la tecnología neandertal se debió a Victor Commont, un prolífico prehistoriador aficionado de principios del siglo XX que observó cómo aparecían grandes lascas y núcleos en las canteras. El método se conoce como Levallois por el lugar del hallazgo: un barrio parisino por entonces en expansión con gran actividad industrial,[4] y hoy la zona más densamente poblada de Europa. En tiempos de Peyrony y Bordes, la presencia de la tecnología Levallois se observó en el Musteriense y otras culturas neandertales. A veces se trabajaba con enormes bloques de piedra, y al principio la mayoría de los prehistoriadores prestaron atención a un tipo de Levallois en el que después de extraer cada lasca «principal» era necesario retocar la superficie exterior y los lados del núcleo.

Este hecho llevó a que Levallois fuera considerada durante algún tiempo como una técnica algo derrochadora, pero décadas de trabajo meticuloso han revelado que era mucho más refi-

4. Levallois-Perret acogía la sede central de la compañía Eiffel, los constructores de la famosa torre de París y la Estatua de la Libertad de Nueva York.

nada y flexible. Al extraer pequeñas lascas preparatorias con diferentes formas de la superficie superior, los neandertales crearon contornos que guiaban la energía cinética de extracciones posteriores. Variando la fase preparatoria, pudieron producir lascas enormes, hojas largas o incluso puntas triangulares, a veces fabricando varias secuencialmente antes de que fuera necesario retocar las superficies; en ocasiones, también cambiaban las formas sobre el mismo núcleo.

La transformación de nuestro conocimiento de Levallois y de otras tecnologías neandertales se produjo cuando los arqueólogos empezaron a remontar —esto es, ensamblar— los restos de talla. «Ciencia lenta» en sentido puro, el remontaje es un trabajo meticuloso que lleva tiempo —un inmenso rompecabezas en 3D— y exige yacimientos bien conservados. Pero vale la pena: es lo mejor después de mirar por encima de los hombros de los neandertales. Por primera vez fue posible reconstruir los procesos mentales y las elecciones de neandertales concretos, que revelan respuestas dinámicas para cada bloque de piedra.

El beneficio en términos tecnológicos de Levallois y otros métodos de «núcleo preparado» es que ahora los neandertales tenían maneras fiables de obtener productos determinados, especialmente lascas grandes y delgadas. A diferencia de los bifaces, no servían de mucho para material de uso intensivo, pero con el mismo peso de piedra, las lascas Levallois, fáciles de transportar, proporcionaban una cantidad mucho mayor de filo cortante. Los neandertales fueron lo bastante hábiles para utilizar la tecnología de núcleos preparados en toda clase de rocas, desde piedra volcánica muy dura hasta guijarros pequeños. Donde había buen pedernal, como en Gran Bretaña o el norte de Francia, a veces fabricaban lascas de tamaño gigante y puntas de 10 a 15 cm de largo.

La otra ventaja de los distintos tipos de lascas sobre los bifaces era que se retocaban con más facilidad.[5] Aunque la técnica era mucho más antigua, es el retoque lo que verdaderamente

5. Para modificar repetidamente el filo de un bifaz es necesario también reducir su volumen, de manera que el borde no quede demasiado pronunciado para tallar, mientras que una lasca ya es fina de por sí.

define el Paleolítico Medio. A veces los neandertales retocaban una lasca para ajustar su filo a una tarea determinada: embotarlo para raspar, crear muescas o dientes de sierra para extraer laminillas y serrar. Sin embargo, ahora se sabe que una buena parte —si no la mayoría— de los retoques eran para reafilar los bordes. Las lascas nuevas pierden rápidamente su agudeza, pero el filo puede conservarse efectuando extracciones delgadas con percutores blandos a lo largo del borde. Sin embargo, el impacto del reavivado sistemático iba más allá de artefactos específicos, porque ensanchó el ámbito de actividad de los neandertales. La posesión de lascas más duraderas y fáciles de transportar les permitía recorrer mayores distancias, como queda probado por las secuencias de tallas Levallois remontadas, donde faltan lascas transportadas a otro lugar, y por su procedencia geológica. Con carácter general, las herramientas Levallois y las retocadas fueron los objetos que más lejos se transportaron. Gracias a estas nuevas maneras de trabajar la piedra, los neandertales pudieron extenderse por el paisaje más que cualquier homínido anterior.

Aunque el método Levallois suele presentarse como el patrón oro, no es ni mucho menos lo único que hicieron los neandertales. Se necesitaría un libro entero para describir todas las técnicas de tallado —conocidas como «tecnocomplejos»— que inventaron, pero basta con centrarse en dos de Europa occidental para demostrar la diversidad de su mundo lítico. Conocidas como discoide (algunos núcleos tienen forma de disco) y Quina (por el yacimiento tipo), fueron igual de sistemáticas que Levallois, pero con la finalidad de producir lascas con un borde cortante por el lado opuesto de otro romo (un «margen»), que proporcionaba ergonomía natural. En todos los demás aspectos eran tecnologías muy diferentes.

Durante mucho tiempo ambas técnicas se consideraron en lo fundamental adaptaciones a una piedra de mala calidad, pero desde la década de 1990 esta opinión cambió y hoy se entienden propiamente como tecnocomplejos. La tecnología discoide, por empezar por la primera, se revela una clase magistral de economía. Los núcleos solo necesitaban unos pocos lascados preparatorios para crear un ángulo de tallado aceptable, y así cada lasca obtenida es el «material bueno»: cortante pero de fácil manejo y lista para usar. Y más importante: cada extracción prepara la superficie para el golpe siguiente, sin que haya que parar y remodelar la superficie. La tecnología discoide proporcionó a los neandertales un método de gasto cero bastante similar a la eficiencia de una cadena de producción.[6] Además, es igual de flexible que Levallois, dado que podían obtenerse productos de diferentes formas, desde piezas oblongas hasta aguzadas, todas con un práctico dorso romo, como una navaja.

Gracias a los métodos modernos de remontaje en 3D es posible seguir a lo largo de un día a un neandertal que utilizaba el tallado discoide hace unos 40 000 años en el sur de los Alpes italianos. Subiendo por una carretera estrecha y sinuosa que bordea unos acantilados, la cueva de Fumane se emplaza tras una reja de seguridad. Más adelante retomaremos otros aspectos de sus valiosísimos restos arqueológicos, pero el conjunto lítico discoide del nivel A9 contenía un hallazgo especial. Los arqueólogos sacaron a la luz un grupo de utensilios agrupados en unos pocos centímetros, todos fabricados con la misma piedra gris. Combinando métodos de remontaje manuales y digitales, se logró reconstruir una secuencia de núcleos discoides excepcionalmente completa.

Después de procurarse un guijarro de pedernal del arroyo cercano, un neandertal se había sentado a tallar más de sesenta lascas en diez fases, hasta que solo quedó un fragmento pequeño. Las catorce piezas que faltan de este rompecabezas reensamblado eran casi las mejores, con bordes largos y finos y dorsos romos. De los más de ocho mil útiles líticos restantes del estrato, ninguno coincidía, de modo que tuvieron que habérselas llevado del yacimiento.

El núcleo de pedernal gris y sus lascas destacaban por su color, pero desde el punto de vista tecnológico todo lo demás del nivel A9 venía a ser lo mismo. Estos neandertales estaban totalmente aplicados a la tecnología discoide, y con creatividad. A medida que el tallado avanzaba y el núcleo se empequeñecía, modificaban su técnica para producir lascas con formas diferentes.

6. Aunque las lascas preparatorias extraídas durante la configuración del núcleo Levallois pueden usarse, está claro que no eran el objetivo principal.

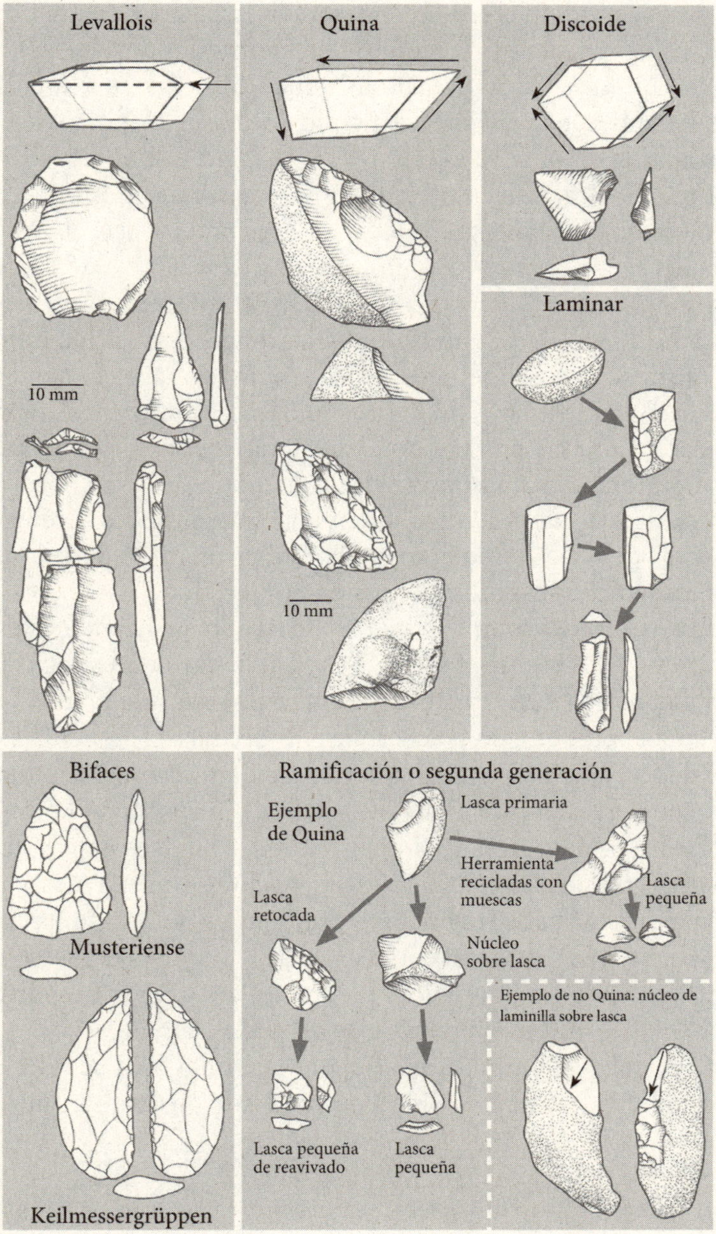

Figura 5. *Algunas de las tecnologías líticas hechas por los neandertales, que muestran los diferentes conceptos de tallado y la producción de «segunda generación».*

No es sencillo determinar para qué era especialmente buena la tecnología discoide. Basándose en las huellas de uso,[7] sus lascas resistentes, cortas y gruesas solían aplicarse a materiales duros como hueso y madera, pero los neandertales también las utilizaban para el despiece.

Lo que diferencia de verdad al discoide del Levallois o el Quina es que las lascas se retocaban muy raras veces. No es una coincidencia que, por lo común, suelan fabricarse además con piedra extraída a menos de 15 km. En contraste, en un típico conjunto Levallois y Quina se pueden encontrar varios utensilios fabricados con piedra de procedencia lejana. Esto nos indica dos cosas. Primero, que la tecnología discoide estaba especializada, pero las piezas eran, hasta cierto punto, desechables: no se pretendía que las lascas durasen mucho ni transportarlas. Segundo, esta clase de tecnocomplejo solo habría convenido a neandertales que conocieran muy bien los recursos pétreos y no hicieran largos desplazamientos con regularidad.

El tercer tecnocomplejo fundamental obra de neandertales de Europa occidental fue el Quina.[8] Los prehistoriadores repararon inicialmente en sus características herramientas de raspado con profundos retoques, pero en las últimas décadas la atención se ha desviado a cómo dicha técnica servía para fabricar lascas grandes perfectamente aptas para el reavivado. A diferencia de Levallois, las lascas Quina extraían fragmentos de los núcleos en vez de laminarlos transversalmente. En este sentido se asemeja más al discoide, pero, más que fragmentos gruesos, las lascas Quina parecen rebanadas de pan mal cortadas, con un borde más grueso que el otro. Cuando los nódulos de piedra utilizados eran cilíndricos, daban más la impresión de rodajas de salchichas.

Esto daba al Quina una eficiencia similar al discoide, con poco moldeado inicial y sin necesidad de conservar el núcleo.

7. Igual que ocurre con los dientes, el uso de útiles líticos deja huellas en la superficie. Comparando utensilios con colecciones experimentales, es posible identificar las sustancias procesadas.

8. El yacimiento tipo Quina consta en realidad de diversos yacimientos a lo largo de varios cientos de metros a orillas del río, dos valles al noroeste de Le Moustier.

Lo que importaba a los neandertales no era la forma de sus lascas en conjunto, sino sus características. El Quina pretendía obtener el filo más largo y fino posible con un dorso grueso y romo, lo que exigía una percusión muy fuerte.[9]

El objetivo era producir lascas perfectas que pudieran soportar unos reavivados intensos y reiterados. Incluso el retoque —casi siempre para obtener un filo que raspara y no serrara— era específico de esta técnica, y exigía un movimiento particular que en esencia arrancaba la piedra. En algunos yacimientos se preferían percutores de caliza y retocadores de hueso, pero en todas partes era visible la intensidad del reavivado: a veces pueden identificarse cuatro o cinco fases de retoque. El filo se hacía cada vez más pronunciado conforme retrocedía hacia el margen más grueso.

Para los neandertales, el Quina combinaba poco gasto con lascas abundantes y fáciles de usar que podían soportar un uso intensivo y reavivados; se trata, fundamentalmente, de anticiparse al mantenimiento de las herramientas, tanto dentro de los yacimientos como en desplazamientos largos por el paisaje.

Mas por muy hábiles que fueran los neandertales fabricando lascas, parece que durante muchas décadas se mostraron incapaces de producir hojas líticas, que definen la posterior cultura del Paleolítico Superior propia del *H. sapiens*. Pero la realidad presenta más matices. Los neandertales sí elaboraron hojas desde hace unos 300 ka, produciendo ejemplos grandes y anchos dentro del sistema Levallois. Con posterioridad, empezaron también a experimentar con la verdadera tecnología de hojas —o laminar—, definida por productos dos veces más largos que anchos. Para ello utilizaron filos lineales preformados que corrían desde uno o los dos extremos de un núcleo; así se podía guiar la energía cinética y asegurarse de que la forma de cada remoción fuera muy alargada. Es este un proceso sistemático y casi continuo, en el que cada hoja fijaba el punto de la siguiente percusión.

Con todo, se aprecia en esta tecnología un «sabor» típicamente neandertal: a diferencia de los talladores del Paleolítico

9. Una percusión muy fuerte implica demasiado ángulo en el retoque, y a veces los núcleos Quina se rompían.

Superior, ellos utilizaban percutores líticos y no óseos, y en general preparaban mucho menos los núcleos. Estos, sin embargo, no eran de peor calidad y podían alcanzar dimensiones impresionantes: en el remontaje del primer yacimiento de Tourville-la-Rivière, se encontraron hojas de más de 10 cm de largo.

La «cultura de hojas» más sorprendente de los neandertales se desarrolló durante el post-Eemiense EIM 5 en el noroeste de Europa, donde las hojas eran bastante comunes en algunos yacimientos de más de 20000 años, a menudo junto a lascados Levallois. Pero este fenómeno no perduró. Las hojas vuelven a aparecer en otros lugares, pero nunca son dominantes —casi no existen en zonas como la península ibérica— y varían mucho. Los neandertales de la cueva de Fumane fabricaban hojas con el método de tallado basado en Levallois, pero con el tiempo modificaron esta técnica tan precisa. Y a veces preferían lo diminuto. Hace entre 70 y 80 ka, en la secuencia profunda de Combe Grenal, en la Francia suroccidental, hasta una quinta parte de todos los útiles se corresponden con el tallado laminar; algunos eran ciertamente minúsculos —menos de 3 cm de largo—, y los arqueólogos los denominaron «laminillas».

Siempre se ha aceptado, en virtud de un razonamiento *a posteriori*, que la tecnología laminar tenía que ser mejor, puesto que los *H. sapiens* que vinieron después le sacaron mayor partido. Pero ¿qué ofrecía en realidad? Los experimentos indican que las hojas no son mucho más económicas que las lascas, ni mejores para cortar; además, apenas pueden reavivarse y no sirven para un uso prolongado.

Esa falta de solidez la compensan con su forma rectangular estandarizada. Es muy probable que al menos algunas —especialmente las laminillas— se utilizaran en herramientas compuestas, lo que, como demostrará el capítulo siguiente, entraba dentro de las capacidades de los neandertales. Por ser fáciles de insertar y extraer, como las cuchillas de un cuchillo de precisión, proporcionaban filos cortantes de distinta clase. Puesto que median miles de años entre las diferentes fases laminares de Combe Grenal y muchos otros yacimientos, se deduce que los neandertales podrían haber inventado el uso de hojas más de una vez.

Los distintos métodos de elaborar lascas —y en menor medida hojas— dominaron la tecnología neandertal, pero el más antiguo legado de los bifaces no se olvidó. Aunque raros por lo común en el Paleolítico Medio temprano, a partir de hace unos 150 ka hay un resurgimiento de los bifaces que se inscribe dentro de una creciente diversidad tecnológica. Pero esto no ocurre en todas partes, ni tampoco los bifaces neandertales eran tecnológicamente idénticos a los del Paleolítico Inferior. Igual que hacían con sus equivalentes más antiguos, utilizaban los bifaces como herramientas multiusos con filos que podían perforar, cortar o raspar los materiales. Las huellas de uso demuestran que se empleaban en distintos materiales, desde la carne hasta la madera; pero también demuestran que esto ocurría durante muchas fases del uso, a veces con huellas de más de un material en el mismo artefacto.

Esto se debe a que, igual que con algunas clases de lascas, los neandertales reavivaban los bifaces constantemente, pero con una técnica diferente, que consistía en extraer lascas muy delgadas de forma transversal a la punta o a lo largo del borde principal; de esta manera se podía renovar el margen muchas veces manteniendo el ángulo relativamente agudo. Así los bifaces llegaron casi a durar tanto y a llegar tan lejos como las lascas Levallois o las raederas Quina.

Esto queda demostrado en la práctica por el descubrimiento de algunos yacimientos con «talleres» de bifaces, muchas veces cerca de buenas fuentes de pedernal. Un solo estrato del abrigo de Pech de l'Azé I contiene casi 25 000 característicos bifaces para formar lascas. Un tallador medio produce menos de 50 durante la producción inicial, así que aquí debieron hacerse más de 500 bifaces. Pero en realidad se encontraron muy pocos: está claro que, después de fabricarlos, los neandertales se los llevaron a otra parte.

En otros yacimientos puede verse qué ocurría en estos viajes de los bifaces. En el 2002, en la cantera de Quarry, en el este de Gran Bretaña, se observaron bajo metros de grava útiles del Paleolítico Medio provenientes de fangos negros orgánicos. Este sedimento procedía de un pequeño curso fluvial que, 60 000 años atrás, bordeaba una vasta llanura hoy sumergida bajo el canal de la Mancha. En el yacimiento se han documentado miles de utensilios líticos, entre ellos unos cincuenta bifaces; algunos se habían fabricado sobre la marcha con guijarros del río cercano, pero la mayoría habían sido tallados en otros lugares utilizando un hermoso pedernal negro antes de ser usados en Lynford y después desechados.

¿Por qué abandonarían los neandertales tantos bifaces, la mayoría todavía utilizables? En realidad, para talladores experimentados son rápidos y fáciles de hacer, mucho menos trabajosos que un núcleo Levallois. Para neandertales que dominaban el tallado desde jóvenes y que conocían perfectamente la ubicación de piedra de calidad, ir cargando con bifaces no era siempre lo más sensato: mucho mejor llevar más carne, grasa u otros materiales.

A pesar de todo, allí donde escaseaba la piedra de calidad, se hacía acopio de bifaces y solo se desechaban cuando ya eran restos reavivados al final de su vida útil. Incluso podemos encontrar los lugares de paso donde únicamente las lascas para reavivar testimonian la estancia de los neandertales, quizá solo por una noche, para afilar sus herramientas y seguir el viaje.

Generaciones pétreas

Ya fabricaran bifaces, hojas o lascas, algo que muchos neandertales tenían en común era su aprecio por una buena pieza de segunda mano. Reciclar podía ser sencillo, pero un estudio pionero sobre remontaje de hace tres décadas demuestra cómo en algunos casos era bastante complejo. De manera similar al característico núcleo discoide de la cueva de Fumane, un arqueólogo de la cueva de Coustal, en el centro-sur de Francia, localizó un agrupamiento de útiles de jaspe, una piedra rara que no se conseguía en la zona. Casi todos se concentraban en 1 m^2, y el remontaje demostró una insólita transformación a la inversa. En un principio, un neandertal había llevado al yacimiento una larga herramienta de lasca serrada y probablemente, después de utilizarla, la convirtió en un núcleo y de nuevo en herramienta pasando por ocho etapas. Este único objeto pone de relieve cómo los neandertales podían pasar sin esfuerzo de una categoría a otra en el tratamiento de los artefactos, alterando los métodos de talla utilizados. Pero no se trata de una anomalía. El remontaje de Combe Grenald demuestra cómo un segundo neandertal rescató un núcleo de lámina inservible serrando el filo, lo que convirtió un error en una herramienta útil.

Lo ocurrido en Coustal fue probablemente labor del fabricante primigenio de la herramienta, pero en otros contextos se aprecia que pasó un tiempo considerable antes del reciclado. Le Moustier contiene pruebas palpables de este hábito de reutilizar útiles ya viejos. La reciente reevaluación de bifaces de la base de un estrato detectó notorias diferencias de color que prueban que no estaban mal fabricados, sino que habían sido rescatados de la capa subyacente y reciclados en núcleos. Pese a su dedicación total a la tecnología discoide, es inconcebible que estos neandertales posteriores no reconocieran los bifaces como las herramientas que habían sido, aunque solo se interesaran por ellos como una fuente fácil de buen pedernal.

El reciclaje de utensilios es en realidad muy común en muchos yacimientos, y parece que igual que los ojos de los arqueólogos, como los de las urracas, se sienten atraídos por la lítica brillante, los neandertales se habrían fijado en útiles que se hallaban a la vista dentro de cuevas o en sitios al aire libre.[10] Tales descubrimientos fueron quizá la génesis del aprecio por los objetos antiguos no solo como fuentes para la industria lítica, sino como recuerdos de la época, la historia e incluso la presencia de «los de antes».

Aunque la costumbre neandertal de reciclar utensilios líticos era sabida desde hace mucho tiempo, solo recientemente ha llegado a descubrirse algo mucho más insólito. Conocido como «ramificación», fue gracias al remontaje como los investigadores descubrieron la existencia de subsistemas de tallado «ocultos». De manera similar a los afluentes de un río, los neandertales se llevaban las lascas que fabricaban con métodos primarios y después las reducían a una «segunda generación» de lascas pequeñas.

10. La construcción de madrigueras por animales como hienas probablemente contribuyó a que saliera a la luz material más antiguo.

Esto se hace más fácilmente con útiles gruesos, por lo que resultaban ideales objetos voluminosos como lascas Levallois o Quina con bases o bordes espesos. En algunos contextos la ramificación es tan sistemática que queda claro que los neandertales no consideraban su tecnología lítica como mera fragmentación de la piedra, sino como un medio de producir reservas portátiles de roca que pudieran tratar después como mininúcleos.

La obtención de útiles de segunda generación adoptó multitud de enfoques y, así, algunas veces se pretendía fabricar versiones en miniatura de las lascas originales. Extrayendo cortes de lascas o herramientas Quina, los neandertales obtenían lascas pequeñas de segunda generación con las mismas propiedades que los productos de primera generación tallados directamente sobre el núcleo: un filo cortante opuesto a un borde romo.

Un notable estudio que combina el remontaje con las huellas de uso en el yacimiento de Jonzac, no lejos de Saint-Césaire, pone de relieve la asombrosa coherencia de algunos sistemas de segunda generación. Sacado a la luz en el siglo XIX cuando los trabajadores de una cantera perforaron profundos estratos arqueológicos en un acantilado calizo, un nivel contiene una infinidad de restos óseos de animales, en su mayoría renos, meticulosamente despiezados. Para descuartizar las carcasas y separar la carne de las pieles se utilizaron utensilios líticos Quina, que generalmente fueron reavivados al menos una vez antes de emplearlos en trabajos muy duros, probablemente cortar hueso. Como esto astillaba los filos, a algunos se les quitaron las muescas para reutilizarlos y otros fueron convertidos en percutores o yunques.

Mas esa es solo la secuencia principal; también había un ciclo de segunda generación que utilizaba todas las lascas pequeñas desprendidas durante el modelado y reavivado de las herramientas. Los neandertales utilizaban más o menos la mitad, algunas retocadas. Pero lo más fascinante es que la selección continuaba en el uso que se daba a las lascas de segunda generación. Las lascas procedentes del moldeado de herramientas se destinaban a despiece y a limpiar pieles frescas, lo mismo que los primitivos raspadores Quina. Por el contrario, las lascas obtenidas del reavivado de herramientas solo se usaban para cortar carne, y a veces también eran reavivadas. Incluso se aprovechaban los trozos desprendidos al realizar escotaduras en herramientas Quina deterioradas, pero también en esta ocasión solo para cortar carne.

Estos patrones específicos tal vez sean privativos de los grupos que visitaron Jonzac, pero ejemplifican cómo los neandertales fueron conscientes en todos los lugares y épocas del potencial de cuanto fabricaban. Este planteamiento de «quien guarda siempre halla» se constata en la práctica totalidad de los tecnocomplejos: volviendo a la cueva de Fumane, en un estrato los ahorrativos neandertales extraían laminillas de los filos de las lascas. En ocasiones hay incluso una tercera generación. En Combe Grenal, tras convertir lascas discoides en micronúcleos para obtener puntas diminutas, extrajeron después hojas pequeñas y laminillas.

En algunos emplazamientos parece que los neandertales usaban la ramificación para gestionar la escasez de piedra de calidad, pero también pudo funcionar como un recurso para ahorrar tiempo aprovechando al máximo piezas aceptables de entre roca abundante pero mala. No obstante, interesa señalar que la disponibilidad de piedra no era siempre el motivo. Antes al contrario, y como ocurre en Jonzac, la especialización en las actividades explica por qué los neandertales fabricaban útiles muy pequeños. Aunque algunos podían probablemente usarse con la propia mano, otros, como las minúsculas lascas Levallois de solo 2 cm de largo procedentes de Pech de l'Azé IV, seguramente habrían sido enmangados, y merece la pena señalar que todas las laminillas neandertales fueron elaboradas dentro de sistemas de segunda generación. Esto implica que no eran subproductos accidentales del tallado, sino que estaban integradas en sistemas tecnológicos: formaban parte de la variada gama de utensilios que se propusieron fabricar desde el principio.

Recursos de sobra

Durante las últimas décadas ha dominado la teoría de que los neandertales utilizaban la piedra de maneras más sistemáticas, complejas y matizadas de lo que se sospechaba, pero explicar el porqué de tantas técnicas no ha sido posible durante mucho tiempo. Las obsesiones tipológicas de los primeros prehistoriadores culminaron en la elaboración por Bordes, entre las décadas de 1950 y 1960, de un catálogo «definitivo» de las herramientas neandertales; constaba de más de sesenta categorías, en las que el número de filos, la ubicación y la forma de las herramientas contaban como tipos diferentes. Comparando Le Moustier con sus excavaciones en Combre Grenal —más de cincuenta niveles en una secuencia de 13 m de profundidad—, Bordes reconoció patrones repetidos en cantidades relativas de tipos de herramientas, y sobre esta base propuso que los neandertales habían vivido en cinco subculturas musterienses principales, una de las cuales incluía Quina.[11]

Aunque muy influyentes como herramienta heurística para el registro de colecciones, los postulados de Bordes no explican la tecnología como un proceso dinámico. La etnografía combinada con el análisis computacional llevó a la convicción de que la diversidad de las herramientas era sencillamente un reflejo de su función: neandertales haciendo cosas diferentes en lugares diferentes. Las observaciones dentro de comunidades de cazadores-recolectores demostraron que el retoque de las lascas solía consistir en reavivarlas, más que en moldearlas para conseguir un filo concreto.[12]

Esto quería decir que las categorías de herramientas de Bordes eran en realidad puntos de un espectro más amplio, porque los neandertales remozaban los bordes de sus herramientas. Además, cuando se consideran los métodos de tallado de núcleos y no solo la forma de las herramientas retocadas, la cosa se complica más. Por ejemplo, una sucesión de diez niveles datados desde finales del EIM 5 hasta principios del EIM 4 en Com-

11. Las otras eran Ferrasie (grandes raspadores y Levallois), denticulada (herramientas serradas y melladas), una tradición de bifaces y una categoría «comodín» que llamó «típica».

12. Un estudio de la década de 1970 reveló que, históricamente, los talladores aborígenes prestaban tanta atención a la apariencia general de sus raspadores como los occidentales a la de sus sacapuntas.

be Grenal parecen diferentes basándose en las categorías de herramientas de Bordes, pero si se considera el modo como se fabricaron las lascas, prácticamente todos son Levallois.

El otro problema con las tipologías es el reconocimiento relativamente reciente de dos hechos. Primero, muchos de los conjuntos analizados por Bordes procedían de estratos de bastante densidad. En casi todas partes, el análisis reciente con perspectiva geológica indica que tales depósitos contienen muchas fases separadas. Le Moustier es un ejemplo: se demostró que cuatro estratos definidos inicialmente contenían al menos veinte niveles sedimentarios, y es que cuando los conjuntos líticos se examinan con más resolución se aprecian diferencias tecnológicas concluyentes. Lo que Bordes vio como una sola fase dominada por los bifaces empieza de hecho, en la mayoría de los casos, como Levallois. Esto podría sonar como un arcano académico, pero adquiere importancia porque durante muchos años los prehistoriadores construyeron modelos conductuales a gran escala basados en relacionar tipos concretos del Musteriense con el clima o con los animales que se cazaban.

Es evidente que dichos modelos hoy no resistirían un análisis riguroso, aun cuando sea real la variación en las tecnologías y la cantidad de retoques entre yacimientos diferentes. Y aquí es donde cobra importancia la segunda modificación reciente de nuestros conocimientos sobre los neandertales. Muy a menudo, los primeros arqueólogos conservaban muy poco aparte de las herramientas retocadas, por lo que se deshacían de muchos núcleos y de casi todas las lascas pequeñas. Pero cuando los investigadores prestaron más atención a la tecnología y se dedicaron a experimentar con el tallado y a hacer intentos de remontaje, se percataron de que la costumbre de desechar supuestos artefactos «residuales» de los conjuntos arqueológicos comportaba la pérdida de una enorme cantidad de información sobre cómo los neandertales hacían las cosas.[13] Una vez más Le Moustier sirve de ejemplo. Las zonas no excavadas demuestran que los niveles son aquí tan ricos que a veces hay más restos arqueológicos que

13. La mayor parte del material obtenido de cualquier núcleo mide menos de 2 cm de largo, pero aun así puede ser tecnológicamente relevante.

tierra, pero considerando las cantidades ingentes de sedimentos removidos por Hauser y Peyrony, el volumen de material lítico en las colecciones antiguas es escaso.[14]

Sin embargo, en vez de darlo todo por perdido, la actual generación de investigadores ha vuelto, más de un siglo después, a «excavar la excavación». Sus temporadas de campo representan los métodos del siglo XXI. En el transcurso de varias semanas, la profundidad puede incrementarse menos de un palmo, porque todo se conserva. A las piezas de más de 2 cm se les trazan coordenadas precisas en 3D utilizando el láser, mientras que los objetos más pequeños se distribuyen en cuadrículas de 50 cm. Los restos verdaderamente minúsculos se recuperan mediante cribado húmedo.

Este planteamiento moderno de «colección total», combinado con el examen meticuloso de los detalles tecnológicos, ha dado como resultado una valoración nueva de la compleja interrelación de los neandertales con la piedra, tanto en el plano individual como en el de los conjuntos. Formalizada como la teoría de la «economía tecnológica», explica en buena medida por qué decidieron tallar de maneras concretas y variaban la intensidad de los retoques. En casi todos los yacimientos se han documentado patrones sistemáticos, lo que confirma que no solo elegían preferentemente piedra de calidad cuando preveían que los utensilios necesitarían reavivarse por su uso prolongado, sino que por la misma razón son las lascas más grandes las que suelen retocarse. Y cuando los neandertales transportaban objetos entre diferentes emplazamientos, los que trasladaban a mayor distancia eran los fabricados con la mejor roca, sin molestarse en llevar piedra de mala calidad a zonas más ricas. Esto implica que no solo sopesaban las posibilidades y tomaban decisiones en cada momento, sino que también poseían un conocimiento insospechado de los rasgos geológicos de regiones extensas.

14. Unas excavaciones más meticulosas en la década de 1980 revelaron densidades de útiles unas treinta veces mayores que las de principios del siglo XX.

Cambio y tiempo

Pero aquí no acaba la historia. Aunque por regla general los recursos pétreos disponibles permanecían estables en el tiempo, los tecnocomplejos no eran estáticos. Un legado perdurable de la tipología de Bordes es que los diferentes tipos de conjuntos parecen seguir un patrón cronológico cuando se efectúa una comparación estratigráfica entre numerosos yacimientos. Por todo el suroeste de Francia los neandertales dejaron muchos conjuntos ricos en Levallois durante el EIM 5, pero bastantes menos con el paso del tiempo. En el EIM 4 aparece el tecnocomplejo Quina, sucedido a su vez por una cantidad creciente de tecnología discoide, así como por algunos conjuntos con numerosos bifaces. Sorprendentemente, esta secuencia de tecnologías ha persistido durante los últimos 30 años, aunque con algunos matices añadidos; por ejemplo, Quina dura hasta el EIM 3, cuando ya han aparecido muchos conjuntos discoides. Y en los niveles más jóvenes —solo conservados en algunos yacimientos, pero siempre por encima del discoide tardío— se registra una reaparición de Levallois, con grandes raspadores.

Este florecimiento de la diversidad tecnológica desde hace unos 150 ka en adelante no se produce igual en todas partes. Mientras que el grueso de las investigaciones se concentró en las cuevas del suroeste de Francia, la difusión de útiles líticos por las llanuras de la Francia septentrional era más difícil de entender. Esto ha cambiado en las últimas décadas, pues los métodos de datación han revelado una secuencia tecnológica diferente. Aunque las razones precisas todavía se debaten, parece haber una correlación mucho más clara con la mayor severidad de las fluctuaciones medioambientales y climáticas de estas regiones en comparación con el sur de Francia.

Cuando el clima empezó a enfriarse después del pico del Eemiense hace unos 120 ka, los neandertales optaron allí por métodos de lascado más sencillos que el típico Levallois. Posteriormente, durante un periodo de frío intenso hace unos 110 a 109 ka, se produce el florecimiento de las hojas ya mencionado. Las condiciones oscilaron a lo largo de los 20000 años siguientes, con repetidas apariciones y desapariciones del bosque boreal, pero en conjunto el frío siguió aumentando. Las hojas persistieron, aunque con formas más diversas, y los neandertales exploraron nuevos métodos Levallois al tiempo que simplificaron la fabricación de puntas.

El final del EIM 5 se caracterizó por ciclos rápidos, espectaculares y repetidos con transiciones de calor a frío. Los neandertales se hacen más visibles cuando los bosques se recuperan, y una vez más se dedican a fabricar una amplia variedad de utensilios líticos. Pero cuando aumentó el frío y la aridez provocó la formación de inmensas estepas, los bifaces cobraron importancia por primera vez en cientos de miles de años. En el espacio de diez generaciones, las condiciones plenamente glaciales empezaron a surtir sus efectos al principio del EIM 4, y aunque durante los breves periodos de deshielo surgen neandertales que fabrican grandes lascas Levallois, parece que el norte de Francia quedó abandonado.

Aunque los neandertales reaparecieron casi inmediatamente con la subida de las temperaturas durante la transición entre el EIM 4 y el EIM 3, culturalmente eran entonces muy similares a los del suroeste de Francia. Las puntas y las verdaderas hojas Levallois desaparecieron definitivamente, pero ¿se debió a que ya no eran útiles, por haber surgido en hábitats anteriores de estepa forestal, o a que fueron obra de ignotas culturas neandertales que se extinguieron durante el EIM 4? Es curioso que estas poblaciones del norte de Francia durante el EIM 5 exhiban una singularidad tecnológica mucho más manifiesta, lo que podría apoyar la interpretación cultural. Hojas, bifaces y puntas existen durante el discoide y el Levallois, pero nunca juntas, lo que denota que cumplían funciones muy específicas en lugares concretos o reflejan tradiciones culturales.

Más allá del norte de Francia, se encuentra a escala mucho mayor unos de los argumentos más poderosos en favor de la existencia de verdaderas culturas líticas neandertales. Una característica «divisoria de bifaces» parte Europa por la mitad, dejando al oeste un mundo musteriense donde los bifaces seguían tradiciones antiquísimas. Más o menos simétricas, presentan perímetros cortantes lascados en todo —o casi todo— su contorno. Por el contrario, los neandertales del centro-este de Europa concibieron una manera muy diferente de fabricar bifaces. Conocidos por el nombre colectivo de «Keilmessergrüppen», su rasgo definitorio es la asimetría, con un borde bifacial cortante opuesto a un margen natural o artificialmente embotado.

Los talladores neandertales musterienses y los fabricantes de Keilmesser vivieron en la misma época, ambos utilizaron los métodos Levallois y discoide para la producción de lascas, y cazaban especies similares. Sin embargo, sostenían ideas totalmente distintas sobre lo que era un bifaz, desde cómo debía fabricarse hasta los métodos de reavivado. Está claro que existía una frontera cultural de algún tipo, pero dilucidar si tenía que ver con poblaciones que nunca llegaron a entrar en contacto, o con algo más sutil, sigue siendo una dificultad de primer orden.

Y también subsisten enigmas sobre los tecnocomplejos principales. La tecnología discoide y la Levallois eran, según parece, ampliamente conocidas y, sin embargo, dondequiera que encontramos la primera es casi siempre el único método utilizado.[15] ¿Aprendieron algunos grupos neandertales por tradición a tallar solo de esta manera, o hacían otras cosas en otros lugares? Nuestra incapacidad para seguir el rastro de los grupos de yacimiento en yacimiento nos obliga a buscar otros indicios. La posibilidad de que determinados tecnocomplejos fueran adaptaciones a hábitats concretos es atractiva, pero no se sostiene ni para el discoide ni para el Levallois. Además, partiendo de las huellas de uso es difícil probar que se emplearan en tareas diferentes.

Hay un tecnocomplejo que está bastante restringido en el ámbito geográfico, muestra una acentuada correlación climática y nunca aparece con ninguna otra tecnología de núcleo: el Quina. Este podría representar en consecuencia una forma particular de la vida neandertal, sobre lo que profundizaremos en el capítulo 10. Pero lo relevante, si se piensa en la posible relación entre diversidad tecnológica y las diferentes culturas del continente, es que el Quina aparece en el sur de Francia por la misma

15. Cuando se toman en consideración conjuntos que con seguridad no han sido mezclados.

época en que la tecnología laminar desaparece en el norte, y se extingue cuando los bifaces adquieren mayor importancia. Durante los últimos 40 000 años de su existencia, es un hecho que los neandertales vivieron turbulencias climáticas y, posiblemente, también alteraciones de población; pero, lejos de sucumbir a la inadaptación, su registro arqueológico evidencia su espíritu innovador y su evolución cultural.

Atando cabos

Aunque se reunieron útiles líticos neandertales durante más de un siglo, su estudio sistemático tardó décadas. Gracias a los adelantos en los métodos analíticos, hoy disponemos de conocimientos sin precedentes sobre qué hacían con la lítica y por qué. Los investigadores amplían o reducen a voluntad su campo de estudio desde escalas continentales hasta secuencias específicas de remontaje, al tiempo que algunas de las percepciones modernas de más calado proceden de los objetos más humildes: los desechos pétreos que generaban a toneladas. Una lección fundamental es que, a pesar de compartir normas culturales, los neandertales también eran innovadores. Fue necesario que alguien ideara y refinara técnicas diferentes constantemente, unas veces adaptándose a un tipo de roca desconocido y otras, en muchas épocas y lugares donde se tallaban hojas, recurriendo a la inventiva.

El mito persistente de que la tecnología neandertal se atascó en algún lodazal cognitivo, empantanada por mentes incapaces de innovar, es falso. Ni faltos de refinamiento ni con ideas inamovibles, la suya fue una danza dinámica con la lítica, danzando al compás de ritmos diferentes que unían factores externos con ideas, elecciones, caprichos. Las fronteras elementales —lo que la geología hizo posible o impidió— impusieron sin duda restricciones, pero, gracias a su maestría técnica y a una focalización casi de láser en lo que querían, encontraron soluciones imaginativas. Tan rutinariamente como respiraban, los neandertales prestaban atención a sus rocas, seleccionando los tipos más adecuados, jugando con maneras novedosas de fragmentar, y modificando conceptos y habilidades según fuera necesario.

Sus tecnologías perseguían además la calidad y la eficiencia. Si bien Levallois inició la revolución de los neandertales en el Paleolítico Medio, también florecieron otros tecnocomplejos y métodos concretos. Los neandertales gestionaron tanto el tiempo como la piedra, bien mediante tecnologías sostenibles que podían transportarse y reavivarse muchas veces, bien con lascas desechables para usar en el momento. Además, con el tiempo idearon maneras más complejas de obtener lo que querían. La cereza del pastel fue la ramificación, con útiles líticos de segunda generación que partían el material de formas más complejas y especializadas que antes. Nada de lo que hacían era irreflexivo y, aunque seguían esquemas, también quedaba sitio para la flexibilidad cambiando de categorías, como en el paso de la lasca al núcleo o del desecho a la herramienta.

A partir de todas estas características fue creciendo el mundo de los neandertales, que, cortando amarras con la geología, abrieron el paisaje a nuevas exploraciones. Al separar cada vez más dónde y cuándo fabricaban, utilizaban y reavivaban los artefactos, ensancharon sus actividades y mentes a través del espacio y el tiempo. Las actividades y movimientos más prolongados comportan una expansión de la memoria y de la planificación. Con el Paleolítico Medio estamos asistiendo, no al nacimiento, sino a la maduración de mentes con capacidad de volar hacia el futuro e imaginar lo que ocurrirá con días o incluso estaciones de antelación.

Aunando todo esto se percibe a los neandertales como homínidos en plenitud de facultades. Su industria lítica los protegió de las duras condiciones climáticas y medioambientales, e incluso estimuló nuevos inventos. A partir de hace unos 150 ka, da la impresión de que concibieron soluciones cada vez más creativas a medida que se ampliaba su rango geográfico.

Pensar en los neandertales como experimentadores que ensanchaban fronteras quizá resulte extraño, pero esta nueva teoría se basa en la arqueología. Y, para fascinación de los investigadores, está presente también en materiales mucho más raros que la piedra: ahora es cuando se está apreciando la verdadera escala de su mundo de tecnología orgánica casi desaparecido.

Capítulo 7

EL MUNDO MATERIAL

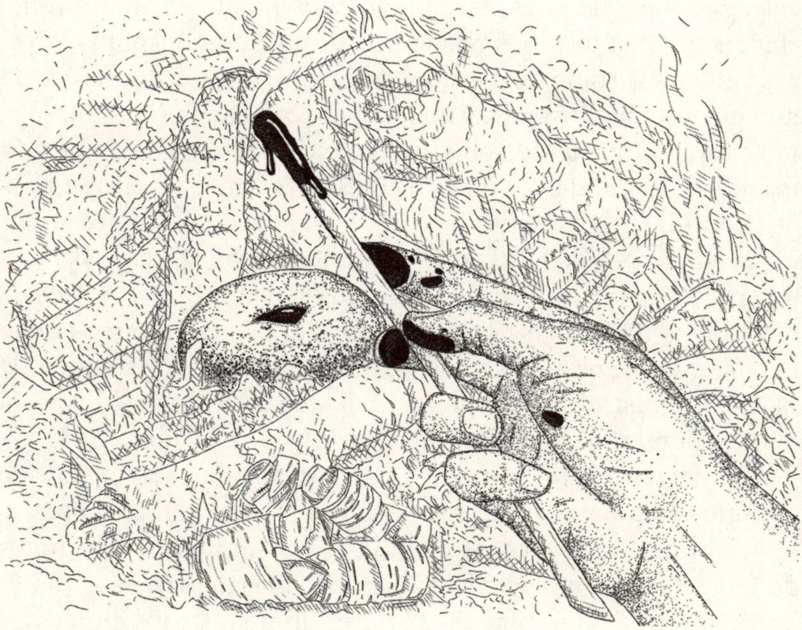

Dentro del cuerpo, el hueso.
Bajo la piel, la sangre.
Sobre la piel, el pelaje.
A través del pelo, la mano.
De la mano, el fuego.
Antes del fuego, la madera.
De la madera, la brea.
Atrapada en la brea, la piedra.
Raspado por la piedra, el rojo.
Bajo el rojo, la concha.
Dentro de la concha, el secreto.

Más del 99 por ciento de los útiles del Paleolítico Medio son de piedra, que, a diferencia de la materia orgánica, no se descompone. Los objetos procedentes de cosas vivas, sean animales o plantas, son en comparación rarísimos; dientes y huesos sobreviven mejor que la madera, aunque no siempre. Sin embargo, tales materiales integran el grueso de las tecnologías de los cazadores-recolectores, así que probablemente existe un reino «fantasma» de utensilios neandertales que desconocemos. A veces vemos sus sombras: las huellas de uso en los útiles líticos de muchos yacimientos se corresponden con madera o plantas. Y, muy esporádicamente, objetos excepcionales sobrevivieron a los milenios, dando testimonio con su presencia de las multitudes perdidas.

Hasta hace poco, estas pistas eran escasas, pero en las tres últimas décadas los descubrimientos han proliferado. Hoy la madera, el hueso y las conchas son fundamentales para ver con perspectivas renovadas a los neandertales como artesanos de materiales distintos de la piedra. Y lo que esto nos dice sobre su comportamiento ha sido, en muchos casos, revelador.

Empecemos por la madera. Pocos neandertales vivían en páramos helados y, aunque los árboles no abundaban siempre, habrían formado parte de su vida cotidiana. Las poblaciones de los periodos interglaciales caminaban bajo extensos ramajes de hayas, contemplaban las flores doradas de los alerces en otoño, y muy probablemente poseían tanta sabiduría sobre los árboles como conocimientos sobre la piedra. Ya en 1911, cuando se encontró una punta de lanza en unos acantilados junto al balneario costero de Clacton-on-Sea (Gran Bretaña), los prehistoriadores sospechaban que los homínidos anteriores al *H. sapiens* fabricaban objetos de madera. No fue hasta después cuando se acreditó su extraordinaria antigüedad de 500 a 400 ka, y poco más tarde apareció una lanza entera en Lehringen (Alemania). Era enorme —casi 2.5 m de largo—, bastante gruesa, destinada probablemente a acometer de cerca y, lo más importante, databa del Eemiense, así que era obra de neandertales. Como la tarjeta de visita de un cazador, estaba quebrada bajo el esqueleto de un elefante, pero no había sido registrada debidamente. Fue en 1995 cuando se pudo demostrar el refinamiento alcanzado por los neandertales en la tecnología de la madera.

Una húmeda mañana de noviembre de aquel año acudieron investigadores de toda Europa a la mina de lignito de Schöningen (Alemania), atraídos por las noticias sobre un inmenso yacimiento neandertal con hogares, acumulaciones de animales despiezados y armas de madera. Tres años atrás se habían encontrado utensilios líticos y restos magníficamente conservados de animales y plantas procedentes de antiguos depósitos lacustres, descubrimiento que propició la conservación de un bloque de 4000 m^2 de sedimentos de la mina. Con la imponente maquinaria sobre las cabezas de los arqueólogos, empequeñecidos en el pozo circundante de la mina, aquel escenario posapocalíptico era el reverso del mundo antiquísimo que salía a la luz. De entre los sedimentos finos en los 40 m de estratos habían aparecido pequeños y enigmáticos objetos de madera, uno de los cuales medía casi 1 m de largo, con puntas labradas y afiladas. Pero aquel descubrimiento sin precedentes era solo un anticipo.

Cuando un par de años después llegaron los expertos invitados, el escepticismo se transformó en asombro, porque Schöningen contenía uno de los hallazgos arqueológicos más importantes del siglo XX. De los sedimentos negros y grises del nivel 13 II-4 emergió la prueba de que las afirmaciones, en un primer momento descabelladas, sobre las armas neandertales eran ciertas. Junto con docenas de caballos despiezados yacían dispersos los instrumentos de su matanza: unas elegantes lanzas de madera cuidadosamente afiladas.

Datado hace entre 337 y 300 ka, este nivel de Schöningen, conocido como Horizonte de Lanzas, es una extensión más o menos diagonal de unos 50 m^2 a orillas de un antiguo lago. Solo este nivel, uno de los muchos del yacimiento, contiene más de 15 000 hallazgos. En su mayoría son huesos, pero hay numerosas piezas de madera, entre las que figuran, en una zona relativamente pequeña, ocho lanzas rotas. La más completa estaba partida en dos puntos y yacía entre los restos de uno de los 50 caballos despiezados.

Aquellas lanzas desmontaron las ideas previas sobre la capacidad de los neandertales para el tallado de madera: son mucho más que palos afilados. Hermosamente trabajadas en pícea y un solo pino albar, todas sus puntas están en el extremo del tocón, la parte más dura.[1] Los astiles estaban sistemáticamente tallados desde el centro para incrementar su potencia, una técnica que se empleó también unos 200 000 años después en Lehringen. Con el peso concentrado hacia las puntas, igual que las jabalinas, probablemente estaban fabricadas para ser arrojadas a largas distancias. Una lanza de 2.5 m sobresalía por su longitud. Los experimentos demuestran que las más cortas podían arrojarse a una distancia de hasta 30 m, mientras que la lanza larga permitiría matar con más precisión evitando acercarse a la presa. La lanza de Lehringen es de parecida longitud, con una base más gruesa.

Las excavaciones de Schöningen han continuado desde 1995, y el Horizonte de Lanzas es ahora una más de las 20 zonas estudiadas. Se puede seguir el rastro de los neandertales por la orilla del lago y a lo largo del tiempo, puesto que también se han encontrado restos arqueológicos en los niveles inferior y superior. En unos años es posible que incluso aumente el número de lanzas, porque se han identificado otros fragmentos trabajados entre enormes extensiones de astillas.

Pero las armas no son los únicos objetos de madera que se sabe que fabricaron los neandertales. Los nuevos hallazgos en el sur de Europa en el 2018 confirmaron la amplitud de sus habilidades, al encontrarse múltiples palos trabajados por los extremos en dos yacimientos a cielo abierto: Aranbaltza en Vizcaya, datado hace unos 90 ka, y Poggetti Vecchi en Italia, con una antigüedad aproximada de 200 ka. Mucho más cortos que las lanzas de Schöningen, su longitud, patrones de desgaste y huellas de uso apuntan a que eran herramientas de excavación, aunque probablemente servían también para pinchar, agujerear y ayudarse a caminar. Pese a que impresionan menos que las lanzas, estos utensilios fueron fabricados con igual minuciosidad.

1. Las comunidades indígenas yupikes y atabascanas de Alaska obtienen pícea de madera de deriva, y consideran que los tocones son ideales para tallar por su dureza y resistencia.

Este esmero se hacía extensivo a la materia prima. Uno de los dos palos trabajados de Aranbaltza era de tejo, árbol famoso por su madera durísima pero flexible. Empleada para los temidos arcos largos ingleses de la Edad Media, fue también elegida por los fabricantes de lanzas de Clacton-on-Sea y Lehringen. En Poggetti Vecchi, por el contrario, los 40 fragmentos de madera trabajada —pertenecientes por lo menos a seis herramientas, según el número de mangos— eran de boj, un árbol de madera todavía más dura y densa que la del tejo, con hojas muy largas y rectas. Debieron necesitarse horas y horas para tallar una madera tan dura, pero la elección no fue arbitraria: en muchas sociedades tradicionales, para fabricar palos cavadores se seleccionan las especies más duras precisamente por su resistencia. No es el caso de las lanzas de Schöningen, donde se usaron maderas blandas quizá por no contar con madera más dura en la zona.

La destreza técnica va más allá de la selección de la especie. Igual que las lanzas, el escaneado tomográfico reveló que la herramienta de tejo de Aranbaltza se fabricó con duramen excéntrico. Los palos cavadores de ambos yacimientos fueron cuidadosamente trabajados con puntas alisadas, mientras que las trazas carbonizadas demuestran la utilización de fuego para facilitar la extracción de la corteza y la madera exterior. Incluso queda probado el reciclaje: da la impresión de que el palo de Aranbaltza fue cortado de un objeto más largo —quizá una lanza—, mientras que algunas de las piezas de Poggetti Vecchi tal vez sean herramientas desechadas por desgaste.

Estos últimos, descubiertos durante la construcción de una piscina, estaban mezclados con huesos de animales, en su mayoría elefantes de colmillos rectos. Sin marcas de despiece resulta imposible demostrar una conexión o estar seguros de la función que cumplían —uno en concreto tenía una punta aguzada, y otros dos, unas muescas misteriosas—, y en cualquier caso es difícil explicar su presencia.

Los objetos mencionados hasta ahora se usaron en espacios abiertos, y algunas veces se hallan claramente vinculados a la caza. ¿Tenían los neandertales otro tipo de herramientas de madera? En Tarragona, un enorme abrigo conocido como el Abric Romaní ha proporcionado algunos de los datos más relevantes sobre los neandertales en las tres últimas décadas. Al empezar las excavaciones en 1909, pocos indicios hacían pensar que un archivo de valor extraordinario se ocultara bajo su hermoso saliente de travertino. De hecho, son las mismas aguas ricas en carbonato cálcico que formaron el saliente las que singularizan el lugar: las capas de incrustaciones calcáreas depositadas a lo largo del tiempo en el suelo del abrigo cubrieron los detritos de sucesivas ocupaciones neandertales, conservándolos en asombroso buen estado.

Una sola vez ya habría resultado notable, pero esto ocurrió al menos 27 veces en 12 niveles, lo que abarca un lapso de 40000 años.[2] Se conservan cientos de hogares, muchas decenas de miles de utensilios líticos y huesos, junto con cosas perecederas como hojas, piñas y madera carbonizada.[3] Otros objetos de madera se pudrieron, pero dejaron impresiones en las incrustaciones calcáreas: son el equivalente en el Paleolítico Medio a los cuerpos de Pompeya.

El Abric Romaní posee un registro absolutamente único de los materiales que dejaban atrás los neandertales cada vez que se desplazaban, entre ellos un centenar aproximado de objetos de madera preservados en múltiples niveles. En su mayoría combustible para el fuego, algunos son objetos trabajados. Al menos uno se parece al palo de Aranbaltza, pero otros son muy diferentes. Dos objetos carbonizados y ligeramente curvos de un nivel de hace entre 50 y 45 ka se asemejan mucho a unos platos de madera, con un diámetro a medio camino entre un plato llano y uno pequeño. Otro era plano, pero con una larga protuberancia en un extremo, que probablemente servía de mango.

El hallazgo más extraordinario se produjo en el 2011 en un nivel datado hace unos 56 ka. Aunque no se han publicado las conclusiones, la prensa mostraba una herramienta grande con forma de cuchillo de carnicero, hoja plana y mango; exactamente lo mismo que podría encontrarse en la cocina de un chef.

2. Una perforación ha descubierto que los depósitos alcanzan más de 20 m de profundidad y se remontan a hace 100 ka.

3. Quemada sin aire, como el carbón.

Cabe suponer que servía para cortar cosas blandas, y demuestra el papel de la tecnología de la madera en la vida cotidiana neandertal.

Ensamblajes

Los neandertales fueron indudablemente carpinteros, pero también los primeros en fabricar herramientas compuestas. El nivel tecnológico que representa unir múltiples partes para formar un único objeto proporciona mayor control, más absorción de impacto y ahorra tiempo y energía porque permite reparaciones modulares. La mayoría de las herramientas compuestas tienen una parte de piedra «activa» —la punta— y un mango o empuñadura. Puede que algunos neandertales emplearan mangos sencillos con forma de cuña, pero en otros casos las huellas de uso denotan ensambladuras, probablemente con nervios y tendones o incluso fibras vegetales. Y, asombrosamente, han sobrevivido algunos adhesivos. Los sospechosos residuos negros en artefactos del Paleolítico Medio procedentes de yacimientos sirios resultaron ser bitumen de hace 50 000 años, un asfalto natural que pega al momento. Los neandertales de otros lugares también advirtieron su utilidad, como demuestran los residuos encontrados en el 2012 en la cueva de Gura Cheii-Râşnov (Rumania). Este hallazgo hace especialmente curiosa la identificación química de esquistos bituminosos en cálculos dentales de El Sidrón;[4] además, puesto que el mismo individuo presentaba un astillamiento dental severo, puede que usara la boca para manufacturar o reparar herramientas enmangadas.

Existen demostraciones todavía más complejas de la tecnología de enmangue de los neandertales. En la década de 1970 los arqueólogos que excavaban otra mina de lignito alemana en Königsaue encontraron dos pequeños grumos negros de una ocupación lacustre, datados hace unos 85 a 74 ka. Uno había formado parte de una herramienta compuesta: tres caras presentaban marcas de un utensilio lítico, una superficie de madera y las es-

4. En Europa no abundan las fuentes de bitumen natural, pero hay un depósito de esquisto bituminoso a 20 km de El Sidrón.

pirales de una huella digital parcial de un neandertal. No fue hasta el 2001 cuando el análisis químico identificó biomarcadores de abedules; concretamente, alquitrán derivado de la cocción de la corteza en condiciones de poco oxígeno.

Hoy se conocen al menos otros dos ejemplos de alquitrán de abedul elaborado por neandertales, muy distantes en el tiempo y el espacio. Uno procedía del lecho del mar del Norte y apareció en una playa artificial de los Países Bajos. Se trata de un trozo de alquitrán de abedul de tamaño considerable que todavía cubre de forma parcial una lasca de pedernal; fue datado hace unos 50 ka y, asombrosamente, proviene de la misma zona submarina donde apareció el fragmento de cráneo neandertal de los Zeeland Ridges. Más de una década antes se había encontrado un objeto casi idéntico, junto con otro utensilio lítico, en unas graveras fluviales de Campitello (Italia); estos hallazgos son mucho más antiguos, lo que remonta esta tecnología al principio del Paleolítico Medio, hace unos 300 a 200 ka.

Existen grumos aún no identificados y posibles sustancias para enmangar en varios yacimientos, pero el caso más espectacular —y sorprendente— se conoció en el 2019. Unas lascas muy pequeñas de las cuevas de Fossellone y Sant'Agostino en el Lazio (Italia) presentan residuos de resina de pino u otra conífera. Ambas tienen más o menos la misma antigüedad, pero tecnológicamente una es mucho más compleja porque se mezcló con cera de abeja. La resina de pino es menos resistente a los impactos que el alquitrán de abedul, pero los experimentos demuestran que añadiendo cera el resultado acaba siendo casi igual de bueno.

Saliendo por la corteza y perfumando el aire de los bosques en regiones templadas, la resina de pino no pasa inadvertida; basta con apoyarse en un tronco para mancharse de la pegajosa sustancia. ¿Y qué pasa con la cera? Como se verá en el capítulo 8, es muy posible que el apetito de los neandertales por la miel los llevara a investigar la cera como sustancia; su inclusión en una fórmula para adhesivo de enmangue testimonia su preocupación por la calidad del material y su capacidad para experimentar e innovar.

Pero ¿hasta qué punto era habitual el enmangue en la vida de los neandertales? Se encuentran barnices para enmangar en muchos utensilios que no son puntas de armas, desde herramientas retocadas hasta lascas comunes. Llama la atención que casi la mitad de los útiles tomados como muestra en el yacimiento a cielo abierto de Biache-Saint-Vaast, en el norte de Francia, mostraran huellas microscópicas de barnices para enmangar, mientras que los trabajos en yacimientos de bitumen sirios sugieren que, en algunos casos, en torno a un tercio conservaban residuos. Los muchos sistemas de lascas pequeñas y laminillas tendrían sentido como objetos enmangados, y a esto hay que añadir la resina de conífera —posiblemente calentada— de los cálculos dentales en al menos un individuo de El Sidrón. Puede que, para algunos neandertales, las herramientas compuestas fueran mucho más cotidianas de lo que la rareza de sus huellas arqueológicas nos induce a creer.

La escasez de restos vegetales conservados dificultó durante mucho tiempo nuestro conocimiento de su uso por los neandertales, y la función de otros materiales orgánicos más tenaces solo se ha apreciado en época reciente. Entre estos se incluyen las conchas, cuyas propiedades biominerales son, en algunos aspectos, muy similares a las de la piedra. Existen muy contados útiles de conchas del Paleolítico Inferior, pero a partir de hace unos 120 ka los neandertales idearon verdaderas tecnologías basadas en las conchas. Hasta ahora, 13 yacimientos —todos en Grecia e Italia— han revelado varios cientos de herramientas trabajadas con conchas. En la cueva del Cavallo, en el sur de Italia, además de algunas piezas fragmentadas en varios estratos que abarcan unos 10 000 años, el nivel más rico es eemiense, con más de 120 fragmentos de conchas retocados. Y en la misma región y época, los neandertales de la cueva de Moscerini también produjeron herramientas de conchas. Junto con fragmentos sin retocar, 170 piezas procedían de una zona excavada muy pequeña.[5]

Una vez más, las herramientas demuestran que los neandertales eran quisquillosos con sus materiales. Los almejones de

5. Excavado en 1949, este yacimiento está hoy enterrado bajo los escombros de la construcción de la carretera litoral entre Roma y Nápoles.

sangre *(Callista chione)* gozaron de especial preferencia por su considerable tamaño —ocupan la palma de la mano— y su superficie lustrosa. Otras especies similares, sin embargo, apenas se usaban, y así los mejillones de Moscerini es posible que se los comieran, pero nunca los tallaron. Y aunque los almejones de sangre son comestibles, no siempre hay evidencia de que fueran residuos de comida. En algunos yacimientos los recolectaban en playas, pero en Moscerini parece que casi una cuarta parte fueron extraídos vivos de la arena.

¿Por qué usar conchas? Ofrecen materia prima de una ergonomía natural, pero al ser romas precisan retoques para crear un filo. Y aunque se embotan más deprisa que la piedra, las herramientas de conchas son autorrenovables: los neandertales podían remozar los filos sin más dificultad utilizando la herramienta sobre un material duro. Algunas especies son además sorprendentemente robustas, y las huellas de uso confirman que se empleaban para cortar carne y pieles, además de para raspar madera.

La mayoría procede de conjuntos similares a Quina, y parece que los neandertales advirtieron la semejanza entre las lascas y el borde largo y curvo y el dorso más corto de las conchas. Sin duda fueron capaces de aplicar los mismos conocimientos técnicos: la cuantiosa fuerza que se precisa para retocar herramientas Quina es esencial también para tallar conchas; incluso el movimiento es similar. Lo que todos los yacimientos de conchas tienen en común es la escasez de roca de calidad en la zona, por lo que los neandertales se vieron obligados a emplear materiales más pobres, como guijarros muy pequeños. Con claro afán economizador, las conchas se fragmentaban para obtener piezas pequeñas utilizables al momento, cada una de las cuales, además, podía después reavivarse. En otros casos, por el contrario, se recorrían hasta 15 km para aprovisionarse de conchas, lo que indicaría más bien una preferencia.

Queda una duda: ¿por qué no se encuentran yacimientos de tallado de conchas fuera del Mediterráneo central? Los almejones de sangre abundan hoy más al oeste y en la costa atlántica, aunque quizá no tanto en periodos glaciales. Con todo, extraña la ausencia de herramientas de conchas en la península ibérica, dado que los neandertales sin duda buscaban alimento en las costas, como veremos en el capítulo siguiente. Es posible que algunos concheros se encuentren en yacimientos hoy hundidos, donde los moradores de oscuras cuevas submarinas acaso se deslicen sobre los restos tallados de remotos parientes.

De la piedra al hueso

Los neandertales tenían acceso a un tercero y mucho más abundante recurso orgánico para fabricar herramientas. Los cuerpos de animales conectaban dos grandes pilares de sus vidas: la tecnología y el sustento, primero en la caza y después como materia prima. Durante décadas, la ortodoxia defendió que los utensilios de cornamentas, marfil y hueso se hallaban prácticamente ausentes en el Paleolítico Medio, hasta el punto de convertirse en los primeros marcadores del comportamiento del «moderno» *H. sapiens*. Gracias a los adelantos en el análisis, combinados con el cambio de expectativas, a los prehistoriadores actuales se les ha abierto un panorama muy diferente. Los neandertales surgieron de un mundo, el del Paleolítico Inferior, donde los restos de fauna ya estaban vinculados a la industria lítica, pero reforzaron y transformaron estas tradiciones.

Sus antepasados comprendieron bien la utilidad de los percutores de hueso o las cornamentas para las técnicas de lascado fino necesarias para fabricar bifaces. Pero en los albores del Paleolítico Medio los huesos enteros empezaron a sustituirse por fragmentos más pequeños, sobre todo de las cañas de los huesos largos de las extremidades. Utilizados principalmente para el moldeado final, retoque y reavivado de las herramientas, en algunos yacimientos son numerosísimos y en otros se hallan ausentes. El estudio de estos objetos —denominados genéricamente «retocadores», aunque este término podría implicar también reavivado— ha revelado detalles fascinantes sobre la pericia técnica y las tradiciones de los neandertales.

La prueba fehaciente del auge de las herramientas óseas procede del Horizonte de Lanzas de Schöningen. En una zona de solo 50 m² había 15 enormes percutores de hueso, y algunos, a juzgar por su deterioro, habían sido usados también para machacar otros huesos y extraerles la médula (muchos de estos ya se habían utilizado anteriormente para reavivar útiles líticos). Golpear y retocar exige niveles específicos de fuerza y conocimientos de cómo empuñar y dónde impactar, así que, aunque los primeros neandertales de Schöningen utilizaban huesos grandes para diferentes tareas, aún no distinguían entre los mejores fragmentos para actividades concretas.

Con todo, se aprecia claramente una selección en la tipología ósea. En Schöningen abundaban las carcasas de caballos, y los huesos de sus extremidades inferiores —conocidos como metápodos— eran los preferidos para fabricar herramientas, sobre todo objetos multiusos. Los metápodos no son muy carnosos, pero sus cañas gruesas, fuertes y planas son perfectas para repartir la energía percutora.

En el transcurso de 100 000 años, la tecnología ósea del mundo neandertal se refina. Todavía se prefieren los metápodos, pero en vez de huesos enteros casi siempre se emplean fragmentos. Las investigaciones en Les Pradelles (Francia), una sima formada por el derrumbe de una cueva, ejemplifican lo sistemáticos que se habían vuelto los neandertales. La reciente reinvestigación de los riquísimos estratos Quina que datan de hace entre 80 y 50 ka ha identificado hasta ahora unos setecientos retocadores, dos tercios de ellos de una sola colección donde doblan en número a los utensilios líticos.

Como cazadores, los neandertales estaban íntimamente familiarizados con las propiedades físicas de los huesos y sus variaciones entre las especies. Casi todos los animales despiezados en Les Pradelles eran renos, pero aquí los neandertales prefirieron especies más grandes para sus retocadores: las herramientas fabricadas con huesos de caballo y bisonte son dos veces más abundantes de lo esperable. Se aprecia una predilección similar por especies grandes en muchos otros yacimientos; por ejemplo, allí donde se cazaban principalmente corzos, se elegían huesos de alces o uros, menos comunes.

Además de la especie, también se tomaba en consideración la parte del cuerpo. Las extremidades posteriores parecen ser el equivalente del pedernal en los utensilios líticos: eran las preferidas por los neandertales, pero en caso de necesidad podían ser flexibles. Volviendo a Les Pradelles, por ejemplo, hay excepciones a la «regla» de los metápodos como retocadores, puesto que en ocasiones se usaban quijadas, omóplatos, huesos de pelvis, costillas e incluso falanges. En otros contextos se elegían extremidades en vez de las cañas de huesos grandes, lo que retrotrae a los principios del Paleolítico Medio. Pero en otros lugares se empleaban partes muy diferentes del cuerpo: médulas de cuerno, dientes de caballo e incluso, en la cueva de Kůlna (República Checa), marfil de mamut. Los carnívoros tampoco se despreciaban: entre los escasos restos de un felino dientes de sable de Schöningen, un húmero del Horizonte de Lanzas fue utilizado a la vez como percutor y retocador.[6]

La meticulosidad sobre el tamaño se extendía incluso a los fragmentos de hueso. Era necesaria una longitud considerable para conseguir el «giro de muñeca» adecuado al retocar, y por eso los neandertales elegían sistemáticamente piezas de más de 5 cm. La longitud media de los retocadores de Les Pradelles casi dobla la de los fragmentos sin usar. Los neandertales sabían exactamente lo que querían, y no se conformaban con cualquier astilla vieja. En algunos yacimientos extraían las partes buenas durante el despiece en vez de rebuscar en las pilas de restos, lo que tiene sentido porque el hueso fresco es más fuerte y elástico. Los nuevos trabajos de remontaje lo demuestran a escala microscópica. En Scladina (Bélgica), mientras machacaba un fémur de oso para extraer el tuétano, un neandertal escogió solo los cuatro fragmentos más largos para usarlos como retocadores.

Pese a ser maestros en distinguir la calidad, a veces los neandertales elegían retocadores inesperados. Como muchos yacimientos, el Horizonte de Lanzas de Schöningen es un palimpsesto de ocupaciones, por lo que resulta insólito que alrededor del 75 por ciento de todas las herramientas óseas procedan del lado izquierdo de los caballos; quizá tenga que ver con que el agarre y el movimiento funcionan mejor con diestros que utili-

6. Ya desgastado, probablemente no procedía de un animal cazado, sino que fue recogido.

zan huesos del lado izquierdo, pero lo importante es que se trataba de un acto intencionado.

Podemos incluso intuir que los neandertales tenían en mente tareas concretas para algunos retocadores. El análisis detallado de la posición, forma y naturaleza del daño revela que los más grandes y gruesos eran los más usados. A medida que los golpes transformaban la superficie del hueso de lisa a cóncava, los talladores pasaban a zonas diferentes, en ocasiones hasta cinco veces. La superficie de los retocadores solía rasparse antes y durante el uso, y en Le Roze, en el norte de Francia, el raspado es más habitual en retocadores utilizados múltiples veces, lo que indica que los neandertales preparaban con especial cuidado las herramientas a las que iban a dar más uso.

Persiste un enigma. Aunque determinados retocadores se usaron más intensivamente en algunos tecnocomplejos, sobre todo Quina, no se acaba de entender por qué abundan tanto en algunos yacimientos y en otros apenas se documentan. La calidad o disponibilidad de piedra en la zona no parece guardar relación, ni tampoco la cantidad de útiles líticos retocados, la antigüedad del yacimiento, su función o los animales cazados. La respuesta puede ser que estos retocadores estaban ligados a contextos y dinámicas que arqueológicamente se nos escapan, como el lugar del yacimiento dentro de un ciclo de ocupaciones más amplio o la articulación social del grupo.

Los retocadores son por mucho la herramienta orgánica más frecuente, pero los neandertales también daban otros usos a los huesos. El daño sistemático por aplastamiento en los extremos de algunas cañas de huesos de extremidades indica que quizá se utilizaban para el tallado lítico indirecto, en el que un hueso actúa como «intermediario» entre el núcleo y el percutor, focalizando la fuerza. Las superficies alisadas o pulimentadas de otros huesos sirvieron claramente para desgastar materiales de distintas maneras, como a veces se hace visible en retocadores, pero sobre todo en fragmentos de caña de hueso. En Schöningen, los neandertales usaban de forma intensa puntas aguzadas de herramientas óseas en materiales de dureza media o muy duros, incluso como «cuchillos» para cortar fibras musculares resistentes. Otras piezas, entre ellas un fragmento de marfil, habían sido lentamente alisadas e incluso biseladas por frotación sobre un material más blando, probablemente pieles de animales.

El análisis detallado de conjuntos más grandes en otros lugares ha permitido clasificar las diferentes herramientas óseas en función del tipo de daño y la dirección en que penetraron. En Combe Grenal algunas presentan arañazos paralelos al eje longitudinal y extremos anchos y pulidos, mientras que fragmentos más cortos con los extremos aguzados exhiben patrones de desgaste lateral muy diferentes. No se sabe con exactitud para qué se usaba ninguna de estas piezas, pero está claro que los neandertales escogían sus herramientas de hueso según la tarea que iban a realizar.

Igual que las conchas, también el hueso era ocasionalmente tallado y moldeado. Esta técnica hunde sus raíces en el Paleolítico Inferior, aunque la frecuencia con que los neandertales la practicaban podría quedar oculta porque a menudo el hueso resultaba dañado por carnívoros u otros procesos naturales. En el tallado de huesos destacan los colmillos de mamut. Las excavaciones practicadas en el siglo XIX en Barme Grande —una de las ricas cuevas costeras de la frontera francoitaliana— exhumaron los restos todavía articulados de un mamut joven, cuyos colmillos parecen haber sido partidos y lascados. En Axlor (Vizcaya) da la impresión de que los fragmentos de hueso fueron retocados para obtener bordes que rasparan y «cincelaran», con huellas de uso indicativas de que se utilizaron para trabajar la piel. En otros contextos, los neandertales tallaban incluso los retocadores y otras herramientas óseas para modificar su contorno, prueba concluyente de que buscaban tipologías tanto como propiedades.

¿Fabricaban los neandertales también armas con los huesos? Quizá. Algunas de las mejores muestras proceden de Salzgitter-Lebenstedt (Alemania), un rico yacimiento de restos de renos a cielo abierto datado al menos hace 55 a 45 ka. Aquí hay más de veinte utensilios de hueso moldeados, entre ellos unas costillas de mamut aplanadas hasta acabar en puntas de unos 0.5 m de largo.[7] El objeto más insólito —y absolutamente úni-

7. Cerca del yacimiento, en la ciudad de Salzgitter, hay una calle residencial que se llama Mammutring o «Medialuna del Mamut».

co— es una punta con forma de cuña hecha con una cornamenta de reno, cuya punta cónica y base biselada recuerdan el filo de un arma enmangada. Con solo 6 cm de longitud, habría funcionado como punta de una lanza ligera o, posiblemente, como dardo o punta de flecha. Se da por sentado, con carácter casi general, que estas últimas tecnologías fueron inventadas por los primeros *H. sapiens*, pero ya se anticipan en la industria lítica de otro yacimiento neandertal (lo exploraremos en el capítulo 15). Por lo demás, Salzgitter sigue teniendo el monopolio de las armas de hueso en el Paleolítico Medio.

De las herramientas a las mentes

El espectro de la tecnología orgánica y lítica que ahora sabemos que usaban los neandertales se ha ensanchado notablemente, pero ¿qué nos dice sobre ellos? Superando por mucho a los primates más complejos, las aves u otros animales fabricantes de herramientas, su pericia es asombrosa incluso comparada con la de los homínidos más antiguos. Aunque Levallois se consideró durante mucho tiempo una cima cognitiva de los neandertales, otros tecnocomplejos líticos exhiben niveles similares de sofisticación, aunque su funcionamiento fuera diferente. Todos requerían un control exhaustivo de la mecánica de la talla y la capacidad de llevar a cabo un plan de varias fases que demandaba previsión.

Durante las tres últimas décadas, las líneas tecnológicas que tradicionalmente han separado a los neandertales y los primeros *H. sapiens* se han tornado más difusas: aunque no siempre abundantes, se han documentado objetos supuestamente «modernos» como las herramientas de hueso. Las únicas técnicas líticas que se ven en la Edad de Piedra Media africana, pero no aparecen el Paleolítico Medio neandertal, son el calentamiento controlado para mejorar las propiedades de la piedra y la técnica de «talla a presión» para crear puntas serradas en las armas;[8] de hecho, son técnicas poco extendidas y, a nivel cognitivo, no

8. El lascado a presión exige un tipo de retoque en el que los talladores extraen lascas mediante compresión focalizada en vez de percusión.

difieren de forma significativa de otras cosas que hacían los neandertales.

Habida cuenta de la evidente destreza artesanal en las lanzas de Schöningen y otros objetos de madera, ahora deberíamos pensar en los neandertales como carpinteros. Estos objetos requieren una inversión en tiempo y energía mayor que cualquier bifaz o incluso un núcleo Levallois. Y aunque las herramientas de hueso están por lo general menos trabajadas, demuestran que la preocupación de los neandertales por la selección y la calidad se hacía extensiva a todas las materias primas. Fueron de los primeros en reconocer que los cuerpos de los animales ofrecían más que comida. Las carcasas fueron utilizadas cada vez más como «canteras» para tallar útiles de huesos, y usando retocadores profundizaron en el conocimiento de la anatomía animal. Estos no solo les permitieron fabricar herramientas líticas más especializadas, sino que impulsaron el reavivado, prolongando la vida útil de los artefactos.

La producción de sustancias adhesivas para enmangar nos sitúa en otro plano. En las hogueras de campamento pueden formarse fortuitamente gotas de alquitrán de abedul, pero para conseguir cantidades utilizables se necesitaba mantener un control preciso de la temperatura del fuego durante periodos prolongados. Además, la pureza química del alquitrán del mar del Norte avala la idea de que hace 50 ka los neandertales habían refinado notablemente su técnica. Si a esto se une que los neandertales intentaron mejorar la calidad de la resina de pino añadiendo cera de abejas, resulta una complejidad cognitiva equivalente a las fórmulas de enmangue con goma vegetal y minerales que conocemos por los yacimientos de los primeros *H. sapiens* en el sur de África.

Las herramientas compuestas también llevan implícita una capacidad mental extraordinaria para planificar, diseñar y prever. Aúnan múltiples fases de obtención de materiales y manufactura para cada elemento del conjunto, incluso antes de su ensamblaje. Y la renovación se halla presente en la naturaleza misma de los artefactos compuestos: los filos de piedra desgastados eran reemplazables, pero los mangos, probablemente, duraban mucho menos y viajaban hasta muy lejos. Es probable que los propios adhesivos fueran llevados de un sitio a otro: una segunda pieza de Königsaue había sido plegada con cuidado por un neandertal, pero posiblemente manufacturada en otro lugar.

Cuanto más nos fijamos, más vemos que muchos de los útiles fabricados por los neandertales recorrían distancias considerables. La dendrocronología (la ciencia que se ocupa de la datación de los anillos de crecimiento de los árboles) demuestra, sin género de duda, que las lanzas de pícea de Schöningen no fueron labradas junto al lago, sino cortadas en verano a mayor altitud (probablemente en el cercano macizo del Harz). Una punta de lanza presentaba señales de haber sido reparada de un daño probablemente sufrido en una cacería anterior, quizá de animales distintos de caballos. Hasta ahora se carece de datos fehacientes de que se transportaran las herramientas de hueso, pero considerando que los neandertales habrían tenido que reavivar los útiles líticos durante sus desplazamientos, es probable que las llevaran consigo. Se ha encontrado una pista curiosa en el abrigo de El Salt (Alicante), donde parece que se usaron retocadores de hueso ya antiguos. Y las especies anómalas también podrían reflejar este hecho: un retocador de ciervo gigante de Moula-Guery, en el sureste de Francia, procedía evidentemente de un hueso machacado, pero es el único documentado de este animal en ese nivel.

Si se transportaban muchas cosas, ¿podemos imaginar que los neandertales tenían posesiones? Es probable que los objetos cuya fabricación requería un tiempo significativo, como los palos cavadores —o que se adecuaban a un cuerpo en particular, como las lanzas—, fueran reconocidos como pertenecientes a los individuos que los producían. Si tal es el caso, ¿desarrollaron la mayoría de los neandertales las habilidades necesarias para trabajar con una amplia variedad de objetos y materiales, como los de una herramienta compuesta? ¿O podrían haber sido estos utensilios, que exigen múltiples niveles de destreza, proyectos comunales? Es posible que estemos asistiendo al surgimiento de artesanos especializados en al menos algunos de los campos técnicos del tallado, el labrado de la madera, la producción de adhesivos y otras actividades como la caza o el trabajo de las pieles.

Es posible que ya se haya encontrado un artesano. El análisis químico del varón adulto El Sidrón 1 halló trazas de bitumen en sus cálculos. La única explicación probable es que utilizara la boca en la manufactura o la reparación de herramientas compuestas, hipótesis reforzada por la presencia de un intenso astillado dental y por los residuos vegetales. Esto es también un recordatorio de las lagunas en el registro arqueológico, porque sin el análisis químico no sabríamos que probablemente se usaba bitumen desde la península ibérica hasta Oriente Próximo, pasando por Europa oriental.

Parece improbable que neandertales aislados desarrollaran sus refinadas tecnologías sin unos contextos de aprendizaje social y una comunicación razonablemente compleja. Los talladores modernos pueden aprender solos, pero eso suele requerir alguna clase de manual, cuando no tutoriales en video. Los primates que usan herramientas aprenden principalmente observando e imitando, pero el espectro de habilidades y de proezas con materiales diversos demostrado por los neandertales implica algún tipo de aprendizaje, lo que concuerda con el hecho de que la instrucción dirigida es común a todos los humanos. La enseñanza que combina la palabra con la demostración práctica es la más efectiva, y los jóvenes neandertales probablemente no aprendían de modo formal, sino mediante la inmersión cultural y física; habrían oído cómo suena un guijarro con una buena estructura cuando se golpea, y habrían sentido con su cuerpo el ángulo y la fuerza necesarios para martillar un núcleo.

Los jóvenes que tallaban piedras juntos debieron de crear coros de ecos en los yacimientos, mientras su ritmo vacilante se engarzaba con los golpes más certeros de los ancianos. Este contexto de aprendizaje intergeneracional es vital para el mantenimiento de las tradiciones culturales, que en el caso de los neandertales son perceptibles no solo en los tecnocomplejos líticos. La tradición del tallado de conchas en el Mediterráneo central o la tecnología del alquitrán de abedul que se extiende por decenas de milenios y tres regiones de Europa son otros ejemplos. A escala reducida, Schöningen también comporta tradiciones culturales. Una y otra vez los cazadores regresaban a la misma parte de la orilla del lago, elegían las mismas especies de árboles para fabricar sus lanzas casi idénticas, y utilizaban como herramientas partes específicas de los caballos que cazaban.

Si las mentes crean cosas, también las cosas crean mentes de un modo que trasciende al individuo o incluso a su generación, y que puede transformar especies enteras. Para los neandertales, las nuevas experiencias o encuentros abrieron nuevas maneras de entender el mundo. No es exagerado apuntar que sus innovaciones tecnológicas probablemente afectaron a otros aspectos de sus vidas. Las herramientas compuestas constituyen un ejemplo en este sentido: el proceso inherente a ensamblar tuvo que haber reforzado los conceptos de conexión y colaboración, fundamentales para la caza y el tejido social. Y puesto que las herramientas compuestas se fabrican con materiales que conectan lugares y épocas diferentes, estos objetos tenían una capacidad singular para actuar como potente nemotecnia, ensanchando los ámbitos de la memoria y la imaginación.

El propio alquitrán de abedul sugiere otras ideas interesantes: comprender que la corteza se transformaría en un líquido negro y pegajoso significa en esencia asimilar que la materia podía transmutarse, que en vez de ser destruida por el fuego podía ser rehecha por completo. Alquimia es un término cargado de connotaciones, pero sin duda los neandertales manejaban conceptos no demasiado distantes. Puesto que el alquitrán era sometido a la acción del fuego, enfriado y solidificado, y después se calentaba y ablandaba de nuevo, los neandertales observaban y entendían los ciclos del cambio. Hoy vemos similares transformaciones físicas radicales de minerales a líquidos y finalmente a sólidos en los metales, que no serían inventados hasta muchas decenas de milenios más tarde.

Cuando evaluamos a los neandertales en su justa medida, advertimos que fueron expertos tanto como experimentadores. Un conocimiento profundo subyacía en la elección de materiales y la fijación de objetivos. Versados en las labores que los absorbían a diario, los neandertales fueron capaces de combinar la costumbre con la adaptación, inventando maneras nuevas de separar las cosas y volverlas a juntar. El impacto de estas innovaciones determinó que los neandertales llevaran unas vidas cada vez más complejas y amplió su actividad por el paisaje.

Esta fluidez mental les permitió adaptarse a cualquier situación que surgiera, creando formas nuevas de producción, uso y remozamiento de objetos, al tiempo que exploraban el mundo y todo lo que contenía con más intensidad que nunca. Pero para hacer todo esto, tenían que comer.

Capítulo 8

COMER Y VIVIR

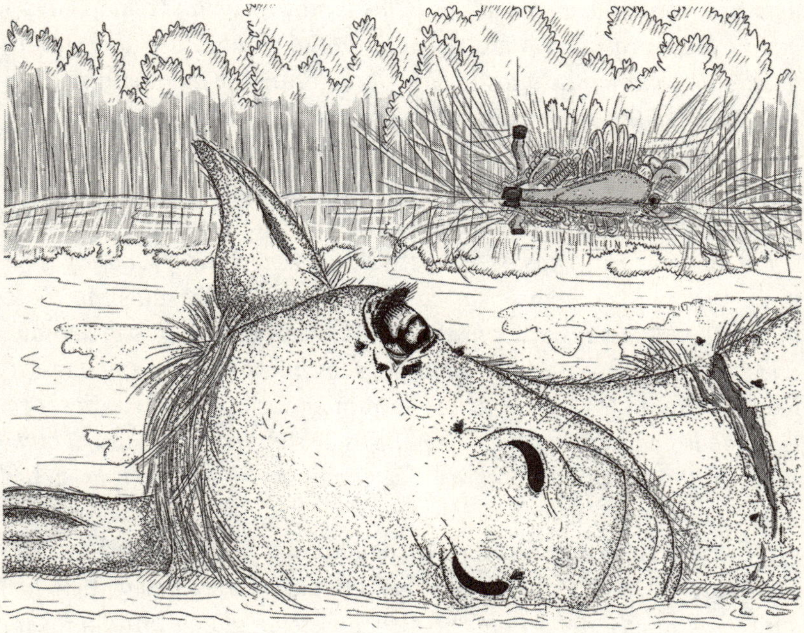

Una calma absoluta, como la que precede a una tormenta, se cierne sobre el lago. El alba apenas se filtra por entre los juncos amarilleados por el otoño, pero ya es tal el ruido de las ranas que, al principio, la gente no oye los caballos. Es la tierra bajo sus pies la que les dice que se acerca la tormenta de pezuñas. Esa primera abrevada es el mejor momento para cazar, y todos los saben. Al llegar a la orilla del lago, los enormes caballos se frenan: las orejas hacia delante, los ojos oteando el entorno. Aprenden deprisa y la gente no siempre los espera en el mismo sitio: hoy, agachados en la maleza, recubiertos de lodo para enmascarar el olor. Bufidos nerviosos anuncian la llegada de la manada; los ollares dilatados no detectan el peligro. Los hocicos se inclinan, las vibrisas rompen la superficie del agua. El primer trago

sosiega a los caballos, las gargantas se relajan. Y entonces los juncos explotan: ruido, peligro; bestias y personas que gritan; demasiados por detrás; se lanzan al agua; duelen las manos que empuñan lanzas, y la mordida, la mordida de la madera en el cuello...

Un ojo oscuro e inmóvil mira desde el lago, reflejando las nubes y la filigrana de los árboles. Manando sangre, la mole flotante pesa demasiado para arrastrarla desde los bajíos revueltos, donde cayó y quebró las lanzas. La rapidez es vital: pronto el sol estará alto, llevando el olor a carne hasta los hocicos lanudos que se agitan en la espesura del bosque. Las pezuñas y la cola se desechan: el primer uso de la piel será trasladar la carne. Se encuentran los puntos de despiece y se empieza a cortar, desprendiendo las patas, después las ancas, la cabeza, el cuello y, por último, las costillas. Cuando cada parte está sobre las limpias arenas, se empieza a tajar y trocear a fondo. El tuétano rosa y tibio sacia bocas salivantes y lenguas ávidas; de todas maneras, hay demasiado para llevar. A la canción de los pedernales que sajan se une el ritmo staccato *de los huesos mondos que martillean y reafilan los bordes de las herramientas: el caballo se deshace. Cuando los pesados fardos —pegajosos de sangre— se echan al hombro, con la cabeza, las vísceras y los tendones envueltos en la piel, el grupo se pone en marcha.*

El tibio sol baña la orilla, encogiendo las sombras encharcadas dentro de las huellas de las pezuñas, iluminando rebujos de pelo hirsuto y arena ensangrentada. El silencio se coagula en torno a los tallos aplastados de los juncos que flotan en el lago. Posándose en la oscuridad cenagosa del fondo, las lanzas partidas se clavan a través del tiempo.

Esta noche, igual que hace 350 000 años, algunas barrigas se sentirán deliciosamente saciadas mientras otras se quejarán en vano. El sustento es supervivencia, y siempre ha ocupado un lugar preponderante en las investigaciones sobre los neandertales. Pero como dirá cualquier antropólogo —y crítico de gastronomía—, la comida no es solo nutrición. Lo que consumimos, y cómo, se entreteje con otros aspectos fundamentales de la vida, desde la tecnología hasta la cultura, y por eso averiguar el menú de los neandertales abre muchas vías para explorar sus vidas. No es extraño que una especie que vivió en tan enorme variedad de hábitats y climas comiera muchas clases de alimentos, pero nuestra imagen cada vez más vívida de la cocina neandertal se vincula también con los avances en la investigación. Hoy, los postulados de que «los neandertales no podían comer X, y por lo tanto se extinguieron» han sido reemplazados por comparaciones mucho más precisas entre ellos y nosotros.

Aun cuando la comida es más que combustible, la biología proporciona una base para reflexionar sobre la dieta. Con cuerpos más recios y huesos cincelados por un estilo de vida caracterizado por esfuerzos agotadores, ¿cuánta energía necesitaban los neandertales? Mover piernas más cortas y musculosas requiere más trabajo, pero también lo exigen funciones inconscientes y esenciales como hacer latir un corazón más grande. Y como los cerebros son órganos glotones, incluso los ligeramente mayores cuestan más calorías. En total, estamos hablando nada menos que de 3500 a 5000 kcal diarias: más del doble de lo recomendado hoy para un adulto normal, y más incluso de lo que queman los atletas de élite. Las hembras neandertales parían criaturas más grandes y pesadas que necesitaban más leche. Los destetados ingerían más comida y requerían transporte; ese gasto recaía sobre los padres y quizá sobre otros.

Vivir en paisajes fríos e inhóspitos también incrementa la necesidad de energía. Viajar por bosques boreales cubiertos de nieve espesa es agotador, y se ha documentado que algunos cazadores-recolectores de estas regiones comían cantidades ingentes de caza: más de 3 kg diarios, que proporcionan unas 5500 kcal. Puesto que los neandertales necesitaban de promedio entre un 5 y un 10 por ciento más de energía, los que vivían en hábitats rigurosos y carecían de ropa aislante debieron necesitar hasta 7000 kcal diarias.

¿En qué se traduce eso? Es el equivalente calórico de un festín de Navidad —fritos al desayuno, almuerzo con asado y champaña, tabla de quesos, y las sobras y postre de bizcocho borracho para la cena— todos los días de la semana. Para alimentar a un grupo de diez neandertales durante una semana, calcúlense 300 000 kcal. Con tres renos cada siete días se cumpliría este objetivo, pero eso es casi un 50 por ciento más de lo que suele cazar una manada de lobos. Y como las necesidades nutricionales de los humanos no son las mismas que las de los lobos o las hienas, el comer casi exclusivamente carne magra no tarda en provocar inanición. Para obtener micronutrientes vitales suficientes —grasas, vitaminas, minerales— se necesita grasa, sesos, lengua, ojos y tuétano, lo que implica multiplicar por dos el número de animales. Y así ocurre que, aunque la carcasa de un rinoceronte proporciona un millón de kilocalorías, no basta para mantenerse sano.

Rompecabezas óseos

Está claro que los neandertales comían muchísimo, pero averiguar exactamente el qué ha sido complicado. Durante mucho tiempo, los investigadores no tuvieron nada con lo que trabajar excepto huesos de animales, aunque limitarse a contar frecuencias de deterioro induciría a error. El problema, una vez más, es la tafonomía. Los restos de fauna pueden terminar en los estratos arqueológicos mediante procesos que nada tienen que ver con los homínidos: muertes fortuitas, inundaciones o como presas de carnívoros. Los primeros prehistoriadores no se percataron de este detalle o no le dieron importancia, y eso no empezó a cambiar hasta la segunda mitad del siglo XX, cuando se postuló que los neandertales eran en realidad carroñeros habituales. Esto se vinculaba a las teorías de que la caza «verdadera» solo se generalizó con los *H. sapiens* posteriores, y, como era previsible, asentó la idea de que los neandertales eran demasiado torpes para matar bestias.

Mas la idea de los «ladrones de carne» carecía de bases sólidas. Es cierto que algunos cazadores-recolectores recurren al «carroñeo de energía», pero sobrevivir exclusivamente de esta manera es dificilísimo porque las carcasas con mucha carne son un recurso raro y muy demandado. Las hienas son supercarroñeras que suelen llegar a un cuerpo fresco pasados 30 minutos, de día o de noche, y quiebran todos los huesos, salvo los más resistentes, para sorber el tuétano. Para aspirar a algo más que unas tristes sobras, los neandertales habrían tenido que ahuyentarlas desde el primer momento y repetidas veces.

El golpe de gracia a la idea de que los neandertales subsistían de sobras cartilaginosas lo dio la arqueología. A finales de la década de 1980 y en la de 1990 resultó cada vez más notorio que había muy poca evidencia directa de carroñeo y sí pruebas abundantísimas de caza. Las roeduras de los depredadores estaban casi siempre por encima de las marcas de corte, y este patrón de acceso primario a las carcasas está ahí desde muy pronto: los lobos y los felinos dientes de sable que acechaban en Schöningen tenían que esperar. Eran los carnívoros los que se disputaban los despojos de los neandertales, y no al revés.

Los investigadores actuales examinan cada hueso buscando alteraciones significativas en la superficie. Las grietas, abrasiones o manchas revelan si se quedaron sobre la superficie o fueron rápidamente enterrados, mientras que los animales también dejan tarjetas de visita: marcas de dientes o picos, o incluso erosión ácida por la acción de los jugos gástricos. Con frecuencia se puede identificar a la especie responsable, ya sea una hiena o un halcón. Una vez excluidos los restos acumulados por medios naturales, los investigadores pasan a buscar firmas inequívocas de los homínidos: quemaduras, marcas de corte por utensilios líticos o inconfundibles fracturas de hueso. Los prehistoriadores del siglo XIX se quedarían boquiabiertos ante el instrumental de laboratorio que se emplea hoy. Los potentísimos microscopios ópticos reconocen marcas de corte, y los haces de electrones trazan secciones transversales a nanoescala.[1] Las técnicas bioquímicas como ZooMS pueden incluso identificar la especie a partir de fragmentos.[2]

Los huesos aislados son importantes, pero son las frecuencias de deterioro en todo el conjunto las que refutan el carroñeo. Si menos del 10 por ciento de los restos animales presentan roeduras de carnívoros, es bastante seguro afirmar que la mayoría

1. Los arañazos con forma de U son naturales, mientras que los de forma de V indican herramientas líticas.

2. ZooMS o zooarqueología por espectrometría de masa es una técnica de identificación rápida de colágenos que puede determinar el tipo de animal incluso a partir de minúsculos fragmentos de hueso que con otros métodos serían inclasificables.

de los huesos de un yacimiento procedían de desechos de comida de los neandertales. Los estudios que emplean los métodos antedichos nos proporcionan unos conocimientos sobre su subsistencia más detallados que nunca.

Si nos centramos en la cueva de Fumane, en el noroeste de Italia, podremos comprenderlo mejor. Conocida desde la década de 1880, sus ricos restos arqueológicos no fueron descubiertos hasta la década de 1960, cuando las obras en el carril limítrofe atravesaron los depósitos de un desprendimiento. Los sedimentos de Fumane están compuestos de numerosos estratos neandertales, entre los que se incluye el nivel A9, que se formó durante algo más de 1000 años hace entre 47.5 y 45 ka; cubre una superficie equivalente a la de un aula escolar, pero su grosor no pasa de 15 a 20 cm. Además de unos cincuenta hogares y útiles líticos dispersos, el A9 produjo más de cien mil huesos, cuyo análisis reveló que solo el 0.1 por ciento presentaban daños por carnívoros o roedores, mientras que las tasas de despiece eran de al menos el 15 por ciento.[3] De las 18 especies —desde leones de las cavernas hasta marmotas—, las más comunes eran herbívoras, y los animales más grandes como ciervos y bisontes presentaban el grueso de los daños por despiece.

Una vez confirmada la caza mayor, puede perderse mucha información sin el análisis sistemático de todos los huesos y dientes. Igual que ocurría con los residuos de la fabricación de utensilios líticos, muchos fragmentos de huesos se descartaban antes por sistema en las excavaciones, lo que estableció modelos de comportamiento inexactos que vinculaban tipos de herramientas con formas de caza. La reciente «reexcavación» de Combe Grenal reveló que se habían desechado cantidades inmensas de restos de animales pequeños décadas atrás, durante los trabajos de Bordes, dando lugar a que se fijaran porcentajes erróneos de especies y partes del cuerpo.[4] También puso el último clavo en el ataúd de la hipótesis del carroñeo, porque la pro-

3. Como ocurre en muchos yacimientos neandertales con ocupación intensa, la mayoría de los huesos eran pequeños (el 92 por ciento no llegaba a los 2 cm), y solo poco más de 1200 pudieron identificarse con una especie.

4. El nuevo trabajo de campo recuperó 23 veces más huesos y dientes porque

porción supuestamente alta de dientes en Combe Grenal —admitida como prueba de que los neandertales solo se llevaban cabezas en lugar de las partes carnosas— se redujo del 80 al 2 por ciento de los restos animales. Está claro que el uso acrítico de los datos de casi todos los yacimientos excavados hace algún tiempo debe tomarse hoy con cautela. Igual que los nuevos análisis, los descubrimientos de las tres últimas décadas han producido una transformación de nuestros conocimientos. A la luz de estos, ¿cómo era la cocina de los neandertales y qué indica sobre su comportamiento en general?

A LA CAZA DE LA VERDAD

Centrémonos en la carne. ¿Cómo mataron exactamente los neandertales a los animales encontrados en Fumane y en cientos de yacimientos? Las lanzas eran sin duda una de sus armas, y además de las de Schöningen y Lehringen, en el 2018 el yacimiento eemiense de Neumark-Nord 2 dio pruebas fehacientes de su uso. Entre más de cien gamos —en su mayoría machos—, hay dos esqueletos casi completos que no es que sean pistolas humeantes, sino que vienen con los agujeros de bala, al estilo neandertal. El hueso coxal de uno y el cuello de otro presentaban profundas perforaciones ahusadas que solo pudieron ser causadas por lanzas. Ambas heridas concuerdan con los daños provocados en laboratorio por acometida con objeto punzante, lo que significa que las lanzas no fueron arrojadas. En unos días otoñales de hace 120 000 años, los neandertales de Neumark acecharon a sus presas a través de un tupido bosque de carpes que llegaba hasta la orilla del lago, donde el dosel arbóreo se abría al cielo y los gamos no tenían hacia dónde correr.

El contraste con Schöningen, unos 200 000 años más antiguo, es evidente. Aquellas lanzas siempre parecieron desmontar la idea de que la articulación del hombro de los neandertales les impedía lanzar con eficacia;[5] parecen demasiado largas para

se utilizaron cedazos extremadamente finos, que conservan fragmentos de hasta 1.6 mm.

5. Esta teoría anatómica alentó interpretaciones más imaginativas de las lan-

clavar a corta distancia o incluso para rematar, y además están contrapesadas como jabalinas, lo que solo tiene sentido si estaban destinadas a ser arrojadas. Sin embargo, no tenemos por qué pensar en términos binarios, y es bastante posible que tales objetos fueran armas de «doble empuñadura».

Todas las lanzas encontradas hasta ahora son de madera, pero los experimentos demuestran que las armas con punta de piedra ofrecen muchas ventajas. Las heridas que infligen sangran con rapidez, debilitando a la presa y reduciendo los encuentros violentos. Y existe evidencia de que los neandertales usaron este tipo de armas, con probable daño por impacto en puntas Levallois de varios yacimientos, mientras que en Umm et Tlel (Siria) se encontró una punta lítica todavía incrustada en el espinazo de un asno salvaje.

Cualquiera que fuera su uso, las lanzas desmontan las teorías del carroñeo. Además, los neandertales se sentían cómodos abatiendo bestias enormes. Los caballos extintos de Schöningen pesaban bastante más de 500 kg, un tamaño que casi dobla el de las especies inmortalizadas en las pinturas del Paleolítico Superior. Pero ¿qué pasa con los verdaderos gigantes, como elefantes y mamuts? Su corpulencia y velocidad son increíbles, pero los cazadores-recolectores consiguen cazar elefantes sin armas de fuego. Es difícil probar ante un tribunal que los neandertales abatían también a estos colosos, pero las pruebas circunstanciales son apabullantes. Las zonas de carcasas con desechos de despiece los sitúan en la escena del crimen, y en Lehringen incluso se halla presente el arma. Lo notable es que, aparte de contados esqueletos en zonas de matanza, los elefantes y mamuts no suelen dominar en los yacimientos neandertales. Con criaturas de esa enormidad, parece que, en vez de trasladar cuerpos enteros o miembros pesados, los neandertales se llevaban casi siempre las partes blandas. Y los índices de consumo total podrían quedarse cortos, porque el grosor de la carne del elefante puede impedir que aparezcan marcas de corte en los huesos.

---

zas de los neandertales, como que servían para sondear la nieve, a pesar de los contextos interglaciales e incluso de la asociación directa con los huesos de elefante en Lehringen.

Esto podría explicar por qué no aparecieron señales en al menos once mamuts de la cantera de Lynford (Gran Bretaña). Unas pocas partes de otras especies —caballos, renos y rinocerontes— fueron despiezadas, pero la presencia de unos cincuenta bifaces y miles de desechos de talla apunta a una actividad más intensiva cuya explicación más plausible es el despiece y, posiblemente, la caza de los mamuts.

Otros yacimientos suscitan menos dudas. Unos 100 000 años antes de que los mamuts murieran y fueran despedazados al borde de la Channel Plain en Lynford, también vivían neandertales más al sur, en la actual isla de Jersey. De los profundos depósitos de la cueva-barranco de La Cotte de St Brelade, en lo que hoy es la costa, destacan dos fases ricas en mamuts. A diferencia de los restos de animales de otros niveles, con una densa fragmentación, estas llamadas «pilas de huesos» contienen abundantes restos óseos, en su mayoría completos y claramente despiezados, de al menos dieciocho mamuts, junto con algunos rinocerontes lanudos. Interpretado durante décadas como un yacimiento de matanzas masivas, las investigaciones recientes han puesto en tela de juicio que la topografía del acantilado fuera adecuada para despeñar manadas.

Más bien, las «pilas» de huesos pueden ser de hecho fenómenos tafonómicos causados por una conservación inhabitual cuando los neandertales abandonaron el yacimiento al inicio de las fases gélidas del EIM 6. En vez de astillarse por aplastamiento, las partes despiezadas que dejaron atrás quedaron enterradas en *loess* fino como talco: depósitos eólicos procedentes de los glaciares que avanzaban a cientos de kilómetros.[6]

En los últimos años, el cartografiado submarino frente a La Cotte ha descubierto un sistema de gargantas paralelas, así que, en vez de despeñarlos, es posible que los neandertales guiaran a los animales hasta el «callejón sin salida» del barranco. Los huesos coxales y los omóplatos no son las partes más carnosas del cuerpo y es improbable que fueran arrastradas hasta tan lejos,

6. El *loess* cubrió gran parte de Europa muchas veces durante distintos periodos glaciales, y se usó con frecuencia por las primeras industrias ladrilleras.

así que las matanzas debieron de producirse muy cerca o incluso dentro del barranco. Es probable que no se tratara de matanza de manadas enteras, pero incluso un solo mamut acorralado sería extremadamente peligroso y matarlo exigiría un trabajo en equipo. La Cotte presenta otra peculiaridad: algunos cráneos estaban apilados contra las paredes de piedra, con las costillas colocadas en forma vertical, y en un solo caso penetradas en diagonal a través del cráneo. Es posible que los neandertales aprovecharan los cuerpos de estos animales no solo como alimento, sino para ordenar el espacio.

La mejor prueba de la caza especializada del mamut procede de Spy (Bélgica). En las colecciones del siglo XIX existe un número considerable de huesos, pero, extrañamente, tres cuartas partes eran de ejemplares jóvenes, incluso crías. Es probable que su muerte no se deba a otros depredadores, porque, aunque las hienas atacan a veces a elefantes jóvenes y sin duda utilizaron la cueva, no se aprecian muchas roeduras. Además, ni las hienas ni otros carnívoros suelen transportar huesos tan enormes como cráneos de elefante. El hecho de que en Spy se encontraran dientes de mamuts jóvenes aporta sólidos indicios de que llegó a haber cráneos enteros, lo que hace más probable la participación de los neandertales. Sin embargo, igual que los elefantes, podemos dar por sentado que las manadas de mamuts protegían mucho a sus crías; incluso a otros depredadores les habría costado cazarlas porque permanecerían muy cerca de la manada. La alta frecuencia de Spy es por tanto verdaderamente llamativa y apunta a una caza organizada por los neandertales. El posible motivo es que las crías de mamut constituían un suculento recurso alimenticio, con más o menos 1 kg de exquisito aceite graso concentrado en sus cerebros; además de ser más nutritivos, puede que también supieran mejor.[7]

Spy quizá sea un caso singular por la edad de los mamuts, pero el análisis biogeoquímico de los restos neandertales pro-

7. A los humanos les encantan las comidas grasas, y las pruebas con crías de mamuts siberianos congeladas demuestran que su carne absorbía ácidos grasos de la leche materna.

porciona pruebas sobre el consumo que concuerdan con otros yacimientos. Los isótopos de carbono y nitrógeno de huesos de homínidos dan idea de dónde encajaban en las cadenas alimenticias del ecosistema local, y en conjunto los neandertales se asemejan a carnívoros como lobos o hienas,[8] con altos niveles de hidrógeno. Los isótopos también dan idea de los nichos dietéticos de los depredadores —quién come qué— y, sorprendentemente, parece que algunos neandertales, entre ellos los de Spy, obtenían entre el 20 y el 50 por ciento de sus proteínas animales de los mamuts. Esto apuntala la idea de que los restos esqueléticos que encontramos son solo la punta del colmillo. Es probable que las más de las veces los neandertales solo seleccionaran carne, grasa y tuétano para transportarlos desde el lugar de matanza. Conviene tener en cuenta que las décadas de miopía mamut han soslayado el hecho de que los neandertales abatían otras bestias enormes y peligrosas, como grandes caballos, varias especies de rinoceronte, uros (temibles antepasados de la mayoría de los bóvidos, con 1.8 m o más de altura en la cruz), búfalos de agua y camellos gigantes.[9] En cambio, hasta ahora no hay pruebas fehacientes de que cazaran hipopótamos, que son, aunque pueda sorprender, más letales que los elefantes.[10]

Sin embargo, lo que define a los cazadores neandertales, más que su interés por las presas grandes, es que perfeccionaron una forma de vida que se remontaba a más de un millón de años atrás. Perseguían a casi todas las presas de tamaño considerable, adaptándose a especies grandes y a la caza mediana. La diversidad de hábitats y comportamientos representada por animales como cabras, gacelas, asnos salvajes, jabalíes o gamuzas significa que los neandertales debieron de dominar muchas estrategias cinegéticas. Pero eso no quiere decir que mataran in-

8. Los carnívoros se sitúan más arriba en la pirámide trófica, y por tanto acumulan mayores niveles de isótopos de nitrógeno.

9. *Camelus moreli*, con 3 m de altura en la cruz, encontrado en Hummal (Siria).

10. Los hipopótamos son extremadamente agresivos y matan a más personas que los elefantes; se han encontrado restos en algunos yacimientos neandertales interglaciales, pero no siempre está claro que fueran cazados.

discriminadamente; igual que depredadores lanudos, alternaban la caza generalista con la búsqueda de especies concretas, pero seleccionando casi siempre a los animales que les proporcionaran más carne o grasa.

El uso inteligente de las características del terreno, combinado con el conocimiento del comportamiento animal, explica situaciones como la de los aproximadamente cincuenta caballos a orillas de lago Schöningen, abatidos en múltiples fases a lo largo de un periodo que duró entre cientos de años y unas pocas décadas. Los neandertales regresaban una y otra vez, probablemente porque conducir pequeñas manadas hasta el agua era una manera ideal de refrenar a unas presas que en otras circunstancias serían rápidas y peligrosas. En otros lugares, los cazadores aprovechaban las circunstancias que ofrecían migraciones estacionales o manadas reproductivas. Un yacimiento espectacular de esta clase es Mauran, al borde de los Pirineos franceses, donde hay restos de probablemente varios miles de bisontes cazados.[11] Solo un puñado de huesos pertenecen a otras especies, pero los bisontes son en su mayoría hembras y crías, lo que sugiere que los neandertales pudieron acecharlos en verano cuando se desplazaban desde las llanuras hasta las tierras altas. Lo más interesante, aun cuando este contexto podría implicar que hubo conducciones de manadas, es que la matanza de Mauran fue sin duda selectiva.

En otros lugares también se perseguía repetidamente a especies de hábitos solitarios. Los rinocerontes no son sociables, y para atraparlos se necesita un acecho cuidadoso o emboscadas en lugares predecibles. En los bosques interglaciales, los lugares con lamederos de sal o incluso agua mineral rica en sal habrían sido los parajes adecuados. A juzgar por la asombrosa cantidad de carcasas de rinocerontes despiezadas en Taubach, un yacimiento de toba del Eemiense tardío en Alemania, parece

11. La zona de Mauran completamente excavada tiene solo 24 m^2 y contiene restos de casi 140 bisontes; extrapolando esta cifra a la superficie completa del yacimiento —más de una hectárea— sale un número total mucho más elevado.

que los neandertales utilizaron esta táctica en algunos lagos y yacimientos de travertino.[12]

Este patrón selectivo se extiende a cómo utilizaban sus presas. Las partes del cuerpo eran entendidas y valoradas de manera distinta, y las imágenes de la cultura popular que pintan a cavernícolas asando descomunales cuartos de carne son de lo más inadecuadas. Más que la carne magra, se apreciaban las partes más grasas y ricas en tuétano para equilibrar así la elevada ingesta de proteínas y como una rica fuente de energía. Esto significa que sin duda se deleitaban con la casquería: los sesos son grasa más o menos en un 60 por ciento, y la materia gris está también llena de unos lípidos —ácidos grasos poliinsaturados de cadena larga— vitales para la salud y el desarrollo de los fetos. Leyendo el patrón de las marcas de corte por todo el esqueleto, vemos una y otra vez que a los neandertales les encantaban los sesos, amén de otras partes jugosas como órbitas, lenguas y vísceras.[13]

Schöningen nos demuestra cómo era el proceso: un caballo contiene mucho más de 200 000 kcal, pero son muy magros. Así que los neandertales los desollaban y despiezaban hábilmente, cortando carne de las ancas y cruces en vez de llevárselas, y se dedicaban más a extraer tuétano de las extremidades inferiores, así como las lenguas y órganos internos. Pero esta práctica se adaptaba a cada especie: la caza menor era sometida a un procesamiento más intensivo. Esto se repite en otros muchos yacimientos, sobre todo si se va bajando por la cadena de despiece desde las zonas de matanza. En lugares como Fumane, adonde se llevaban principalmente articulaciones ricas en tuétano de animales cazados en otra parte, casi todos los huesos de las extremidades fueron metódicamente reducidos a fragmentos de caña.

12. La toba es roca caliza formada por aguas subterráneas saturadas de carbonato cálcico que cubren lechos calizos; se conoce también como travertino, pero este término se asocia generalmente a los manantiales termales.

13. Los neandertales no fueron los primeros que disfrutaban con las vísceras: Boxgrove, en Gran Bretaña, demuestra que los homínidos de hace unos 500 ka desollaban las cabezas de los animales y extraían las partes blandas.

LAS COSAS PEQUEÑAS

Las bestias grandes son sin lugar a dudas el estereotipo de las comidas neandertales, pero comían criaturas más pequeñas de pelo o plumas con mucha más frecuencia de lo que se pensaba.[14] Durante muchas décadas se dio por sentado que los *H. sapiens* eran cazadores más eficientes e inventivos, y que la caza menor era una tarea que sobrepasaba a los neandertales porque suele necesitar estrategias diferentes y equipamiento como trampas o redes. Esta idea condujo a las teorías de la extinción, puesto que, si los neandertales se estancaron en la caza mayor, no tenían acceso a proteínas más variadas en un paisaje concreto, ni podían recurrir a esas especies cuando escaseaban los animales grandes. Pero ¿realmente «se extinguieron por los conejos» o más bien por la falta de conejos, como proclamaron algunos titulares?

Una mirada más atenta a la arqueología pinta las cosas de manera bien diferente. Más o menos por la misma época en que morían los caballos de Schöningen, los neandertales comían conejos en Terra Amata, en el sur de Francia, uno de los casi cincuenta yacimientos de Europa y Asia occidental donde hoy se ha identificado la explotación de caza menor. En casi la mitad aparecieron conejos o liebres, pese a que son especies supuestamente difíciles de atrapar, y casi el mismo número de yacimientos incluye aves. Les Canalettes, un abrigo en lo alto de la meseta de Causse du Larzac, en el sureste de Francia, es un caso interesante. En el nivel 4, datado hace entre 70 y 80 ka, a pesar de haber muy pocas marcas de corte los investigadores demostraron que casi el 70 por ciento de los huesos identificados procedían de conejos. Esto quedó probado gracias a los característicos patrones de fractura: después de un par de incisiones, los neandertales podían arrancar la piel y, especialmente después de la cocción, despiezar el cuerpo. Pero la evidencia directa viene de más al este, en el Abri du Maras de la garganta de Ardèche. Los recubrimientos minerales naturales de los útiles líticos han conservado en algunos casos pelos de conejo o liebres, junto con varios huesos.

14. Se considera caza menor los animales de menos de 10 kg.

Es probable que en otras partes los neandertales comieran conejos —e incluso alguna marmota— de la misma manera, pero sin duda se alimentaban también de roedores que requerían más despiece. Las gruesas colas de los castores habrían sido manjares suculentos, y sus creaciones arquitectónicas formaban parte del paisaje neandertal: en el yacimiento eemiense de Waziers, en el norte de Francia, además de huesos de castores, se conservaron restos de una madriguera.

El análisis multidisciplinario ha reforzado la prueba de que los neandertales recurrieron a la caza menor. En el abrigo de Payre, en la orilla oeste del Ródano, mataron aves y peces a partir del EIM 6. En una herramienta usada para cortar carne había minúsculos fragmentos de plumas, mientras que en otras se encontró una película «grasienta» de cortar pescado, residuos de músculos de peces e incluso escamas. Las frágiles espinas de los peces son en realidad rarísimas en yacimientos arqueológicos, lo que puede explicar su ausencia en Paytre, pero que los neandertales pescaran en agua dulce no fue una anomalía en aquella región. Se han identificado escamas en útiles líticos del Abri du Maras, y, a diferencia de Payre, su relevancia queda reforzada por unas ciento cincuenta espinas de percas y bagres de tamaño considerable. A falta de daños provocados por carnívoros, parece que los responsables fueron pescadores neandertales.

Casos excepcionales como ese inclinan la balanza en otros yacimientos con espinas de peces. El finísimo cribado durante la excavación de la cueva de Walou (Bélgica) recuperó más de trescientas espinas y escamas de peces de agua dulce. Ninguna presentaba daños por carnívoros y, más significativo aún, son muy abundantes en los estratos arqueológicos más ricos. Al lado mismo de un río, es muy posible que los neandertales capturaran los peces a la puerta de su casa. Pero ¿cómo? No se conoce la existencia de anzuelos o arpones, aunque en los ríos sería posible usar lanzas o trampas con piedras. Los osos se limitan a esperar en un sitio propicio y sacan los peces de un golpe, pero también funcionan métodos más sutiles, como la técnica del «cosquilleo», que da buen resultado con especies de orilla.

Figura 6. *Los alimentos que ingerían los neandertales eran tan diversos como los paisajes en que vivían.*

Hasta aquí los reinos terrestre y acuático, pero ¿y las aves? Ahora se sabe que los homínidos comían aves hace más de un millón de años, y en tiempos de los neandertales esta práctica se constata en tantos yacimientos que se puede asegurar que su caza era más o menos habitual. En algunos lugares no es tan frecuente: tan solo casos aislados de huesos de palomas, cisnes o patos, mientras que en el Abri du Maras hay fragmentos de rapaces y probablemente de patos bajo las películas minerales. En otros lugares los neandertales comían aves con regularidad durante largos periodos. Tres de los yacimientos de Gibraltar contienen unas pocas palomas bravías despiezadas en distintos niveles, mientras que el gallo lira común —una clásica ave de caza— abundaba en la cueva de Fumane. Más sorprendentes resultan las grandes cantidades de chovas, un pequeño córvido que vive en los acantilados. De hecho, parece que los neandertales mostraron preferencia por la chova en muchos yacimientos, como Cova Negra (Valencia), donde permanecieron durante periodos cortos en una fase fría hace más de 120 ka. Dedicados principalmente a abatir ciervos, cabras monteses y tares (una especie de oveja de montaña), también cazaban diversas aves. Además de conejos, se han encontrado aves en cinco niveles, pero el más rico es el nivel 3b con más de 100 huesos de 12 especies. Sin embargo, y a diferencia de Fumane, todas son aves pequeñas o de tamaño medio: pichones y palomas bravías, pero también cernícalos, búhos, chovas, arrendajos, urracas y carracas. Pese a ser relativamente escuálidas, fueron troceadas de forma exhaustiva y mordisqueadas; en el caso de los córvidos, extraña que solo se encontraran alas.

Durante mucho tiempo se ha creído que capturar aves era una técnica avanzada de caza, así que ¿cómo lo hacían los neandertales? Muchas especies habrían vivido junto a ellos, sobrevolando los acantilados próximos a las cuevas, pero las becadas, arrendajos y carracas de la Cova Negra debieron venir de los bosques cercanos. Unos palos arrojadizos podrían funcionar en humedales —hay ejemplos en Schöningen—, y aunque los neandertales aprovechaban nervios y tendones y es posible que dispusieran de cuerdas vegetales, no tenemos constancia de redes. De la misma manera, nadie ha encontrado dardos o arcos, pero la pequeña punta de hueso de Salzgitter y las diminutas puntas Levallois, o incluso las laminillas de otros yacimientos, debieron ser enmangadas y podrían haber formado parte de proyectiles pequeños.[15]

Sin embargo, las aves no tienen por qué cazarse al vuelo. Igual que ocurre con el cosquilleo de los peces, pueden explotarse sus instintos naturales: algunas especies se «congelan» en

15. Tampoco hay confirmación de armas para cazar aves en contextos del Paleolítico Superior temprano.

sus nidos, mientras que las actuales chovas de las estaciones de esquí de los Alpes muestran un extraordinario interés por los residuos humanos, lo que brinda oportunidades para la emboscada. Todo ese pegajoso alquitrán de abedul y bitumen podría haberse usado también para trampas. Además de carne, las aves significan también huevos: ricos en proteínas, grasa y vitaminas, estos socorridos tentempiés se encuentran en Schöningen y algunos debieron de sorberse con deleite.

No sabemos si los neandertales comían huevos de reptiles, pero sin duda devoraban tortugas, de las que han aparecido restos despiezados entre los huesos de Cova Negra y también, a siete horas caminando (pero bastante más antiguos, de hace 350 a 120 ka), en la cueva de Bolomor, otro yacimiento rico en caza menor. Comieron conejos y diversas clases de aves, desde cisnes hasta perdices blancas, y miembros de la familia de los cuervos, además de por lo menos veinte tortugas. Los neandertales de Bolomor incluso tenían una preparación favorita: las asaban boca arriba para debilitar el caparazón y ablandar la carne; después las abrían a golpes, arrancaban las extremidades y sacaban las vísceras. De hecho, las tortugas ofrecen uno de los mejores ejemplos de cocina regional neandertal, puesto que se consumían en varios yacimientos del Mediterráneo y Oriente Próximo, sus templadas regiones nativas. En algunos lugares son casi un alimento de primera necesidad: más de 5700 restos de al menos setenta tortugas proceden de múltiples niveles de la cueva de Oliveira (Portugal), y a veces constituyen más de la mitad de los huesos identificables. Curiosamente, allí donde se comían tortugas solían cocinarse invertidas, a la manera de Bolomor, aunque la técnica de golpear los caparazones cambió con el tiempo. Y, curiosamente, no hay pruebas de que los neandertales comieran galápagos europeos, a pesar de que se encontraban en Europa septentrional durante el Eemiense.[16]

En la caza menor, sin embargo, parece que intervenía la selección. El Abric Romaní se encuentra en un paisaje de riqueza

16. El yacimiento de travertino de Gánovce (Eslovaquia) no solo proporcionó un vaciado del caparazón de un galápago, sino también del cerebro de un neandertal, además de improntas de plumas y piel de rinoceronte.

parecida a Bolomor y Cova Negra, pero ninguno de los conejos y aves de su larga secuencia presenta señal alguna de participación de homínidos. Y en la cueva de Teixoneres, relativamente cercana, los neandertales cazaban esporádicamente conejos, pero no aves. Es también reseñable que, durante los periodos más fríos, y a diferencia de algunas culturas del Paleolítico Superior, parece que los neandertales no se dedicaron a la liebre ártica. Quizá las manadas de grandes mamíferos proporcionaban comida más que suficiente y el esfuerzo de encontrar liebres en campo abierto no valía la pena.

La cuestión de economizar energías trae a colación otra clase de sustento relativamente fácil de obtener, pero que hasta hace poco se consideraba improbable: el marisco. Imaginarse a los neandertales sentados en una playa y engullendo mejillones es más incongruente incluso que figurárselos capturando peces de río. Pero el marisqueo en playas y pozas, e incluso el vadeo, pueden ofrecer gratificantes recompensas con poco gasto energético. Laboriosos de recolectar, en términos nutricionales los mariscos y otros alimentos de las costas son oro puro: un caudal de los vitales ácidos omega 3 de cadena larga. Muchos animales terrestres los aprovechan, desde osos que abren conchas con sus zarpas hasta macacos asiáticos que golpean moluscos o cangrejos,[17] y hallazgos recientes prueban que los neandertales también lo hacían, al menos en época tan temprana como nuestra propia especie.

Como se trató en el capítulo 5, casi todas las playas donde los neandertales se llenaban los pies de arena son actualmente submarinas tras las subidas del nivel del mar al final de la última glaciación. No obstante, algunos yacimientos litorales de hoy habrían estado cerca de costas interglaciales y, dependiendo de la orografía submarina, incluso a pocos kilómetros cuando el océano retrocedió. Entre ellos se cuenta Bajondillo, un abrigo rocoso del municipio de Torremolinos, en Málaga. Aquí, en es-

17. La existencia de macacos que comen cangrejos consta en documentos del siglo XIX, pero no se confirmó hasta después del tsunami del 2004 y de excavaciones posteriores, que demostraron que tenía una antigüedad considerable.

tratos datados hace entre 170 y 140 ka, hay más de mil restos de moluscos, en su mayoría mejillones. El calor directo abre sus conchas y, como muchas solo aparecen carbonizadas por el exterior, parece que los neandertales conocían este truco. Lo más curioso es que durante varios milenios, incluso cuando el clima se enfrió, el consumo de mejillones continuó. Las conchas solo desaparecen cuando la costa quedaba a unos 8 km de distancia, lo que implica que el marisco siguió teniendo importancia aun cuando los animales para cazar cambiaron.

De hecho, el número de yacimientos con evidencias de que se comía marisco es elevado: más de quince en la península ibérica y otros puntos del Mediterráneo. En el nivel más rico de El Cuco (Cantabria), cerca de la costa atlántica, los neandertales recolectaron casi ochocientas lapas más algún erizo de mar. Y en Figueira Brava, en la costa atlántica portuguesa, aparece una asombrosa diversidad de criaturas marinas. Aunque aquí el número total de mariscos es menor, puede deberse a un procesado intensivo: dentro de la secuencia son visibles subniveles bien definidos de conchas y fragmentos, más abundantes que el sedimento. Encima de todo están los restos de más de cuarenta cangrejos y diversas especies de peces que pueden capturarse en pozas de marea o bajíos.

No se conocen yacimientos de mariscos en puntos más septentrionales de las costas atlánticas. Cuando descendió el nivel de los océanos, La Cotte de St Brelade en Jersey habría quedado razonablemente cerca del mar, pero solo durante periodos cortos, y los neandertales parecían centrados en la caza mayor. Mientras tanto en Le Rozel, un yacimiento de dunas de mediados a finales del EIM 5 en la costa norte de Francia, se hallan presentes lábridos, mejillones y ostras espinosas, aunque por lo visto los neandertales no los comían. Le Rozel sí contiene unos raros restos de morsas, vestigios de criaturas marinas más grandes que los neandertales podrían haber avistado en el canal de la Mancha, aunque no presentan marcas de despiece.

En otros lugares sí comían a veces animales marinos grandes. En unos pocos yacimientos ibéricos han aparecido huesos de delfines, focas y peces grandes con marcas de corte, que podrían pertenecer a carcasas arrastradas por las corrientes o quizá a ejemplares varados alanceados en los bajíos. Nos queda la duda de cómo reaccionarían los neandertales ante tales criaturas, con cuerpos a un tiempo diferentes y similares a los de las presas terrestres que tan bien conocían.

Puede que el grupo animal más ignorado de los que contribuyeron a la dieta neandertal sean los insectos. Considerados un manjar nutritivo fuera de las culturas occidentales, pueden ser un alimento tradicional de los aborígenes australianos o comida callejera. En Eurasia no se encuentran lombrices y larvas enormes, pero, igual que ahora, en los días veraniegos de los neandertales debió de oírse el zumbido de las abejas. Es sabido que los grupos de cazadores-recolectores —y los chimpancés— se arriesgan a recibir un aguijonazo con tal de obtener el preciado trofeo de la miel, y si los neandertales llegaron a probarla, por su capacidad para saborear cosas dulces es probable que les gustara. Como vimos en el capítulo anterior, el adhesivo para enmangar elaborado con cera de abeja y resina de pino da indicios fundados de que al menos los neandertales italianos conocían otros recursos de las colmenas.

Pero si hablamos de mascar insectos no debemos descartar los que tenemos más a mano: los parásitos. Al cepillarse el pelo sería posible tapear garrapatas y piojos, y, aparte de los propios cuerpos de los neandertales, sus presas hospedaban parásitos. Muchos de los grandes mamíferos que cazaban los neandertales habrían tenido bajo la piel larvas de mosca del género *Hypoderma*, conocidas como reznos. Estas voraces larvas pueden rebasar los 2 cm de largo, y después de que se depositan los huevos en las patas del huésped viajan por los músculos del cuerpo, llegando incluso a la tráquea. Todo este «tunelado» produce en la carne una sustancia gelatinosa, y las larvas causan hinchazones subcutáneas que dejan agujeros; pero, por el lado positivo, estos hambrientos bichos son comestibles. Varias culturas indígenas norteamericanas que cazan ciervos, como los yellowknives, chipewyanes e inuits, las consideran una exquisitez comparable a las frutas del bosque, y dado que se conservan pequeñas tallas del Paleolítico Superior que representan cuerpos de reznos, no cabe duda de que existían en el Pleistoceno. Si los neandertales eran lo bastante adaptables para recolectar lapas, no hay razón para suponer que se privaran de zamparse también estos selectos aperitivos.

Colmillos

Los neandertales se comían todas las partes de criaturas grandes y pequeñas, y cada vez queda más demostrado que sus variados gustos se hacían extensivos a los carnívoros. Aunque para algunos sea una elección inesperada, la cocina es cuestión de puntos de vista. Hasta no hace mucho, las vísceras eran una comida cotidiana en casi todas las culturas occidentales, pero hoy han quedado en gran medida relegadas a rellenos sospechosos o comida para mascotas. Y la idea de que los carnívoros son de difícil digestión no es universal: en algunas culturas se comen perros y gatos, mientras que en otras los osos —en teoría omnívoros, pero depredadores competentes— se consideran sabrosos. Muchos de los cientos de sociedades indígenas de Norteamérica han comido tradicionalmente depredadores como pumas, lobos y osos negros, pardos y polares. A veces eran un alimento al que se recurría en épocas de penuria, pero en otros casos formaban parte de la dieta, y, dependiendo de la estación, en algunas culturas los osos pueden constituir la fuente principal de carne y grasa.

Existen muchos yacimientos neandertales con algún hueso de carnívoros como lobos, zorros o cuones (un perro salvaje hoy principalmente asiático) con marcas de corte. Incluso el despiece de depredadores más grandes y peligrosos —como un león en la Gran Dolina de hace entre 350 y 250 ka, una hiena de hace unos 120 ka en Maltravieso o un leopardo en la cueva de Torrejones de hace 100 ka, todos en España— representa probablemente encuentros fortuitos útiles para conseguir comida y pieles. Pero con los osos parece que había algo más. Los neandertales los cazaban con mayor asiduidad que a cualquier otro depredador, y se encontraron con tres especies: el conocido oso pardo euroasiático y el oso de Deninger, que después de 130 ka probablemente evolucionó al oso cavernario. Incluso los osos pardos solían ser mayores que los actuales, pero los osos cavernarios eran enormes —unos 600 kg—, y puestos en pie superarían en altura a los neandertales. Además, como su nombre indica, esta especie prefería utilizar guaridas subterráneas a excavar agujeros.[18]

Allí donde los osos dormían, la hibernación ofrecía una oportunidad para cazar relativamente segura, algo sabido por los leones y leopardos puesto que a veces se encuentran sus huesos a mucha profundidad bajo tierra junto con restos de osos. Pero los neandertales también eran cazadores sigilosos en la oscuridad. Entre los más de veinte yacimientos de despiece de osos en Europa, hay cuevas en las estribaciones de los Alpes italianos, entre ellos Rio Secco, estudiado desde el 2002. Allí, dos niveles datados hace unos 48 a 43 ka revelan que los neandertales mataron al menos treinta osos en su sueño invernal. Cuando procesaban carcasas completas, se centraban especialmente en el pecho y las extremidades, así como el tuétano y la lengua. Las costillas del oso se usaban para reavivar las herramientas cortantes, y la quema apunta a que se cocinaba en la propia guarida.

Otros yacimientos demuestran que los neandertales conocían los hábitos de los osos lo bastante bien para seguirles el rastro hasta guaridas a gran altitud como la cueva Generosa, también en las estribaciones alpinas; a unos 1500 m probablemente era necesario esperar hasta la primavera para tender una emboscada a los osos débiles y adormilados que salían de sus refugios. La presencia de cachorros quizá sea indicativa también de la caza primaveral en la guarida, como en Rio Secco. La cueva de Fumane, siguiendo por los Alpes hacia el oeste, nos presenta a los beneficiarios de la caza de estos mamíferos. Las capas más recientes, datadas hace entre 43.6 y 43.2 ka, revelan que los neandertales transportaban cortes selectos de osos cazados en otros lugares. Algunos eran quemados, y las marcas de

18. «Tierra de oso» es un depósito encontrado en algunas cuevas que demuestra la persistencia de los refugios de hibernación: algunas muertes ocurridas en invierno dejaron no solo esqueletos enteros, sino suelo rico en fósforo resultado de la descomposición.

dientes, así como la extracción a golpes del tuétano incluso en las falanges, demuestra el deleite con que los consumían.

La caza sistemática se producía también en Taubach, donde los neandertales no solo emboscaron rinocerontes, sino al menos cincuenta osos, probablemente más.[19] Los carnívoros y los osos pueden tener tanta debilidad por los lamederos minerales como los herbívoros, y así los manaderos y charcos de Taubach, ricos en carbonato, que vertían en el río Ilm serían no solo fáciles de descubrir gracias a las redes de senderos de caza, sino también lugares fiables para atacar por sorpresa a los osos; es seguro que los despiezaban a conciencia, incluso descarnando las zarpas y arrancando la lengua, y una vez más las quemaduras tal vez indiquen que parte del botín se cocinaba cerca.

Con independencia de la especie, de la caza de carnívoros y osos por los neandertales se extraen varias lecciones. Al menos parte de esa caza —particularmente la del oso— no era carroñeo sino matanza selectiva e incluso especializada. Esto indica valor por parte de los cazadores, más colaboración y, probablemente, planificación. Está claro que se practicaba la caza en las guaridas, pero no debemos descartar otras posibilidades como trampas, ya sea dejando caer troncos sobre la presa o con hoyos camuflados. A primera vista esto puede parecer complicado, pero tenemos pruebas abundantes de que los neandertales trabajaban en proyectos de varias fases en los que intervenía la madera y, como veremos en capítulos posteriores, también crearon construcciones complejas.

De brotes a raíces

Aunque la fama de los neandertales como aficionados preferentemente a la caza mayor se está demostrando injustificada, nunca podremos hablar de veganos practicantes. Pero son las plantas las que definen el espectacular giro de 180° en lo que sabemos de su dieta. La vegetación conservada del Pleistoceno es rarísima y

19. Taubach fue descubierto a fines del siglo XIX durante la extracción de travertino; esto es solo una muestra, y la magnitud de las colecciones originales era inmensamente mayor.

esto, junto con las imágenes de tundra ártica yerma, llevó a suponer que no comían plantas, o las consumían en cantidades tan exiguas que son indetectables. Inicialmente, el análisis con isótopos estables parecía apuntalar esta teoría. Los primeros neandertales analizados procedían de Les Pradelles, en el suroeste de Francia, y casi no se distinguían de lobos o hienas. Al acumularse más muestras, junto con otras pruebas de la caza activa, los neandertales se transformaron de carroñeros medrosos en cazadores arrojados, lo que dejaba muy poco espacio para las plantas.[20]

Pero incluso los científicos sabían que eso no podía ser verdad. La carne es una potente bomba proteínica, cargada de ácidos grasos y micronutrientes de fácil absorción, pero ni nosotros ni los neandertales somos capaces de sobrevivir durante periodos largos con una alimentación cárnica al 100 por ciento. Una dieta estrictamente carnívora hace pasar hambre al organismo y termina en envenenamiento proteico, y para las embarazadas o lactantes —probablemente la mayoría de las mujeres neandertales— resulta mortal. Además de carne y grasa, la supervivencia de los neandertales dependía de las plantas, así que los datos isotópicos no contaban toda la verdad.[21] El muestreo es importante: hay menos de veinticinco individuos analizados y, a juzgar por su estado de conservación, tienen menos de 100 ka y proceden de climas más fríos. Los neandertales que vivieron en épocas y lugares más templados y con mayor riqueza vegetal no figuran en este cuadro. Pero incluso si tuviéramos muestras suyas, los isótopos estables de carbono y nitrógeno solo reflejan las proteínas, no los carbohidratos. Con estos métodos analíticos, la carne enmascara cualquier proteína vegetal, lo que significa que, aun cuando la mitad de una proteína neandertal fuera de origen vegetal, isotópicamente los neandertales seguirían pareciéndose más a hienas que a caballos.

20. Este sesgo de las investigaciones en favor de la caza y no de la recolección se debió en parte a que esta última se consideraba una actividad doméstica (y también, probablemente, asociadas a las hembras).

21. Las plantas son las mejores fuentes de ácido fólico y vitamina C, entre otras cosas.

Si cuesta imaginarse a los neandertales mordisqueando raíces y brotes, recuérdese que otras pruebas arqueológicas apuntan a que eran unos entendidos en hierbas. Si conocían bien las propiedades de las plantas, ya fuera para herramientas, adhesivos de enmangue u otros usos, ¿por qué ese conocimiento no podrían haberlo aplicado también a la nutrición? Además, la existencia de palos cavadores es un poderoso apoyo de esta presunción. Así pues, ¿qué plantas podrían haber comido exactamente? Las opciones eran inmensas. Europa suma hoy más de mil especies comestibles, aunque la mayoría se ha quedado fuera de nuestros hábitos culturales. En latitudes septentrionales hay menos donde elegir, pero las sociedades indígenas que habitan en la tundra han conocido durante largo tiempo al menos entre veinte y cuarenta especies aptas para comer, muchas de las cuales habrían crecido más al sur en periodos climáticos más fríos; entre ellas se cuentan adelfillas, acederas, bayas, hongos, raíces y tubérculos, algas y algunos líquenes.[22] Incluso si solo el 1 por ciento de la dieta de los neandertales durante los periodos glaciales se hubiera basado en las plantas, en tan solo un año llegarían a ese porcentaje de vegetales ingeridos.

Los neandertales interglaciales que caminaron por bosques exuberantes, prados o humedales tenían más donde elegir. Durante casi 25 años los yacimientos de Oriente Próximo han dado indicios en este sentido, los más claros gracias a la infiltración de cenizas en la cueva de Kebara (Israel), que recuperó miles de restos carbonizados de casi cincuenta especies de plantas, muchas comestibles. Combinada con otros yacimientos más templados como Amud y Gibraltar, la variedad de restos vegetales en el hogar neandertal es asombrosa: frutos secos (bellotas, pistaches, nueces, avellanas y piñones), frutas (higos, dátiles, olivas y uvas), tubérculos (rábano, cebada bulbosa y cebollín) y semillas (hierbas, chícharos y lentejas). Incluso la Europa septentrional eemiense era pródiga: en Neumark-Nord y Rabutz (Alemania), las avellanas carbonizadas, las bellotas, las semillas de tila y los

22. En esencia, cada grupo de plantas tiene miembros comestibles, excepto la mayoría de los musgos, hepáticas y mohos mucilaginosos.

huesos de endrinas y bayas de cornejo indican que los neandertales pudieron comerlas.[23]

En las tres últimas décadas, la imagen de los neandertales como los primeros devotos de la dieta Atkins se ha desvanecido por las pruebas directas del consumo de plantas en sus cuerpos, que empezaron a obtenerse cuando los científicos estudiaron sus dientes más de cerca. Comer produce patrones de desgaste que pueden vincularse con la dureza de los alimentos, y es posible distinguir entre la abrasión a largo plazo y el microdesgaste: las microestrías, punteaduras y surcos de los últimos días o semanas. El escaneado en 3D, los modelos computarizados y el análisis estadístico comparan la diversidad y dirección de las microestrías y punteaduras con muestras experimentales y, a diferencia de los isótopos, las muestras pueden incluir a neandertales que vivían en distintos hábitats. Y en general, como era predecible, los individuos de contextos más fríos y por tanto con vegetación menos densa presentan un mayor desgaste achacable a la carne. Los neandertales de Spy, en Bélgica, mostraban un desgaste similar al de cazadores-recolectores recientes de Tierra del Fuego, que seguían una dieta muy dependiente de la carne. Pero, contrariamente a los estereotipos de unas vidas regidas por el hielo, ni siquiera los neandertales de climas más fríos exhiben patrones de desgaste tan extremos como los pueblos árticos recientes, entre ellos los inuits sadlermiuts, muchos de los cuales comían carne seca y congelada y rompían los huesos con los dientes.

Por el contrario, los dientes de neandertales como la mujer Tabun 1, que vivieron en paisajes más cálidos y exuberantes, presentaban desgaste por mascar sustancias ásperas y abrasivas, probablemente plantas. Krapina reviste un especial interés: es posible que estuviera ocupado antes del calentamiento intensivo del Eemiense, lo que significa que aún no se habían desarrollado bosques completos. Pero, curiosamente, el microdesgaste

23. Los cornejos son hoy nativos de Europa meridional; sus frutos tienen el tamaño aproximado de las uvas y, curiosamente, la madera es muy densa al tiempo que elástica, lo que la hace tan perfecta para lanzas que en la poesía griega temprana el nombre del árbol podía adoptar el significado de 'lanza'.

de estos neandertales coincide con el de posteriores pueblos prehistóricos agrícolas que comían muchas plantas fibrosas. Y existe una imagen clara de las variaciones individuales: combinando patrones a gran escala relacionados con el clima, se aprecia que neandertales de un mismo yacimiento e incluso de un mismo estrato no son siempre idénticos, lo que demuestra que no todos comían lo mismo.

Y la lupa puede acercarse más a otras evidencias bucales, como los cálculos dentales (sarro) que padecían muchos neandertales. «Biopelícula» formada por saliva mineralizada, residuos alimenticios y restos de bacterias, los cálculos son esencialmente un depósito arqueológico microscópico de la comida. Los estrictos protocolos de análisis permiten descartar la contaminación, ya sea de antiguos sedimentos o de almidones de los sándwiches de los investigadores. Combinada con los residuos sobre los utensilios líticos, la nueva imagen de las comidas de los neandertales es espléndida.

De unos cuarenta individuos muestreados hasta ahora, el ganador por la variedad de su sarro es Shanidar 3, al que conocimos más atrás por su puñalada en el pecho. Antes de morir, este individuo había comido dátiles, plantas de la familia del guisante, la lenteja y el algarrobo, y raíces y tubérculos no identificados. Estos dos últimos solo aparecen como muestras de residuos sobre utensilios líticos del mismo nivel, y los objetos de muchos otros yacimientos parecen coincidir con la evidencia de restos carbonizados. Entre ellos se incluyen semillas, frutos secos, plantas y frutas de hoja, plantas de la familia del guisante, raíces y tubérculos no identificados, hongos y hierbas. Las hierbas son especialmente interesantes porque la recolección y procesado de las semillas exige mucho tiempo. Uno o dos casos podrían descartarse por considerarlos subproductos de una recolección para formar algo así como una cama, pero son más lo que apuntan a que el objetivo era procurarse alimento.[24] En apoyo de esta

24. Se ha sugerido que los neandertales quizá comían «quimo» —masa vegetal a medio digerir en los estómagos de herbívoros, que consumían algunas culturas de cazadores-recolectores como los cris, inuits, chipewyanes y kutchines—, pero una gran parte de esa pasta sería hierba, lo que no coincide con los residuos de plantas en los cálculos dentales.

teoría viene el hecho de que, en algunas muestras de cálculos, como en Shanidar 3, aparecen también almidones de semillas de hierbas emparentadas con la cebada o el trigo.

Una vez más, la prueba de la diversidad de plantas en los cálculos no procede solo de Oriente Próximo. En la Europa noroccidental, el clima de Spy hace unos 100 ka estaba sin duda enfriándose, y aun así ambos adultos neandertales presentaban trazas de hierbas y, asombrosamente, almidones de semillas de nenúfares. De esto se deduce que los neandertales estaban buscando activamente alimentos vegetales, y que se sentían muy cómodos chapoteando en el agua. Un novísimo método de análisis de los cálculos, propio del siglo XXI, ha venido usando ADN para identificar los alimentos, pero es todavía una técnica incipiente. Entre la gran cantidad de coincidencias de bacterias o virus se obtuvieron algunos resultados curiosos. El individuo de Spy con desgaste dental que parecía asociado al consumo de carne tenía en los cálculos ADN que coincidía con el de rinocerontes y ovejas salvajes; considerando que las ovejas no están representadas en el conjunto faunístico, ¿podría ser comida ingerida antes de llegar a Spy?

Quizá la mayor sorpresa la deparó El Sidrón. El desgaste dental de la muestra indicaba una dieta mixta, pero los cálculos carecían por completo de ADN de mamíferos grandes, apareciendo por el contrario coincidencias con pinos, setas y musgos.[25] Esto propició titulares como «¡Neandertales vegetarianos!», pero la realidad es más compleja. La seta encontrada se consume ampliamente fuera de Europa y Norteamérica, pero la presencia del pino causa más extrañeza. Algunas culturas septentrionales de cazadores-recolectores emplean corteza de pino como alimento a principios de primavera, pero la especie identificada por el ADN es oriunda de Asia oriental, lo que no tiene mucho sentido para un neandertal ibérico. Y el musgo es minúsculo, carece de historia como alimento y se usa en aplicaciones biotecnológicas, lo que indujo a considerar la contamina-

25. Incluso el ADN de los sedimentos solo arrojó coincidencias con homínidos, sin ningún material genético animal.

ción como una posibilidad.[26] Pero, por otra parte, recientemente se ha descubierto que contiene carbohidratos complejos, así que habría tenido cierto valor nutricional. En este caso, quizá, los neandertales sabían algo que nosotros desconocíamos.

No cabe duda de que alguien en el abrigo de El Salt (Alicante) comía plantas, puesto que los sedimentos del hogar nos han proporcionado las primeras muestras de heces neandertales. Aparte de provocar abundantes titulares jocosos, los estudios bioquímicos demostraron que entre una mayoría de componentes de origen animal había materia vegetal incuestionable, probablemente de raíces o tubérculos.

Muchos de los nuevos métodos de detección de plantas aquí descritos están todavía en desarrollo, y los detalles son imprecisos. Pero, entre la cosecha de datos, lo que sí podemos asegurar es que vemos solo una mínima parte de las plantas que comían los neandertales. Esto es especialmente cierto en las comidas cocinadas, que se descomponen más deprisa. Y volviendo a los isótopos, también aquí el espectro se ensancha. Los estudios más recientes centrados en los aminoácidos todavía revelan un predominio de proteína animal, pero también evidencias de plantas. Para los neandertales de Spy, es posible que hasta una quinta parte de las proteínas procediese de fuentes no animales. Considerando que los ambientes de aquel periodo no eran ricos en vegetación, se deduce que algunos se concentraron en la recolección y quizá, en un grado considerable, procesaban lo recolectado mediante cocción.

«Homo gastronomus»

Así pues, «carne y vegetales» fue, en algunos lugares y épocas, una descripción acertada de la dieta neandertal, pero ¿cómo? ¿Hubo guisos borboteantes y asados con abundante grasa, o en su arte culinario dominó lo crudo? Ciertamente, esa posibilidad cabe para algunos alimentos, pero cocinar no solo hace las cosas

26. La *Physcomitrella patens* tiene propiedades excepcionales para la investigación genética y nuevas aplicaciones médicas como la producción de fármacos anticancerígenos con ingeniería genética.

comestibles, sino que mejora el valor nutricional y ayuda a la digestión, ya sea de carne o de plantas. Aunque las discusiones sobre el control del fuego por los neandertales las abordaremos en el capítulo siguiente, existen pruebas sólidas de un cierto nivel de cocción de la carne. Los restos faunísticos que combinan daños por fuego a distintas temperaturas podrían indicar que se asaron sobre un fuego, porque el hueso estaría más quemado que las zonas carnosas.[27] Y cierto grado de cocción sería en gran parte imperceptible si, por ejemplo, los neandertales asaban lonchas u órganos en vez de carne con hueso.

La estampa de los cavernícolas asando megafauna es un viejo cliché, pero en realidad sería una práctica ineficaz y consumiría mucho combustible. Los guisos son mejores: cocinar la carne proporciona además caldos ricos en tuétano que llevarse a la boca. Y luego está la grasa: estudio tras estudio se demuestra que los neandertales organizaban sistemáticamente cacerías para procurarse tuétano y grasa; así lo prueban los animales seleccionados, el grado de despiece y lo que transportaban hasta sus moradas. Además, casi siempre faltan los extremos de los huesos largos, ricos en grasa. A los carnívoros también les encantan, pero en aquellos conjuntos sin señal de su presencia, habrá que pensar que los neandertales los procesaban de forma metódica, bien hirviéndolos para obtener la grasa,[28] o pulverizándolos para formar una pasta oleaginosa de huesos. Todo esto concuerda con las cocinas de cazadores-recolectores en climas más fríos, que también suelen centrarse en la extracción de grasas jugosas.

¿Y las plantas? Las semillas de hierbas necesitan ser remojadas o bien carbonizadas y molidas, y aunque las bellotas son muy nutritivas también hay que remojarlas para eliminar los amargos

27. Es técnicamente posible que las articulaciones arrojadas al fuego como basura pudieran presentar también este tipo de quemadura sin tener nada que ver con la cocción, pero parece improbable que los neandertales hubieran cargado con pesadas articulaciones hasta las cuevas para desecharlas todavía cubiertas de carne.

28. Los fragmentos de caña de hueso que quedan de la extracción del tuétano pueden usarse para hacer caldo.

taninos.[29] Los estudios de los cálculos lo refrendan: algunos de El Sidrón contenían almidones abiertos por el calor, y el 40 por ciento de los almidones del individuo Shanidar 3 parecían hervidos. En general, cuando se identifica el tipo de planta, suelen ser aquellas con semillas duras que mejoran con la cocción. Unas prácticas tan complejas aproximan a los neandertales a la forma en que los cazadores-recolectores preparaban alimentos con plantas silvestres en los balbuceos de la agricultura moderna, pero ¿cómo era esto posible en una cultura sin recipientes de cerámica o metal? Cabe la posibilidad de hervir líquido metiendo guijarros al rojo vivo en cualquier receptáculo, pero las piedras agrietadas por el calor son muy raras en yacimientos neandertales. Sin embargo, hay más de una manera de guisar un mamut. Se puede, sencillamente, sostener el recipiente sobre un fuego mientras el nivel del líquido se mantenga alto; para ello valdría un cráneo grande, una piedra con una oquedad natural o incluso una caja de corteza, pero uno de los «calderos» naturales más adecuados sería el estómago o la piel de un animal que se acaba de matar.

Pensar en la cocción plantea la pregunta de dónde estaba la «cocina». A lo mejor los neandertales comían algo sobre la marcha después de cazar, especialmente partes difíciles de transportar como sangre u órganos, y el fuego en algunos grandes yacimientos de matanza como Mauran podría indicar que comían mientras despiezaban los bisontes. Pero, como veremos en el capítulo 10, hay pruebas abundantes de que los neandertales transportaban cantidades significativas de sus presas para su posterior despiece y consumo. Incluso dando por sentado que la carne se compartía con quienes esperaban en los sitios adonde se llevaba la caza, los cientos o miles de kilogramos de carne en lugares como Schöningen parecen demasiado para ser consumidos antes de que se estropearan. En vista del riesgo y el gasto de energía que comportaba enfrentarse con bestias grandes y transportar trozos pesados, tendría sentido que los neandertales

29. Unos pequeños hoyos excavados en la arena junto a un río servirían para remojar las bellotas.

hubieran ideado algún modo de almacenar o conservar sus excedentes.

Para esto se requieren habilidades especiales, conocimientos y planificación, sea cual sea el método utilizado, que es en parte por lo que este asunto se ha discutido relativamente poco. Pero además faltan pruebas arqueológicas directas. A diferencia de yacimientos prehistóricos posteriores, no encontramos fosas grandes, así que los métodos de conservación neandertales debieron dejar escasa huella. La congelación es una posibilidad: algunas culturas árticas como los inuits congelan el pescado, que puede comerse como si fuera una paleta. Durante los periodos glaciales podría haberse recurrido a esta fórmula a falta de otra solución y ciertamente habría ayudado a conservar la vitamina C. Sin embargo, durante gran parte del tiempo los neandertales vivieron en condiciones menos rigurosas, así que el almacenamiento de comida debió de adoptar otras formas.

Una opción más es el ahumado. Los cálculos de dos individuos de El Sidrón contenían marcadores químicos de humo de madera que demuestran que algunos neandertales vivían junto a fuegos de combustión lenta, pero podría haber otras explicaciones. Y este método de conservación es quizá más probable fuera de las cuevas: otra manera de interpretar el fuego de Mauran es vincularlo a la conservación de carne o tuétano. Pero la forma más sencilla de almacenar carne (y la más difícil de detectar por los arqueólogos) es haciendo cecina; una vez secada, puede conservarse así o bien continuar su procesamiento machacándola con grasa y tuétano para formar algo parecido al *pemmican.* Como se verá en el capítulo 9, en algunos yacimientos excepcionalmente bien conservados hay trazas microscópicas de fragmentos de huesos pulverizados y de grasas cocidas en hogares que podrían reflejar esa forma de procesado.

Almacenar alimentos vegetales exigiría unos procesos bastante parecidos a los del almacenamiento de productos animales. Las bayas otoñales podrían complementar recetas del tipo del *pemmican*, mientras que las hojas, granos o raíces podrían secarse o molerse. Probablemente esto se hacía en los lugares donde se vivía, más que en el exterior durante la recolección. Unos cuantos yacimientos encierran unos enigmáticos bloques de piedra con las superficies erosionadas, y en La Quina hay útiles líticos con almidones de gramíneas que podrían relacionarse con una preparación mediante molienda o calor seco.

La fermentación abre todo un nuevo espectro de opciones. El almacenaje en condiciones de oxígeno bajo permite que la carne, la grasa, el pescado o las plantas inicien el proceso de putrefacción manteniéndose todavía comestibles. En cierta forma, esto es como predigerir la comida y resulta especialmente útil para alimentos como los sesos, proclives a estropearse. A diferencia de la cocción, este método conserva además nutrientes fundamentales, sobre todo vitamina C.[30]

Existen hoy una infinidad de recetas para la fermentación, algunas sencillas y otras complicadas. Colgar las piezas de caza representa las primeras etapas, aunque a veces puede formarse moho. Más complejo es el *kiviaq*, un método groenlandés consistente en introducir cientos de pequeñas alcas (aves marinas) dentro de una piel de foca untada con grasa en las suturas y dejarlas fermentar durante meses hasta que se ablandan y tiñen de verde. La fermentación de vegetales es también habitual, ya sea chucrut, *kimchee* o tofu.

En muchos documentos etnográficos, los alimentos fermentados no son soluciones de emergencia ni exquisiteces, sino que se integran en la dieta diaria. ¿Podemos creer que ocurriera lo mismo con los neandertales? La práctica ya estaba asentada hace 9000 años entre los cazadores-pescadores-recolectores escandinavos posglaciales y, dependiendo del método, no es desde el punto de vista cognitivo muy difícil; pero los errores en la fermentación pueden resultar letales. Se producen regularmente muertes por botulismo al comer foca mal conservada o utilizar aves inadecuadas para el *kiviaq*. Los neandertales ya tenían sistemas de procesado de carcasas en varias fases, así que añadir otra etapa no habría sido difícil. Conservar la comida bajo el agua es un método sencillo, que plantea posibilidades sugestivas para yacimientos donde sabemos que se sumergían las carcasas de animales, como los caballos de Schöningen o el mamut

30. Cuando las proteínas se descomponen en aminoácidos y ácidos grasos son más fácilmente asimilables por el organismo.

de Lynford. Con independencia del método, la fermentación dura tanto que, si lo neandertales la emplearon, es muy posible que fuera una práctica que abandonaron y a la que solo regresaron después de viajar por otros lugares. Las pruebas de la fermentación quizá nos lleguen de los estudios isotópicos, puesto que estos alimentos suelen ser ricos en nitrógeno.

Hay otro aspecto en los alimentos fermentados: el sabor. Los alimentos tradicionales fermentados con sabores y olores fuertes —a veces reflejados en nombres como «pez apestoso»— son sin embargo algo que se espera con deleite. Aun sin pasar semanas macerándose dentro de un mamífero, las aves marinas no agradan a todos los paladares, pero conceptualmente no distan demasiado de quesos como el roquefort y el stilton, y por lo visto surten un parecido efecto adictivo. ¿Salivaban los neandertales pensando en el «queso de tuétano» mientras vigilaban agachados las manadas de bisontes, o se relamían mientras engullían reno ligeramente corrompido? Los humanos experimentan al menos cinco sabores: dulce, agrio, amargo, salado, sabroso *(umami)* y posiblemente otro que parece detectar el calcio y las grasas.

El sabor, sin embargo, no es señal solo de que esté bueno. La sensación de amargor advierte especialmente de un peligro, y la genética confirma que los neandertales podían detectar uno de estos componentes. Conocido como PTC,[31] se encuentra en algunas plantas y solo es seguro si se consume en cantidades pequeñas. Sorprendentemente, esta mutación neandertal es diferente de la que se produce hoy en muchas personas e iba acompañada de otras señales de bloqueo parcial de PTC. Esto significa que tal vez los neandertales tenían una mayor tolerancia para tales sabores, y si se combina con la evidencia genética de una percepción más amplia de sabores amargos y agrios, comer plantas desconocidas o carnes fermentadas podría haber sido más seguro para ellos. La combinación de sabor y olor produce lo que experimentamos como gusto, así que incluso es posible que los neandertales vivieran en un mundo culinario más rico que el nuestro.

31. Feniltiocarbamida.

Vivir para comer, comer para vivir

Lo que comemos y cómo lo comemos es profundamente cultural. Ni siquiera los simios se limitan a recolectar lo que encuentran a su alrededor, sino que buscan aquello con lo que se criaron. Usamos los utensilios líticos para clasificar las culturas neandertales, pero las tradiciones basadas en la comida probablemente formaban parte también de su diversidad. Como cazadores de grandes presas, sin duda colaboraban entre ellos, pero a diferencia de los lobos o hienas, después de matar juntos compartían los despojos. Salvo las madres que amamantan a sus crías, los chimpancés cazadores son mucho menos altruistas, y hacen trueques con las sobras a cambio de favores sociales, sexo incluido. Los neandertales no practicaban esa clase de cooperación a regañadientes, sino que impulsaron su acción colectiva pasando de matar y despiezar a trasladar las partes más suculentas, a veces retrasando el festín durante tres o más etapas del procesado.

Salzgitter-Lebenstedt lo demuestra en la práctica. Aquí se mataron en otoño al menos cuarenta y cuatro renos, y quizá el doble, puede que durante diferentes cacerías, mientras las manadas descendían del macizo del Harz después de pastar en verano. Animales de todas las edades fueron desollados y fileteados, pero solo lo más gordos —machos en edad óptima para procrear— fueron despiezados a conciencia. Los neandertales buscaban las partes más suculentas de estos animales selectos —tuétano, grasa y órganos—, y no tanto la carne magra. Un patrón tan claramente selectivo no pudo surgir en un ambiente de refriegas egoístas, sino en grupos con un propósito común. Esto mismo se repite cientos de veces en otros yacimientos neandertales.

Los propios patrones de despiece revelan un enfoque sistemático. Es probable que solo hubiera unos cuantos —o incluso solo uno— cortadores por carcasa, que sabían dónde cortar para que se abrieran las articulaciones, dónde golpear para que se fragmentaran los huesos. Los neandertales con mucha práctica, igual que los modernos carniceros, dejan menos marcas y más ordenadas y superficiales, así que determinar su número y posición puede incluso poner de relieve diferentes niveles de destreza. Es interesante señalar que los índices de marcas de corte en las extremidades de los renos son mucho más altos en el abrigo de Pech de l'Azé IV que en el yacimiento de matanza de Jonzac. Puesto que ambos yacimientos son de tecnología Quina y épocas similares, esta diferencia podría explicarse por la presencia en Jonzac de cazadores experimentados y quizá de otros adultos especializados. El patrón más «chafa» de Pech de l'Azé IV tal vez sea un reflejo de los cortes menos refinados de otros individuos, como jóvenes que aprendían el oficio.

¿Pudieron los neandertales haber desempeñado roles especializados en la subsistencia? Compartir los recursos fomenta la división de tareas, incluso si la mayoría de los individuos posee múltiples habilidades. Esto puede apreciarse en los patrones espaciales: por ejemplo, en Schöningen la extracción de tuétano se produjo lejos de los cuerpos de los caballos despiezados.

Estudiaremos más a fondo el campo de las tareas en el capítulo 10, pero otra cuestión es quién cazaba en realidad. Lo normal es que las mujeres hubieran sido más vulnerables durante el embarazo y cuando atendían a criaturas desvalidas, así que en términos evolutivos poner en riesgo a una prole escasa no sería una estrategia muy acertada. En muchas sociedades de cazadores-recolectores, los cazadores, en su mayoría varones, se ocupan de la caza mayor, ausentándose a veces durante días.

Pero esto no es general. Aunque las sociedades donde las hembras actúan de cazadoras primarias —como las leonas— son casi inexistentes, no es raro ver a mujeres uniéndose a cacerías, participando en matanzas y dominando el despiece primario. Y con carácter más general, las mujeres y los niños suelen juntarse para cazar piezas pequeñas sin alejarse mucho.[32] Quizá lo más sorprendente sea que, en algunas culturas de cazadores-recolectores, pequeños grupos familiares que incluyen a mujeres y criaturas se internan de forma estacional en el territorio, procurándose el sustento durante semanas.

Sea cual fuere el tipo de animales que se cazaba o los alimentos que se salía a buscar, todo esto se producía en un con-

32. A veces son las mujeres las más reputadas por su habilidad para el rastreo.

texto social. Es probable que los neandertales comieran juntos lo que iban encontrando, mientras los niños aprendían fijándose en lo que se extraía y troceaba para transportarlo. Los arañazos dentales demuestran que los niños iban poco a poco remedando a los adultos con los útiles de comer, a medida que sus manitas crecían y se desenvolvían mejor. De hecho, quizá los niños aportaban como recolectores una cantidad nada desdeñable de comida, y atrapar criaturas pequeñas les habría dado la oportunidad de practicar el despiece.

Esto tal vez explique por qué animales pequeños como los conejos, que pueden abrirse con las manos —especialmente después de la cocción—, presentan marcas de corte; pero lo más sorprendente son los pajarillos de la Cova Negra. Los pájaros cantores no tienen por qué ser un alimento raro: muchos se consumen hoy como comidas tradicionales o exquisiteces gastronómicas, como los escribanos hortelanos en Francia.[33] En algunas culturas de cazadores-recolectores las aves canoras son un alimento de último recurso, aunque en otras se comen habitualmente, y suelen ser los niños quienes las atrapan. Las especies como la golondrina y el mirlo que se trinchaban, cocinaban y comían en la Cova Negra eran despiezadas siguiendo los mismos métodos que con aves más grandes. Las minúsculas patas se troceaban, y los huesos con más grasa se mordisqueaban y perforaban para extraerles el tuétano. Más que un indicio de hambre en un yacimiento por lo demás rico en caza, esto tendría más sentido si se interpretara como una forma de que los dedos de los pequeños aprendieran a cortar carne, membranas y tendones.

Tal vez dentro de grupos neandertales hubo otros tipos de subsistencia que seguían agrupamientos sociales concretos, pero ¿qué pasa con la caza especializada en sentido más general? Es una posibilidad en lugares como la Cova Negra, donde la cantidad total de aves despiezadas es muy elevada y se asemeja a la caza aviar especializada en yacimientos posteriores de *H.*

33. Prohibidos en la década de 1990, algunos chefs han afirmado que comérselos enteros después de macerarlos vivos en armañac es una experiencia sublime.

sapiens. Desde luego en otros lugares como Jonzac o Mauran se advierte un marcado interés por una especie durante un periodo de tiempo muy largo, pero esto se compensa con la impresión de que los neandertales se limitaban a aprovechar al máximo el ecosistema en que vivían. Los conjuntos con una sola especie son un reflejo de lugares propicios donde la combinación de clima, orografía y comportamiento animal facilitaba la captura. Considerando las escalas centenarias o incluso milenarias en que nos movemos, es difícil saber si esto respondía a una tradición continuada, pero ciertamente se habría mantenido algún conocimiento específico durante al menos varias generaciones.

La especialización es un aspecto del comportamiento que, a lo largo del tiempo, ha servido para caracterizar a los neandertales como menos productivos o capacitados, en términos de subsistencia, que los primeros *H. sapiens*. Pero esta teoría también se ha derrumbado en las dos últimas décadas. Por ejemplo, algunas de las primeras poblaciones sudafricanas de *H. sapiens* recolectaban moluscos marinos tan intensivamente que se acumularon por millones en enormes pilas, y la disminución del tamaño de las conchas con el paso del tiempo implica ocupaciones más largas y sobreexplotación. Por el contrario, los neandertales parecen haberse limitado a «explorar» los moluscos. Incluso lugares como Bajondillo y El Cuco, en España, y Figueira Brava, en Portugal, donde los alimentos marinos eran importantes, constituían nodos dentro de redes más amplias de yacimientos que abarcaban muchos medios naturales.

Esta adaptación generalista indujo a afirmar que los neandertales eran ineficaces porque no aprovechaban plenamente los recursos a su alcance. Pero investigaciones recientes demuestran que en algunos casos sí sobrexplotaron criaturas tan fáciles de capturar como los moluscos. En múltiples niveles de la cueva de Oliveira, el tamaño de las tortugas disminuye de modo significativo, probablemente como reflejo de la sobrecaza, lo que pudo conducir incluso a su extinción en la península ibérica.[34] En los primeros *H. sapiens* este uso intensivo probaría el incremento de las poblaciones, así que quizá también sea válido

34. Las tortugas hembras tardan una década en alcanzar la madurez sexual, y

aplicarlo a los neandertales de aquella época y lugar: a más criaturas, más bocas que alimentar.

El conocimiento más profundo de los primeros *H. sapiens* ha demostrado, además, cómo las teorías dominantes sobre nuestro «éxito» no acaban de encajar. El análisis isotópico en el 2019 demostró que los neandertales y las primeras comunidades del Paleolítico Superior de varios yacimientos de Bélgica eran casi idénticos en su fuerte dependencia de la carne, probablemente mamuts y renos; incluso con tecnologías diferentes, no parece que los cazadores neandertales fueran menos eficientes.

En las dos décadas transcurridas desde que las lanzas de Schöningen atravesaran el corazón de las teorías sobre el carroñeo, nuestro modo de pensar acerca de la caza neandertal se ha transformado. El peso literal de la evidencia —millones de huesos de animales de cientos y cientos de yacimientos— demuestra sobradamente su pericia cinegética incluso con bestias descomunales. Los animales más pequeños e incluso las plantas se han convertido en parte incontrovertida de comidas con milenios de antigüedad, mientras las técnicas analíticas de los científicos han progresado más allá de lo imaginable.

Todo esto ha alentado teorías de más amplio alcance sobre los cuerpos, la cognición y la vida social de los neandertales. Desde cómo las herramientas hendían piel y carne hasta la elección de las partes más selectas para transportarlas y comerlas, su seguridad en el cruce entre los útiles líticos y los cuerpos de los animales es palpable. Es casi como si pudieran haber hecho el trabajo con los ojos vendados.

Con todo, la dieta de los neandertales termina a veces formulada, en términos muy desfavorables, en oposición a la del *H. sapiens.* Persiste la suposición de que debieron de hacer algo intrínscamente «malo» que explique su desaparición, aun cuando la realidad arqueológica ponga un poco en entredicho las afirmaciones sobre nuestra superioridad. Aunque no en todos los yacimientos, como especie se sitúan mucho más cerca de lo que se creía de la dieta de «amplio espectro» que subyace, su-

así, igual que ocurre con la sobrepesca en el siglo XXI, a los ejemplares adultos los mataban antes de que pudieran criar.

puestamente, en el éxito de los primeros *H. sapiens.* En vez de buscar errores en lo que comían los neandertales, podríamos preguntarnos por qué los primeros *H. sapiens* se volvieron más especializados pese a que ello comportaba mayores riesgos. Quizá no les quedó más remedio que depender de los moluscos o de la caza menor porque los neandertales competían mejor que ellos en la obtención de los alimentos de más calidad: los grandes mamíferos.

Puede que lo que los neandertales no comían sea también revelador. Las plantas o animales con que disfrutan algunas sociedades de cazadores-recolectores pueden ser ignoradas o incluso rechazadas por otras. Igual que el olor, el sabor forma parte del núcleo antiguo de los cerebros homínidos, entretejido en sus recuerdos e identidad. Tal vez el olor de determinados alimentos evocaba en los neandertales alguna estación o lugar específico. Quién sabe si los que vivían en Gales se habrían sorprendido —o asqueado— de lo que otros de su linaje consumían con deleite en Palestina.

La gran pregunta es cómo encaja todo esto. En lo referente a su dieta, los neandertales no se quedaron atascados en un marasmo evolutivo. Igual que la tecnología lítica, con el paso del tiempo vemos una proliferación y fragmentación crecientes: su repertorio de alimentos se multiplicó, y los cuerpos de los animales fueron despiezados cada vez más minuciosa y exhaustivamente. Los dos capítulos siguientes abordan cómo estos patrones, desde hogares aislados hasta paisajes enteros, los revelan como homínidos que estaban modificando su entorno y construyendo nuevas conexiones entre ellos y el mundo.

CAPÍTULO 9

LA CASA NEANDERTAL

«Váyanse pronto», susurra el viento. «Es la hora», braman los ciervos, empenachando el aire frío con su aliento. «Márchense ahora», dice la escarcha del alba, quemando con hielo su mensaje en la hierba. La gente escucha. Dentro del refugio, las sombras se enfrían, una piel dura se forma sobre los charcos. Las partidas de caza se reducen; sabiendo que marcharán pronto, solo buscan presas cercanas. Un último ciervo se rinde, lo introducen para despiezarlo junto al fuego. Las grullas baten sus alas en lo alto como retazos de verano buscando el sol; ya solo queda la mitad del ciervo. Pronto las gotas que caen del borde del techo se endurecen en dedos de hielo. Es una mañana de emociones: una presa que cuelga, la cola anillada como la línea de una piedra sobre el agua. Voltean sus anchas garras para reconocerla,

agarran las puntas de los colmillos con los pulgares, pasan las manos por los largos bigotes: un gato. Animal más soñado que visto, es el último mensaje, la última comida. Con un último fuego, sorben su grasa hinchando los cachetes, enrollan la gruesa piel. Después todos se levantan, empiezan a caminar. Su ruido se apaga en silencio; el refugio rocoso espira.

El tiempo se acelera, se desenfoca. Llegan tordos a hurgar en las cenizas. Entran y salen conejos mientras se abate un halcón; se queda a invernar bajo la cornisa. Bajo su mirada escrutadora, el cuerpo del gato montés se instala en la tierra. Membranas y tripas se ondulan con la danza de los gusanos. Tapizados por las hojas del año pasado, solo roedores peludos perturban los huesos que secó el verano. Cuando los árboles pasan del verde al amarillo y del amarillo al naranja, la gente regresa. Pero, como predijeron los ancianos, el suelo se ha humedecido demasiado para encender fuego, y el abrigo ya no recibirá más moradores. Se marchan, dejando raíces y musgos para que adornen las pilas de huesos. Los años pasan mientras las aguas filtradas suben alrededor del esqueleto del gato, del ciervo, de la leña, de las cenizas, de las piedras. Ha llegado el tiempo del sueño.

El lugar es sólido, pero el tiempo es un suspiro en los dedos de los arqueólogos, que desaparece cuando intentamos asirlo. Los asombrosos detalles recopilados sobre los neandertales rebasan tanto los sueños de los prehistoriadores pioneros que rayan en la ciencia ficción. Sin embargo, reconstruir el rico tapiz de sus vidas —ver no solo los hilos, sino la trama— es extremadamente difícil. Fenómenos como los tecnocomplejos líticos son perceptibles a escalas temporales geológicas, pero requieren explicación a escala humana. Y durante mucho tiempo los científicos se hundieron en las arenas movedizas del tiempo remoto, quedando fuera de su alcance las conexiones entre los objetos por desconocer su antigüedad. El advenimiento de los métodos de datación directa fue transformador, pero no menos importante ha sido llegar a comprender cómo el tiempo crea yacimientos.

Una referencia fundamental en cualquier sitio arqueológico para entender el comportamiento neandertal es saber qué hicieron allí y durante cuánto tiempo. No obstante, incluso con los métodos de datación ultraprecisos aplicables a muestras minúsculas, en la inmensa mayoría de los yacimientos no es posible distinguir fases de ocupación que duren menos de un milenio, y no digamos de un siglo. Esto se debe a que un estrato arqueológico puede contener cantidades asombrosas de tiempo: los sedimentos que separan diferentes depósitos de utensilios pueden erosionarse o desaparecer, dejando una mezcolanza de objetos. De esta manera, un palmo de espesor puede ser un palimpsesto de mil veranos.

Sin embargo, medir el número de ocupaciones representadas por niveles concretos resulta ahora posible, en ciertas circunstancias. Puesto en práctica por primera vez en la cueva de Mandrin, en el sureste de Francia, un ingenioso método conocido como fuliginocronología[1] ha abierto una ventana para medir la acumulación de tiempo en algunos yacimientos neandertales. El examen minucioso de manchas negras dentro de grumos de carbonato —un depósito mineral que se forma en paredes y techos— reveló estrías a nanoescala.

En esencia son diminutas estratigrafías escritas en hollín, que se formaron cuando los fuegos de los neandertales «ahumaron» el techo y las paredes, dejando películas de esta sustancia. Cuando allí no vivía nadie, el carbonato puro las selló; después el ciclo se repitió y se formaron los niveles. Igual que los códigos de barras, son únicos y permiten cotejar patrones entre diferentes bloques dentro de los niveles y entre ellos.

Este archivo de hollín proporciona el único medio conocido de contar el número mínimo de veces que los neandertales permanecieron en un yacimiento en estratos arqueológicos razonablemente gruesos, y los resultados son asombrosos. Un nivel de 50 cm de grosor en la cueva de Mandrin cubre al menos ocho periodos de ocupación, que ya es un número considerable. Pero el nivel inferior —más o menos de igual espesor— representa hasta ochenta ocupaciones. Esto es una advertencia de que la aparición de niveles puede ser engañosa y un recordatorio de que más del 99 por ciento de los conjuntos estudiados por los arqueólogos no proceden de ocupaciones individuales, sino que

1. Combinación de la voz latina para ‘hollín’ y la griega para ‘cronología’.

representan patrones de comportamiento durante al menos una o muchas generaciones. Los conjuntos de «tiempo promedio» como el de esta cueva no son ni mucho menos inútiles, pero para entenderlos mejor necesitamos discernir las minucias de la vida neandertal.

El yacimiento arqueológico ideal necesita condiciones de «alta definición» que impidan la confusión de utensilios líticos y huesos de diferentes ocupaciones. El sedimento fino que se acumula rápida pero suavemente y permanece sin erosionar es perfecto. Tales yacimientos son valiosísimos no solo porque representan fases breves de tiempo, sino también porque, si se mantienen inalterados, preservan patrones espaciales que revelan lo que hacían los neandertales en distintas zonas del yacimiento.

La «piedra de Rosetta» para descifrar el registro arqueológico de los neandertales ha sido siempre encontrar episodios individuales de acción o presencia que, en un plano ideal, hubieran durado solo unos días, o incluso minutos. Los grupos aislados de utensilios líticos remontados representan escalas temporales muy cortas, pero encontrar un nivel completo en la misma resolución temporal es casi insólito. Sin embargo, gracias a los métodos de excavación del siglo XXI sabemos que existen.

Estudiar este tipo de lugares requiere tecnología moderna y una paciencia infinita. Los láseres registran las posiciones de los objetos en 3D, suministrando datos para reconstruir digitalmente las extensiones verticales u horizontales de los objetos. Detalles como conglomerados líticos en torno a los hogares o microniveles invisibles durante la excavación aparecen en la pantalla. Un enfoque fundamental es buscar cosas «especiales»: piedras inhabituales o especies animales raras que resaltan como maquillaje fluorescente sobre acumulaciones de otros fragmentos. Combinado con el remontaje y el análisis microscópico de sedimentos, hoy estamos más cerca que nunca de poder «observar» a los neandertales desenvolviéndose en su vida cotidiana.

El capítulo 7 estudió los objetos de madera del Abric Romaní, pero las condiciones excepcionales de conservación que allí se dan demuestran con extraordinario detalle cómo los neandertales utilizaban el espacio en periodos intermedios cuando el abrigo estaba demasiado húmedo para vivir en él. Después de que se marcharan, las nuevas incrustaciones de travertino sepultaron la superficie habitacional abandonada, preservándolo todo exactamente donde lo dejaron. La escala temporal de cada nivel arqueológico abarca sin duda más de unos días, pero su extesión está probablemente más cerca de las décadas que de los siglos. Las excavaciones han llegado ya al nivel R, con unos 60 000 años de antigüedad, y se tardará mucho tiempo en estudiar este material.[2] Pero el análisis de los niveles más recientes de M a P, excavados hace una década, ya ha producido resultados extraordinarios.

El nivel O, datado hace unos 55 a 54 ka, contiene uno de los registros con más alta definición de la vida neandertal en todo el mundo. De los sedimentos que cubren los 270 m^2 de superficie del abrigo, pero con menos de 1 m de espesor, se exhumaron unos 40 000 objetos. El análisis digital de su posición muestra claramente al menos tres fases principales, aunque cada una está probablemente compuesta por más de una ocupación. Los datos magnéticos de los sedimentos del hogar indican que todo se formó en unos pocos siglos, así que cada fase podría muy bien representar las idas y venidas de los neandertales durante unas cuantas generaciones como máximo.

La fase media, Ob, es la más rica, y contenía un descubrimiento absolutamente único: un gato montés completo despiezado. En cada nivel del Abric Romaní, los neandertales machacaron los huesos tan a fondo que recuperar animales aislados es casi imposible. Encontrar un esqueleto casi completo es de lo más inusual, y da indicios de una instantánea muy breve en el tiempo, antes de que el lugar fuera abandonado y se formara otra capa de travertino. Los últimos neandertales que vivieron allí durante muchos siglos capturaron y desollaron al gato, probablemente cocinándolo en una zona quemada próxima. Con la

2. Dada la profundidad de los depósitos sin excavar, hay debajo otros 40 000 años de restos arqueológicos neandertales: un siglo más de trabajo para varias generaciones de investigadores.

barriga llena, hicieron sus previsiones: la ausencia de las falanges y los huesos de la cola demuestra que se llevaron consigo la gruesa piel listada.

Donde está el hogar

El gato montés constituye un hallazgo asombroso, que representa no más de una mañana o una tarde de hace más de 50 milenios. Incluso en lugares de alta definición como el Abric Romaní, los niveles son engañosos: ¿cómo es posible separar vestigios superpuestos de actividad dentro de las densas extensiones de utensilios y fragmentos óseos? La respuesta es empezar desde el corazón describiendo una espiral hacia fuera: una molécula de carbono negro, una brasa incandescente, una aureola de ceniza, un entramado de ramas. Un círculo de ojos brillando en la oscuridad. Los hogares son piedras de toque arqueológicas. Se emplazan en el centro, donde se conectan la urdimbre del tiempo y la trama del espacio; como faros que resplandecen en la niebla de milenios y la bruma confusa de los datos, ofrecen puntos de anclaje precisamente porque eran también los núcleos de la vida neandertal.

El fuego es uno de los símbolos más potentes en la historia de la evolución humana. Da luz y calor, pero también protege de los depredadores, guisa la comida y transforma otras sustancias; incluso ensancha la vida social al desterrar la oscuridad. Igual que nuestras casas se han construido alrededor del fuego a lo largo de la historia, los hogares articularon la existencia de los neandertales al centrar el espacio de un modo reconocible al instante. No hace falta imaginarlos sentados cara a cara; los vemos nítidamente en los objetos que rodean las cenizas y el carbón.

Fragmentos de carbón, artilugios quemados y sedimentos calentados se encuentran en cientos de yacimientos, pero averiguar lo que significan resulta complicado. Los hogares son efímeros, con una estructura tan frágil como la ceniza que contienen; pueden quedar cubiertos o borrados por la acción erosiva o distorsionadora de los niveles que los recubren. Los estudios experimentales demuestran que a veces los sedimentos calentados sobreviven allí donde no hay otras evidencias de fuego, y los microniveles de diferentes fases de quema son una prueba especialmente contundente de la acción homínida.

Un yacimiento clave que ha enriquecido nuestro conocimiento de la pirotecnología neandertal es El Salt (Alicante). Este abrigo queda unos 350 km al sur del Abric Romaní y, además de datar más o menos de la misma época, ha acogido una campaña similar que ha durado décadas. Cuando la excavación empezó a mostrar círculos negros que parecían hogares, los investigadores trataron de comprender lo que eran; crear hogares experimentales al lado de los acantilados calizos les permitió reproducir unas condiciones muy similares a las que vivieron los neandertales de El Salt.

Descubrieron que los hogares acostumbran a presentar una estructura de tres niveles: suelos calentados al rojo en la base y después un nivel negro, coronado por las cenizas del combustible quemado. En muchos yacimientos arqueológicos el nivel de ceniza ha desaparecido por procesos naturales, que era el caso de El Salt. Los niveles negros que los arqueólogos habían excavado eran restos carbonizados de lo que quiera que hubiera estado en el suelo por debajo del fuego, que esencialmente, según confirmó el microscopio, se trataba de hierbajos y hojarasca.

Pese a los avances en la identificación de hogares, las habilidades pirotecnológicas neandertales suscitan encendidos debates. Nadie niega hoy que usaran el fuego (como han hecho los homínidos durante más de un millón de años), y sin duda los hogares se hicieron más comunes en el Paleolítico Medio. Desde hace unos 120 ka el fuego formó parte de la vida cotidiana. Pero —y esto quizá sorprenda— la cuestión de si los neandertales se limitaban a llevárselo cuando lo encontraban o podían producirlo todavía se discute.

El problema es que existen algunos yacimientos con restos arqueológicos relativamente ricos, pero en los que la presencia del fuego apenas se detecta. Los casos citados con más frecuencia son Roc de Marsal y Pech de l'Azé IV, en el suroeste de Francia, donde en los niveles Quina llama la atención la ausencia de hogares o incluso la escasez de carbón, que sin embargo se hallan presentes en periodos anteriores. Dado que estos niveles datan del glacial EIM 4, es desconcertante la aparente ausencia de fuego cuando más frío hacía.

¿Es posible que los neandertales supieran usar el fuego una vez que lo tenían, pero hubieran olvidado o nunca supieron cómo hacerlo? Las teorías de que se las arreglaban con vestimentas más gruesas y dietas crudívoras no solo parecen improbables, sino que se contradicen con la presencia de carbón y de algunos utensilios líticos y huesos quemados, si bien mucho menos abundantes que en otros niveles de los mismos yacimientos. ¿Quizá los neandertales solo obtenían fuego de combustiones naturales? Sin embargo, en medios de tundra de altas latitudes como los parajes donde se acumularon niveles sin hogares en Pech de l'Azé y Roc de Marsal, los rayos son muy inhabituales. Si los incendios forestales eran sumamente esporádicos, entonces los neandertales habrían necesitado poseer una habilidad excepcional para conservar las brasas, en cuyo caso hubieran podido, con la misma facilidad, transportar en cadena las llamas de un hogar a otro.

Existe otra explicación para todo esto. Tal vez los neandertales eran capaces de hacer fuego a voluntad, pero la manera y el lugar donde lo utilizaban cambiaban en función de sus formas de vivir. Así, si durante las fases Quina solían hacer hogares fuera de las cuevas, dentro no quedaría más rastro que un poco de carbón y algunos restos quemados: justo lo que se encontró.

Pirotecnología paleolítica

Aunque la capacidad de hacer fuego no fuera general entre los neandertales, la tecnología del alquitrán de abedul la acredita en muchas poblaciones desde hace al menos 300 ka. Menos seguro es determinar cuáles eran exactamente sus habilidades para prender una llama, pero por su curiosidad e inventiva, y por la propia actividad del tallado, al menos algunos neandertales debieron advertir que golpeando el pedernal saltaban chispas. Durante mucho tiempo los arqueólogos no encontraron prácticamente ninguna herramienta específica para «dar lumbre», pero ahora parece que, sencillamente, los neandertales aprovechaban las que tenían a mano. En algunos yacimientos, hasta el 75 por ciento de los bifaces presentan señales de martilleo en el centro de una o ambas caras. El estudio microscópico y los experimentos demuestran que se formaron por el impacto en ángulo de otro pedernal o quizá pirita —ambos producen chispas— y su posterior fricción por el eje longitudinal del bifaz.

También pudieron practicarse técnicas más complejas. Igual que se acelera la barbacoa con productos químicos inflamables, nuevas investigaciones apuntan a que los neandertales tal vez hicieron algo similar. El dióxido de manganeso es un mineral negro que aparece en pequeñas concentraciones en muchos yacimientos, pero en cantidades extraordinarias en otros, por ejemplo, hasta 1 kg en varios niveles de Pech de l'Azé I.

Examinados de cerca, muchos de los cientos de fragmentos en este y otros yacimientos habían sido frotados. Además, los hallazgos esporádicos de bloques de piedra caliza con restos de polvo negro indican que a veces los neandertales trituraban manganeso. Esto podría explicarse porque este mineral posee propiedades pigmentarias de las que nos ocuparemos después. Sin embargo, es también un potente acelerador de la combustión, sobre todo en polvo, lo que permite que la leña prenda más deprisa y arda con más eficiencia. No existe por ahora prueba directa alguna de que los neandertales utilizaran manganeso para este fin, pero es una posibilidad interesante.

Una vez encendidos, a los neandertales les interesaba gestionar cuidadosamente sus fuegos. La mayoría parecen sencillas fogatas de campamento: depósitos planos y circulares de material carbonizado y ceniza, que funcionan bastante bien sin piedras en derredor. Pero a veces se molestaban en construir hogares. En el Abric Romaní y la Roca dels Bous —otro abrigo no lejano— optaron por encender fuegos dentro de huecos naturales, lo que mejora la retención de calor. En algunas ocasiones ahondaban esos huecos primero, y el caso más asombroso es el nivel O del Abric Romaní, donde los neandertales controlaban el flujo del aire y lo dirigían hasta hornos de tierra cavando pequeñas zanjas. Es probable que no sea casual que, en yacimientos bien conservados como este, haya también más evidencia de la colocación de bloques de piedra o guijarros junto a los fuegos, seguramente para evitar corrientes o el calor directo.

Considerando lo que sabemos sobre los materiales elegidos por los neandertales para sus utensilios, no sorprende que también seleccionaran los combustibles que usaban. La leña es con diferencia el más común, e igual que con la caza, recogían la que encontraban cerca. Por ser muy abundante, el pino es la madera que más quemaban, y a veces parece que lo preferían pese a disponer de otras especies. Por ejemplo, en el nivel J del Abric Romaní, entre más de mil fragmentos de carbón identificados, todos menos uno —de abedul— eran de pino.

En El Salt se advierte una mayor diversidad, posiblemente vinculada al medio, más benigno y variado. Además de pino y enebro, hay arce, encina e incluso tejo; pero no deja de sorprender que las especies varían de un hogar a otro. Esto se aprecia con claridad en la unidad 10, donde la mayoría de los hogares se alimentaba con pino, el arce era mucho menos común, y parece que el roble y el boj solo ardieron en un par de fuegos. Concentraciones como esta reflejan probablemente que los neandertales se quedaban durante periodos cortos, pero es difícil saber si la elección de la especie era deliberada.

El tiempo que los neandertales pasaban en un lugar habría afectado a cómo utilizaban el combustible. El Abric del Pastor (Alicante) está en las montañas a más de 800 m, y el pino no abundaba tanto en este clima frío y seco. Casi todos los restos de los hogares son de enebro y terebinto,[3] poco adecuados como combustible. El enebro crece despacio, tiene ramas muy duras y frondosas, y produce poca madera muerta, por lo que es difícil recolectarla. El terebinto es también menos apropiado que el pino, y habría generado un humo mareante. Es probable que los neandertales solo recurrieran a quemar estas especies después de gastar las limitadas reservas locales de pino, lo que indica que al menos a veces se quedaban en el Abric del Pastor algo más de un par de noches.

En lo que los neandertales sí parecen haber sido quisquillosos es en el tipo de madera que quemaban. Donde se han reali-

3. El terebinto es comestible y produce una resina pegajosa.

zado estudios, las características microscópicas y el pequeño tamaño de las ramas y ramitas denotan que el combustible más habitual era la madera caída o muerta, y no la verde recién cortada,[4] porque es más fácil de trozar, quema mejor —sobre todo si es resinosa, como la de pino— y resulta especialmente apropiada para cocinar. Por norma general, los bosques ofrecen madera muerta en abundancia, y caminando solo un kilómetro los neandertales podían encontrar combustible suficiente para alimentar múltiples fuegos pequeños hasta seis meses.

Esto significa que, a menos que se quedaran durante periodos largos, cortar madera tenía poco sentido y bastaría con salir a buscarla a diario: exactamente lo que se ve en cazadores-recolectores que no acopian reservas. Por otra parte, algunas comunidades indígenas de altas latitudes, como los pueblos atabascán y yupik de Alaska y los itelmenos de Kamchatka (Rusia), arrastran árboles enteros muertos o recién caídos cuando los encuentran.[5] En el Abric Romaní, los neandertales llevaron algunas ramas más grandes a los hogares, e incluso puede que haya evidencia de que se amontonara leña delante del abrigo del nivel M. Como veremos en el capítulo siguiente, los niveles N y Oa contienen troncos enteros, pero no queda tan claro si los acarrearon como combustible o con alguna otra finalidad.

Un combustible totalmente inesperado para los hogares neandertales es el carbón. Ya mencionado en el capítulo 8 por las pruebas concluyentes de la caza de conejos, el abrigo de Les Canalettes es singular también porque allí los neandertales quemaban lignito. No se trataba de escasez de madera durante los periodos glaciales, puesto que cuando más abunda el carbón en los hogares es durante las fases en que especies como el olmo, el arce y el avellano medraban en la zona. Cabe otra posibilidad: los neandertales estaban experimentando deliberadamente con combustibles fósiles. El lignito no prende con facili-

4. En el nivel M del Abric Romaní la leña mide de promedio de 1 a 3 cm de ancho y casi nunca supera los 25 cm de largo.

5. Algunas comunidades de Alaska descortezan los árboles y regresan después de varios años cuando el árbol está muerto y seco.

dad, pero una vez arde se quema despacio, con calor vivo y constante; añadiendo 500 g a las brasas de leña se prolonga espectacularmente la vida de un fuego.

¿Cómo pudieron descubrir el carbón? Quizá, sencillamente, fijándose en lo que arrastraba la corriente hasta las orillas de los ríos, donde obtenían gran parte de la piedra que tallaban. Los depósitos de lignito más próximos a Les Canalettes quedan entre unos 10 y 15 km al norte, en la confluencia de dos profundas gargantas fluviales, y es muy probable que los neandertales se tropezaran con nódulos erosionados.[6] Por su origen lignario, el carbón habría combinado propiedades que les resultaban familiares con otras desconocidas, azuzando su curiosidad. Lo más fascinante es que se quemó lignito durante las múltiples ocupaciones de Les Canalettes, lo que representa muchos siglos, cuando no milenios. O bien los neandertales lo descubrieron varias veces, o su uso se inscribía en una larga tradición; en cualquier caso, el aroma a turba habría caracterizado sus estancias en aquel lugar.

Un material diferente y abundante con un efecto similar para avivar fuego es el hueso. Aunque prende con dificultad y se extingue rápidamente, al añadirlo se dobla la vida de un fuego de leña, lo que supone una inmensa ventaja en tundra abierta. Muchos yacimientos y hogares contienen hueso quemado, pero es difícil determinar si los neandertales lo usaron como combustible. A veces, tras un análisis minucioso, se descubre que lo que parece ser un fuego de huesos contiene también mucha madera, de la que solo se conservan restos microscópicos o trazas químicas.

Por otra parte, los neandertales habrían vivido en vigilancia constante de sus fuegos, y puesto que a veces quemaban restos de matanza —volveremos sobre este punto más adelante—, es probable que se percataran de que el hueso alargaba la vida de las llamas.

Hacer fuego requería habilidad, pero los neandertales también tenían que mantener las llamas, sobre todo porque hay más de una clase de fuego. En muchas sociedades de cazadores-re-

6. Estos depósitos se explotaban desde la época medieval.

colectores los usos del fuego abarcan un variado espectro: grandes hogueras al aire libre para protegerse, hoyos para asar, fogatas para cocinar, fuegos para ahumar pieles, braseros para calentarse e incluso fuegos «fumigadores» para repeler insectos. Los yacimientos neandertales presentan una llamativa coincidencia con la variedad de los datos etnográficos. Los fuegos más pequeños tienen solo entre 20 y 30 cm de lado a lado y con frecuencia parecen temporales, posiblemente encendidos durante un solo día o para una única tarea. En algunos lugares como el Abric Romaní consisten en círculos aislados de carbón y cenizas, pero en yacimientos conservados sin alta definición el tiempo ha desdibujado el conjunto, dejando gruesas capas de carbón y cenizas veteadas de pequeños huesos y utensilios líticos quemados.

Pero los neandertales también hacían hogares más grandes y permanentes. En el Abric Romaní se han excavado «zonas de combustión» de 1 m o más de diámetro, y por hallarse rodeadas de útiles líticos y desechos faunísticos fueron claramente el centro de la actividad durante muchos días o incluso semanas.

No es solo cuestión de tamaño. Cuando se examinan fragmentos de hueso, la variedad de su color y estado refleja que se quemaron con intensidades bastante dispares. Algunos hogares solo alcanzaban temperaturas inferiores a 300 °C, mientras que otros ardían a más de 750 °C. Algunos de los ejemplos con temperaturas más bajas se parecen mucho a los fuegos de combustión latente que se estudian en etnografía: pequeños y situados junto a las paredes del fondo, para que el calor rebotado por la piedra conforte el sueño de los neandertales.

En ocasiones incluso se puede ver cómo utilizaban un fuego de distintas maneras. El análisis microscópico demostró que un hogar poco profundo del Abric Romaní había ardido a veces libremente, pero otras había sido cubierto, lo que produjo menores concentraciones de oxígeno.[7]

De forma esporádica aparecen indicios sobre el tipo de tareas asociadas a ciertos hogares. Volviendo a la unidad 10 de El

7. Otra peculiaridad de este hogar eran los granos de sedimentos que no coincidían con la roca de la zona.

Salt, una gran parte de la leña de arce que se quemó estaba podrida. La madera en descomposición —aparte de la madera muerta— es pésima como combustible, a menos que se pretenda hacer mucho humo. En respaldo de la posibilidad de que los neandertales la hubieran escogido a propósito hay más de doscientos fragmentos de semillas de arce, probablemente de ramas jóvenes. Aunque en teoría son comestibles, quemar ramas frondosas habría sin duda incrementado la humareda en el hogar: algo perfecto para curtir pieles.

Hasta ahora solo hemos considerado cómo los neandertales usaban el fuego en yacimientos determinados, pero cabe otra posibilidad. Muchos cazadores-recolectores emplean el fuego como una herramienta de distinta clase en el paisaje, algunas veces para comunicarse, otras a mayor escala. Imitando los incendios espontáneos podían guiar animales e incluso influir en el medio, porque la quema abre la vegetación, forzando un nuevo crecimiento que atrae a los herbívoros.

Podría haber indicios de esta práctica entre los neandertales que habitaron en los bosques durante el Eemiense, que es de hecho cuando cabe esperar este tipo de comportamiento. En los sedimentos de Neumark-Nord, la aparición de utensilios líticos neandertales coincide con un marcado aumento de las partículas de carbón: diez veces los niveles del entorno. El polen muestra más especies heliófilas, como el endrino y el avellano; algo estaba clareando el bosque. Lo difícil es determinar si este aclareo se debió a un incendio espontáneo que dejó un paisaje atractivo para los neandertales, o si fueron ellos quienes provocaron el fuego. Es evidente, sin embargo, que existe una conexión, puesto que este patrón dura de dos a tres milenios y después, cuando sus restos arqueológicos desaparecen, el bosque comienza a cerrarse de nuevo.

Tiempo de quemar

Los hogares tienen más que contar. El deseo de los historiadores de obtener la máxima definición en los conjuntos siempre ha tropezado con el problema de los niveles con muchos hogares; en el nivel O del Abric Romaní, por ejemplo, hay 70. ¿Tenían los neandertales más de un fuego activo a la vez, o reflejan amalgamas de fases distintas? Esto no es una conjetura, ya que una de las principales incertidumbres en nuestro conocimiento de los neandertales es el tamaño de los grupos en que vivían, y múltiples hogares sincrónicos implican la existencia de grupos mayores.

La estratigrafía es fundamental para averiguarlo: si los hogares se superponen verticalmente, es evidente que se usaron en épocas distintas. Por el contrario, si parecen hallarse más o menos al mismo nivel, pero se extienden en horizontal, el problema se complica. La solución es analizar los objetos circundantes para buscar remontajes u otras conexiones entre hogares, especialmente en ambas direcciones. Si se movieron muchas cosas, es una buena prueba de que esos fuegos estuvieron activos al mismo tiempo.

En la última década los investigadores han realizado este meticuloso trabajo en yacimientos enteros, y han conseguido desentrañar palimpsestos que de otra manera habría sido dificilísimo distinguir. La unidad 10 de El Salt ocupa una extensión de 35 m^2 y solo tiene 50 cm de profundidad, pero contiene más de ochenta hogares[8]. Comparando las superposiciones de hogares y los remontajes, se han podido separar ocho fases de unos 1.5 cm de grueso cada una. Combinado con el ritmo de sedimentación, los investigadores han podido reconstruir los ciclos históricos en este nivel con una precisión realmente extraordinaria. Los neandertales estuvieron yendo a El Salt durante unas cuantas generaciones, como mucho, abandonando el lugar por completo durante varios siglos, antes de regresar de nuevo. Sobrevolando digitalmente el yacimiento, los hogares aparecen y desaparecen a un lento ritmo cardiaco, latiendo con las idas y venidas de los neandertales a lo largo de un periodo de más de 1000 años.

8. Como se ha excavado menos del 15 por ciento de la zona, esto es probablemente un número mínimo de hogares.

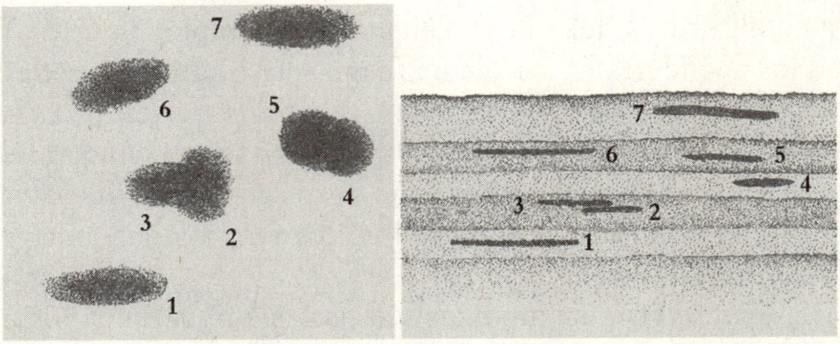

La vista estratigráfica muestra que hogares aparentemente superpuestos son de fases separadas.

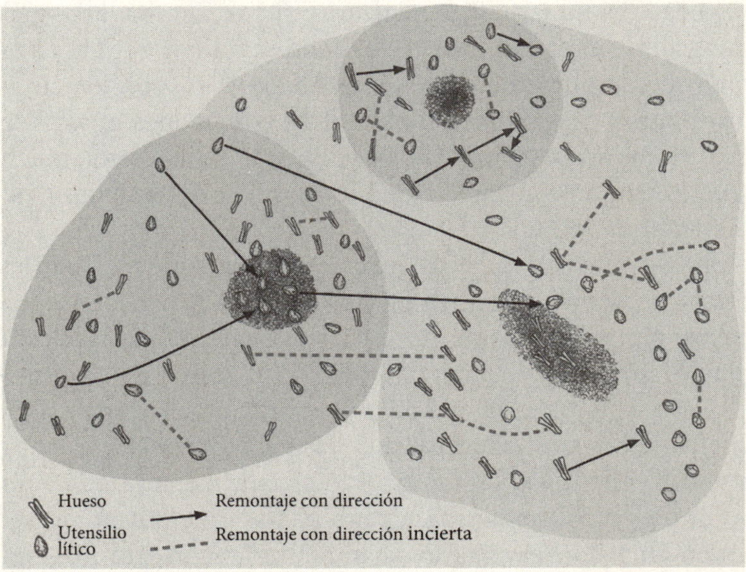

El remontaje de los objetos (útiles líticos, huesos) puede indicar qué hogares son contemporáneos en el uso.

Figura 7. Uso de las relaciones espaciales para determinar las cronologías del yacimiento.

Y allí donde los hogares están muy espaciados, lo que dificulta identificar su secuencia, el remontaje de los útiles a nódulos de piedra individuales —conocidos como unidades de materia prima o UMP— permite determinar de forma separada las fases de tallado. Ubicándolas espacialmente los investigadores pudieron ver que las UMP se agrupan en torno a hogares específicos y no parecen conectarlos entre sí. En realidad, cada hogar parece corresponder a una ocupación diferente.

La disección llegó incluso más lejos. La suma de todas las UMP y otros artefactos aislados (herramientas fabricadas en otros lugares y dejadas en el yacimiento, o lascas pequeñas que demuestran que un utensilio había sido importado, reavivado y después removido) arrojó un máximo número posible de «eventos» que ocurrieron en cada hogar. Por precaución, los investigadores contaron cada secuencia de talla y cada herramienta como eventos separados, pero eso es sin duda una sobreestimación. En realidad, es probable que un neandertal se sentase a tallar más de un bloque de piedra —creando así varias UMP— y quizá dejara atrás también una o dos herramientas embotadas. Además, no viajarían solos. En conjunto, esto significa que, incluso si el promedio de eventos por hogar pasara de 100, posiblemente eso solo correspondería a unos pocos días de actividad de muy pocos neandertales.

Algunos hogares de la unidad 10 de El Salt registraban un número bajísimo de eventos, tal vez los restos de una sola visita. Por ejemplo, junto con solo 33 huesos de animales, un fuego se asoció únicamente con 43 utensilios, que comprenden 8 juegos de talla UMP, 2 herramientas importadas y 11 lascas que debieron extraerse de núcleos transportados después a otro lugar. Pero la definición más alta conseguida en cualquier yacimiento neandertal procede de otro abrigo a menos de 5 km al sur. Desde el 2005, las excavaciones en el Abric del Pastor han sacado a la luz los 60 m^2 de superficie total del yacimiento, así que podemos estar seguros de que ningún hogar quedó excluido. En el nivel IV, con solo 70 cm de grosor, al menos cuatro subniveles contienen más de una fase de ocupación. Algunas fases presentan conjuntos minúsculos en torno a un solo fuego: la Ivc-1 tiene incluso más fragmentos de huesos animales (95) que utensilios líticos (22), lo que forma solo 6 UMP. Esta fase en concreto parece exactamente la huella efímera de unos cuantos neandertales que se quedaron una noche, tallaron un poco, comieron y siguieron camino.

Es improbable que lleguemos a superar alguna vez este nivel de definición en el tiempo. Pero más allá de la fascinante capacidad de «ver» una sola noche de hace más de 90 000 años, el análisis completo del Abric del Pastor proporciona una respuesta a la interrogante de si múltiples hogares significan una o más visitas. Cuando se estudiaron en detalle utilizando UMP y mapeado en 3D, cada nivel del Abric del Pastor con múltiples fuegos resultó constar de fases individuales, cada una con un hogar; esto significa que solo fue visitado por grupos muy pequeños.

Pero hay una excepción. El nivel más bajo sobre el que se ha informado hasta ahora en el yacimiento, el IVd-1, contiene cuatro fases con sendos hogares. Una tiene muchos más artefactos, UMP y secuencias de remontaje que las otras, lo que en teoría podría deberse a una ocupación más larga de lo normal. Sin embargo, los numerosos utensilios líticos no se corresponden con más huesos animales o más despiece; esto hace especialmente probable que hubiera más neandertales sentados junto al fuego, aunque solo fuera por una noche.

Diseño doméstico

Los hogares son anclajes cronológicos y espaciales para comprender cómo los neandertales usaban sus yacimientos; eran los núcleos en torno a los cuales transcurría la vida, con los artefactos girando alrededor de las tareas cotidianas como halos de electrones. En términos evolutivos, los hogares representan un importante umbral que revela la aparición de modelos sistemáticos en la gestión del espacio.

Sin duda, parte de esta gestión se basaba en consideraciones prácticas: los espacios pequeños o incómodos limitaban las opciones, mientras que el humo de leña en los cálculos de El Sidrón recuerda que respirar gases era un riesgo habitual. Incluso sin conocimientos sobre enfermedades respiratorias, cualquiera a quien le hayan llorado los ojos por una fogata de campamento sabe que es aconsejable evitar el humo. Los modelos de circulación del aire en otros lugares dan indicios de la utilización del espacio habitacional. Este tipo de análisis en el nivel N del Abric Romaní apunta a que algunos hogares habrían ahumado la zona trasera donde dormían los neandertales, así que solo se usarían durante el día.

Pero aparte de esto, ¿tenían los neandertales «chimeneas» tal como ahora las entendemos y volvían a construir los hogares en el mismo sitio por tradición cultural? Es muy difícil afirmarlo con rotundidad. En la cueva de Mandrin, algunos de los «archivos» de hollín depositados en las paredes procedían de una serie de hogares construidos exactamente en el mismo sitio: a la entrada y en el centro del refugio. Pero la elección de este lugar podría deberse también a la ventilación. En otros lugares, como el Abric Romaní, los neandertales rastrillaban los hogares entre uso y uso, aunque por lo visto en el transcurso de un solo periodo de ocupación. De la misma manera, la variación en las intensidades de la quema en las piedras del hogar —constatada por las diferencias de color— podría haberse producido durante una sola visita si el fuego se usaba para distintos fines.

Una prueba más concluyente de verdaderos hogares en múltiples fases se obtiene de los delgados niveles intermedios, indicativos de pausas en el uso lo bastante largas para que sedimentos naturales cubrieran las cenizas viejas. Esto sugiere que es muy posible que los neandertales regresaran al Abric Romaní después de pasar un tiempo lejos —puede que más de una estación— y optaran por prender nuevas llamas en un hogar conocido. Volviendo al Abric del Pastor, el hiato temporal pudo ser incluso más largo. Uno de los tres hogares del nivel IVb cubre directamente guijarros puestos al rojo en una fase previa, quizá de décadas antes. Hubieran visitado o no el lugar los neandertales o sus antepasados con anterioridad, las piedras eran visibles y habría quedado claro que este era un lugar de cenizas y carbón antiguos.

La imagen de los neandertales sentados en torno a hogares, tal vez con generaciones de antigüedad, evoca con fuerza una consolidación de las costumbres. En yacimientos excepcionalmente conservados existen además trazas frágiles que muestran cómo dividían el espacio, lo que implica nociones previas de zonas «correctas» para actividades concretas, tanto a nivel individual como de grupo.[9] Fue probablemente en yacimientos

9. Los individuos toman decisiones, pero para que surjan modelos espaciales a gran escala se requiere mucha gente.

grandes, que en teoría podían acomodar a grupos mayores en ocupaciones más largas, donde se produjo la división del espacio; sin embargo, explorar esta hipótesis plantea la dificultad de demostrar que zonas diferentes de un yacimiento fueron usadas al mismo tiempo.

Uno de los mejores candidatos es el Abric Romaní, pero incluso con el método UMP, aunque pueden definirse fases más cortas, no pueden separarse con fiabilidad los hogares que corresponden a cada fase. Además, las conexiones de remontaje entre fuegos y zonas de actividad diferentes son todas unidireccionales y suelen concentrarse en la parte superior de los niveles; esto significa que puede que fueran objetos trasladados por neandertales posteriores que reciclaban útiles viejos, y basándose solo en lítica no se puede asegurar que los 60 hogares del nivel J, por ejemplo, no provengan de otras tantas estancias. Sin embargo, no tiene mucho sentido reciclar fragmentos y resecos de huesos animales, y estos presentan en sus movimientos una diferencia característica en comparación con otros utensilios. Mientras que los útiles líticos solían trasladarse a los hogares situados cerca de la pared del fondo, casi todos los fragmentos faunísticos se colocan de forma lateral o hacia el exterior, más allá de la línea del techo, como demuestra el remontaje. Está claro que los neandertales utilizaban zonas diferentes para tareas específicas en función del material.

El más antiguo nivel, el Ob, se ha sometido a un remontaje integral y —traducido del frío lenguaje científico— los resultados son como un plano que permite imaginarse el amanecer en una morada neandertal hace 55 000 años, después de que sus ocupantes se hubieran marchado. Apóyate en la pared del fondo y baja la vista: tus pies se hallan rodeados de dientes, mandíbulas e incluso cráneos triturados. Allí siguen los percutores de piedra y los yunques que procesaron ciervos, caballos y uros. Al frente, ascienden las volutas de humo de una gran fogata, alimentada por restos de matanza requemados y reutilizados muchas veces.

Conforme el sol asciende por tu derecha, va revelando un cúmulo más o menos circular de miles de utensilios líticos y fragmentos óseos: detritos astillados de las etapas finales de la carnicería, y más percutores. El olor a grasa indica que aquí también se cocinaba. El suelo está compactado: por aquí han caminado muchos pies, piernas cansadas se doblaron para sentarse, y allí donde los niños escarbaban la tierra con palos, hay pequeños trozos de hueso incrustados en los depósitos subyacentes. Mira ahora a los márgenes del abrigo: en comparación, el suelo está despejado, pero en el lado oeste se encuentra el esqueleto todavía ensangrentado de un gato, arrancado entre bufidos de su árbol bajo la luna de anoche.

Es extraordinario ver con tanto detalle cómo los neandertales dividieron este espacio, pero esto no es más que el principio. El remontaje del nivel Ob descubrió también conexiones complejas entre diferentes zonas. Los remontajes de huesos frescos y tallado de utensilios líticos se trasladaron del fondo del abrigo a zonas adyacentes, y alguien llevó un diente de uro al otro lado del yacimiento. Incluso siendo conservadores, la acumulación de diferente tipología sugiere que aquí hubo al menos dos zonas activas al mismo tiempo.

El rastreo por especies animales resulta especialmente revelador. Los restos de uros y caballos parecen limitarse a los espacios interiores, aunque en zonas algo diferentes, y su microdesgaste dental indica que no los cazaban en la misma época del año. Parece que a los uros los abatían durante semanas o meses de una misma estación, pero por el contrario a los caballos los mataron en un periodo muy corto, quizá una o dos semanas. Puesto que indudablemente los neandertales se quedaron durante al menos dos fases en el nivel Ob, no queda claro cómo convergieron estos dos patrones de caza, si es que lo hicieron. Pero si los cazadores llevaban los caballos uno inmediatamente detrás de otro —quizá todos a la vez—, esto explicaría por qué sus huesos no están entremezclados en la misma proporción con los de los uros.

Es muy probable que capturar uros y caballos requiriera estrategias cinegéticas distintas. Los uros vivían en grupos más pequeños y no migraban, mientras que los caballos podrían haber aparecido estacionalmente en grandes manadas. ¿Pudo un mismo grupo neandertal cazar todos estos animales, con paradas en el Abric Romaní en momentos diferentes de las estaciones? Un indicio de que así pudo ocurrir procede del uso continuado de una esquina para machacar cabezas y del hogar para quemar huesos situado al fondo de la cueva. Aun cuando se acumularon restos con el paso del tiempo, el hecho de que todas las especies fueran procesadas aquí es llamativo; además, las partes despedazadas de las cabezas de los caballos no están exactamente en el mismo sitio que los cráneos de los uros, que aparecieron junto con partes de cabezas de ciervos. Da la impresión de que había lugares fijos en el refugio donde se realizaban fases específicas del despiece, y de que, quizá, incluso estaba previsto quién las llevaría a cabo.

Pero los animales que más abundaban en el Abric Romaní no eran caballos ni uros, sino ciervos, y nos cuentan otra historia. Sus restos se encuentran por doquier —a veces incluso en zonas sin otros huesos—, y fueron cazados en todas las estaciones. A pesar de que los neandertales habían pulverizado casi todos los restos faunísticos buscando tuétano, los investigadores pudieron distinguir algunas partes que pertenecían a un solo animal; se dieron cuenta de que dentro de una dispersión de huesos en el lado este del refugio había partes de un único ciervo. Pero, a diferencia del gato montés, el ciervo presentaba una extraña asimetría: salvo algunos fragmentos de la cornamenta y el cráneo, solo había huesos de la mitad derecha del cuerpo.

¿Qué pasaba? En general, los animales del Abric Romaní reflejan el típico modelo neandertal de llevar al refugio solo las partes más suculentas, principalmente extremidades y algunas cabezas. El medio ciervo es por tanto muy inusual porque también aparecieron, y muy próximas, otras partes del cuerpo. Una posible explicación es que los cazadores abatieran una pieza por casualidad cerca del refugio y dividieran la carcasa de inmediato, dejando atrás una mitad o llevándola a otro lugar. También pudo ocurrir que la carcasa fuera trasladada entera, despiezada y posiblemente cocinada en la zona exterior, antes de que el lado izquierdo que faltaba se llevara a las «fábricas» de fragmentación de huesos de los hogares interiores, donde quedó invisible para los arqueólogos. ¿Por qué dejaron atrás la mitad derecha del ciervo? Puede ser que, igual que con el gato montés, esta fuera una última cacería antes de abandonar el yacimiento y no necesitaran la carne.

Sea cual fuere la historia, el ciervo es una prueba excepcional de que los neandertales que aquí vivían habían sistematizado el despiece, de manera que realizaban las sucesivas etapas en lugares diferentes, no solo del paisaje, sino también del interior de los yacimientos. Esta práctica compleja implica también reparto de tareas y de comida. Y sorprendentemente, hay indicios de que también se dividían las carcasas de los uros. Los investigadores identificaron dentro de la zona interior más rica muchos huesos procedentes de las mitades derechas de cuatro uros. Por el contrario, en otra zona cada fragmento de los uros que pudo identificarse lateralmente procedía de la mitad izquierda. Es probable que ciervos y uros fueran sacrificados de uno en uno,[10] así que el reparto entre el grupo —quizá entre subunidades emparentadas, como familias— tendría sentido.

Sin embargo, los cuerpos de los caballos no siguen el mismo patrón: se hallan muy dispersos por toda la zona trasera. Si se cazaban manadas casi de forma simultánea en función de las estaciones (aunque no necesariamente todas en el mismo año), entonces la predecible superabundancia significaría que había más que repartir, y que las familias procesaban carcasas enteras.

Esto son especulaciones, por supuesto, pero dibujan un panorama plausible basándonos en el comportamiento general de los neandertales. Y aunque el patrón no es idéntico, otros lugares confirman que la segmentación del espacio para procesar carcasas ni es exclusiva del Abric Romaní ni se aplicaba solo a los grandes mamíferos. El mapeado meticuloso de los restos de aves en la cueva de Fumane reveló que los neandertales despiezaban urogallos y chovas con herramientas y a mano, probablemente para cocinarlas, y después arrojaban buena parte del cuerpo a un vertedero central. Pero no pasaba lo mismo con las alas. Algunas las arrancaban enteras, otras las pelaban y troceaban, tal vez por los tendones y las plumas; pero todos los desechos de las alas se separaban de los restantes despojos aviares

10. Los uros se asocian a zonas boscosas y se cree que vivían en grupos familiares más que en grandes manadas.

y se colocaban junto a la pared oriental. Esta evidente división de tareas en el espacio de la cueva sugiere que distintos individuos se ocupaban a la vez de cada fase del despiece, generando cada uno su pila de basura. Además, esta práctica debió de repetirse muchas veces en el lapso temporal de ese nivel.

Del microscopio al basurero

Reconstruir los pequeños detalles de la vida neandertal trasladando cosas de acá para allá y organizando el espacio —habitarlo, en esencia— entraña una dificultad extraordinaria. Pero con las técnicas arqueológicas avanzadas se puede profundizar más en los yacimientos de alta resolución y explorar cómo los hábitos de los neandertales quedaban inscritos en el propio suelo. Con el tiempo, los individuos que van de un lado a otro desempeñando tareas cotidianas comprimen los sedimentos del suelo, compactándolos en microniveles de unos pocos milímetros de grueso. Para su análisis, conocido como micromorfología, se usan muestras consolidadas por la resina que se cortan finísimamente y se colocan bajo la lente como vidrios geológicos. Las minúsculas estructuras interiores permiten diseccionar el contenido de los hogares y suelos neandertales, basándose en su comparación con yacimientos prehistóricos posteriores y proyectos experimentales.

Combinando esta técnica con datos espaciales sobre hogares y zonas de actividad, los investigadores pudieron demostrar que todo el Abric Romaní registraba tanta diversidad en los suelos como la que se aprecia en las casas neolíticas. Las capas apisonadas eran habituales, pero no por toda la superficie del yacimiento. Las muestras micromorfológicas de las zonas más ricas en utensilios indicaban un uso más intensivo, pero también se daba el caso contrario. Esto quiere decir que los neandertales usaron el espacio del mismo modo durante periodos largos de tiempo. Incluso se pudo ver cómo la arquitectura natural —por ejemplo, las estalagmitas grandes— y los elementos construidos, como los alineamientos de rocas calizas, parecían definir los límites entre zonas «más limpias» y más desordenadas.

La micromorfología ha probado también que, lejos de ser descuidados, los neandertales se deshacían con regularidad de la basura. En el Abric Romaní, algunas muestras de hogares presentaban una *mélange* de huesos y fragmentos líticos quemados a diferentes temperaturas; muy probablemente fueron extraídos de los fuegos y de alrededor y arrojados a cierta distancia. Otras muestras de desechos eran bastante distintivas: acumulaciones de huesos triturados en su mayoría sin quemar y grasas animales, así como fragmentos de coprolitos (excrementos fosilizados) de especies indeterminadas. Estos residuos se correspondían con los depósitos que rodeaban hogares específicos, y reflejarían que los neandertales limpiaban los restos de despieces y —lo más interesante— que esa limpieza era sistemática: algunos vertederos constaban de múltiples niveles, lo que quiere decir que se usaron repetidamente.

No solo los neandertales del Abric Romaní estaban orgullosos de su refugio. Lakonis es una cueva derrumbada en el sur de Grecia, con una datación de entre 80 y 40 ka, cuyos restos consolidados con cemento miran al refulgente Mediterráneo y podrían aspirar al título de la excavación más pintoresca. La micromorfología documentó aquí también zonas de vertido, y en este caso da la impresión de que los neandertales quemaban deliberadamente los restos de carnicería y las sobras de la comida. Por otra parte, los depósitos de ceniza externos de El Salt fueron identificados porque contenían madera de boj, que solo se había quemado en un par de hogares.

La prueba más concluyente de que los neandertales atendían las labores domésticas procede de Kebara. Junto con una profunda secuencia de hogares apilados, la cueva es famosa por sus enormes basureros (acumulaciones de desperdicios). Contra la pared del fondo había una pila de ceniza tan grande y gruesa que tuvo que haberse formado durante un largo periodo de tiempo. El estudio microscópico del suelo en torno a los hogares descubrió acumulaciones de pequeñas astillas de hueso, que confirman los despieces; pero el grueso de los desperdicios se había arrojado a un gran vertedero junto a la pila de ceniza.

Otro caso verdaderamente único ocurrió en la zona central de Kebara, donde se excavaron tres acumulaciones circulares de restos animales. La más grande y rica, con un diámetro aproximado de 1 m, contenía más de tres mil huesos y miles de fragmentos más pequeños, todos incrustados en una masa amarillenta de minúsculas astillas de hueso. Los extraños sedimentos marrones que rodeaban los círculos de huesos parecían manchados por algún tipo de materia orgánica.

¿Cuál es su origen? Parece que a lo largo de los siglos los neandertales estuvieron colocando los desechos de carnicería y cocina exactamente en los mismos sitios, pero los componentes de estos elementos circulares eran más pequeños que los que fueron a parar al vertedero de atrás, y procedían de las zonas más carnosas del esqueleto.

Estos raros elementos circulares alcanzaban una profundidad de al menos 0.5 m,[11] pero con los métodos de excavación de la época no fue posible determinar si eran fosos o algún tipo de estructuras que los neandertales construyeron a lo largo del tiempo. Las manchas marrones también entrañaban un misterio, aunque podrían ser vísceras corrompidas.

Una última pregunta: ¿qué hacían los neandertales con los desechos de sus propios cuerpos? Ya se ha mencionado el excremento homínido en un hogar de El Salt, y aquí los investigadores llevaron la excavación hasta una escala liliputiense. Utilizando una manguera de aspiración para filtrar los sedimentos hasta 1 mm, se obtuvo la microestratigrafía del hogar. Por debajo del fuego, las superficies de antiguas ocupaciones mostraron una estructura trifásica, con concentraciones más abundantes de pequeños utensilios líticos y biomarcadores de coprolitos en lo alto y en el fondo.

Parece como si los neandertales hubieran hecho primero un fuego al llegar, limpiado después el suelo y quemado los residuos, que incluían heces antiguas mezcladas con excrementos animales y material vegetal. Esto es lo más parecido a una «limpieza a fondo» al mudarse de casa, pero el Abric Romaní prueba también que los residuos corporales se incineraban junto con hierba y quizá musgo, muy probablemente materiales de camas viejas.

11. La excavación no llegó al fondo, así que no se sabe qué profundidad tenían.

MOBILIARIO

La palabra «cama» no implica cuatro postes y un dosel, pero a nadie le gusta dormir sobre la dura roca. Hoy se está confirmando que, además de ser meticulosos sobre dónde hacían las cosas, a los neandertales les preocupaba también amueblar los espacios que habitaban. En el yacimiento de El Esquilleu (Cantabria), los sedimentos junto al hogar incluían muchos fitolitos completos: minerales microscópicos presentes en los vegetales —sobre todo en hierbas—, que están compuestos de sílice y son resistentes por tanto a la descomposición; algunos estaban todavía entrelazados y quizá fueran restos de alguna especie de cojín formado con hojas. Algo similar se descubrió alrededor y también dentro de los fuegos de El Salt, lo que refuerza las pruebas del Abric Romaní.

Los neandertales también querían calor y confort cuando dormían bajo las estrellas. Hace unos 20 años, unas obras al norte de Poitiers (Francia) descubrieron un campamento milagrosamente bien conservado en el yacimiento de La Folie. Datado hace entre 84 y 72 ka, los neandertales se quedaron junto a un río, que poco después se desbordó y dejó atrás varios metros de finos légamos que conservaron lo que había debajo. El estrato arqueológico tenía solo 10 cm de grosor, pero su extensión superaba los 10 m y contenía detalles increíbles. Aparte de hogares y dispersiones de utensilios líticos, las manchas oscuras más o menos de un palmo de espesor resultaron ser materia vegetal descompuesta. Considerando su grosor y emplazamiento en una zona sin utillaje, la interpretación más sencilla es que era un lugar para dormir.

La Folie contenía algo aún más asombroso. En derredor de todos estos elementos arqueológicos había una serie más o menos circular de pequeños fosos inclinados, cada uno orlado de bloques de piedra caliza. Con trazas de material orgánico y paredes compactadas, fueron el primer caso claro de construcción neandertal. Juntando todas las evidencias, parece que se habían hincado en el suelo grandes postes de madera que se aseguraron después con bloques de piedra. Incluso puede verse cómo las piedras cayeron al interior cuando los postes se retiraron (o se pudrieron).

Esto era sin duda un espacio habitacional construido, que proporcionaba a la vez cobijo —posiblemente con pieles atadas a los postes— y un «segundo hogar». La zona es tan grande que parece improbable que estuviera techada, pero debió de haber una entrada principal, marcada por un vano en el círculo, con un hogar adyacente. El remontaje demuestra, y esto es lo más curioso, que se movieron artefactos entre diferentes zonas dentro de la estructura: incluso durante una estancia relativamente corta los neandertales dividían el espacio. La talla se llevaba a cabo en el exterior y en los límites interiores, mientras que parece que la zona central se destinaba a procesar madera, materia vegetal y pieles. E igual que en una cueva, la cama se situaba enfrente mismo de la entrada, apoyada en cualquier barrera que se usara: el punto más apartado del peligro.

El descubrimiento de La Folie no fue la primera constatación de estructuras construidas por neandertales, pero sin técnicas modernas de excavación y análisis persistió el escepticismo sobre hallazgos como las acumulaciones de huesos de mamut en La Cotte de St Brelade. Otros descubrimientos recientes, sin embargo, tienden a apoyar la existencia de «muebles» neandertales, por así llamarlos. Unos 70 km al sur de París hay un campo llamado Les Bossats, cerca del pueblo de Ormesson. En la década de 1930, un arado sacó a la luz utensilios del Paleolítico Superior fabricados por *H. sapiens*, aunque no se informó hasta 70 años después, cuando empezaron las excavaciones. Por debajo de ese nivel, los arqueólogos descubrieron que los neandertales también habían pasado por allí, hace entre 53 y 41.4 ka. Por una fina cobertura de sedimentos se dedujo que los desechos de talla se hallaron casi donde habían caído, y en la zona más rica aparecieron cuatro bloques de arenisca de tamaño considerable; debieron ser transportados desde depósitos cercanos y probablemente eran superficies útiles: en otras palabras, mesas o sillas de acampada.

La colocación de bloques de piedra u objetos grandes es bien conocida en otros lugares. En el Abric Romaní, los hogares se hallan rodeados de bloques de piedra caliza, algunos de los cuales funcionaban como yunques para procesar huesos. Un bloque del nivel Ob se emplaza en la esquina trasera de machacamiento de cráneos y habría sobresalido entre los depósitos circundantes, lo que podría explicar por qué esta zona se reutilizó muchas veces.

En otros niveles el travertino del Abric Romaní conservó también vaciados de enormes trozos de madera. Una explicación es que fueran reservas de combustible, pero a juzgar por las ramas pequeñas de los hogares, podría tratarse de restos de estructuras. En el nivel N se halló el tronco entero de un árbol, y en el nivel Oa un poste largo y grueso cuidadosamente desramado y descortezado. Ambos objetos están colocados con un extremo hacia la pared del fondo, lo que lleva a pensar que fueran elementos sustentantes de un refugio; y al costado de un hogar se descubrió incluso un agujero con forma de rectángulo regular donde pudo haberse hincado un poste.

Aparte de la cama, la micromorfología indica también que los neandertales no siempre se acuclillaban sobre fríos suelos de piedra. Los microniveles de 0.5 a 2 mm de grosor en el Abric Romaní coinciden exactamente con los suelos cubiertos de esteras de casas prehistóricas posteriores. Además, el estado del sedimento apunta a un material no poroso, como estera, y en algunas muestras aparecen incluso restos minúsculos de piel posiblemente quemada.

Las muestras de esteras proceden de zonas adyacentes a los hogares, que incluían espacios para cocinar, a juzgar por la presencia de grasas quemadas y astillas de hueso. Algunas estaban sobre áreas de despiece e incluso sedimentos de residuos.

Las repetidas sucesiones de suelos cubiertos y sedimentos perturbados —lleno de restos de plantas, carbón y huesos con diferentes grados de quema— denotan que el suelo fue limpiado en fases intermedias cuando se usaban las esteras, quizá al principio de las ocupaciones. Y una vez más queda constancia de hábitos prolongados, puesto que algunas de estas mismas zonas tenían suelos cubiertos en los niveles Ja y Jb, que representan al menos muchas décadas. Aunque en cada estancia se recogían plantas nuevas para los lechos, las esteras de pieles tuvieron que transportarse y revelan que los neandertales llevaban enseres de un sitio a otro.

Las afirmaciones de que el uso del espacio por los neandertales era inconsciente o aleatorio —como el de las hienas— se han quedado hoy claramente obsoletas. Por el contrario, se contaron entre los primeros homínidos que crearon divisiones del espacio complejas y deliberadas, con una distribución que nos resulta muy familiar. Los hogares son los núcleos sobre los que gravitan neandertales y arqueólogos; prenden nuestra imaginación colectiva, conjurando e iluminando los tenebrosos espectros que la rodean. Los fuegos son elementos que viajan en el tiempo: encendidos, duraron días o incluso semanas; fríos y enterrados, son monumentos en memoria de los cuerpos desaparecidos que se movían a su alrededor. El orden de su uso indica cuándo brillaron las paredes o quedaron en sombras, y a veces salen a la luz viajeros del tiempo: ramas que aún ardían cuando el yacimiento fue abandonado, con un extremo sin quemar asomando como si los moradores hubieran acabado de salir.

Los hogares han sido durante mucho tiempo como una sola palabra compartida entre diferentes lenguas: fácil de reconocer y entender, aunque inmersa en el ruido confuso de miles de objetos. Pero hoy resulta posible también descifrar el registro material de las moradas neandertales; podemos distinguir largas tradiciones de áreas para actividades específicas, instalaciones fijas e incluso textiles. Todo esto nos devuelve la pregunta de quién estuvo en un lugar determinado y cuánto tiempo. Si los neandertales organizaron su mundo material mediante fragmentación y acumulación, desde secuencias de talla hasta los contenidos de yacimientos enteros, entonces es plausible que sus grupos sociales también se estuvieran dividiendo y juntando. Pero esta cuestión se entrelaza con los patrones subyacentes de subsistencia, tecnología y movilidad. Para entender de forma cabal el sistema del mundo neandertal, debemos contemplarlo ahora a escala paisajística.

CAPÍTULO 10

TIERRA ADENTRO

El murmullo lo despierta. El sol se ocultó, dejando solo jirones de nubes oscuras como pedernal. Ahora todo es crepúsculo, y el resplandor del fuego se extingue rápidamente en la estepa. Parpadeando, y estirándose en el regazo de su abuela, se incorpora. Su cara y las de los otros miran al horizonte de poniente, iluminado por un cielo de cuarzo todavía luminoso sobre el abrigo. Este año, los ciervos no han pasado por los barrizales junto al río. Así que esperaron muchos días, hasta que algunos cazadores partieron a buscarlos corriente arriba. Los estómagos, convertidos en agujeros vacíos, hace mucho que dejaron de quejarse.

Entonces lo oye.

«¡Uuuuuh!»

Regresan los cazadores, cantando a la carne y a la grasa. Recordando su sabor, y el chasquido del terciopelo de las astas al quemarse, la saliva brota en su boca casi con dolor. Al levantarse se halla rodeado de piernas que se mueven, impulsado por una oleada de esperanza mientras la gente se prepara. La abuela lo llama, los niños de más edad se adentran valientemente en la oscuridad para recibir a los cazadores. Él permanece junto a la luz del hogar —las bestias con colmillos siempre acuden tras las matanzas—, pero sus pies bailan cuando llegan los ciervos despedazados sobre muchos hombros, con el halo de los alientos en el aire gélido. No importa el frío, esta noche todos dormirán calentados por la sangre.

Pese a todos los detalles espectaculares y precisos que conocemos sobre yacimientos concretos, los neandertales eran fundamentalmente nómadas. Su mundo era la tierra, y la vida consistía en moverse por ella. Como todo lo que hicieron, esto no ocurrió por azar. Los yacimientos no eran simples destinos, sino intersecciones, nodos de redes que se extendían por cientos de kilómetros. El lodo con manchas de sangre y jirones de piel de un campamento de matanza —un yacimiento efímero— estaban asociados a cuevas o abrigos por los animales que se llevaban hasta allí para proseguir su despiece. Todos los lugares adonde iban los neandertales estaban conectados por sus movimientos físicos y por lo que transportaban. Cada nuevo fuego que se encendía era una perla brillante ensartada en un collar que atravesaba riscos y bosques sin solución de continuidad.

Para empezar a entender cómo la interconexión estaba en el corazón de todo, debemos elevarnos como el humo que asciende de los hogares. Puntos centrales de sus espacios domésticos, estaban sin embargo ligados al mundo exterior por sus materiales. Comparando los combustibles con ecosistemas reconstruidos, se puede averiguar dónde se obtenía la leña a escala de un paisaje local. Para los fuegos de El Salt que ardieron hace unos 55 ka, todos los árboles procedían de parajes situados de dos a tres horas caminando. De esta manera, diminutas partículas de carbón nos transportan al exterior, hasta los neandertales atravesando matorrales de pino y trepando por riscos que no se ven desde sus moradas. Cartografiar la maraña de relaciones que se establecen más allá, entre otras cosas y lugares, es extraordinariamente complicado, pero al hacerlo sus vidas se nos abren en un panorama iluminador.

Cómo nos movemos

La mayoría de los descendientes de los neandertales ha olvidado lo que significa moverse de verdad, trasladarse de un lugar a otro al ritmo de las estaciones, y máxime a pie. El agua y la piedra eran hasta cierto grado recursos fiables y permanentes, pero las plantas y los animales eran más variables, y la supervivencia dependía de que estuvieran disponibles. Entre cazadores-recolectores recientes, es raro establecerse en un lugar durante mucho tiempo —o solo moverse por zonas pequeñas— porque, fuera de los trópicos, la mayoría de los ecosistemas no son lo bastante ricos. En latitudes más altas, una baja movilidad solo resulta posible en circunstancias determinadas, disponiendo de alimentos de calidad que abunden todo el año o puedan almacenarse.[1]

El registro arqueológico demuestra que, dondequiera que vivieran, los neandertales se dedicaban a cazar bestias grandes, aunque también se abastecían de animales pequeños, moluscos y plantas cuando era posible. Esto significa que tanto si acechaban a sus presas en la fría tundra esteparia o en bosques templados, se veían obligados a moverse varias veces al año; pero la diversidad de los ecosistemas permite suponer que la frecuencia de los desplazamientos y las distancias cubiertas variaban. Basándonos en lo que vemos en cazadores-recolectores recientes, los medios naturales abiertos y más fríos imponen una alta movilidad y obligan, por sistema, a recorrer grandes distancias. Y aunque por lo general los bosques caducifolios no exigen desplazamientos largos, no es fácil quedarse mucho tiempo en un mismo lugar, porque encontrar animales grandes resulta más complicado, y los recursos restantes se agotan con rapidez.

1. Las carreras de los salmones de la costa noroccidental del Pacífico son un caso muy conocido, que permite a numerosas culturas indígenas, sobre todo a los salish costeros, vivir de modo semipermanente en refugios y pueblos.

Pero no se trata solo de comida. La movilidad es un vals inacabable que bailan la subsistencia y la tecnología. Encontrar piedra primero, y el modo de tallarla después, imponían exigencias que condicionaban los desplazamientos. Sin embargo, cartografiar estos movimientos es terriblemente complicado, e incluso con la resolución que se consigue hoy en la datación es casi imposible estar seguros de si dos yacimientos cualesquiera dentro de una región determinada fueron usados a la vez por un grupo neandertal. No hay un equivalente a los métodos de escala microscópica para determinar si los hogares dentro de un nivel eran contemporáneos. Los arqueólogos deben cambiar de perspectiva y considerar otras cuestiones, basándose en cómo las pautas repetidas por individuos y grupos cristalizaron en patrones compartidos en muchos yacimientos.

Pero antes de profundizar en los detalles, es indispensable entender la importancia de medir la movilidad de los neandertales. Igual que la tecnología, arroja luz sobre el funcionamiento de sus mentes y ha alimentado debates sobre su capacidad cognitiva y refinamiento. Si los neandertales planificaban sus actividades con antelación y programaban de algún modo sus desplazamientos, esto implica que podían imaginarse el futuro y tenían suficiente inteligencia para fijarse objetivos durante días, semanas o incluso meses.

Así pues, la complejidad de los sistemas de movilidad es importante, pero la extensión del viaje supone otro factor clave. Si los grupos se desplazaban más lejos, no solo adquiere mayor relevancia el factor de planificación, sino que también sugiere rangos geográficos más extensos. Como veremos más adelante, el tamaño del territorio tiene implicaciones sobre las formas de conexión entre las sociedades neandertales.

Se sabe desde hace décadas que los neandertales acostumbraban a separar las actividades entre puntos diferentes del paisaje; no montaban un nuevo campamento cada vez que llegaban a una fuente de roca o abrían en canal un cuerpo todavía caliente. Los lugares iniciales de tallado —donde se encontraba, probaba y preparaba la piedra— y los yacimientos de matanza son identificables precisamente porque carecen de los productos líticos resultantes de fases posteriores de tallado y de las partes más sustanciosas de animales cazados.

Fijándonos primero en cómo se «fragmentaba» la matanza por el paisaje, este patrón se manifiesta en lugares como Schöningen y se prolonga durante cientos de miles de años. En el sureste de Francia, un promontorio rocoso de Quincieux datado hace unos 55 ka conserva un registro de matanza sistemática. En el caso de la caza mayor, las partes menos grasas o carnosas son lo único que queda: caderas y espinazos todavía articulados de caballos, quijadas de rinocerontes lanudos, colmillos de mamuts. En las especies más pequeñas faltan también cabeza y cuartos enteros.

¿Adónde iba lo sustancioso? En muchos lugares podemos distinguir un tipo intermedio de yacimiento, fundamentalmente campamentos de caza, donde los neandertales continuaban procesando carcasas parciales o articulaciones selectas. Algunos campamentos de caza como Les Pradelles se utilizaron una y otra vez, indicio de que estaban vinculados a cazaderos concretos a los que los neandertales regresaban una y otra vez, como Schöningen o Quincieux.

El destino final de la comida —sea directamente desde los lugares de matanza o pasando por los campamentos de caza— era lo que podemos denominar «ubicaciones centrales» o, más prosaicamente, casas. Esta categoría incluye yacimientos grandes como el Abric Romaní, donde tenía lugar un ingente procesamiento de tercera fase con mucho triturado de huesos y algo de cocina, y donde, presumiblemente, se comía y dormía. La riqueza de los restos arqueológicos, combinada con el uso concurrente de diferentes zonas del yacimiento siguiendo patrones de actividad específicos, es muy buena prueba de que los neandertales pasaban allí más de un día cada vez.

¿Manejaban los neandertales conceptos espaciales que se correspondían con nuestra categoría de «lugar de matanza» en oposición a «lugar central»? Está claro que vivían con arreglo a maneras tradicionales de hacer las cosas, cuyas repeticiones establecieron el modelo espacial que vemos dentro de los yacimientos y en el paisaje. Pero, aparte de esto, ¿planificaban realmente sus vidas más allá de la siguiente comida? Los cazadores-recolectores de todo el mundo están en sintonía con los cambios estacionales de los recursos, como la llegada de manadas, y se organizan para desplazarse hasta lugares determinados en el momento oportuno. ¿Tenían los neandertales campamentos de invierno y verano, o llevaban una existencia itinerante, viviendo como homínidos vagabundos?

Resolver esta duda implica pensar en cómo se interconectaban las cosas. Como se vio en el capítulo anterior, incluso donde contamos con restos arqueológicos de alta definición, no hay ninguna evidencia de ocupaciones verdaderamente prolongadas, del orden de muchos meses. Algunos lugares como el Abric Romaní se usaban con más frecuencia, sin duda durante varios días o quizá más, y puede que por grupos más numerosos. Es evidente que ni siquiera en yacimientos grandes al aire libre como La Folie, con zonas claras de actividad, se vivía durante meses. Y en el otro extremo del espectro se sitúan yacimientos como el Abric del Pastor, ocupados muy brevemente y como mucho por un puñado de individuos cada vez.

Son estos yacimientos para estancias cortas los que presentan indicios de patrones estacionales. Otro ejemplo es el nivel 3 de la cueva de Teixoneres (Barcelona), donde hay múltiples fases, con una datación aproximada de hace entre 51 y 40 ka, con estancias breves de neandertales, intercaladas con pruebas de la presencia de carnívoros. Lo más interesante es que las especies cazadas presentan diferentes patrones estacionales. La época del año en que se cazaban ciervos cambia en los diferentes subniveles, pero a los caballos siempre los mataban desde finales de primavera hasta principios del verano.

Este patrón guarda una sorprendente similitud con el del Abric Romaní, situado unos 150 km al suroeste. Parece que en esta región del noreste de la península ibérica los neandertales se movían con regularidad y cazaban ciervos todo el año. Pero a los caballos solo los mataban durante periodos muy cortos; la época del año no está clara en el Abric Romaní, pero en Teixoneres se pudo especificar la estación gracias a un conjunto de aves acumulado por depredadores. Los restos de chova y urraca presentaban una característica estructura ósea previa a la puesta de huevos, es decir, forzosamente antes de mediados de primavera. Además, en ausencia de homínidos, solo los depredadores podrían haber llevado hasta allí sus carcasas. Sumándolo todo, la caza de caballos se produjo con mucha probabilidad a fines de primavera o verano, que es precisamente cuando los caballos se juntan para la reproducción y se muestran vulnerables.

Lo interesante de Teixoneres es también que contiene muchos menos utensilios líticos y hogares que el Abric Romaní, pero más restos faunísticos, entre ellos una mayor proporción de caballos. Aunque en su mayoría llegaron ya descuartizados, en general los restos animales parecen algo menos fragmentados que en el Abric Romaní y, en lo que supone otro contraste entre los dos yacimientos, en Teixoneres también se cazaron algunos conejos.

Está claro que Teixoneres era un lugar muy diferente, tal vez con grupos más pequeños que se quedaban durante periodos más breves. A veces, incluso pudo haber sido más un campamento de caza que un lugar adonde iba a parar la carne, el tuétano y la grasa. Y tampoco se asemeja al Abric del Pastor y El Salt, lugares de estancias mucho más fugaces donde parece que solo paraban grupos muy pequeños de neandertales durante un par de noches como mucho.

El nivel IV del Abric del Pastor es muy llamativo, porque, al parecer, los neandertales estaban interesados sobre todo en cazar y despiezar tortugas, junto con unos pocos íbices quizá abatidos también en la zona. Pero además de estas especies había huesos de ciervos, caballos y uros, principalmente partes de las patas y alguna cabeza. Es posible que, igual que los neandertales transportaban útiles líticos como una especie de juego de herramientas de viaje, también llevaran consigo otros recursos: esos huesos aislados podrían ser restos de provisiones acopiadas en otros lugares. En un conjunto más grande este sutil indicio pasaría inadvertido. Y los utensilios líticos concuerdan. Todas las UMP del Abric del Pastor parecen muy fragmentadas: los neandertales se deshacían de las herramientas viejas y extraían unas pocas lascas de núcleos que después llevaban consigo, presumiblemente junto con algo de carne de tortuga.

Estos yacimientos ibéricos son representativos de otros repartidos por todo el mundo neandertal; algunos eran breves paraderos y otros moradas para periodos más largos, pero todos eran puntos en un ciclo de movimiento. Para los neandertales que vivían en una odisea perenne, «Ítaca» era el viaje, no el destino.

En lugares donde la duración de las fases de ocupación es mensurable, esta puede llegar a unos pocos siglos. En estas cuevas y abrigos se criaron generaciones sucesivas que seguían las mismas rutinas y tradiciones, que se convirtieron en partes físicas del yacimiento como hogares, basureros y suelos muy pisados. Pero después la situación cambiaba y no los visitaba nadie, a veces durante 1000 años o más, bien fuera porque los grupos se trasladaban a zonas completamente distintas o porque la población se extinguía. Es llamativo que el yacimiento menos «hogareño», el Abric del Pastor, parezca haber permanecido vacío durante los lapsos de tiempo más prolongados, lo que podría significar que las poblaciones que llegaban a esta región no conocían todos sus rincones y recovecos.

Mudanzas de la piedra

Los yacimientos tomados individualmente, incluso comparándolos por regiones, solo nos dan una visión reducida de la actividad de los neandertales en el paisaje. Para entender sus verdaderas escalas de movilidad, los arqueólogos necesitan cartografiar movimientos individuales. La manera más lógica de hacerlo es rastreando su recurso más abundante: la piedra. Conocer la procedencia de los utensilios líticos de cualquier conjunto arroja luz, aunque sea débil, sobre los desplazamientos reales de los neandertales entre las fuentes de roca y yacimientos.

Sin embargo, como los prehistoriadores han aprendido durante décadas, la geología es engañosa. Lo que se denomina comúnmente «pedernal» abarca rocas con base de sílice formadas por procesos diversos durante muchos eones. Se requiere tesón y tiempo para cartografiar miles de fuentes de pedernal, y para examinarlas y clasificarlas basándose en su estructura, microfósiles y perfiles químicos. Además, las diferentes permutaciones tafonómicas provocan cambios en la roca durante su viaje hasta la mano de un neandertal; piedra del mismo afloramiento «primario» parece muy diferente después de haber caído desde una cresta, rodado por un río y erosionarse en las graveras, que serían fuentes «secundarias».

Al constituir «bibliotecas» de piedra cartografiando el pedernal y otras fuentes de roca, es posible compararlas directamente con los utensilios líticos. Esto revela con exactitud dónde habían estado los neandertales antes de llevar esos objetos a un yacimiento específico. Los resultados demuestran que, igual que con los cuerpos de animales, al transportar la piedra seguían unas reglas generales basadas en evaluar la calidad y la distancia. Normalmente se encuentra mucha piedra de la que tenían más a mano —un radio de unos 5 a 10 km— aunque fuera de poca calidad; así podían recolectarla mientras se ocupaban de otras tareas como cazar, sin alejarse del yacimiento más allá de un par de horas. Y aunque usaran roca mala, nunca la transportaban hasta zonas con materiales de calidad.

También se halla presente casi siempre piedra de procedencia más lejana, y esto es lo que estimula a los arqueólogos, porque conecta directamente lugares concretos con puntos situados en paisajes mucho más extensos. Cuanto mayor sea la distancia a la que se obtiene un determinado tipo de roca, se encontrarán menos utensilios fabricados con ella; por norma, menos del 10 por ciento proviene de fuentes a más de 60 km. Las mayores distancias —más de 300 km— se corresponden con la más pura de las rocas silíceas, la obsidiana, pero a veces se trasportaba pedernal de calidad aceptable a más de 100 km. Sin embargo, interpretar lo que esto significa en términos de movimiento está preñado de dificultades.

Considerando cada conjunto por separado, podría deducirse que los neandertales emprendían viajes con el solo propósito de obtener roca de calidad; pero como otras evidencias acreditan que las más de las veces permanecían periodos relativamente cortos en un yacimiento, ese desplazamiento carecería de lógica en términos energéticos.

Lo más probable, por el contrario, es que esos objetos que recorrían largas distancias fueran sencillamente los «sobrevivientes» de un surtido de herramientas que los neandertales llevaban consigo durante sus idas y venidas entre la fuente de la piedra y otros lugares frecuentados. Así lo prueba el hecho de que la piedra de gran calidad casi nunca es transportada en estado «bruto» para su tallado. Más bien, como vimos en el capítulo 6, en la práctica totalidad de los casos los utensilios que procedían de más lejos son productos como lascas Levallois, bifaces y herramientas claramente reavivadas. De parecida manera, núcleos excepcionales de lejana procedencia ya habían sido profusamente tallados antes de que los abandonaran.

Es sorprendente que, en yacimientos de alta definición como el Abric del Pastor, se pueda reconocer ese equipo de viaje. En fases de un solo hogar con conjuntos líticos reducidos, los contados utensilios hechos con piedra lejana debieron ser objetos que algún neandertal de los que allí se habían quedado decidió dejar atrás.

Aunque es imposible rastrear el viaje de un bloque de piedra concreto, queda claro que los neandertales no se movían en línea recta entre el distante lugar de origen de la piedra y el yacimiento. A veces lo único que dejaban atrás eran lascas sueltas de piedra lejana de calidad, extraídas de bifaces o herramientas que después se llevaban a otro lugar. En algunos casos, incluso los núcleos eran trasladados a distancias considerables —más de 40 km— antes de ser tallados. No sabemos por cuántos lugares pasaban estos objetos antes de ser «retirados de la circulación», pero el hallazgo de productos de segunda generación hechos con rocas obtenidas a 100 km sugiere que pudieron usarse en tres o más lugares.

Se ha sugerido que como los neandertales no transportaban habitualmente piedra de calidad en grandes cantidades, no estaban bien organizados. Aparte del hecho de que en ocasiones sí lo hacían, lo que está claro es que no solía ser necesario. En periodos posteriores donde vemos a los *sapiens* transportando piedra, se debe sobre todo a que estaban centrados en la elaboración de hojas líticas, una tecnología que puede ser mucho menos adaptable a roca mala o de calidad media.[2]

2. Incluso se ha llegado a sugerir que trasladar mucha piedra en bruto a larga distancia solo fue factible cuando se domesticaron los perros, hace quizá 30 ka.

En conjunto, lo que vemos en los neandertales coincide con la forma en que cazadores-recolectores recientes organizaban su uso de la piedra en el paisaje. El equipo personal para viajar se selecciona basándose en varios factores: las actividades previstas, la duración del viaje y, fundamentalmente, qué tipo de piedra se encontrará en la ruta. Este último punto es decisivo, porque prueba que los neandertales poseían un conocimiento preciso de los recursos geológicos y planificaban en consecuencia; conocían los lugares con roca mala a los que merecía la pena llevar núcleos buenos e, inversamente, aquellos parajes cercanos con roca aceptable útil para reaprovisionarse.

Y, como siempre, los neandertales no eran robots, sino que adaptaban sus métodos dependiendo de la geología: si era necesario, podían llevar roca de calidad mediana a cierta distancia, y en ocasiones transportaban bloques en bruto desde puntos lejanos directamente a los lugares que frecuentaban. A veces, su actividad previa en estos sitios podía cambiar las cosas: cuando se acumuló roca en el nivel J en el Abric Romaní, los neandertales redujeron la cantidad de bloques de piedra que llevaban porque reciclaban utensilios de ocupaciones anteriores.

Cuando alejamos el foco y nos fijamos en los tecnocomplejos, está claro que los neandertales modificaban sus decisiones en el transporte de piedra. En conjuntos que empleaban sistemas tecnológicos como Levallois o Quina, donde primaba la producción de lascas transportables que pudieran reavivarse, la proporción de utensilios fabricados con roca lejana es más alta. Y en conjuntos discoides, que tecnológicamente parecen de uso mucho más inmediato e incluso desechables, muy raras veces se encuentra algo transportado desde más de 30 km. La geología, la tecnología y la movilidad se hallaban entrelazadas.

Estudiar el traslado de piedra posee otras implicaciones más allá de su capacidad de planificación o gestión del tiempo y los recursos. Dado que las distancias que recorrían sus utensilios fueron, durante muchas décadas, la única medida de la movilidad, acabaron representando la «extensión del rango». Como en cualquier yacimiento casi todo provenía de menos de 60 km, los prehistoriadores propusieron que se movían casi siempre por zonas pequeñas, equivalentes a la isla de Mallorca.

La extensión del rango no es solo cuestión de territorio, sino de gente. Si los neandertales vivían en zonas pequeñas —quizá un par de valles—, raras veces se encontrarían con otros grupos. Además, sin territorios grandes y relaciones sociales extensas, se propuso la teoría de que los neandertales no necesitarían expresiones materiales de valores culturales compartidos, que ayudan a preservar los vínculos sociales.

La comparación, como tantas otras veces, se estableció con los primeros *H. sapiens* del Paleolítico Superior. Aunque en sus conjuntos líticos se empleaba principalmente roca de origen local, los utensilios que llegaban de un radio superior a 60 km son más numerosos, y las distancias, mayores. Como era previsible, esto se presentó como un reflejo de territorios más extensos y vínculos sociales más fuertes. Pero los datos, así como nuestras conjeturas sobre lo que significa la obtención de piedra, generan respuestas diferentes.

En primer lugar, para personas muy acostumbradas a caminar, 60 km pueden cubrirse perfectamente en un día (para fuentes de piedra situadas a 30 km). Cuando se examinan los datos etnográficos, parece muy improbable que la mayoría de los neandertales viviera a una distancia que pudiera recorrerse a pie entre la salida y la puesta del sol. Es normal que grupos reducidos de cazadores-recolectores emprendan viajes cortos que no duran más de un día. Y, como hemos visto, en los yacimientos neandertales el tipo y estado de los utensilios procedentes de esas distancias no concuerda con el patrón que cabría esperar si la roca se transportara directamente de la fuente.

La prueba real de que los neandertales no pudieron haberse limitado a rangos geográficamente pequeños procede de los útiles obtenidos a más de 60 km, y a veces a mucho más de 100 km. Escasos por lo general en cada conjunto, los prehistoriadores solían ignorarlos, en buena medida porque es difícil averiguar qué significan. Pero su rareza no implica que sean anómalos, y de hecho ya existían a principios del Paleolítico Medio. En esencia, son los mejores datos de que disponemos sobre la verdadera extensión de los paisajes por donde se movían los neandertales.

Pero ¿qué significan estas distancias en términos de movilidad? Los mejores ultramaratonistas actuales pueden recorrer

1000 km en una semana, e incluso atletas «normales» pueden cubrir hasta 200 km en 24 horas.[3] Aunque los huesos neandertales hablan de unas vidas de esfuerzo físico extremo, y probablemente caminaban con zancadas más eficientes que las nuestras, las carreras de larga distancia no eran su fuerte. Teniendo en cuenta además unas piernas más cortas, que los hacían hasta un 10 por ciento más lentos, y el impacto de un terreno abrupto, una caminata de un día queda muy por debajo de los 100 km.

Añádase un ritmo diferente de viaje para grupos que incluían a niños y personas con cargas añadidas, ya fuera el acarreo de materiales o sencillamente una edad avanzada, y queda claro que útiles cuya procedencia se situara a una distancia superior a 80-100 km no pudieron haberse extraído directamente. Además, existen casos de piedras transportadas a enormes distancias. Por ejemplo, en Metzmaiskaya no solo hay utensilios líticos de múltiples puntos de una región con un radio aproximado de 100 km, sino que también llegaba obsidiana desde 200 a 250 km al sureste y pedernal desde unos 300 km al noroeste. Esto se situaría ya en un extremo, pero se tienen constancia de traslados de más de 100 km en todo el mundo neandertal.

¿Cómo podemos entender lo que extensiones tan vastas de paisaje —más de la mitad de la distancia entre Londres y Le Moustier en el Périgord— significaban para la forma de moverse de los neandertales? No debe darse por sentado que todos los objetos de un conjunto son contemporáneos, pero aun así prueban que los yacimientos eran nodos dentro de redes más grandes que se tardaba muchos días en recorrer. Y es improbable que cualquier yacimiento excavado que se tome como ejemplo se encontrara en un extremo del territorio. Por lo tanto, un desplazamiento de 300 km quizá formaba parte de un paisaje conocido por los neandertales que transportaban ese utensilio.

Si consideramos además que muchos útiles que recorrían largas distancias habían sido claramente usados y reavivados antes de terminar en un yacimiento determinado, incluso partiendo de una gran lasca inicial, no tardarían tanto en gastarse. Para ser transpor-

3. Ocho minutos es el tiempo medio para recorrer 1 km a una velocidad que alterne el trote lento con la marcha a paso ligero.

tados durante varios días desde la fuente hasta el lugar donde quedaron abandonados, esto abre dos posibilidades. ¿Quizá los neandertales transportaban piedra de repuesto? De ser así, veríamos desechos más reveladores en distancias medias de hasta unos 50 km. Hay lascas para reavivar extraídas de bifaces y herramientas, pero no suelen proceder de muy lejos, y son rarísimos los núcleos, y no digamos los bloques en bruto, movidos a estas escalas.

La alternativa es que los utensilios procedentes de entre 100 y 300 km sean pruebas materiales de que los neandertales cubrían enormes extensiones de tierra sin apenas parar y utilizar las herramientas. Unos desplazamientos tan rápidos y largos no casan con la idea de deambulaciones sin rumbo, pero tienen sentido si los neandertales viajaban de una manera predeterminada hasta parajes conocidos. Es posible que, con cargas pesadas, grupos enteros pudieran haberse desplazado a tanta distancia durante más o menos una semana. Tal decisión podría obedecer a determinadas condiciones: uno de los motivos principales para la migración de los renos es escapar de los enjambres de mosquitos en verano. Pero considerando la amplitud de medios naturales en que vivían los neandertales, lo previsible es que se desplazaran de maneras diversas.

Las exiguas trazas de ocupación en el Abric del Pastor prueban que en ocasiones viajaban juntos grupos muy reducidos de individuos, mientras que lugares como el Abric Romaní confirman igualmente que existían yacimientos «residenciales» adonde llegaba comida después de la caza de animales y, a veces, la preparación parcial de las piezas abatidas en otro lugar.

Considerándolo todo, es posible que los artefactos de procedencia muy lejana fueran dejados por uno o dos neandertales que habían viajado a marchas forzadas, a un ritmo más rápido que otros miembros del grupo con movilidad mucho más reducida, ya fueran embarazadas, enfermos o niños pequeños. Dividir el grupo de esta manera valdría la pena para aprovechar la abundancia estacional, y hay una curiosa comparación en algunos contextos paleoindios de Norteamérica.[4] Se cree que los

4. Este es el término para referirse a las trazas arqueológicas más antiguas de Norteamérica, de 18 ka en adelante, pero cubre muchísimas culturas.

utensilios líticos trasladados a mucha distancia —algunas superiores a las que vemos en los neandertales— eran herramientas obtenidas en las cercanías de remotos cazaderos de bisontes, que las partidas llevaban de vuelta junto con la carne y la grasa.

El hecho de que observemos algo similar en los neandertales lleva a la conclusión de que también ellos poseían un conocimiento realmente profundo de los recursos disponibles en un territorio inmenso y que, probablemente, planificaban cuándo y adónde ir.

Piedras sociales

Existe otra posibilidad que explicaría algunos de los utensilios líticos procedentes de fuentes de piedra remotas, pero casi nunca se discute en serio: el intercambio. Dar y recibir objetos o recursos como la comida es una manera fundamental de establecer relaciones entre humanos de toda clase y condición, y especialmente importante para cazadores-recolectores que viven en poblaciones pequeñas y no se encuentran a menudo. Pese a los indicios (como veremos después) de que algunos neandertales estaban aislados genéticamente, esto no siempre era así.

Como homínidos atentos a todo lo que ocurría en las regiones que habitaban, sin duda habrían advertido al instante la presencia de otros grupos y se habrían producido encuentros. Los prehistoriadores han considerado durante mucho tiempo que dichos encuentros habrían sido probablemente hostiles, pero no hay ninguna razón de peso para creerlo. Los neandertales vivían en contextos sociales donde la comida se procuraba mediante la cooperación y era compartida, así que la idea de intercambiar cosas con parientes cercanos integrados en otros grupos —o incluso con desconocidos— quizá no resultaba extraña.

Todas estas cuestiones sobre sistemas sociales y movilidad desembocan en cómo estaban estructuradas las sociedades neandertales. Los cálculos de población total rondan las decenas de miles de individuos o incluso menos. En cualquier momento dado, el número de neandertales que deambulaban de un lado a otro pudo ser inferior al de los pasajeros de cercanías que pasan a diario por Clapham Junction, la estación ferroviaria más concurrida de Londres. ¿Podemos decir algo sobre la organización de los grupos, más allá de que a veces parecen subdivididos en unidades más pequeñas?

Algunos estudios sobre cazadores-recolectores recientes establecen un promedio de unas veinticinco personas que, en buena parte, viven y viajan juntas. Conocidas como «bandas», son entidades fluidas: algunas permanecen juntas, otras se dividen habitualmente para determinadas actividades, que podrían ser partidas de caza o incluso una pareja de adultos con niños que se marchan para llevar una vida independiente en verano. Los reagrupamientos temporales podrían producirse por muchos motivos, como nacimientos inminentes o el mero deseo de visitar a unos parientes.

Percibir fenómenos de este tipo en el registro arqueológico de los neandertales es difícil pero no imposible. Pueden situarse entre cuatro y diez humanos en torno a cada hogar, normalmente con una separación de entre 1.5 y 2 m. Una actividad tan sincrónica, los múltiples fuegos y, sobre todo, los vertederos de desechos en lugares como el Abric Romaní apuntan a grupos de entre diez y veinte individuos: el tamaño típico de una banda.

Un yacimiento exhaustivamente excavado es quizá lo más parecido que jamás encontraremos a una fotografía de grupo. Le Rozel, en la costa noroccidental de Francia, contiene muchos estratos arenosos junto a un acantilado y unas dunas. Sorprendentemente, una serie de niveles con una antigüedad de unos 80 ka conserva cientos de pisadas. En la fase más rica, las comparaciones de tamaño demuestran que aquí hubo al menos cuatro y probablemente más de diez individuos; y lo más fascinante es que la mayoría eran adolescentes y niños de solo 2 años. Con tan pocos adultos, es difícil imaginar que esto fuera un grupo completo, y más bien parece una pandilla de jóvenes buscando provisiones en la playa.

En sociedades de cazadores-recolectores, aparte de las bandas hay redes más grandes que conectan comunidades; a menudo con vínculos de sangre, pero también con parentescos de otra clase, se denominan «clanes». Las bandas mantienen lazos con otras de su clan mediante encuentros fortuitos y reuniones que, aunque no necesariamente formales, coinciden con circunstancias predecibles. ¿Entra en lo posible que los grupos neandertales estuvieran vinculados entre sí a través de divisorias de aguas o más allá de montañas por algo parecido a una estructura de clanes? Hasta ahora no se han hallado yacimientos con un gran número de hogares y zonas de actividad contemporáneos que indiquen una reunión masiva.

Pero eso no quiere decir que no se dieran situaciones que congregaran a muchos neandertales en un mismo sitio y al mismo tiempo. Algunos acontecimientos estacionales reúnen temporalmente incluso a depredadores solitarios: piénsese en los osos *grizzly* que bordean los ríos para la carrera del salmón en el Pacífico. Varios yacimientos sugieren la presencia de neandertales para practicar una caza tal vez estacional, con matanzas masivas, por ejemplo, del bisonte en Mauran y del reno en Salzgitter-Lebenstedt. Al reducirse la competencia por la abundancia de presas, los individuos se sintieron más libres para socializar y quizá mover grupos. Del mismo modo, los encuentros con grupos desconocidos habrían sido menos estresantes. Si el intercambio de utensilios líticos llegó a producirse por razones sociales, este sería el marco probable, con los objetos en cuestión —puede que fabricados con piedra desconocida— transportados después desde los lugares de matanza junto con la grasa, la carne y el tuétano.

Todo esto es especulativo, por supuesto, pero sí es cierto que, a pesar de su dispersión por el territorio,[5] no todos los neandertales practicaban la endogamia, y por eso la pregunta es cómo mantuvieron la diversidad de su ADN. Los patrones de movimiento de los útiles líticos demuestran que el terreno abrupto no suponía un obstáculo. Al menos algunos individuos, o grupos enteros, cruzaron ríos caudalosos como el Ródano y puertos de alta montaña en el Macizo Central y los Pirineos. Quizá ciertas poblaciones que quedaron genéticamente aisladas, como las de la península ibérica y Altái, vivieron en hábi-

5. La densidad de población era probablemente inferior a un individuo por kilómetro cuadrado, basándose en densidades comparables de cazadores-recolectores de entornos similares.

tats ricos, sin grandes manadas migratorias como incentivo para abandonar su rango geográfico normal. En lo fundamental, no hay razones sólidas para suponer que todos los neandertales rechazaban a los desconocidos, sobre todo porque, como veremos en el capítulo 14, estaban abiertos a las relaciones íntimas con otra clase de homínidos. Si estos llegaron a producirse, los encuentros con extraños en la estepa debieron de parecerse más a esporádicos idilios vacacionales que a relaciones serias. Pero también es interesante señalar que, con el tiempo, los desplazamientos largos se volvieron más habituales. Algo estaba cambiando en la forma de vivir de los neandertales en el paisaje después de hace 150 ka; averiguar la causa de este cambio es uno de los retos más arduos a los que aún nos enfrentamos.

De la roca al hueso

La circulación de la piedra ha sido mucho tiempo la única medida de movilidad de los neandertales, pero las técnicas analíticas del siglo XXI han abierto otra vía de investigación. Los métodos biogeoquímicos pueden rastrear los movimientos de un individuo neandertal utilizando isótopos estables. Los isótopos de movilidad proporcionan información sobre dónde había vivido previamente un individuo, aunque, como ocurre con el análisis dietético, solo registra una parte de su historia vital. Los isótopos de estroncio varían según el lecho de roca, y penetran en los dientes con la comida y el agua potable.[6] Los datos se parecen más a mapas de isobaras, con líneas que cruzan diferentes regiones, que a ubicaciones precisas. Pero comparando los valores en los dientes con las características geológicas del lugar donde se encontraron, pueden verse los movimientos desde diferentes regiones geológicas, a veces con resultados espectaculares, como el individuo de la Edad del Bronce enterrado cerca de Stonehenge que se había criado en los Alpes.

Los pocos estudios realizados hasta ahora con neandertales no han arrojado ningún resultado semejante, pero sí han de-

6. O indirectamente con la leche materna.

mostrado que no pasaban toda su vida en un mismo valle. La primera muestra fue de un adulto de Lakonis (Grecia) que vivió parte de su infancia en algún lugar situado a 20 km. Una distancia aún mayor se obtuvo con la medición de un diente del Eemiense en el yacimiento de Moula-Guercy (Francia), que apunta a un desplazamiento desde una zona geológica al menos 50 km al sur, distancia con la que concuerdan también los utensilios líticos.

Pero estos cálculos pueden ser demasiado prudentes. Como el esmalte dental puede tardar un año o más en formarse, y todo lo que sabemos por la arqueología indica que los neandertales no se quedaban tanto tiempo en un sitio, podría producirse un cierto «desdibujamiento» isotópico al cruzar entre zonas geológicas diferentes. Si además los neandertales comían muchos animales con firmas isotópicas de regiones distantes, esto también induce a confusión.

Para compensar algunas de estas indefiniciones se pueden combinar datos isotópicos con útiles líticos. Hace unos 250 a 200 ka, unos neandertales que vivían a orillas del Ródano regresaban una y otra vez al abrigo de Payre, pero con el tiempo, al ampliar sus movimientos por el paisaje, la posición de este refugio quedó desplazada. Hasta ese momento, parece que permanecían más tiempo en el refugio, cazando principalmente en los valles en diferentes épocas del año. Casi todos los utensilios líticos procedían de mesetas y montañas situadas a unos 30 km. Utilizando isótopos de oxígeno y plomo a microescala, pueden rastrearse desde su primera infancia los movimientos de un neandertal que acabó muriendo en Payre (aunque quizá nació en otro lugar).

Tras llegar al mundo en primavera, el diente revela exposición al plomo desde unos 2.5 meses de edad, quizá porque el grupo al que pertenecía el sujeto se había trasladado en verano a una región geológica con cantidades más elevadas de este elemento. Un pico posterior muy marcado denota que el grupo volvió a desplazarse al menos una vez más en invierno antes del primer cumpleaños de la criatura. Casi un año después, cuando el niño empezó a caminar, otra fase de plomo que duró poco más de quince días fue seguida por niveles de medios a altos durante siete meses. Si todas estas fluctuaciones del plomo son verdaderos indicadores de movimiento, habría que inferir un rango anual que cubriría al menos dos yacimientos. Al principio el niño sería transportado, y después empezaría a caminar siguiendo a sus padres por senderos ya conocidos.

Con el tiempo, el abrigo de Payre se llenó de sedimentos y los neandertales acortaron sus estancias, sobre todo en otoño. Los conjuntos líticos se vuelven más escasos y claramente reavivados, y el análisis minucioso basado en más de 200 fuentes demuestra una mayor abundancia y diversidad de útiles de procedencia lejana. Algunas de las nuevas fuentes son más remotas —hasta 60 km— y revelan que los neandertales transportaban ahora con más frecuencia roca de graveras fluviales, incluso de la otra orilla del Ródano. Sin embargo, los isótopos de dieta sugieren que cambiaron el paisaje de caza y se centraron en especies de montaña y meseta como el ciervo común y el thar (aunque una escama de pez conservada demuestra que algunos alimentos procedían de los valles). Los isótopos de estroncio de algunos dientes neandertales apuntan también a que pasaban periodos en las mesetas, pero otro estudio sobre oxígeno y plomo en el diente de un niño aporta más detalles.

Formados cuando el sujeto tenía unos 3 años, una vez más se observan acentuados picos de plomo, pero no empiezan hasta los 5 años. Y lo que es más, la estación ha cambiado: el primer pico se produce a principios de primavera, y hay otro casi 18 meses después, probablemente en otoño. Parece que el grupo con el que vivía este niño se movía con arreglo a un plan diferente, quizá con desplazamientos más frecuentes. Además, los objetos de piedra más distantes no son herramientas muy reavivadas, sino lascas, indicio de que la amplitud de los movimientos también pudo haberse alterado.

Otro tipo de isótopo —el azufre— permite comparar la dieta de los carnívoros con la de sus presas, y puede indicar desplazamientos muy largos de algunos neandertales. Y lo más interesante: el análisis de fósiles de dos yacimientos belgas datados hace unos 40 ka —Spy y Goyet— arrojó sin embargo resultados distintos. Los neandertales de Spy comían sobre todo especies de los alrededores, principalmente mamuts. Pero en

Goyet el azufre demostró que los neandertales presentaban coincidencias con muestras de un león de las cavernas y de un lobo (o un zorro). A diferencia de casi todos los demás depredadores que cazaban especies locales como el caballo, el rinoceronte lanudo y el bisonte, este león y este lobo en concreto comían algo distinto. Es posible que fuera oso cavernario en el caso del león, porque era a veces su presa favorita; pero las muestras del lobo no concuerdan y, lo mismo que los neandertales, parece que había comido ciervo.

Esto podría explicarse planteando dos hipótesis: que el reno encontrado en Goyet habitaba más lejos —hasta 100 km—, pero fue cazado en la zona durante las migraciones estacionales; o que eran los depredadores, neandertales incluidos, los que viajaban, alejándose el tiempo suficiente para que su señal de azufre cambiara antes de llegar a Goyet. Aunque una distancia que rondara los 100 km apoyaría la tesis del transporte de útiles líticos desde lugares remotos, como este yacimiento era una excavación antigua, lamentablemente se carece de datos sobre la procedencia de los utensilios.

Donde vivimos

Por si los isótopos no hubieran dado ya evidencias abundantes de que los neandertales recorrían en sus viajes cientos de kilómetros, los utensilios líticos revelan de forma innegable que algo transportaban a grandes distancias y de muy diversas maneras. Para la obtención de la piedra solo caben dos posibilidades: o bien los propios neandertales trasladaban los útiles, o los objetos se intercambiaban entre grupos de regiones diferentes. Cualquiera de las dos opciones plantearía muchas preguntas sobre la organización social, e implicaría que algún tipo de concepto territorial debería formar parte de las respuestas. Entre cazadores-recolectores recientes, la extensión del territorio por el que circulan de forma habitual varía muchísimo, desde 250 hasta más de 20 000 km^2, la diferencia entre una ciudad muy grande y un país pequeño. La ingente productividad ecológica de los trópicos permite a la gente conseguir lo necesario en territorios pequeños, pero los rangos para los neandertales que vivían en latitudes más altas se situaban probablemente en el extremo superior de la horquilla.

¿Es posible definir un territorio antiguo en particular? El siguiente paso después de rastrear las distancias a que son trasladados utensilios específicos es examinar los patrones en múltiples conjuntos. La conclusión reciente de los estudios en más de veinte yacimientos del suroeste de Francia reveló un patrón claramente sesgado en el traslado de útiles líticos. El pedernal se transportaba a veces hasta una distancia de 100 km, sobre todo hacia el este por los valles del Lot y el Dordoña, pero mucho menos hacia el norte o sur, y de la misma manera la piedra del norte solo era transportada unas decenas de kilómetros al sur, prácticamente sin solapamiento entre las dos regiones.

La impresión dominante es la existencia de algún tipo de barrera más allá de la cual no se movía la piedra, y la pregunta es por qué. No existe ninguna frontera geográfica clara, lo que deja como explicación algo relacionado con la logística —un punto donde los utensilios líticos tendían a ser reemplazados por piedra de la zona y se interrumpía su transporte— o con un factor social. Lo llamativo es que, comparados con algunos de los desplazamientos a gran distancia conocidos en Europa y otros lugares, los utensilios líticos transportados hasta esta zona, pero no más allá, en una u otra dirección no provenían de muy lejos, lo que podría indicar que era más una cuestión de territorio que de economía.

Para las mentes occidentales del siglo XXI, «territorio» evoca fronteras, comercio y propiedad, pero las sociedades recientes de cazadores-recolectores manejan concepciones bastante diferentes. Aunque se registran conflictos, y los miembros del sistema social extendido de una banda —el clan— suelen ser mejor recibidos que los extraños, con frecuencia el acceso al territorio es fluido. Pueden existir fronteras territoriales no defendidas explícitamente (aunque el acceso a lugares específicos podría estar restringido), y a veces las bandas se mueven libremente por una extensión de tierra que supera con creces el área territorial que reclaman como propio.

Además, es posible que algunos de los complejos patrones de movilidad que advertimos en los neandertales derivaran de individuos y no de grupos. Sus depredadores más cercanos en términos sociales son los lobos, porque hasta una quinta parte de los individuos de esta especie son, en algún momento, vagabundos entre manadas. Los ejemplares jóvenes pueden recorrer cientos de kilómetros antes de establecerse. Una hembra rastreada por satélite conocida como *Naya* viajó desde Alemania oriental hasta Bélgica, cubriendo a veces de 30 a 70 km por noche. Acaso algunos de los movimientos de piedra a más larga distancia fueran «Nayas» neandertales que, cruzando cordilleras y ríos, buscaban la bienvenida en un nuevo hogar.

La interconexión de lugares y cosas es quizá el más arduo enigma sobre el mundo neandertal, porque requiere juntar todas las piezas del rompecabezas de la tecnología, la subsistencia y la movilidad, así como el clima. Los cambios espectaculares operados después de hace 150 ka —desde el interglacial pleno hasta el glacial profundo, pasando por las fases intermedias— formaban parte muy probablemente de la creciente adaptabilidad de los neandertales, junto con la especialización. Las experiencias cotidianas empezaron a parecer muy diferentes dependiendo de dónde y cuándo vivieron.

Una manera de explorar este punto es mediante los tecnocomplejos. Algunos estaban indiscutiblemente mejor adecuados a diferentes clases de movilidad, y si la necesidad de moverse obedecía sobre todo a encontrar animales, lo que de por sí variaba en función del clima y el hábitat, entonces la búsqueda de extremos puede ayudarnos a entender las formas de vida características de los neandertales.

El soleado Eemiense es un punto de partida lógico; fue el mundo más cálido y exuberante que conocieron los neandertales, con yacimientos contados pero muy significativos. La evidencia de que en los bosques se cazaba de distintas maneras nos la brindan dos yacimientos de lanzas: Lehringen y Neumark-Nord. En el primero, la lanza es más gruesa que las de Schöningen y más bien parece destinada a herir de cerca, pero aun así es bastante larga. Quizá en este caso la diferencia radicaba en la presa: puede que los cazadores de elefantes quisieran guardar una distancia prudente entre la bestia ensangrentada y furiosa y sus propios cuerpos. En Neumark-Nord, donde mataron a dos ciervos grandes, faltan las lanzas, pero se conservan sus sombras en los agujeros que abrieron en el hueso. Parece que los dos ciervos fueron abatidos con lanzadas bajas a corta distancia, un método sin duda mucho más apropiado para cazar en bosques espesos que el lanzamiento de jabalinas como las de Schöningen.

Lo que también distingue a Neumark-Nord en comparación con la inmensa mayoría de los demás yacimientos de matanza neandertales de cualquier época y territorio es que después de abatir dos ciervos en condiciones óptimas, gordos por la abundancia otoñal, apenas los despiezaron. Incluso el ejemplar más procesado fue sencillamente tajado, pero no descuartizado. Además, no se extrajo tuétano. ¿Por qué dejar atrás tan ricas calorías? La conclusión es que no buscaban desesperadamente comida. Si estos neandertales de los bosques habían adoptado tácticas de emboscada entre troncos y matorrales, el abandono de las carcasas quizá no representaría una gran pérdida en términos energéticos. Y lo más interesante: este tratamiento dado a las carcasas indica que no marcaban el inicio de un proceso de carnicería y despiece organizado por todo el paisaje, algo que tendría lógica si hubiera menos estómagos hambrientos esperando.

Es muy posible que adaptarse a la rápida expansión de los bosques del Eemiense obligara a la sociedad neandertal a dividirse en unidades mucho más pequeñas capaces de enfrentarse a animales que ya no se congregaban en grandes manadas. Esos grupos más pequeños que ahora vivían con una luz veteada por las hojas quizá no necesitaban desplazarse con tanta frecuencia, y los utensilios líticos así lo confirman: por lo general su tecnología los hace poco aptos para ser transportados y reavivados durante periodos largos, y suelen estar fabricados con rocas muy próximas.

Los pueblos de los renos

En el extremo opuesto del espectro climático y ambiental, la vida de los neandertales del tecnocomplejo Quina era muy diferente. De todas las tradiciones líticas, Quina se distingue sobre todo por su notable restricción en el tiempo y el espacio. Si bien algunos conjuntos de principios del Paleolítico Medio tienen herramientas similares, el «paquete» Quina completo no aparece realmente hasta hace unos 80 ka, durante el glacial EIM 4, y aunque continúa hasta el EIM 3, después del calentamiento, casi había desaparecido hace 50 ka, quedando circunscrito sobre todo al sur de Francia.

La característica común a todos los yacimientos Quina de esta región, al margen del clima, son las inmensas cantidades de renos. El glacial EIM 4 diezmó casi todas las especies de presa, como las hienas, que abandonaron el suroeste de Francia. Una situación tan adversa tuvo que haber afectado a los neandertales, y en este gélido mundo de tundra los renos fueron quizá la única especie de caza de tamaño aceptable que tenían a mano. ¿Fue esta situación extrema —unos 40 000 años después de los días dorados del Eemiense— el escenario para que los neandertales se adaptaran, convirtiéndose en cazadores verdaderamente especializados? Lo más sorprendente es que esas fases breves y menos atenazadas por el hielo del EIM 4 bastaran para que en algunas zonas reaparecieran ciervos e incluso corzos adaptados a los bosques, aunque solo de forma temporal. Pero estas especies nunca se encuentran con conjuntos Quina, sino solo Levallois, lo que sugiere que el tecnocomplejo Quina estaba muy especializado y representaba una conexión con la tundra abierta del suroeste de Francia y las manadas de ciervos que albergaba.

Por sus grandes migraciones, los renos siempre han sido de especial interés al discutir sobre cómo los neandertales cazaban y se movían por el paisaje. Hoy se han establecido distancias variables, y prosiguen las investigaciones para determinar hasta dónde llegaban en sus viajes los renos del Pleistoceno. Pero es seguro que se movían y congregaban estacionalmente. Esto habría ocurrido durante el celo de otoño y los partos del verano: los cervatos de cuevas de las Midlands británicas demuestran que aquí hubo una zona de cría, pero la procedencia de los animales se desconoce.

En el suroeste de Francia, el yacimiento de Jonzac ha proporcionado abundantísima información sobre cómo los neandertales fabricantes de Quina cazaban renos. Los análisis de los isótopos de movilidad de los animales denotan que los ejemplares jóvenes matados aquí en otoño e invierno ya habían migrado un año entre regiones geológicamente diferentes. En este caso, más que seguir las manadas, parece que los neandertales estaban esperándolas donde sabían que se reunirían, o quizá interceptándolas en una ruta conocida entre las congregaciones estacionales.

El nivel 22 de Jonzac, de casi 1 m de espesor, se halla tan repleto de renos que se conoce como «la brecha de huesos». En una zona de solo 3 m^2 de superficie y 30 cm de grueso se exhumaron más de cinco mil huesos, pertenecientes como mínimo a 18 animales. Aquí se despiezaban carcasas enteras, y si este pie de acantilado no era el yacimiento de matanza propiamente dicho, debía de quedar muy cerca. Lo que apunta con verosimilitud a que aquí se practicó una caza selectiva entre un gran número de animales es el hecho de que partes muy apreciadas, como extremidades enteras, quedaron sin despiezar. Estos neandertales no se estaban muriendo de hambre.

Menos de 80 km al noreste de Jonzac hay otro yacimiento Quina, Les Pradelles. El capítulo 7 describió el ingente número de retocadores descubiertos aquí; fabricados en su mayoría con huesos de reno, eran parte de un ciclo. Estos útiles formaban y reavivaban los raspadores Quina, que servían después para procesar más renos. Lo más interesante del nivel mejor estudiado, el 4a, es que, aunque el 98 por ciento de los restos animales son renos, probablemente este no fue el yacimiento de matanza. Está claro que los neandertales habían despiezado las carcasas en otro lugar, antes de seleccionar principalmente extremidades y cabezas para continuar el despiece en Les Pradelles. Este era por tanto un campamento de caza, pero debió emplazarse cerca de un paraje conocido, donde se congregaban las manadas, o de una ruta migratoria. Los restos arqueológicos en su conjunto apuntan a que los neandertales se quedaron solo durante periodos breves de intensa actividad, pero esto ocurrió una y otra vez en unos 2 m de depósitos, que corresponden a múltiples generaciones y probablemente a centenares de renos.

El abrigo de Pech de l'Azé IV representa un tipo diferente de yacimiento Quina, donde al parecer se cazaba en primavera.

La fragmentación de huesos es aún más intensiva, posiblemente porque después del invierno quedaba menos grasa corporal y, por tanto, extraer tuétano era más importante aún.

Los renos suelen tomar rutas diferentes durante sus migraciones de otoño y primavera, que, aunque predecibles de un año para otro en condiciones climáticas estables, pudieron haber cambiado desde hace unos 60 ka al comenzar el EIM 3. El ritmo de los movimientos de las manadas, las rutas y la ubicación de las congregaciones debieron verse alterados, imponiendo a los neandertales una mayor flexibilidad y desplazamientos más rápidos una vez que los animales eran avistados o, quizá, oídos: tal vez la primera señal fuera el ruido colectivo de las pezuñas aplastando las hierbas de la tundra, la masticación de los aterciopelados hocicos y los bramidos y balidos, mucho antes de que las cornamentas aparecieran en el horizonte.

En los yacimientos Quina de este periodo hay cantidades reducidas de otras especies, como bisontes, caballos y rinocerontes lanudos de Jonzac, que quizá fueron cazados mientras los grupos esperaban la llegada de los renos, o incluso a que se trajeran provisiones de comida de otro sitio. Desde luego no son carcasas completas, y con frecuencia parecen menos procesadas que los renos. Pero algunos casos presentan daños mayores causados por carroñeros; es posible que los neandertales utilizaran a veces campamentos de caza durante otras épocas del año con más escasez.

Los grandes excedentes de reno significan que tal vez la adaptación de los neandertales no se limitó a las tácticas cinegéticas. Una porción del tuétano, la grasa, la carne tajada y otras partes[7] se comían probablemente de inmediato, pero parece que el grueso de la comida se trasladaba a otros lugares, junto con los útiles líticos recién tallados para el despiece. En Les Pradelles, por ejemplo, hay cinco veces más retocadores de hueso que

7. De hecho, algunas culturas indígenas consumen *todas* las partes del reno y el caribú; entre las exquisiteces figuran cabezas, hocicos, glándulas mamarias, fetos, el terciopelo de la cornamenta y, en el caso de los pueblos iglulik, netsilik e inuit de cobre, incluso los excrementos.

herramientas para los que se usaban, y «faltan» tanto lascas como rascadores Quina nuevos.

Es posible también que parte del tuétano, carne, grasa y algunos utensilios líticos se trasladaran a corta distancia del yacimiento hasta zonas que contenían hogares, pero no fueron excavadas. Como se mencionó en el capítulo 9, muchos yacimientos Quina, entre ellos Jonzac, Les Pradelles, Pech de l'Azé IV y Roc de Marsal, carecen de hogares y carbón en abundancia. Pero eso no significa que no se usara fuego, como demuestran los pedernales quemados. Si los campamentos de caza procesaban varias carcasas de reno a la vez, es bastante probable que se hallaran presentes varios individuos, quizá el grupo completo. Los neandertales habrían necesitado extender sus áreas de actividad, como ocurre en yacimientos «hogareños» como el Abric Romaní.

Es indudable que aquí se trituraron muchos huesos. No solo está todo muy fragmentado, sino que con frecuencia faltan los extremos carnosos de las piezas. O bien fueron sencillamente aplastados, quizá con el tuétano, para formar una especie de paté de hueso, o se produjo un procesamiento más complicado. El calentamiento y la conversión en grasa, del modo que fuese, tendría más sentido si toda esta abundante comida iba a ser transportada a otro lugar, junto con los medios para conservar la carne y la grasa. Esto habría ocurrido probablemente lejos de la zona principal de matanza y los vertederos de desechos.

La excavación de un yacimiento de caza de renos en el paso de Anaktuvuk usado por los iñupiats de Alaska da indicios de cómo debió ser un campamento de esta clase. El paso ha sido utilizado durante al menos 3500 años, y una zona de hace 500 contiene restos de cacerías de finales de verano y principios de otoño. La organización espacial se aprecia nítidamente en unos 90 m^2. A falta de una cueva o un abrigo, la gente se cobijaba en tiendas, pero se mantenía lo bastante caliente para no necesitar hogares junto a los que dormir. Sin embargo, había fuegos, todos dentro de las zonas principales de procesado de carcasas y extracción de grasa, así como vertederos separados para los desechos faunísticos y líticos. Aunque esto no quiere decir que en los yacimientos neandertales ocurriera exactamente lo mismo, es bastante posible que las zonas interiores de las cuevas y abrigos Quina fueran en realidad los vertederos, y que los hogares se emplazaran fuera.

En todas las épocas del año, el tipo de caza que vemos en los neandertales Quina comporta una minuciosa planificación logística. Aparte de la elección del momento oportuno, el tener que trabajar a escala para abatir y despiezar muchos renos quizá implique que la actividad no solo separaba el espacio, sino también al propio grupo. Los cazadores-recolectores, sean de la clase que sean, observan hábitos muy diferentes en lo referente a quién sale a cazar; pero enfrentarse con manadas siempre requeriría más manos que rastrear y matar bestias aisladas. Algunos yacimientos Quina denotan técnicas de matanza sistemática, lo que probablemente significa que quienes se ocupaban de los cortes y despieces iniciales, o de tareas más complicadas como quitar los tendones, no carecían de experiencia. Pero machacar los huesos para obtener médula era un trabajo que podía encomendarse incluso a los más jóvenes.

Durante el glacial EIM 4, cuando apenas había otros animales, las grandes manadas debieron captar mucha atención. Cualquier individuo de un grupo que hubiera ido a matar y despedazar renos se habría topado con otros carnívoros hambrientos, como demuestran las marcas en los huesos del león de las cavernas y el zorro de Jonzac. Además, las previsibles cacerías estacionales más o menos en el mismo sitio año tras año fueron quizá oportunidades para obtener otro recurso vital para los neandertales: la socialización.

El trabajo de la piel

Hay otro aspecto curioso en lo que hacía los neandertales Quina, y que sustituye claramente a una forma de vida de base Levallois al final del EIM 5 o principios del MIS 4; pero ¿por qué? Levallois no es una técnica menos adecuada para la carnicería, y los utensilios son portátiles. Pero Quina posee dos características únicas. Primero, es más económica en tiempo y espacio, puesto que los núcleos no necesitan tanto tratamiento; y segundo, las lascas Quina, aunque más pequeñas a veces, son más gruesas y fuertes, y por su forma —con un filo natural grueso— pueden soportar muchos más reavivados y producir más segundas generaciones.

Si los neandertales tenían que acometer rachas intensivas de despiece, ciertamente el reavivado sería una necesidad. Pero hay algo más que puede explicar la singularidad de las herramientas Quina e incluso la técnica específica de reavivado: los filos largos y con curvatura pronunciada son perfectos para trabajar la piel.

Hasta ahora nos hemos referido a esta técnica principalmente en relación con el desgaste dental visible en muchos neandertales, pero hay muchas pruebas más de que eran esmerados artesanos de la piel. Como punto de partida, en muchos yacimientos la localización de las marcas de corte e incluso el tipo de hueso sugieren que las pieles animales se transportaban de un lado a otro. Una prueba más directa, sin embargo, son las huellas de uso en los útiles líticos. La mayoría de las herramientas con pulimiento por raspar y frotar pieles se habría usado en combinación con la sujeción de la pieza con la boca o con una pierna, o apoyándola contra una superficie dura como un tronco. A veces es posible incluso distinguir los utensilios líticos usados para raspar pieles frescas y húmedas de los empleados para trabajar pellejos secos, lo que indica una segunda fase de procesado.

Es útil entender la verdadera complejidad del trabajo de la piel. Preparar una piel de ciervo lleva en torno a un día, y eso con buen tiempo. La primera tarea consiste en quitar toda la sangre, lo que debe hacerse mientras las pieles todavía están frescas, porque, al secarse, las grasas se solidifican y adhieren.[8] Esto implica que los neandertales tendrían que ejecutar esta tarea inmediatamente después de abatir la pieza, quizá en campamentos de caza cercanos. Una vez limpias y secas, las pieles pueden almacenarse durante meses. Como los neandertales practicaban habitualmente la carnicería por fases y el tallado en lugares diferentes, es más que probable que hicieran lo mismo con el

8. Como alternativa también pueden trabajarse pieles congeladas y derretidas por el deshielo.

trabajo de la piel porque requería mucho tiempo. Y, de hecho, las pieles enrolladas y puestas a ahumar durante todo el invierno pueden conservarse en mejores condiciones.

Después viene el suavizado para conseguir flexibilidad, y la conservación. El proceso empieza generalmente con la puesta en remojo, a veces añadiendo ceniza de leña, porque sus propiedades alcalinas ayudan a eliminar la grasa. Es posible que los neandertales usaran ríos, lagos o nieve o hielo derretidos para el remojo, pero también habrían servido estómagos de animales grandes o incluso fosos. Existen por todo el mundo muchos métodos tradicionales para mejorar la piel, pero siempre se emplea algún tipo de grasa. Los sesos y el tuétano son especialmente adecuados, igual que la grasa de oso, porque todos penetran con profundidad en la piel y ayudan a impermeabilizarla.

Sea cual fuere la grasa elegida, después del remojado debe introducirse en la piel, bien sea estirándola o manipulándola constantemente de alguna otra manera. Aquí es donde interviene la boca como elemento de sujeción, mientras que ahumar la piel durante esta fase ayuda a suavizarla (y permite volver a hacerlo cuando se moja por el uso).[9] Pero el ahumado es magnífico también para la conservación de las pieles ya trabajadas, y entre los cazadores-recolectores del hemisferio norte el uso de madera podrida para ahumar es casi general.

¿Pudieron realmente los neandertales haber seguido un proceso tan complicado como este? El trabajo de las pieles ya se conocía mucho antes de hace 300 ka, como indica el colágeno y los residuos capilares bajo el Horizonte de Lanzas en Schöningen; y el pulimiento de una herramienta ósea solo pudo adquirir esa forma tras horas de uso. En el caso de los yacimientos Quina, las huellas de uso en Jonzac revelaron que un buen número de los utensilios estudiados presentaban un pulimiento típico del trabajo con pieles frescas, lo que demuestra que los neandertales estaban realizando la imprescindible fase de limpieza durante el procesamiento inicial de las carcasas.

Una de las herramientas, sin embargo, presentaba huellas peculiares que demostraban su uso en piel seca. Quizá sirvió

9. En latitudes septentrionales las pieles para calzado suelen ahumarse.

para preparar una piel en otro sitio, o sencillamente se trajo a Jonzac con un desgaste previo; en cualquier caso, no cabe duda de que después fue retocada de nuevo.

Pero aparte de las actividades específicas en Jonzac, esto quiere decir que las pieles de reno en los campamentos de caza formaban parte, como la carne, la grasa y el tuétano, de un conjunto de materiales, en diferentes estadios de manufacturación, que los neandertales llevaban consigo en sus desplazamientos.

¿Por qué necesitaban los neandertales tan enorme cantidad de pieles? Una posibilidad casi nunca discutida es que hervir la piel junto con los huesos, tendones y pezuñas es un método muy conocido para elaborar pegamento. El colágeno liberado constituye un adhesivo que se viene usando desde el medievo no solo por ser fuerte, sino idóneo para trabajos delicados,[10] porque es autoadherente, mengua al secarse y puede remodelarse calentándolo, como el alquitrán de abedul. Pero para esto basta con unos trocitos; no hace falta procesar las pieles animales hasta el extremo que lo hacían los neandertales.

La respuesta evidente es, por supuesto, la ropa. Muchas reconstrucciones pintan a los neandertales vestidos con exiguos harapos de pieles, y también se ha postulado que por la relativa escasez de pequeños depredadores lanudos solo llevaban capas sueltas. Pero el modelado termal demuestra que, a menos que fueran gordísimos y con pelajes tan gruesos como los osos, era fundamental algún tipo de vestimenta ajustada. Para conseguir un buen aislamiento no hace falta adornarse con piel de glotón,[11] y los neandertales podían elegir entre renos, bisontes, osos y otros animales. Además, para confeccionar ropa tampoco son necesarias las agujas, porque las pieles pueden perforarse con piedra, hueso o incluso punzones de madera.

¿Y los pies? No hay evidencias de zapatos con suela dura, pero un calzado más blando no dejaría ningún vestigio. Además, la producción es relativamente sencilla: la piel de la pata trasera de un ciervo proporciona una especie de tubo donde in-

10. En particular para instrumentos musicales.

11. Tiene fama de ser perfecta para capuchas porque repele el hielo.

troducir el pie; si esto se hace estando mojada, al secarse se encogerá con un efecto retráctil.

Lo que hace especialmente probable la producción de ropa más allá de la fisiología de los neandertales son las múltiples evidencias de un procesado masivo para suavizar y estirar las pieles, como se observa en su desgaste dental por tensarlas y quizá masticarlas, que coincide con el de cazadores-recolectores que hacen lo propio con pieles y tendones, y más aún, es casi idéntico a las muestras de los primeros *H. sapiens.* Es mucho menos difícil imaginar a esas poblaciones llevando parkas de reno, pero los neandertales de hábitats abiertos —probablemente más fríos— tienen en realidad ropa todavía más pesada.

Así que los neandertales (y los Quina, en particular) llevaban ropa. Pero ¿de qué cantidades de pieles estamos hablando? Calculando una vestimenta muy sencilla con una prenda para la parte superior del cuerpo y mallas o falda, cada adulto necesitaría al menos cinco pieles grandes, cuyo tratamiento requeriría entre veinte y ochenta horas de trabajo, dependiendo de la especie y las particularidades del proceso. Este atuendo debería reemplazarse cada pocos años, y además hay que contar con la ropa para los niños y los envoltorios para infantes.[12] Aparte del desgaste dental, recuérdese el engrosamiento de los brazos de los neandertales, resultado de poderosas fuerzas de tracción, en buena parte por una vida en la que el trabajo con la piel era una tarea constante.

Por si eso no convenciera, añádase a las huellas de uso en los utensilios líticos de muchos yacimientos el reciente descubrimiento de un nuevo tipo de herramientas de hueso. Fabricadas con los extremos de las caderas, los neandertales tallaban el hueso para estrecharlo y formar una punta redondeada simétrica y estandarizada. Hasta ahora solo se conocen cinco ejemplos de dos yacimientos: uno de Pech l'Azé y cuatro del Abri Peyrony, a solo 35 km, donde se encuentran en niveles diferentes, uno con bifaces y otro del discoide. Todas están rotas, pero un objeto completo casi idéntico descubierto en 1907 en La Quina qui-

12. Lo lógico es que las coberturas para bebés fueran las primeras vestimentas confeccionadas con pieles, lo que nos retrotrae al Paleolítico Inferior.

zá revele su forma original: muy curvadas y con un extremo sin modificar. Estas herramientas son prácticamente clones de los llamados *lissoirs* —alisadores—, que no solo se encuentran en culturas posteriores de *H. sapiens*, sino que todavía se emplean para suavizar y lustrar pieles animales. E incluso el deterioro en los ejemplos neandertales concuerda: todos son puntas partidas por la intensa presión durante su uso.

Considerando lo exigentes que eran los neandertales con los animales y las partes del cuerpo de donde procedían sus retocadores, quizá no sorprenda que no solo seleccionaran las costillas para los *lissoirs*, sino también la especie. Los análisis de colágenos descubrieron que todos los objetos sobrevivientes son de bisonte o uro, y, sorprendentemente, tres proceden de un nivel del Abri Peyrony que es de reno en un 90 por ciento.

Esos yacimientos datan de hace unos 50 a 40 ka y demuestran que solo unos pocos miles de años después de la desaparición del tecnocomplejo Quina, los neandertales manejaban unas técnicas de procesado sumamente refinadas. No es seguro que los cazadores de renos Quina usaran también *lissoirs*, pero quizá, además de la ropa, tenían otros motivos para el trabajo intensivo de la piel. Si recordamos que muchos yacimientos Quina, incluso lugares en un estadio superior a los campamentos de caza, no parecen «viviendas» con hogares, entonces puede que estos neandertales usaran tiendas o refugios. Sabemos por La Folie que después se utilizaron construcciones al aire libre de alguna clase, pero los refugios verdaderamente portátiles armados con pieles habrían permitido a los neandertales fabricantes de Quina desplazarse con facilidad por la tundra y mantenerse calientes mientras recorrían largas distancias. Incluso si regresaban una y otra vez a cuevas o acantilados determinados para la caza y el despiece inicial, la ausencia de hogares, a pesar de que hubiera algunos materiales quemados, sugiere que esas partes de los yacimientos no han llegado hasta nosotros.

Para confeccionar los grandes tipis de culturas indígenas norteamericanas como los cayuses, dakotas, pies negros, paunis, crows y cris de las praderas se necesitan entre treinta y cincuenta pieles de ciervo, pero para transportarlas se contaba generalmente con la ayuda de caballos. Es improbable que unas estructuras de esta magnitud fueran arrastradas por los neandertales, pero tal vez usaban tiendas más pequeñas, y además tenemos la evidencia de esteras de piel en el Abric Romaní.

Lo interesante de una forma de vida que precisaba muchas pieles, ya fuera para ropa o refugios, es que a veces conduce a la llamada caza «antieconómica», en la que se persigue a los animales no por la carne, sino por las pieles. En verano los renos están bastante flacos, y el calor estropea la carne con rapidez, pero sus pieles se encuentran en buen estado, mientras que en otoño pierden calidad, en parte por los agujeros que dejan los parásitos. Además de las pieles y cortes selectos como las lenguas, puede que se desecharan otras partes, como apuntan indicios esporádicos en algunos yacimientos de renos de los neandertales, ya fueran Quina o no. En Jonzac hay unas cuantas extremidades todavía articuladas; algo parecido ocurre en el Abri du Maras, en el sureste de Francia, y muchas carcasas de Salzgitter-Lebenstedt parecen también haber sido objeto de un despiece muy somero.

Las pieles pueden producir además enseres igual de imprescindibles para la vida de los cazadores-recolectores, pero que hoy suelen pasar inadvertidos debido a su omnipresencia: las bolsas. El neandertal medio tenía probablemente mucho que llevar consigo: comida, pieles frescas, quizá materiales para un lecho, por no hablar de piedra. Podrían hacerse «bolsas» naturales con estómagos o vejigas de animales, pero las pieles son especialmente útiles por su dureza y tamaño. Envolviendo objetos y atadas con nervios o tendones, podían echarse sobre los hombros para acarrear cargas pesadas. Es perfectamente factible utilizar de esta manera una piel recién arrancada; los yacimientos con muchos huesos metatarsianos podrían indicar que se descartaban las extremidades, como asas de un bolso de viaje pasado de moda.

Los contenedores guardan relación también con el almacenamiento de comida, tal vez especialmente importante en Quina. Como se señaló en el capítulo 8, no hay evidencia directa de que los neandertales almacenaran comida, pero en un contexto glacial donde casi toda la carne se obtenía durante las grandes cacerías estacionales, puede que fuera una necesidad. A estas alturas debería estar claro que los neandertales repartían toda clase de actividades y materiales en el paisaje, así que entender el almacenamiento como un paso más en la conservación de determinados alimentos no sería mucha exageración.

Dependiendo de cómo se almacenara, el excedente proporcionaría nutrición durante semanas o incluso meses, y adquiriría especial importancia si se acercaba el invierno. Secar la carne habría sido difícil con tiempo lluvioso, pero durante los periodos glaciales el verano y el otoño eran probablemente más secos. Si los neandertales Quina de los campamentos de caza se quedaban el tiempo suficiente para terminar la primera fase del procesado de la piel, tal vez tuvieran tiempo también para empezar a secar carne, extraer grasa o incluso utilizar fuego para ahumar pieles y conservar las partes comestibles de los animales. Esta multiplicidad de tareas concuerda sin duda con la eficiencia que vemos en tantos otros aspectos del comportamiento neandertal.

¿Qué les pasó a los neandertales Quina? Si este tecnocomplejo surgió como una adaptación para sacar el máximo provecho de la tundra glacial y sus renos, ¿cómo se las arreglaron cuando las temperaturas subieron? Más atrás se vio que algunos yacimientos posteriores incluyen unos cuantos caballos, uros o bisontes, y en varios sitios esas especies son las dominantes. Esto podría indicar que algunos neandertales intentaron adaptarse a la vida esteparia, pero por otra parte en los Pirineos occidentales se advierte todavía una relación entre el clima frío, los renos y el Quina hasta hace 45 ka. Después de esto, sin embargo, parece que el «paquete» desaparece por fin.

Pero al hablar de Quina se manifiesta la tensión entre el deseo de los arqueólogos de clasificar tecnocomplejos líticos y la diversidad de lo que los neandertales necesitaban y querían hacer. Diferentes yacimientos de aquí y de allá encierran utensilios líticos que parecen corresponderse en todos los aspectos con la tecnología Quina, con cantidades ingentes de retocadores, pero que reflejan formas de vidas muy distintas. Un caso es la cueva italiana de Nadale, en las estribaciones de los Alpes, que contiene un conjunto del EIM 4 muy parecido a los Quina contemporáneos del suroeste de Francia, salvo que aquí los neandertales cazaban principalmente ciervos gigantes y ciervos comunes. El ecosistema y el comportamiento de estas especies son totalmente distintos de los de los renos, y quizá los grupos que elaboraban Quina se trasladaron a esta región y se adaptaron, o bien se trató de una innovación independiente.

Paisajes vivos

¿Cómo pensaban los neandertales su mundo? Aparte de las tareas cotidianas —despertar descansados o adormilados, ayudar a los niños a comer, encontrar lascas dentro de la piedra, seguir a los animales—, ¿qué significaba para ellos viajar, hacer una pausa por la tarde o pasar muchos días en un sitio? Aunque ya ha aparecido en este y otros capítulos, la palabra «casa» es engañosa, porque evoca al instante los conceptos occidentales y del siglo XXI de un lugar fijo. Pero para gente que vive moviéndose, la casa serán muchos lugares: el corazón mismo de la existencia se mueve también. La intimidad con los parientes es una constante que habría hecho a los neandertales sentirse «en casa», pero su profunda familiaridad con el paisaje establecía probablemente una relación de otra índole.

En los pensamientos y recuerdos de los neandertales debieron de tener cabida lugares específicos muy conocidos: el risco que se alza tras el cerro, el pinar junto al vado, la oquedad oscura en el acantilado. Las experiencias repetidas o extraordinarias son especialmente poderosas para encadenar, y es más probable que vuelvan a la memoria al revisitar lugares concretos; así pues, para los neandertales los paisajes no eran espacios abstractos, sino un flujo continuo de encuentros vividos, tanto nuevos como recordados.

Este tipo de historia se habría asimilado desde la infancia por medio de la atención y, probablemente, de la comunicación directa. Pero los lugares son algo más, cuyo significado se manifiesta por medio de un lento proceso aditivo de la costumbre y la memoria con el paso del tiempo. A esto se añaden los propios depósitos arqueológicos, que se acumulan durante siglos y milenios. Las historias, en su manifestación mental y material, influyeron posiblemente en cómo los neandertales elegían lugares concretos, estimulando incluso formas más depuradas de actividad y de vida. De esta manera, lugares como Jonzac pudieron haber surgido conceptualmente como algo parecido a la asociación reno-caza-acantilado.

En sitios donde eran visibles depósitos verdaderamente remotos, formados sin duda durante más del transcurso de una vida, podría haberse desencadenado un proceso algo distinto. Estas condensaciones culturales, transmisoras intrínsecas del paso del tiempo, tuvieron quizá el poder de extender la imaginación de los neandertales más allá del «ahora». Sabemos que reconocían e interactuaban con objetos pretéritos en abrigos y cuevas, pero ¿intuyeron al contemplar profundos lechos de huesos u hogares claramente antiguos la existencia de otras vidas que les habían precedido? En algunos lugares vemos objetos con décadas o siglos de antigüedad que, sobresaliendo del suelo y traspasando físicamente el tiempo, debieron provocar una impresión de permanencia.

Además, algunos utensilios líticos reciclados de las cuevas no parecen proceder de dispersiones superficiales. En tal caso, los neandertales habrían sido los primeros arqueólogos, pues exhumaron los erosionados vestigios de sus antepasados y los integraron una vez más en el mundo de los vivos.

Esos dedos que excavan en la blanda tierra, que palpan filos cortantes, son un recordatorio de que el conocimiento que poseían los neandertales del lugar y el territorio iba más allá de lo visual; distinguían la roca por su textura tanto como por su color, escuchaban la canción del agua no solo en su fluir sino en su temperatura, y elegían los árboles por el sonido cambiante del viento que susurraba entre sus hojas. Los neandertales, como muchas culturas indígenas, concebían la tierra no como una especie de escenario sobre el que se pisa, sino como alguien con quien era posible establecer una relación o una comunicación. Uno debe siempre caminar en compañía.

Quizá sea especulativo pensar en cómo percibían la tierra, pero mientras caminaban, se arrastraban y corrían, los neandertales se inscribían en ella. Cientos de milenios antes de que alguien escribiera la primera palabra, sus huellas fueron una especie de firma. Ya supimos de ellas más atrás al tratar de Le Rozel, donde hay en total más de 250 huellas en varios niveles. Algunas son cortos senderos marcados paso a paso, pero la mayoría son huellas aisladas. Los pies más pequeños —los de un niño que empieza a caminar— dejaron la marca más leve, e incluso se ve la huella perfecta de una mano, con los dedos extendidos en la arena, como si nos saludara después de 80 000 años.

Las huellas neandertales más antiguas que se conocen fueron estampadas más de 250 000 años antes que las de Le Rozel en las laderas del volcán extinto de Roccamonfina, en el sur de Italia. Cuando salieron a la luz por unos corrimientos de tierras en el siglo XVIII, se creyó que eran las huellas del diablo, pero en realidad las dejaron hace unos 350 ka tres neandertales, cuyos pies se hundieron en cenizas piroclásticas y flujos de lava enfriados y ablandados por la lluvia. Las más de cincuenta huellas revelan que los tres se movían de manera diferente: uno bajó zigzagueando, otro describió una curva en su camino, resbaló y dejó caer una mano para mantener el equilibrio, y el tercero avanzó en línea recta.

Los tres caminantes medían menos de 1.35 m, exactamente la estatura que se calcula a Le Moustier 1, lo que los convierte en adolescentes. Es posible que este grupo presenciara la erupción que había provocado la mezcla de ceniza, piedra pómez y roca bajo sus pies, y la posterior lluvia de ceniza que cubrió sus huellas. ¿Adónde iban? Si se siguen las tres pisadas ladera arriba, todas partían de una cornisa marcada a lo largo de unos 50 m por huellas de otros homínidos y también de animales: una vereda neandertal.[13]

También existen huellas subterráneas. Más o menos por la misma época en que los niños de Le Rozel jugaban en las costas atlánticas, en las alturas de los Cárpatos occidentales de Rumania, un adolescente neandertal que exploraba la cueva de Vârtop dejó al pisar en una extraña «leche lunar» unas huellas que pos-

13. Las huellas más altas salieron a la luz en época medieval; las personas del lugar habían intentado agrandar las huellas pequeñas para que cupieran los pies de adultos calzados con botas, que sin saberlo habrían seguido las pisadas de sus ancestros.

teriormente se endurecieron formando incrustaciones calcáreas; sorprendentemente, este es el único vestigio de la presencia de los neandertales en la cueva. Pero otros adolescentes dejaron huellas en los sitios donde vivían. La cueva de Theopetra en Grecia contiene pisadas minúsculas con más de 128 ka de antigüedad, una de las cuales corresponde quizá a un niño de solo 2 a 4 años, mientras que hay indicios de otro que llevaba algún tipo de calzado delgado.

Es insólito que tantas de esas huellas fueran de adolescentes. En muchas sociedades de cazadores-recolectores, los niños apenas reciben instrucción de los adultos, sino que aprenden en sus andanzas con otros críos de su edad. En sus espacios vitales, así como en el territorio circundante, los niños neandertales se habrían dedicado a explorar, experimentar y jugar a ser adultos, viviendo aventuras emocionantes y también corriendo riesgos. Así pues, el conocimiento que los neandertales tenían de la tierra habría ido cambiando a lo largo de sus vidas.

Hoy nos fascinan las huellas de épocas remotas, pero los rastros de criaturas vivas habrían interesado también a los neandertales. Cuando la supervivencia depende de la prodigalidad de la naturaleza, es preciso prestar atención constante a la tierra, y en consecuencia se repararía en los rastros fangosos dejados en el suelo por el paso de muchas pezuñas, o incluso en las hierbas dobladas por silenciosas patas almohadilladas. Pero, además, como los homínidos carecían de las garras, los dientes o la velocidad de otros carnívoros, el dominio de la caza requeriría práctica, colaboración y, sobre todo, conocimiento y organización. La combinación del conocimiento, como qué especies beben al amanecer, con la imaginación habría permitido predecir las distintas maneras en que un animal se vuelve vulnerable. Es muy probable que de la destilación de esta sabiduría surgiera la destreza para el rastreo, que para los cazadores-recolectores recientes, con independencia del medio o el método de cazar, resulta fundamental. Rastrear es algo más que seguir huellas; es prestar plena atención al mundo en su totalidad, hasta familiarizarse incluso con el rastro de las hormigas. Los rastreadores avezados pueden identificar no solo la especie del animal, sino la subespecie, el sexo, la edad o hasta su estado físico. Con criaturas más grandes también es posible reconocer a individuos determinados.

Los neandertales evolucionaron con 30 000 generaciones de acervo cinegético a sus espaldas. Puede que el rastro surgiera hace casi 1.5 Ma, como se desprende de las pisadas que unos homínidos dejaron en las orillas fangosas de un lago en Ileret (Kenia), donde acechaban a sus presas. La caza de persecución y resistencia está muy relacionada con el rastreo, e implica perseguir a la presa hasta agotarla, cuando es más fácil de matar. Los lobos y las hienas actúan de este modo, especialmente indicado para medios abiertos como la estepa.[14]

Lo que hace tan importante el rastreo en este tipo de caza es que estimula la capacidad para predecir el comportamiento del animal. Incluso los novatos pueden conseguirlo, como demuestra la familia Likóv, que huyendo de la persecución religiosa se adentró en la taiga rusa en 1936. Allí, a más de 240 km del núcleo de población más cercano, sobrevivieron durante 40 años, y un complemento vital para su agricultura de subsistencia fue la caza. Pero, como no tenían armas, los muchachos Likóv aprendieron por su cuenta a perseguir a los animales por el bosque hasta que caían desfallecidos. Los Likóv casi nunca tenían éxito, y a veces solo cobraban una presa al año, mientras que los neandertales dispusieron de sus vidas enteras para perfeccionar sus habilidades. Incluso si preferían la emboscada a la caza persecutoria, debieron practicar el rastreo.

Se ha apuntado también que el rastreo refinó la caza, ejerciendo un influjo que rebasaba por mucho la subsistencia. Cuando se pone difícil seguir un rastro, un cazador experto en el comportamiento de sus presas puede predecir cuándo volverán a aparecer las huellas. Muy probablemente, un ciervo asustado y cansado preferirá esconderse antes que seguir corriendo, y el saberlo determina la diferencia entre perder la presa o darle muerte. Pero no se trata solo de conocimiento: esta habilidad, conocida como rastreo especulativo, implica visualizar el estado de ánimo del animal; requiere la capacidad cognitiva para en-

14. Los climas cálidos o muy fríos son los más propicios, porque los animales tienen más probabilidades de agotarse por el calor.

tender que las perspectivas y emociones de otros difieren de las propias, que supuestamente solo poseen un puñado de especies además de los humanos.

¿Pudieron hacer esto los neandertales? No cabe duda de que el rastreo especulativo habría sido útil en medios adversos como bosques, donde los animales podían desaparecer; pero también habría ayudado en paisajes más abiertos, por ejemplo, para predecir cuándo y dónde podrían aparecer las manadas.

Además, si la pericia cinegética de los neandertales comportaba el rastreo y la capacidad de proyectarse a sí mismos en las mentes de otros, sin duda implicaba también el plantearse los pensamientos de otros homínidos. Para los rastreadores indígenas más expertos del Kalahari (Sudáfrica), las huellas de parientes cercanos son igual de reconocibles que sus caras.[15] Y los indicios físicos de la presencia de extraños, ya fueran pisadas, dispersiones líticas, restos de carbón o carcasas viejas, se habrían estudiado minuciosamente.

Vivir en un mundo así suponía hallarse rodeado por múltiples presencias. Lugares y personas estaban conectados por la piedra, la carne y otros materiales, pero también comunicados físicamente por las huellas de los senderos. Estas rutas eran como ríos de memoria que sumergían a los neandertales desde la época en que eran transportados sobre un pecho tibio hasta el lento andar de la vejez, recordando los inviernos con los renos antes de que los árboles poblaran el valle.

Los cinco capítulos anteriores han buceado en la vida neandertal, desde las microescalas de yacimientos específicos donde existen generaciones en cada golpe de paleta, hasta redes de viajeros y objetos con una extensión de cientos de kilómetros. Comparada con los millones de años anteriores, la existencia de los neandertales supuso un avance en la vida de los homínidos; llevaron vidas más complejas que todos los que los habían precedido, y quizá la mejor manera de pensar en lo que representa el Paleolítico Medio es la amplificación y el mejoramiento. En cualquier ecosistema, eran cazadores sobresalientes y astutos

15. Incluso con los pies forrados, las peculiaridades del movimiento crean patrones únicos.

recolectores. Su tecnología lítica era más eficiente y especializada, y fueron pioneros en nuevos usos de materiales orgánicos. Pero algo más profundo estaba ocurriendo.

Los neandertales fueron también los primeros que empezaron a extender sus vidas por el tiempo y el espacio de una manera no experimentada hasta entonces por ninguna criatura terrestre; desintegraron la piedra y los cuerpos de los animales con métodos más complejos y sistemáticos, trasladando los pedazos más lejos que nunca, e incluso el cambio en los retocadores, que de huesos enteros pasaron a ser fragmentos, refleja esta intensidad creciente.

Y conforme los objetos y las actividades se volvieron más especializados y separados en el espacio y el tiempo, la red de su presencia, acciones y propósitos se extendió por la tierra y por la memoria. Suyas fueron las mentes que miraban al horizonte y lo conocían íntimamente: cómo los senderos cambiaban en primavera, cuándo se anegarían los vados e incluso cuántos amaneceres faltaban para que los grandes acantilados se hicieran visibles en el recodo del río. Incluso podría afirmarse que la primera revolución que confirió significado social a la tierra la protagonizaron los neandertales, no el *H. sapiens.*

Además, todo esto coincidía con procesos cada vez más colaborativos, desde la caza hasta el despiece, y en la circulación de los recursos y el compartir la comida. Y es visible incluso dentro de los yacimientos, lo que demuestra que los neandertales no solo estaban apoyando a sus semejantes, sino abriendo nuevas vías para relacionarse unos con otros en sus espacios más íntimos.

Conforme se extraían y ponían en circulación más cosas que nunca, la manera de realizar tareas sencillas como tallar se colmó de posibilidades. Se mezclaron sustancias y se combinaron elementos. Las posibilidades de diversificación social se ampliaron: las identidades podían formarse partiendo de categorías distintas de la edad. La habilidad y la competencia en tareas cada vez más especializadas, desde la caza hasta el enmangue y el trabajo de la piel, eran para los neandertales maneras nuevas de ubicarse en el mundo. La prueba de que así lo hicieron se halla impresa en el desgaste de sus huesos y dientes, encarnación física de su pericia creciente.

Las variadas formas de vida de los neandertales son como danzas que surgen de los ritmos impuestos por hábitats específicos y se manifiestan en los tecnocomplejos y los patrones de movilidad. Pero el tempo y la coreografía eran siempre únicos, un *pas de deux* compartido con las criaturas por las que vivían y con las que vivían. E incluso cuando el movimiento por el paisaje aumentó en su escala temporal, simultáneamente, el lugar en que vivían adquirió mayor relevancia social. Las posibilidades de decidir qué ocurría y dónde se hicieron más evidentes, y el espacio interno se dividió en consonancia. Los neandertales estaban acumulando los primeros grandes archivos, los detritos de vida que forman monumentos inconscientes: la permanencia a pesar de la transitoriedad. Como pozos de memoria en un mundo inmenso y cambiante, fue en estos lugares donde los neandertales alumbraron la historia y la geografía humanas.

Y ardiendo en el centro con vivo resplandor están los fuegos. Como soles que controlan colosales fuerzas gravitacionales, todo giraba en espiral en torno al caliente corazón de la casa. 50 000 años después, los hogares de los neandertales poseen todavía propiedades extrañamente cósmicas. Entre superficies de épocas remotas cubiertas por una densa constelación de utensilios, los hogares son como agujeros de gusano arqueológicos que salvan los insondables abismos del tiempo que nos separan de moradores desaparecidos en época inmemorial. Cuando los investigadores circundan los hogares, registrando y excavando, su presencia es como un fulgor de humanidad que reanima espacios vacíos. El tiempo se desploma, y es casi como si nuestros dedos rozaran la tibieza de la piel de un neandertal sentado allí, a nuestro lado.

Aquellos cuerpos —antes con vitalidad incandescente, ahora huesos secos tras un cristal— no eran meros motores que necesitaban repostar, ni autómatas que producían sin cesar lascas aguzadas. Igual que las interacciones sociales impregnan nuestro vivir diario, el corazón del mundo de los neandertales estaba en sus relaciones. La proximidad física había sido el medio de la intimidad homínida durante millones de años, medida por el tacto, las miradas, el aspecto; pero los neandertales acuñaron una nueva moneda: las sustancias materiales. La tecnología compuesta es la manifestación de una mente que viaja por el tiempo, y fueron seguramente de los primeros homínidos que contaron historias. Las cosas que reunían, separaban, transportaban y volvían a llevar eran algo más que supervivencia: también señalan una amplificación de la comunicación, un canal de riqueza inagotable para expresar conexiones y significados más allá de lo cotidiano e inmediato.

CAPÍTULO II

COSAS HERMOSAS

El resplandor de la antorcha en las paredes muere como un crepúsculo desfalleciente mientras se apaga el rumor de las pisadas. El humo persiste, pero al final sus partículas se disipan en la negrura impenetrable. Pasan los inviernos, con los años marcados por los latidos de los osos hibernantes. La cueva está en estasis, calentada solo por sus respiraciones lentas. Generaciones de grueso pelaje han desgastado el suelo formando nidos cóncavos, mientras en derredor el agua saturada de calcita cae en hilitos, gotea, fluye. A veces los osos se despiertan temprano. Confundidos por la oscuridad, se dirigen vacilantes hacia una cámara profunda. Curiosos hocicos tocan fríos huesos tallados que reposan en largas paredes. Muchos osos, muchas veces, levantan sus cabezas olfateando agua, arcilla, cueva; en una ocasión, hace mu-

cho tiempo, algunos percibieron trazas de hueso quemado. Mas en la negrura sus ojos están ciegos ante aquella extraña construcción.

Pasan los años con lentitud, hasta que un estruendo sordo anuncia un desprendimiento de rocas que sella la cueva. Un aire polvoriento penetra en la cámara, perturbando los charcos muertos del suelo. Sin iluminación, el agua temblorosa no contiene los reflejos tiritantes de los anillos de estalagmitas cuidadosamente fabricadas. Ellos aguardan.

Para encontrar el más extraño de los yacimientos neandertales hay que ir al valle del Aveyron, una región del suroeste de Francia menos visitada que el Périgord. En su serpenteante curso de varios kilómetros atravesando profundas gargantas, el río pasa junto a una colina cerca del pueblo de Bruniquel, que esconde un secreto. En lo profundo de una cueva se encuentra algo maravilloso, sumamente raro y viejo, incluso para los neandertales. En 1990, cuando unos espeleólogos atravesaron los escombros del derrumbamiento del techo, no tenían idea de lo que aguardaba a más de 300 m de la entrada. Sobre el suelo de una ancha cámara se esparcían unas estalagmitas, pero lo que al principio parecía aleatorio resultaron ser dos formaciones más o menos circulares. Tras una datación inicial con radiocarbono que les atribuyó más de 47 ka de antigüedad, aquello siguió siendo una anomalía hasta el comienzo de una nueva campaña en el 2013. Entonces se produjo la verdadera revelación: una larga sucesión de dataciones con el método de series de uranio[1] demostró inequívocamente que esta estructura subterránea se había formado hacía más de 174 000 años. Bruniquel se convirtió al instante en unos de los yacimientos neandertales más importantes jamás descubiertos.

El meticuloso estudio realizado descubrió una extrema complejidad en todos los aspectos. Más de cuatrocientas estalagmitas habían sido fracturadas, y de entre los fragmentos los neandertales habían seleccionado porciones anchas y rectas, evidentemente con tamaños preconcebidos. Alineando sus «espeleofactos»,

1. Método radiométrico que mide la desintegración de un isótopo de uranio en incrustaciones calcáreas y estalagmitas.

formaron dos círculos en el suelo de la cámara. El mayor tiene más de 6 × 4 m y contiene dos pequeñas pilas de espeleofactos, con otras dos pilas colocadas externamente a cada extremo. Un segundo círculo más pequeño, pero más redondo, se sitúa a un lado.

Aunque las pilas de columnas rotas recuerdan una ruina clásica, al examinarlas más de cerca queda claro que esto no es un amontonamiento fortuito, sino una construcción. Cada anillo está formado por cuatro niveles, con algunas secciones verticales a modo de contrafuertes, y una zona presenta cinco espeleofactos alargados que sobresalen uno junto a otro. Este grado de complejidad rebasa la función de apoyo y entra en la arquitectura. Por detrás de los cinco «centinelas» puede verse un elemento en doble suspensión: una plancha plana mantenida en equilibrio sobre un cilindro, que a su vez sostiene otras piezas.

Este es ya un lugar que rebasa lo singular para inscribirse en lo extraordinario. Pero hay más. Se identificaron quemaduras en varios puntos de los anillos y dentro de las pequeñas pilas. De hecho, en torno a una cuarta parte de los espeleofactos habían sido expuestos al fuego, y en algunos casos parece como si se hubieran encendido hogueras encima de las estructuras. También son visibles algunos fragmentos de hueso quemado, el mayor de los cuales —dentro de una de las pilas— podría ser de oso.

Tanto la construcción de los espeleofactos como el fuego que carbonizó aquel fragmento de hueso ocurrieron hace entre 178.6 y 174.4 ka, y con la resolución de datación hoy disponible se puede afirmar que son básicamente contemporáneos. Ningún proceso natural podría explicar los anillos: los osos que hibernan en cuevas pueden dañar las estalagmitas mientras se mueven en la oscuridad, pero los anillos no solo son más grandes que cualquier osera, sino que quedarían sin explicar las paredes construidas.

Cuanto más se piensa en el misterio de Bruniquel, más insondable parece. No es un lugar para quedarse, como otras cuevas o abrigos, porque por su profundidad en la ladera habría necesitado iluminación continua, lo que supone no solo un esfuerzo hercúleo en la búsqueda de combustible, sino también un humo asfixiante. Además, las hogueras encima de las paredes del anillo carecen de lógica si esta era una estructura para vivir en su interior. Las formaciones calcáreas cubren casi todo el suelo entre las estructuras, pero no se ven desechos líticos ni de matanza.

Y construir los anillos no fue una hazaña ocasional. El peso total de los espeleofactos ordenados supera las dos toneladas, e incluso dando por supuesta la participación de varios individuos, su construcción debió durar al menos de seis a siete horas.[2] ¿Por qué iban los neandertales a pasar horas —quizá días— bajo tierra fragmentando, cargando, apilando, equilibrando y quemando rocas pesadas?

Las imágenes cenitales con escaneado láser son las que mejor transmiten lo insólito del lugar. Las estalagmitas truncadas emergen como árboles de algún bosque hundido a través del suelo calcáreo, y los anillos transmiten intencionalidad. Pero ¿cuál exactamente? La remota cámara es una de las partes más espaciosas de la cueva, pero con un emplazamiento algo secreto en el punto donde las paredes se angostan, torciendo por un corredor que discurre a lo largo de por lo menos 100 m.[3]

Las zonas quemadas son otro misterio: es probable que algunas proporcionaran luz, pero el daño por calor intenso en algunos espeleofactos sugiere que este pudo contribuir también a su fracturación. ¿Y qué eran los huesos?, ¿combustible?, ¿comida? Lo más curioso es que el análisis magnético, capaz de detectar evidencias de un calentamiento antiguo, demostró dos cosas: que pueden existir otros hogares bajo el suelo calcáreo, y que las zonas quemadas tienen núcleos dobles. Esto último significa que muy probablemente los hogares se volvieron a encender, lo que sugiere que los neandertales repetían sus visitas.

Envuelta en un halo espectral, la relevancia de la cámara de los anillos de Bruniquel es inmensa, por cuanto se trata de la única construcción monumental levantada por neandertales.

2. Calculando un promedio de un minuto para encontrar, modificar e instalar cada una de las 400 piezas.

3. El final del sistema de cuevas no se ha explorado todavía, pero tuvo que haber otra entrada para los osos que hibernaron después del derrumbe principal.

Pero profundizando en su estudio, todo en ella repite los procesos de fragmentación y acumulación característicos de muchos otros aspectos de la vida neandertal. Internándose en el cuerpo de la tierra, quizá la ornamentación de las coladas y la floresta de protuberancias blancas y nudosas parecían carne, tripas y huesos: una carcasa de piedra despiezada y nuevamente ensamblada.

La mente en el cuerpo

Bruniquel desafía el concepto de la estricta supervivencia como única explicación del comportamiento neandertal. Fue sin duda obra de mentes que pensaban, pero que también sentían. En realidad, las emociones subyacen a casi todo lo que hacen las personas, aun cuando existan asimismo explicaciones lógicas. Todas las culturas humanas alientan además un deseo de trascendencia. Ya se exprese pintando las paredes de las cuevas, erigiendo catedrales, cantando canciones sagradas y milenarias o escalando cumbres aéreas, este impulso es común a todas las personas a través del tiempo y el espacio. ¿Experimentaron los neandertales pulsiones similares, que tal vez los indujeron a construir una cámara de anillos en la oscuridad?

Cavilar sobre mentes de hace 50 o 100 milenios es por supuesto una empresa erizada de dificultades, entre otros motivos porque incluso con personas vivas comprender el milagro de la conciencia es como tocar un espejismo. Hasta que podamos determinar cómo se amalgaman nuestras neuronas y sistemas sensoriales para producir percepciones y emociones, hacer lo propio con los neandertales es una tarea que nos supera; pero eso no quiere decir que no podamos hacer suposiciones fundadas.

Como ocurre con nuestros parientes los grandes simios, el fundamento de su existencia habrían sido las emociones. El miedo, el placer, el dolor y el deseo —martilleo de corazones, tripas contraídas, tensión en las entrañas— habrían fluido a raudales por cada neandertal que pobló el planeta. Pero algunos simios parecen expresar sentimientos con matices más complejos. En particular, se han observado chimpancés que responden con arrebatos primarios a fenómenos naturales como aguaceros o cataratas. Adscribir algún grado de espiritualidad formal a los neandertales sería ir más allá de las evidencias arqueológicas, pero también ellos se encontraron con todas las maravillas sensoriales de la vida. Quizá cuando los fotones de una rosácea puesta de sol saturaban sus retinas, o cuando la canción quejumbrosa de un formidable glaciar llenaba sus oídos, los cerebros de los neandertales traducían estas percepciones a algo parecido al sobrecogimiento.

Sentir un pasmo interior ya es algo, pero poder compartir una experiencia sobrecogedora o trascendente es mucho más intenso. Para que surja una vida metafísica, el lenguaje es fundamental porque permite que cristalicen la emoción y el significado. Si los neandertales utilizaban algún tipo de lenguaje es, por supuesto, una de las preguntas más recurrentes sobre ellos. ¿Qué nos dice la ciencia neurológica más avanzada? Comparados con todo el linaje *Homo*, los cerebros de los neandertales son, como los nuestros, enormes. Pese a ser menos bulbosos, la capacidad media de sus cráneos era un poco mayor. Eso significa más neuronas: las tuberías que conectan las diferentes zonas. Pero no es solo cuestión de cantidad.

Más importante es la organización. Las frentes más achatadas de los neandertales dejaban menos sitio para la zona del córtex frontal, íntimamente conectada con procesos mentales complejos como la memoria y el lenguaje. Y también eran más pequeños sus cerebelos, otra área asociada a la concentración, la comunicación y el lenguaje. En los humanos actuales, los cerebelos reducidos parecen indicar habilidades más toscas, y en los neandertales las conexiones con otras zonas relacionadas con el lenguaje eran también más pequeñas. Sin embargo, como ocurre con las discusiones del capítulo 3 sobre posibles compensaciones cognitivas por su sistema visual más desarrollado, es extremadamente difícil asegurar si en los neandertales el tamaño equivale verdaderamente a la competencia, o si su materia gris quedaba compensada de alguna otra manera. Nuestros propios cerebros se han encogido ligeramente desde los primeros *H. sapiens*, sin mengua aparente de la capacidad cognitiva.

Cuando sumamos cuerpos y arqueología, las probabilidades empiezan a decantarse en favor de alguna comunicación hablada. Aunque este punto se ha discutido mucho, hoy parece que las cuerdas vocales de los neandertales podían producir el mismo rango de sonidos que nosotros. Quizá hubo algunas sutiles diferencias en vocales como «a», pero su control de la respiración no era notablemente inferior, lo que les daba la capacidad de emitir combinaciones largas de sonidos. Además, aunque la forma de su oído interno era algo distinta, se adecuaba con similar precisión a las frecuencias de sonido generadas por el habla. Si en los humanos estos rasgos anatómicos se consideran especializados para el lenguaje, entonces los neandertales no pueden haber sido tan diferentes. Lo mismo rige para los cerebros: ahora mismo, dentro de tu cabeza, la zona de Broca se ocupa de entender las palabras de esta página, y también estaba muy desarrollada en los neandertales, con neuronas que se habrían iluminado mientras unas manos con mucha práctica tallaban un núcleo Levallois, o incluso cuando los niños observaban a sus mayores despiezando carcasas.

La prueba complementaria del lenguaje procede de que los neandertales parecen mostrar índices similares de lateralidad. Las microestrías dentales y los patrones de talla en los núcleos confirman la preponderancia de los diestros, lo que se refleja también en la asimetría de un lado de sus cerebros. Pero en cuanto profundizamos en la genética, todo se complica. El gen FOXP2 sirve de ejemplo: los humanos experimentaron una mutación que cambió solo dos aminoácidos con respecto a los de otros animales, fueran chimpancés u ornitorrincos. El FOXP2 participa sin duda en la capacidad cognitiva y de lenguaje físico en las personas, pero no es el gen del lenguaje —que no existe—, aunque sí afecta a múltiples aspectos del desarrollo del cerebro y el sistema nervioso central. Cuando se confirmó que los neandertales tenían el mismo gen FOXP2 que nosotros, se entendió como una prueba contundente de que podían «hablar». Pero se ha descubierto otra alteración más sutil que se produjo después de que nos escindiéramos de ellos; es mínima —solo una proteína—, y aunque todavía no se conoce con precisión su efecto anatómico, los experimentos demuestran que modifican el funcionamiento del FOXP2. Resquicios de luz como este nos fascinan, pero estamos lejos de concebir una receta genética en que la adición, o la supresión, de este ingrediente convierta a los neandertales en locuaces o lacónicos.

Poniéndolo todo en la balanza, es muy probable que los neandertales hablaran de alguna forma, pero ¿sobre qué? Numerosos animales llaman la atención sobre las cosas, y las vocalizaciones de algunos primates incluso contienen información contextual: el tipo de depredador y dónde se encuentra. Pero una comunicación más sutil, como describir cosas que ya ocurrieron o aún no han sucedido, requiere la comprensión del orden y del tiempo. Hay sobradas evidencias arqueológicas de que los neandertales estaban organizados con respecto a quién iba dónde y cuándo, así que es probable que su actividad colaborativa se discutiera hasta cierto punto.

¿Podían contar historias? Los relatos que narramos entretejen pasado, futuro e incluso creaciones mágicas. Puede argüirse que todos estos conceptos se materializan en las herramientas compuestas: objetos como elementos sintácticos formados de partes ordenadas procedentes de numerosos lugares que se van añadiendo en momentos diferentes. Al fabricarlas y utilizarlas, la imaginación de los neandertales iba mucho más allá del aquí y el ahora, y en el caso del alquitrán de abedul incluía hasta una sustancia «sobrenatural».

Acaso el requisito primordial para contar historias, con independencia del tema, sea el deseo de conexión. Puestos en pie junto a un charco con aguas de quietud cristalina, no hay duda de que los neandertales reconocían su reflejo, igual que los delfines, elefantes y simios. Con esta capacidad viene la empatía y la comprensión de los puntos de vista ajenos, y todo se combina en sistemas de significación compartidos. El lenguaje son símbolos sonoros de compresión común y efectiva, e incluso los simios cautivos aprenden a expresar ideas sencillas —como «dame pelota»— utilizando símbolos gráficos. Pero nunca usan esta habilidad para ponerse a platicar, que es precisamente lo que define la comunicación cotidiana entre los humanos. Es muy probable que los neandertales también utilizaran símbolos, por lo menos con gestos, además de aprender a distinguir las huellas de los animales, que son, en esencia, signos gráficos para cada especie. Desde luego se reían, tal vez bromeaban, y quizá memorizaban crónicas, por llamarlas así. Y regresando a los anillos de Bruniquel, nos encontramos con una creación que evoca significados más profundos.

He aquí una rara coincidencia: doblando desde Bruniquel el recodo del río se encuentra el abrigo de Montastruc. Un par de años después de que Falconer diera testimonio del grabado del mamut de La Madeleine en 1864, Montastruc proporcionó otros extraordinarios *objets d'art* del Paleolítico Superior, entre ellos dos renos tallados, probablemente nadando. En el capítulo anterior se explicó la importancia capital de estos animales en las vidas de algunos neandertales, que además tuvieron que haberlos visto cruzando ríos; y sin embargo, en los casi 150 años transcurridos desde el descubrimiento de la talla de Montastruc, no han aparecido utensilios comparables en ninguno de sus yacimientos. Por otra parte, en las tres últimas décadas han proliferado las evidencias arqueológicas —aparte de Bruniquel— de los aspectos simbólicos en la vida neandertal.

Como en todas las culturas humanas, su experiencia cotidiana les habría imbuido asociaciones: oír relinchos implicaba caballo, oler humo significaba fuego. Pero ¿existían también significados más abstractos y simbólicos, como rojo = sangre? Los sistemas visuales de los primates perciben sobre todo colores intensos, especialmente rojos, así como el brillo. Los objetos brillantes atraen también la atención de los arqueólogos, y ese reconocimiento puede rescatar del olvido algún vestigio precioso. ¿Tenían también los neandertales, como las urracas, querencia por todo lo que brilla? Cuando se encuentran objetos con esas cualidades, pero sin ninguna utilidad práctica, es difícil no atribuir instintivamente una motivación estética a su presencia.

Los casos más sencillos son los *manuports* (objetos no modificados llevados por humanos al yacimiento), siempre raros en comparación con los huesos o utensilios líticos, pero conocidos en todo el mundo neandertal. Entre los ejemplos figuran un cristal de cuarzo en el Abri des Pêcheurs, en el sureste de Francia, o una concha fosilizada en Pech de l'Azé I. Los objetos brillantes acaparan las miradas, mientras que los fósiles son remedos de cosas vivas impresos en una sustancia inesperada, así que debemos suponer que despertaban la curiosidad de los neandertales. También recogían objetos con cualidades táctiles infrecuentes, como la piedra pómez de algunos yacimientos italianos. Y estas curiosidades recorrían además largas distancias: el fósil de Pech de l'Azé I fue transportado por lo menos 30 km, y dado que todo lo que se levantaba del suelo y cargaba tenía que considerarse importante, la elección no fue casual.

Pero ¿eran simbólicas estas cosas? Los pergoleros recolectan baratijas por instinto y montan exposiciones de «quincalla», pero su propósito es atraer a las hembras, como las colas de los pavos reales, y no parecen movidos por la curiosidad. Sin embargo, no podemos dar por sentado que nuestros patrones de significación fueran compartidos siempre por los neandertales. La belleza de los utensilios líticos de cristal de roca del Abri des Merveilles, en el suroeste de Francia, podría indicar que eran objetos importantes, pero de hecho los neandertales los extraían y tallaban exactamente igual que otras rocas.

Lo que se necesita para inferir algo más profundo es un tratamiento especial, o bien asociaciones repetidas y patrones de conducta. La cueva de Cioarei-Boroşteni en los Cárpatos meridionales podría contener algo en este sentido. Las excavaciones de los últimos 20 años descubrieron un objeto duro parecido a una bola, lo bastante grande para abarcarlo con una mano, pero extraordinariamente denso. El escaneo reveló que era un mineral procedente de una geoda, tal vez un ópalo. Se desconoce dónde lo encontraron los neandertales; el río de aquella zona pasa por regiones volcánicas donde podrían hallarse geodas, pero es tan pesado que difícilmente pudo rodar corriente abajo.

Cuando se retiró la costra de carbonato de la superficie de este objeto de por sí tan curioso, aparecieron minúsculas manchas de color. El microscopio reveló manchas de ocre[4] rojo recubiertas por un material negro no identificado. La geoda es una anomalía en Cioarei-Boroşteni, pero no así el uso de pigmentos. En un nivel suprayacente se encontraron residuos rojos y negros dentro de ocho secciones cóncavas de estalagmita y costra de calcita; son muy pequeñas —la mayoría de unos 6 cm

4. *Ocre* es un término genérico para los pigmentos naturales rojos o amarillos constituidos por óxidos de hierro, goethita y arcillas.

de diámetro— y no está claro si los neandertales les dieron forma o usaron pedazos ya rotos, pero se asemejan mucho a receptáculos. Para qué se usó el pigmento es algo que solo cabe imaginar, pero la relevancia de Cioarei-Boroşteni reside en que demuestra que los neandertales se dedicaron, durante periodos de tiempo considerables, a aplicar color a cosas inhabituales. Eso, en lo fundamental, es una definición del arte.

Color

En la búsqueda de evidencias de un simbolismo neandertal, los pigmentos han protagonizado un *boom* en la década pasada. Ya se venían observando restos aislados desde el siglo XX, pero los recientes adelantos analíticos han permitido identificar pigmentos en más de setenta yacimientos, solo en Europa. Además de minerales rojos y amarillos, los neandertales obtenían y usaban diversas sustancias negras. Pero ¿para qué? El color es fundamental para la ostentación visual y la comunicación social en todo el mundo animal, pero también tiene aplicaciones prácticas. Los minerales pueden usarse como protector solar, repelente de insectos, tratamiento capilar o incluso antisépticos; los ocres, en particular, pueden servir para trabajar la piel o como aditivo en los pegamentos para enmangar, mientras que como se señaló en el capítulo 9, el manganeso negro puede ser útil para encender fuego.

Desde luego, las evidencias del uso de pigmentos abundan: muchos nódulos presentan huellas de desgaste, a veces por frotamiento con cosas blandas, o por un raspado que produjo polvo de color intenso. Asombrosamente, sabemos que hace ya entre 250 y 200 ka los neandertales hacían ocre rojo líquido. El análisis minucioso de sedimentos con manchas rojas del yacimiento al aire libre de Maastricht-Belvédère (Países Bajos) reveló que eran de ocre. La fuente más próxima distaba entre 40 y 80 km, pero no se sabe si lo transportaban en bloque o ya pulverizado. Probablemente se mezclaba en el yacimiento, ya fuera en algún receptáculo o con la boca.

Existen en África central algunas canteras de ocre más antiguas, obra probablemente de los primeros *H. sapiens*, pero Maastricht-Belvédère es el uso del pigmento más antiguo que se conoce. Para los neandertales, con el paso del tiempo el empleo de pigmentos se vuelve mucho más común en el registro arqueológico. Lo más impresionante es que en niveles de hace unos 60 ka en Pech de l'Azé I hay unos quinientos fragmentos de manganeso negro, de los que al menos la mitad presentaban diversas huellas de desgaste. Y aunque en conjunto hay menos fragmentos, al lado mismo, en Pech de l'Azé IV, el hecho de que se extiendan por nueve niveles apunta a un comportamiento continuado.

Combe Grenal es notable también por el uso prolongado de pigmentos, con unos setenta bloques en dieciséis niveles. Pero aquí los colores y usos cambian, y parecen asociados a tecnocomplejos diferentes. La mayoría de los niveles Quina tiene sobre todo minerales negro-grisáceos, con un desgaste que va desde el raspado hasta el molido; uno incluso parece haberse usado como retocador. Después de esto, el empleo de minerales disminuye, pero aparecen fragmentos rojos sin desgaste. Luego, durante una fase de conjuntos discoides, aparecen más rojos, marrones y amarillos, pero con composiciones químicas diferentes y que debieron proceder de otras fuentes.

En algunos yacimientos del suroeste de Francia es posible establecer que, una vez más, los neandertales se centraban en la calidad, para lo cual tuvieron que buscar en zonas extensas los minerales de manganeso más ricos, o bien seleccionar las mejores piezas en fuentes específicas.

Las nuevas investigaciones en Scladina (Bélgica) revelan que en algunas situaciones el color era el factor determinante. Hace más de 50 ka, los neandertales transportaron hasta la cueva más de cincuenta fragmentos de limolita, planos y de color gris oscuro, desde una alta meseta situada por lo menos a 40 km. No se encontraron huellas de uso visibles,[5] pero esta piedra rica en grafito carece de valor pirogénico, es sumamente blanda y cuando se frota deja claras marcas negras.

La exigencia de los neandertales en la búsqueda sistemática de pigmentos nos dice que, con independencia de su uso, no era

5. Probablemente por arqueólogos que las lavaron antes de percatarse de su importancia.

algo irreflexivo. Es muy interesante que algunos yacimientos denoten conexiones entre pigmentos y conchas. La cueva de los Aviones se emplaza bajo un fuerte del siglo XVIII en el puerto de Cartagena. Los restos de depósitos junto a la antigua boca de la cueva contienen cientos de conchas, probablemente recolectadas para comer; pero bajo el sedimento cementado, en dos almendras de mar, era visible el ocre rojo. Se ha afirmado que las pequeñas perforaciones cerca de los extremos de ambas conchas son artificiales,[6] pero fuera o no el caso, no se trata de anomalías. Un hueso de caballo y otras tres conchas —de ostras rojas— también presentan pigmentos, y demuestran que los neandertales mezclaban los colores. El análisis reveló que la «receta» contenía hematita, goethita, carbono negro (es probable que carbón o hueso quemado), caliza y pirita.

El descubrimiento de la cueva de los Aviones dio lugar a titulares especulativos sobre la cosmética y las joyas neandertales; pero, sin llegar a tanto, es un hallazgo de suma importancia. A pesar de su pequeño tamaño, las conchas pudieron ser receptáculos, aunque la mezcla debió de efectuarse en otro lugar. Estos neandertales estaban experimentando, combinando sustancias para crear distintos efectos visuales. Además, tuvieron que haber obtenido los ingredientes de distintos afloramientos rocosos, los más cercanos a varios kilómetros de distancia.

La reciente datación de los depósitos calcáreos que recubren la cueva de los Aviones arrojó un resultado inesperado de 115 ka, una antigüedad muy superior a la establecida por radiocarbono. De confirmarse este dato, el uso de pigmentos complejos se retrotraería mucho tiempo en la historia neandertal.

En otros lugares, los neandertales aplicaban pigmento a conchas que indudablemente no eran desechos de comida. El análisis microscópico de un diminuto molusco fósil del nivel discoide A9 en la cueva de Fumane identificó ocre rojo puro en microperforaciones superficiales, pero solo por el exterior. Y lo que es más, el pigmento se obtuvo a 20 km de distancia, mien-

6. En otras conchas, las perforaciones de origen natural parecen algo diferentes.

tras que las rocas más cercanas con esos fósiles quedan a más de 100 km de Fumane.

Combinados, la concha fósil y el pigmento son algo más que dos materiales infrecuentes: adquieren un significado nuevo y distintivo, un carácter singular. Los investigadores observaron además un desgaste en el borde de la concha, que había sido rozado lateral y repetidamente con algo blando pero abrasivo, lo que indica que en algún momento estuvo ensartada o fijada con una correa o un hilo. Era un artefacto estético, coloreado para que se viera.

Este objeto provocó un aluvión de hipótesis, todas con respaldo arqueológico. Hace unos 46 ka, una neandertal observó unas conchas petrificadas en la caliza y extrajo una; llevándola siempre encima, la conservó tanto tiempo que su superficie se fue puliendo. Sus dedos le imprimieron un color rojo especial, dejando una mancha en su piel. Finalmente, un día la concha se le cayó de su lugar habitual —envuelta o atada en cuero— y, sin darse cuenta o a sabiendas, la dejó atrás en las montañas.

De haber sido exhumada la concha en un yacimiento de *H. sapiens,* ver en este hecho un comportamiento simbólico sería incontrovertible. Ya fuera su uso práctico o estético, aquel objeto era indudablemente apreciado.

Los pigmentos eran sin duda mucho más comunes entre los neandertales de lo que estos minúsculos indicios nos llevan a creer. Puede que se usaran también sobre lienzos bastante más grandes que las conchas. En el 2018 se anunciaron nuevas dataciones de tres cuevas en la península ibérica llenas de pinturas del Paleolítico Superior. Todas las muestras cubrían o eran adyacentes a pigmentos rojos, y eran tan antiguas que solo los neandertales pudieron haber estado por aquellos contornos. En la cueva de Ardales (Málaga), varias estalagmitas y formaciones calcáreas de diferentes zonas presentan manchas rojas, a veces solo apreciables como una capa dentro de formaciones fragmentadas, ocultas por el paso del tiempo. Las nuevas dataciones parecen dividirse en dos fases, la más reciente con una antigüedad mínima de 36 ka, por lo que podría ser *H. sapiens.* Pero algunas dataciones más antiguas arrojaban edades mínimas anteriores 45 ka, y una llegaba a nada menos que a 65 ka.

Por sí sola, Ardales ya revestiría inmensa importancia, pero los otros yacimientos fueron de lo más inesperados. En La Pasiega (Cantabria), una zona muestreada de la costra de milímetros de espesor que cubría una línea roja vertical sugiere que esta había sido pintada hace mucho más de 60 ka. El tercer yacimiento también era diferente. Maltravieso (Cáceres) ya era conocida por sus pinturas parietales de manos estarcidas en negativo, un motivo que aparece en numerosas cuevas decoradas del Paleolítico Superior. En el techo de una zona aislada, el revelado fotográfico descubrió un ejemplo apenas visible, y cuando se dataron muestras de la calcita adyacente, la más antigua superó los 54 000 años. Aunque el alquitrán de abedul de Königsaue y las arenas de Le Rozel presentan improntas accidentales, de ser auténtica, esta sería la primera imagen deliberada de una mano neandertal, algo que cuando se piensa sobrecoge.

Estos descubrimientos han suscitado encendidos debates sobre si los neandertales fueron verdaderamente los artistas. La cronología debería disipar toda duda: transcurrió más tiempo entre algunas de las pinturas y cualquier señal del *H. sapiens* en la región que entre nosotros y el final de la última glaciación. Pero, para muchos, las fechas son literalmente increíbles, en el sentido de que son muy improbables; son anomalías extremas, incluso para otras muestras de calcita de estos yacimientos. Las mismas cuevas tienen paneles de pinturas que, basándose en abundantes evidencias independientes, se cree que pertenecen al Paleolítico Superior. La línea de La Pasiega forma parte de un diseño reticular mayor rodeado por otras imágenes, en todas las cuales las dataciones de la costra que las recubre son inferiores a 12 ka, y en toda la cueva ninguna datación supera los 22 ka. La situación es parecida en Maltravieso.

Las cuevas son sumamente engañosas en términos geoquímicos, y a falta de una explicación de por qué se formaron costras adyacentes en épocas tan distantes, la sospecha recae en la contaminación.[7]

7. La contaminación natural por uranio que da una antigüedad errónea puede descartarse con otros métodos; lo ideal es que las muestras sean extraídas hasta el nivel de la roca y microlaminadas en laboratorio.

Lleguen o no a verificarse las dataciones de los yacimientos ibéricos, las implicaciones que representan para la estética neandertal quizá no sean tan revolucionarias. Una raya pintada en la pared de una cueva no es tan diferente de las rayas en pieles animales, hueso o madera. Y el negativo de la mano, aunque sin duda llamativo, tal vez no constituya un formidable salto cognitivo para homínidos que probablemente ya entendían la idea de representación. Las huellas de animales son en definitiva símbolos, e incluso el mero rastreo requiere que cristalice en la mente una forma «idealizada». Las huellas de manos, por tanto, son rastros humanos, y visibles en la vida cotidiana, ya estén ensangrentadas por la carnicería o manchadas de hollín. Además, puede que un yacimiento francés poco conocido proporcione otra evidencia de que los neandertales de otros lugares dejaban marcas en las paredes y las pintaban.

En 1846, dos años antes de que apareciera el cráneo de la cantera de Forbes, se descubrieron unas cuevas cerca del pueblo de Langeais, próximo a Tours, probablemente por unos trabajadores ferroviarios que excavaban un paredón rocoso. Una de ellas, conocida como La Roche-Cotard, estaba ampliamente vaciada ya en 1913, pero las nuevas investigaciones a partir del 2008 descubrieron pequeñas manchas de pigmento rojo en las paredes, junto con huellas de dedos en depósitos limosos. El estudio geológico y los archivos de la excavación de principios del siglo XX sugieren que la cueva estuvo rellena hasta los 20 a 50 cm del techo, y después quedó sellada hace de 39 a 35 ka. Solo se encontraron utensilios líticos del Paleolítico Medio, junto con fauna datada hace entre 50 y 40 ka, todo lo cual implica que el pigmento y los dedos son obra de neandertales.

Este yacimiento, indudablemente, dista mucho de ser ideal en cuanto a datación directa y contexto, pero el uso del pigmento concuerda con lo que vemos en otros lugares. Lo más interesante es que el punto más grande se encuentra sobre una rara y sinuosa formación de *chert*, que surge de la pared como entrañas de la propia roca. Y la doble presencia de pigmento y dedos conecta con otro ámbito de la relación de los neandertales con lo material: las marcas grabadas.

Marcas

Los neandertales pasaban mucho tiempo practicando incisiones, raspando y dejando marcas en diferentes sustancias, con frecuencia como subproducto de otras actividades; piénsese en las marcas de corte en los despieces. Pero a veces, y cada vez con más frecuencia, da la impresión de que lo importante era la propia marca, y en ocasiones incluso grababan los propios pigmentos.

En el mismo nivel de Les Bossats adonde se habían llevado grandes piedras, se encontraron más de ochenta pequeños nódulos anaranjados. Utilizando métodos analíticos del siglo XXI —entre ellos el único acelerador de partículas del mundo destinado a ese fin—, los investigadores demostraron que, en vez de formaciones locales ricas en hierro,[8] los neandertales habían usado minerales traídos desde la otra orilla del río Loing.

Los depósitos disponibles distaban entre 5 y 40 km, pero solo se habían seleccionado las concreciones más puras. Lo más extraño es que, entre las diversas huellas de uso, como el machaqueo, raspado y suavizado, en algunos nódulos se habían practicado incisiones en forma de rayas profundas y paralelas; son diferentes del tipo de arañazos que producirían polvo y aparecen en grupo de dos a cuatro. Todos los pigmentos se encontraron a menos de 10 m unos de otros, y algunos incluso apisonados con utensilios líticos, fragmentos óseos y materiales quemados en dos pequeñas depresiones, tal vez excavadas a propósito. En yacimientos tempranos de *H. sapiens*, cuando aparecen objetos casi idénticos son interpretados como formas gráficas, y muy posiblemente simbólicas.

Estos hallazgos son raros en yacimientos neandertales; sin embargo, quizá haya otro ejemplo entre los trozos de manganeso de Pech de l'Azé I. Pero se conocen marcas de cortes en muchos otros materiales. Los arañazos sobre el córtex, la capa calcárea exterior de algunos utensilios líticos, pueden provocarse por accidente. Por otra parte, las rayas y punteaduras en objetos de algunos yacimientos italianos tuvieron que hacerse antes de que se tallara el núcleo, algo difícil de explicar salvo como una

8. Conocidas como *crottes de fer*, literalmente «cacas de hierro».

manera de obtener polvo blanco. De hecho, entre el pigmento rojo y negro de Combe Grenal, los neandertales introdujeron cuatro fragmentos de caliza.

Pero un pequeño grabado sobre córtex de Kiik-Koba, en los montes de Crimea orientales, parece distinto. El análisis microscópico reveló que trece rayas más o menos paralelas se efectuaron probablemente con la misma herramienta. Sin embargo, se observa que tres de ellas son más cortas y presentan una forma característica, debida quizá a la participación de otro grabador o a un cambio de la herramienta. El córtex no habría generado polvo, y todas las líneas empiezan y terminan dentro de la superficie del artefacto. Con independencia del motivo, es difícil ver en este objeto algo distinto de un proyecto estético: ejecutado rápidamente, pero focalizando la atención.

Más frecuentes que en minerales o piedras son las incisiones en restos animales. Aunque el examen microscópico ha desechado varios ejemplos por considerarlos marcas de carnicería o naturales, en algunos otros no cabe tal explicación. El más antiguo es un hueso de elefante de Bilzingsleben (Alemania) grabado con dos series de líneas paralelas en ángulos diferentes. Con una datación que ronda los 350 ka, no es mucho más antiguo que Schöningen y fue probablemente obra de los primeros neandertales, pero tras este vienen otros objetos que corresponden a los 150 000 años siguientes. En contraste, recientemente han surgido tres nuevos hallazgos, todos datados hace entre 90 y 45 ka, y todos en especies inusuales.

En la cueva de Pešturina (Serbia), diez líneas en abanico sobre un hueso, con probabilidad del cuello de un oso viejo, difícilmente pudieron tener su origen durante el despiece. Los dos otros artefactos son pequeños, pero notables por su potencial carga simbólica.

Uno se hizo sobre un hueso de hiena de Les Pradelles, y el otro sobre un ala de cuervo del abrigo Zaskalnaya VI, en los montes de Crimea. Pese a su distancia geográfica y el método utilizado, ambos artefactos comparten pequeñas secuencias de incisiones con espacios uniformes de separación.

Cinco de las siete muescas en el hueso de Zaskalnaya son profundas, pero dos que parecen añadidas en medio son hendiduras mucho más someras, probablemente usando la misma herramienta, pero sostenida de manera diferente. Sin esos dos añadidos, el efecto conjunto se habría percibido como inarmónico, luego su finalidad es estética.

El hueso de la hiena de Les Pradelles es aún más insólito. Sobre una superficie de solo 5 cm de largo, un neandertal efectuó nueve incisiones paralelas de formas muy similares. Cortadas todas en la misma dirección, con una sola herramienta y quizá al mismo tiempo, la marca final parece haberse encajado trabajosamente en el estrechamiento del hueso, como si su inclusión fuera más importante que la apariencia integral de la pieza.

Después viene lo raro: cerca de la base de la tercera línea hay otro conjunto de ocho muescas minúsculas, en dos pares, que se intersecan en sus puntos de origen. Con una longitud de solo 2 a 3 mm, son sin embargo regulares, se hicieron con la misma herramienta —no necesariamente la misma con la que se trazó la serie grande— y, sin lugar a dudas, no son naturales.

Las marcas de Zaskalnaya y Les Pradelles van más allá de otros grabados neandertales porque muestran regularidad y estructura. El hueso de cuervo denota un deseo de ajustarse a un patrón, que podría incluir las marcas pareadas. Pero el hueso de Les Pradelles es probablemente el primer caso de «conteo» neandertal, de computar cosas de valor equivalente, con pequeñas incisiones secundarias que añaden significado o alteran el de la serie principal.

No se deduce de aquí, ni mucho menos, la existencia de matemáticos neandertales, pero, como muchos otros animales, debieron poseer una capacidad innata para reconocer con precisión cantidades pequeñas. Esto es más comprensión instantánea que cómputo, y se habría complementado con el entendimiento del más frente al menos al manejar cantidades más grandes de cosas. Se cree que el desarrollo de la habilidad humana con los números tuvo su origen en estas capacidades, como queda ampliamente demostrado con los simios, y el proceso empezó quizá en los principios del linaje homínido con los números pequeños. Eso es lo que vemos en los agrupamientos de marcas en los huesos de Les Pradelles y Zaskalnaya. En vez de la comprensión ordinal «de 1 a 100», es posible que la numeración neandertal se basara en conjuntos, como cuando se cuenta tachando rayas.

En los niños, el reconocimiento innato de los números es transversal a los sentidos: la cantidad puede evaluarse oyendo tanto como mirando. Así pues, entra en lo posible que, dado el tamaño minúsculo de las incisiones secundarias en el hueso de Les Pradelles, la intención era que se reconocieran por el tacto. Imaginar a los neandertales rozándolos con las yemas de los dedos plantea el hecho de que todos los objetos grabados de los que se ha tratado hasta ahora se transportaban con facilidad, y quizá incluso se compartían. Pero hay una excepción.

En la cueva de Gorham, en Gibraltar, hace más de 40 ka se grabaron trece profundas rayas entrecruzadas sobre una sección elevada del suelo de piedra; configuran una tosca retícula que los medios de comunicación denominaron «el *hashtag*», aunque para darle forma se tardó mucho más que en publicar un tuit. Los experimentos indican que se necesitaron entre doscientas y trescientas incisiones efectuadas en una secuencia determinada. Primero se trazaron dos profundas rayas horizontales, seguidas de cinco verticales, todas incisas en la misma dirección; después se profundizó una de las horizontales, y por último se añadieron más verticales. Una vez más, la impresión es de un conjunto ordenado.

La acumulación de casos de uso de pigmentos y trazado de marcas está llevando incluso a los escépticos a aceptar que los neandertales incorporaron a sus vidas un elemento estético y simbólico. Nadie postulará que la obra estética neandertal —incluso dando por válidos los datos de la mano de Maltravieso o la raya de La Pasiega— sea lo mismo que las creaciones actuales de culturas de todo el globo; pero ¿tenían «arte»? A nuestra especie le gusta reservar para sí esas tendencias como un rasgo definitorio, pero incluso los chimpancés cautivos, cuando se les suministran los materiales y la idea de pintar, disfrutan coloreando y marcando superficies.[9]

9. Y los humanos disfrutan adquiriéndolas: las obras del primer chimpancé pintor, *Congo*, se han vendido en muchos miles de euros.

De hecho, los trabajos de los simios presentan asombrosos paralelismos con algunos de los que dejaron los neandertales: por lo general no se salen de las superficies para pintar, y demuestran aprecio por la simetría y el equilibrio. Las marcas se hacen a distancias casi iguales, y para ocupar los espacios se llenan los huecos o se alargan las pinturas. También los chimpancés vuelven sobre zonas específicas en una sola sesión, reescribiendo sobre marcas ya existentes, y a algunos les encanta mezclar colores. A veces incluso surge un estilo personal, y algunos chimpancés optan por formas diferentes, como rayas que irradian en abanico.

Lo más curioso es que, aunque se concentran intensamente mientras pintan, con frecuencia parecen menos interesados en la imagen resultante. Para ellos, la estética —en su sentido originario de ser percibido y disfrutado— reside en la creación, no en el producto final. El arte entendido como el proceso de compromiso corporal y sensorial con los materiales podría ser ajeno a las sensibilidades occidentales clásicas, pero muchas culturas humanas a lo largo del tiempo comprenden su poder trascendente.

Pluma y garra

El cuervo de Zaskalnaya, que en tiempos remotos sobrevoló los montes de Crimea, nos conecta con otro ámbito recientemente reconocido de un potencial comportamiento simbólico: lo que los neandertales hacían con las aves. Como vimos en el capítulo 8, hay muchas evidencias de que se las comían; el hueso de Zaskalnaya también presenta marcas de descarnadura. Sin embargo, existen indicios de que a veces se iba más allá de la pura supervivencia. Concretamente, en varios yacimientos las alas son más comunes de lo que cabría esperar.[10] No son las partes más carnosas, pero a menudo son las que muestran más marcas de corte y proceden de especies poco habituales: en el nivel

10. Algunos carnívoros forman conjuntos naturales ricos en aves, pero solo pueden separarse mediante análisis tafonómico.

del cuervo de Zaskalnaya, hay además un hueso del ala de una garza real.

Volvamos a la curiosa separación espacial de los desechos del procesado de aves en el nivel A9 de la cueva de Fumane (la misma capa de la concha pintada de ocre). Aunque la presencia de otras partes de chovas y urogallos apuntan a que servían de alimento, las rapaces solo están representadas por alas despiezadas, ya sea de quebrantahuesos, águila moteada, zopilote negro o incluso el pequeño esmerejón. Claramente, durante al menos un siglo los neandertales de Fumane se interesaron por estas criaturas y sus alas, y esto parece haber continuado hasta cierto punto en niveles posteriores.

Pero es posible que las patas de las aves fueran igualmente un reclamo. También en Zaskalnaya, en el nivel del cuervo se encontró la falange de un águila, mientras que en el nivel A12 de Fumane, más antiguo, apareció una garra de águila. E incluso un urogallo del nivel A9 parece mostrar un exceso de huesos de patas, a pesar de que fue cazado y llevado entero desde el pinar cercano.

Los estudios sistemáticos han encontrado un patrón similar de patas o garras de rapaces despiezadas —especialmente águilas— en varios yacimientos datados hace entre 100 y 45 ka de Francia e Italia. En algunos lugares hay más de uno: en la cueva colapsada de Les Fieux, unos kilómetros al sur del valle del Dordoña, 20 huesos de rapaces grandes de varios niveles son en su mayoría garras. Y lo más intrigante: en dos de las falanges de pigargos europeos del mismo nivel faltaban las garras; quizá fueron llevadas a otro lugar.

Las teorías de que las garras eran adornos se reforzaron cuando se propuso que ocho garras de pigargos europeos procedentes de Krapina eran collares. Junto con una falange, el análisis microscópico encontró marcas de corte suavizadas y pequeñas áreas brillantes que sugieren frotamiento contra superficies tanto blandas como duras. Ningún otro hueso presenta patrones de desgaste similares, y aunque la fauna de Krapina incluye diversas aves, solo las águilas —tres o quizá cuatro— fueron despiezadas.

Sin embargo, las teorías de que las garras estuvieron inicialmente atadas son difíciles de respaldar porque, si bien todas proceden del nivel superior,[11] es un depósito grueso y no puede probarse que estuvieran relacionadas unas con otras. El descubrimiento reciente de fibras de colágeno conservadas bajo una delgada película de sílice sobre una de las garras es curioso, pero no basta para considerarlas el hilo de un collar de garras.

Aunque estos descubrimientos prendieron en la imaginación de los artistas que recrearon imágenes de neandertales luciendo plumas y garras, ¿podemos estar seguros de que no hay una finalidad práctica? Las rapaces y las aves de la familia de los córvidos figuraban sin duda en el menú en algunos contextos, pero el predominio de garras resulta revelador: a veces son el único hueso del ave despiezada. Y el análisis meticuloso de las huellas de la desarticulación, despellejado y raspado de alas y patas implica que esto no siempre tenía que ver con la obtención de carne o tuétano, sobre todo con especies pequeñas como la chova. No es difícil imaginar usos para alas enteras o incluso patas y garras —desde cepillos hasta camuflaje de caza o herramientas de perforación—, pero ninguno convence plenamente dado el esfuerzo que requieren.

Sin embargo, un recurso que suele pasarse por alto son los tendones. Estos tejidos fibrosos pueden usarse de un sinfín de maneras, y sabemos que los neandertales los extraían sistemáticamente de los mamíferos que cazaban, como los renos. En las rapaces grandes son singularmente largos y fuertes, pero los estudios experimentales demostraron que en muchos yacimientos los neandertales extrajeron los tendones de las garras.

Esta dualidad se observa también con las alas: a veces se trata probablemente de sacar los tendones, pero con frecuencia el despiece apunta a que los neandertales buscaban en realidad las plumas primarias para volar. A diferencia del plumón, estas carecen de propiedades térmicas, y tampoco servirían de nada para facilitar el vuelo de lanzas del tamaño que solían usar.

Más bien parece como si en algunos casos la estética o algún interés simbólico fuera la motivación principal, o parte de ella. Las plumas se han usado con fines sociales en culturas de todo el mundo, y los broches enjoyados de pata de urogallo son toda-

11. Encima de la que contiene los fósiles de homínidos.

vía lucidos por algunos cazadores y decoran faldas escocesa.[12] ¿Es tan extraño que los neandertales hubieran coleccionado partes de aves por su belleza?

El color hace atractivas las plumas, y es reseñable que muchas especies por las que se interesaban los neandertales exhibieran un característico plumaje oscuro; incluso sus garras suelen ser negras y lustrosas. El rojo también se halla presente: las plumas negras del gallo lira común se ven realzadas por «chongos» rojos, mientras que las chovas combinan un brillante plumaje negro con picos rojos o amarillos, patas rojas y garras negras. Es significativo que en el 2020 se identificara pigmento en la misma garra de Krapina con fibra de colágeno, y también con una composición mixta: minerales rojos y amarillos, carbón y arcilla. Esta asociación denota que en algunos lugares las partes de las aves figuraban en la paleta estética neandertal.

Pero ¿por qué estos animales? Muchas especies que aparentemente recibieron un tratamiento especial, como las aves de presa o los córvidos, eran muy conocidas por los neandertales, y acudían asiduamente a sus yacimientos de matanza. Las chovas en particular puede que incluso se acostumbraran a la presencia de los neandertales, porque viven junto a las cuevas, se alimentan en las praderas donde pastan los grandes herbívoros y, como puede verse en las estaciones de esquí, sienten debilidad por los residuos humanos. Pero las aves en general quizá tengan resonancias más profundas. Siempre visibles o audibles, la existencia de los neandertales debió transcurrir amenizada por un constante canto de aves. Reclamos estacionales, llamadas de alarma o gritos lejanos de gaviotas o águilas volando en círculo jaloneaban aquellos días que empezaban y terminaban con los coros del alba y el ocaso. Cuando la noche envolvía la tierra, los búhos ululaban a través de los valles, los chotacabras emitían su característico traqueteo y los ruiseñores glorificaban la oscuridad. Mas, igual que nosotros, los neandertales se quedaban muy

12. Aunque entre los caballeros victorianos el uso de estas joyas estaba relacionado con la caza, quizá surgió de una tradición más antigua en la que se empleaban como amuleto.

rezagados cuando las aves remontaban sin esfuerzo el vuelo; quizá también soñaban con elevarse hasta los cielos infinitos.

Más de lo que parece

La estética puede consistir en modificar sustancias y materiales, crear experiencias sensuales o producir efectos visuales o de otra clase. Y a veces en beneficio propio: fueran o no las garras de Krapina un collar eemiense, la posibilidad de que algunos objetos como conchas, garras o plumas se usaran como ornamentos corporales es real. También puede que se utilizaran otras partes de los animales, como el pelo, que dejan escasa huella: los huesos que faltan en Schöningen quizá indiquen que, además de las pieles, los neandertales llevaban encima las colas ondeantes de los caballos.

Es indudable que al menos algunos grupos llevaban ropa, y aunque los investigadores acaso sueñen con encontrar un Ötzi del Paleolítico Medio —un cuerpo congelado con toda su vestimenta—, debemos recordar que los neandertales de épocas y lugares muy distantes se habrían quedado igual de sorprendidos que nosotros por sus respectivos atuendos. Una cosa era probablemente general: su interés por las propiedades de los materiales se habría manifestado al elegir vestimenta, y de la función se habría pasado a la apariencia. Los *lissoirs* no solo se usan hoy para suavizar las pieles, sino también para abrillantarlas: además de repeler el agua —haciendo más soportables las lluviosas cacerías otoñales— añaden un lustre similar al de las conchas.

Al trabajar la piel no hace falta curtirla para obtener cuero, aunque ayuda a conservarla e impermeabilizarla; pero si se quiere añadir color en un espectro rosa-naranja-marrón, el curtido es perfecto. Increíblemente, un residuo orgánico en una pequeña lasca de piedra de Neumark-Nord nos dice que los neandertales hacían a veces cuero. El análisis químico identificó cantidades elevadas de taninos, potentes sustancias de origen vegetal que dan color al té y momifican los cadáveres en los pantanos. Además, los taninos de Neumark-Nord procedían del roble, que junto con el castaño es la mejor especie arbórea para curtir en un mundo interglacial: una vez más, los neandertales seleccionaban calidad.

Este minúsculo fragmento marrón es una mirilla por donde se ven manos mojadas y manchadas revolviendo la corteza que se cuece en un recipiente. Y dado que el curtido de pieles pequeñas y finas como la del gamo lleva una semana o más,[13] este era un tiempo de permanencia, no de salir a caminar. Aunque el ahumado oscurece la piel, el cuero combina cualidades prácticas y colores más vivos: algo importante para unos neandertales que se tomaban su tiempo para obtener mezclas de pigmentos. No siempre se dispone de roble, y en climas más fríos sirve la corteza de sauce y abedul o incluso las bayas, aunque el alquitrán de abedul es otra posible opción.[14]

Pero la evidencia de taninos de corteza en Neumark-Nord establece una última e interesante conexión con otras labores neandertales quizá dirigidas a la ornamentación del propio cuerpo. Aparte de la concha de Fumane, otro objeto presenta indicios de haber estado colgado o ensartado. Un profundo surco en el retocador de manganeso de Combe Grenal atraviesa marcas de raspado anteriores, y su superficie interior pulimentada indica una fricción repetida con algo blando. Hasta fecha reciente, no existía evidencia de que los neandertales elaboraran algún tipo de cuerda, pero eso cambió en el 2020 con el anuncio de un hallazgo extraordinario en el Abris du Maras. Oculta en la parte inferior de una lasca había una costra natural que contenía un cordelillo de 6 mm de largo de fibra vegetal, procedente de corteza de pino o enebro, o tal vez de sus raíces. Lo más insólito es que, tecnológicamente, se trata de un clásico haz de triple pliegue: tres fibras retorcidas en un sentido y después entrelazadas en dirección opuesta. Además, es finísimo: equivale a los hilos de un fular de lino tejido a mano.

Contando incluso con un posible encogimiento por deshidratación, la utilidad de algo tan delgado es limitada; pudo ser-

13. El de pieles grandes y gruesas como la del bisonte puede durar un año.

14. Para el cuero ruso suele emplearse alquitrán de abedul, que daba olor al famoso jabón «Cuero Imperial».

vir como atadura para enmangar pequeños utensilios líticos, o para fijar o ensartar objetos especiales. Hallazgos tan singulares como el del Abri du Maras resultan casi increíbles hasta para los arqueólogos, y están lógicamente sujetos a evaluación crítica. Pero igual que el fragmento curtido de Neumark-Nord, la concha de Fumane o cualquier otro objeto singular conservado, son lo único que tenemos para trabajar. Debe alcanzarse un equilibrio entre la cautela y no ignorar artefactos singulares sencillamente porque son raros o maravillosos.

Vistieran lo que vistieran los neandertales, ya fueran pigmentos sobre la piel, lustroso cuero curtido, confortables pieles o conchas rojas ensartadas, su uso siempre iba más allá de la función. Adornarse el cuerpo con objetos es una manera poderosa de expresar rango e identidad, y que se observa en muchos animales. Los simios se «visten» a veces con cosas, y a los chimpancés en particular les gusta llevar encima partes de sus presas; incluso se ha observado a un ejemplar en estado salvaje que lucía una tira de piel de mono anudada al cuello, con cola y todo. El nudo podría haber sido accidental, pero el atuendo no.

Para los neandertales, el llevar ropa hecha con pieles debía de evocarles a los animales de cuyos cuerpos procedían. Modificar la propia apariencia, o destacar valiéndose de objetos o colores, abre las puertas a aspectos más complejos como comunicar la filiación social a parientes y amigos.

La pertenencia a categorías sociales, como la edad y el sexo, podría también relacionarse con los objetos estéticos y simbólicos que los neandertales elaboraban o llevaban. En capítulos anteriores ya se ha abordado la dificultad de establecer el sexo en el pasado, pero parece haber indicios de que las formas de vida de neandertales clasificados anatómica o genéticamente por sexos quedaron perpetuadas en sus huesos y dientes. La aparente conexión entre los cuerpos femeninos, el uso intensivo de la boca para sujetar y arrastrar, así como el desarrollo simétrico de los brazos, apuntan al trabajo de la piel. Esto se repetiría en muchas culturas de cazadores-recolectores con las mujeres como artesanas, artífices de cosas igual de fundamentales para la supervivencia que las herramientas de piedra. La idea neandertal del género no encaja con precisión en los conceptos occidentales de feminidad, pero puede que el trabajo de la piel y la propia vestimenta fueran un punto de confluencia entre su cultura material y su identidad social.

Sintetizar todas las evidencias de la estética y los conceptos simbólicos de los neandertales da como resultado un corpus abrumador. Pero quizá uno de los resultados más importantes de las tres décadas pasadas sea que esta creciente base de datos permite distinguir coincidencias conceptuales entre ejemplos individuales, así como otros aspectos de sus vidas. En las conchas se ha hallado pigmento más de una vez, y además con rayas incisas, que aparecen también en huesos y piedras. Y el pigmento se mezcla con otras sustancias para crear algo nuevo, de igual manera que se obtenían adhesivos para enmangar, mediante cocción o mezcla, con resina de pino y cera de abeja.

Pero en algunos lugares también ocurrían cosas inhabituales. En Les Pradelles no solo se grababa el hueso con rayas y muescas, sino que este material servía asimismo para fabricar retocadores, e incluso era tallado directamente. Y en el mismo nivel del hueso de cuervo de Zaskalnaya, los neandertales hicieron todo eso y, además, utilizaron pigmento rojo, juntaron alas y patas de aves grandes, e incluso transportaron huesos de la cola de un delfín desde el mar Negro.

Queda la pregunta de cómo comparar todo esto con los primeros *H. sapiens.* Las recetas neandertales para pigmentos recuerdan un «juego de pintura» dentro de una concha en Blombos (Sudáfrica), datada hace 97 a 105 ka, y la inclusión de pirita es similar a las brillantes láminas de mica descubiertas con ocre en Madjedbebe (Australia), fechadas hace 52 a 65 ka. La concha pintada de ocre de Fumane se asemeja a los hallazgos de varios yacimientos de los primeros *H. sapiens,* pero Blombos se distingue por contener un conjunto de conchas perforadas a modo de cuentas, que muy probablemente iban ensartadas en un collar.

Algunos grabados neandertales presentan una estructura clara, pero distan mucho de lo que ocurría en otra cueva sudafricana, Diepkloof. Los niveles más antiguos, datados hace unos 100 ka, contienen grabados lineales más sencillos sobre fragmentos de cáscara de huevo de avestruz que son indistinguibles de los que crearon los neandertales sobre hueso o pigmento.

Pero con una antigüedad de 80 ka aparecen fragmentos incisos con retículas complejas y haces de rayas paralelas, que continúan en múltiples estratos. En el yacimiento de Blombos, más o menos del mismo periodo, hay además un famoso fragmento de ocre rojo con líneas cruzadas en aspa. Hasta ahora no tenemos nada de los neandertales con un orden tan preciso, ni tradición gráfica alguna visible en múltiples piezas, como ocurre en Diepkloof.

Lo que los neandertales tienen en común con los *H. sapiens* anteriores a hace 45 ka es la ausencia de un arte inequívocamente figurativo, como tallas o criaturas que corren por techos de piedra. La imagen más antigua conocida de un animal fue pintada hace más de 44 ka en la isla de Célebes (Indonesia); también hay huellas de manos aproximadamente de la misma antigüedad en Lubang Jeriji Saléh (Borneo), y hace unos 41 ka se dejó una estatuilla de mujer esculpida en marfil en Vogelherd (Alemania).

No queda claro si estos fueron florecimientos artísticos independientes o si, como sus contemporáneos sudafricanos, las poblaciones que se dispersaron por Eurasia hace más de 80 ka trajeron consigo una tradición artística común. Y quizá las raíces se remontan más atrás todavía. El grabado geométrico más antiguo es una línea en claro zigzag sobre una concha de agua dulce procedente de Trinil (Java) trazada hace la friolera de 500 000 años. Esto plantea la posibilidad de que el acervo estético de los neandertales y el nuestro fuera un legado compartido desde los tiempos más remotos de los homínidos. Podríamos haber entrado en un continente nuevo y encontrarlo ornamentado con un arte con muchos milenios de antigüedad.

Las motivaciones específicas que subyacen a la estética neandertal permanecen ignotas. Podríamos entender la excitación primaria de las neuronas por la luz, el color y la textura, o cómo la piel y la mente se tonifican con el chillido torrencial de una bandada de vencejos elevándose al cielo. Podríamos incluso entender metáforas evidentes: el ocre rojo líquido como sangre de la tierra. Pero intentar atisbar las mentes neandertales es como ver rayos de sol filtrándose en una cueva, nublados por vetas de polvo milenario. Debemos también olvidar las ideas clásicas sobre el arte, y entender que a veces la importancia y el simbolismo pudieran haber estado en el propio acto de transformación. Cambiar el color, marcar superficies e incluso arrancar plumas de un ala que volaba pudieron comportar significados que resonaron durante el proceso de creación, en vez de surgir después.

Y esto nos devuelve al enigma de Bruniquel, recordatorio de que las pruebas con que evaluamos su importancia simbólica quizá no tenían nada que ver con lo que era significativo para los neandertales. Monumental por su escala y visión, es la primera gran empresa artística. Los homínidos tardaron acaso otros 160 000 años en hacer algo que se le pareciera, y el porqué de esos círculos amontonados de estalagmitas quemadas se perdió en la oscuridad. Pero marca un umbral en la potencialidad creativa, y es quizá más inesperado aún que las pinturas ocres en las paredes de la cueva. Para nuestros ojos actuales es tan fascinante como bello.

CAPÍTULO 12

DENTRO DE LAS MENTES

Los labios tiemblan, la lengua abrasada lame gotitas de sudor. A través de sus párpados entrecerrados ella ve el brillo del alba en la tosca pared y, más allá, las siluetas de sus compañeras. Ellas, surcando el río convulso de su cuerpo, tocándole el brazo y la muñeca para reconfortarla, dijeron: «Estamos mirando, esperando». Moviéndose para recibir un nuevo crescendo de dolor, unas manos viejas y ásperas la fuerzan a arrodillarse. El mundo se contrae mientras ella cierra los ojos, y sin embargo se dilata, singularidad de sangre oscura donde no existe nada salvo este momento, este formidable empuje interior. Ella siente, ve, al bebé abriéndose paso por dentro. Las fuerzas flaquean, pero las otras la sujetan entre murmullos; y hacen bien, porque el espasmo muscular regresa, imparable como una multitud de bisontes,

con los alientos de la manada llenando el aire —¿o es su aliento?— mientras ella se abre a una nueva configuración.

De pronto el parto se acelera y —sintiendo todavía las piernas que golpean su vientre— ella estira el brazo y encuentra una cabecita: pelaje pegajoso como una nutria, frágil como un huevo de cisne. Un último esfuerzo que le quiebra los huesos libera la cascada y las manos que la rodean recogen una forma resbaladiza y la depositan sobre su vientre. Ella, con brazos temblorosos, aferra costados sedosos, más suaves que el cuero otoñal trabajado durante las nieves hasta que duelen los dientes. Ojos con oscuridad cavernaria la contemplan, y ella acaricia al bebé, aspira hondo su olor, cargado de sangre y tierra, embriagador.

Lo que hoy nos une a ti y a mí planteando preguntas sobre pigmentos, plumas o grabados, y sobre quienes fabricaron esos objetos, es que todos somos seres de sentimientos, con corazones que laten acelerados por el terror o la alegría. Si los neandertales encontraban bellas ciertas cosas, ¿es posible saber qué —o a quién— amaban? ¿Incluso qué los atemorizaba? Una vez más se trata de alcanzar un equilibrio entre la solidez del registro arqueológico y las posibilidades que de él se derivan.

Pensar a través del miedo es el punto de partida más fácil. En las mentes de los neandertales siempre debieron estar presentes los depredadores con que coexistían. Incluso provistos de llamas, armas y la astucia de las 100 000 generaciones de homínidos que los precedieron, toparse con leones de las cavernas o con hienas les habría infundido un pavor instintivo. Sin embargo, los casos de despieces de carnívoros indican que los neandertales consiguieron superarlo. Incluso podrían haberse reconocido en otros grandes cazadores, especialmente lobos, las más astutas de todas las criaturas de manada.

Otros peligros con los que se enfrentaban eran elementales. Los movimientos de utensilios líticos demuestran que sin duda cruzaron ríos, incluso muy anchos como el Ródano. Aunque se escogieran vados poco profundos, el peligro los cercaba cuando tenían que levantar los brazos para mantener fuera del agua los objetos más preciados; un traspié podría explicar el brazo de Tourville-la-Rivière. Y en un mundo donde inesperados vientos gélidos o tormentas torrenciales podían poner en peligro la vida, es posible que temieran exponerse.

Aunque los neandertales hubieran dominado las llamas dentro de los confines seguros de un hogar, cuestión distinta era el horror a los incendios en la naturaleza, sobre todo durante las fases áridas del Eemiense. E inversamente, la ausencia de fuego también podía resultar desasosegante. Cuando los neandertales penetraron en cuevas profundas como Bruniquel, la iluminación era fundamental, y su pérdida podría traer consecuencias fatales. Fuera, las noches de los inviernos septentrionales serían largas y oscuras. Aun calentados por las brasas e iluminados por las frías estrellas, el alba sería recibida con alivio.

¿Y la felicidad? Ya fuera al caminar sobre tundra esteparia en primavera o al atravesar herbosos claros de los bosques, es muy probable que los neandertales experimentaran la alegría sencilla de la piel acariciada por el sol. También estaban garantizadas otras satisfacciones, y debemos dar por sentado que muchas de las relaciones sexuales de los neandertales eran consentidas y placenteras, aunque otras probablemente no. Desde el punto de vista anatómico, las dimensiones de la pelvis indican vaginas muy parecidas a las nuestras, y como los penes se ajustan a esas medidas, también estos se debían de parecer más a los de los hombres actuales que a los de los chimpancés.

Por suerte para todos los afectados, a diferencia de los chimpancés, los varones neandertales carecían del gen de las «espinas del pene». Aunque en los simios se asemejan más a pequeñas protuberancias endurecidas que a espinas, su presencia afecta a la cópula: los tities mantienen relaciones sexuales y experimentan orgasmos que duran por lo menos el doble cuando se extirpan las espinas.

Debemos por tanto imaginar el sexo de los neandertales como más pausado y satisfactorio que los rápidos embates al estilo chimpancé. Y no hay que olvidar los clítoris —órganos que solo existen para el placer—: por desgracia para las neandertales, al igual que nosotras probablemente carecían de clítoris como los de las hembras bonobos, que facilitan los orgasmos cara a cara. Pero la masturbación de una u otra forma es casi segura, bien durante los encuentros sexuales o, más generalmente, para estrechar vínculos sociales y relajar tensiones, como entre los bonobos.

Eso en cuanto al sexo; ¿y el amor? Algunos de los sentimientos más intensos de la vida vienen con el «primer amor». Los neandertales pasaban sin duda por los estirones puberales, pero ¿experimentaban también trastornos emocionales y enamoramientos alimentados por las hormonas? Le Moustier 1 nos demuestra que los jóvenes ya eran extremadamente fuertes —sus brazos son tan gruesos como los de un adulto actual—, lo que convierte cualquier trifulca de adolescentes en algo muy serio.

No se sabe a qué edad empezaban a menstruar las jóvenes, pero es posible que marcara un cambio en cómo las trataban. Sin embargo, podía ocurrir que una mujer sangrara relativamente pocas veces a lo largo de su vida: dependiendo de la dinámica social, muchas mujeres de sociedades tradicionales sin métodos fiables de anticoncepción suelen estar embarazadas o amamantando. Y aunque son escasas las investigaciones sobre la experiencia de la menstruación en las culturas de cazadores-recolectores, la tendencia es que las reglas sean más cortas —a veces solo dos o tres días— en comparación con las sociedades occidentales. Algo que las chicas de hoy probablemente comparten con las adolescentes neandertales es aprender a sobrellevar la incomodidad de los periodos y a mantenerse limpias; hoy esa información provendría de parientes femeninos o de amigas, y lo mismo pasaría en aquellos tiempos.

Una cuestión fascinante es si los neandertales entendían de verdad lo que implicaba empezar a sangrar y, de la misma manera, la consecuencia del coito 10 meses más tarde. A diferencia de otros animales, todas las culturas humanas entienden que el sexo macho-hembra está directamente relacionado con los bebés. Si los neandertales también lo hubieran comprendido así, las repercusiones sociales habrían sido profundas.

Se han propuesto muchas teorías sobre cómo estaba organizada la reproducción. Una idea son los grupos dominados por varones, supuestamente respaldada por el hecho de que en El Sidrón todos los varones procedían de la misma población genética. Por el contrario, las mujeres adultas provenían de dos linajes diferentes, y los investigadores interpretaron este dato como una prueba de que se habían unido a un grupo dominado por machos. Pero, de hecho, como los fósiles de El Sidrón estaban depositados en un amasijo arrastrado por el agua desde otro punto del sistema de cavernas, ni siquiera sabemos si esos individuos estaban vivos en el mismo momento, y mucho menos si formaban un grupo social. Además, entre los cazadores-recolectores suelen ser las jóvenes las que permanecen en el mismo grupo que sus madres.

Añádase a esto el hecho elemental de que los cuerpos de los neandertales no presentan ninguna diferencia extrema de tamaño entre sexos, como vemos en los gorilas, lo que hace improbable la existencia de machos alfa con harenes. Por el contrario, como gran parte de la humanidad, las relaciones sexuales de los neandertales estaban determinadas por vínculos de pareja, al menos en la mayoría de los casos. Eso significa que, a diferencia de otros muchos primates, el cuidado de la prole era una tarea compartida y los emparejamientos de los adultos suponían compromisos prolongados.

Que compartir la comida representaba un aspecto fundamental de la vida neandertal nos indica que estaban acostumbrados a distribuir las cosas para mantener los vínculos sociales. Quizá, entonces, el deseo y el afecto podrían explicar que se crearan y llevaran encima objetos pequeños estéticamente agradables. Tal vez alguien encontró la concha de Fumane, la recubrió cuidadosamente de ocre rojo y la regaló en el contexto de una relación íntima: una «prueba de amor» de hace 50 000 años.

Queridos pequeños

Existe también un vínculo, diferente pero igual de poderoso, entre los niños y sus padres. A pesar de su constante denigración como especie, parir, criar y mantener a sus bebés era algo en lo que triunfaron miles y miles de madres neandertales. Muy probablemente se comprendía lo que implicaba un vientre hinchado, y entonces puede que el parto se esperara con emoción y miedo. ¿Qué representaba el nacimiento para los neandertales? Hoy puede ser un acontecimiento que define una vida, y aunque las circunstancias varían, las hormonas y el extraordinario esfuerzo físico producen una intensidad emocional extrema. Los partos humanos suelen empezar por la noche, y el propio instinto lleva a buscar lugares o posiciones determinados.

Es probable que las madres neandertales optaran por dar a luz en lugares resguardados, a salvo de depredadores. Las cuevas o los abrigos son los sitios más lógicos, y este podría ser un motivo más de las visitas estacionales a estos yacimientos. Pero, a diferencia de la mayoría de los mamíferos, las madres humanas suelen preferir la proximidad de otras personas, sobre todo la primera vez[1]. Incluso se ha propuesto la teoría de que la necesidad de asistentes al parto singulariza al *H. sapiens.* Nuestros bebés deben rotar para salir, lo que prolonga el alumbramiento, dificulta la extracción e incrementa el riesgo de un parto obstruido con posibles consecuencias fatales.

Los escaneos combinados de la pelvis de la mujer de Tabun con el cráneo del recién nacido de Mezmaiskaya recrearon sus canales de parto, demostrando que no hubo necesidad de rotación; pero los bebés neandertales ya tenían las cabezas más largas, así que el espacio era muy justo. Las mujeres corrían sin duda algunos riesgos por los embarazos y partos a lo largo de su vida, y es posible que fueran testigos de muertes o heridas. Sin embargo, la salud maternal ha mejorado espectacularmente a lo largo de la historia. Así, por ejemplo, las pavorosas tasas de defunción en los hospitales parisinos del siglo XVII, donde lo más probable era morir al dar a luz, se debían a las altas tasas de infección y las rudimentarias intervenciones médicas. Por el contrario, las sociedades tradicionales con costumbre de partería, sean o no de cazadores-recolectores, pueden ser más seguras.[2]

Pero incluso en otros simios la asistencia a los partos va más allá de la presencia física, y el estudio de los bonobos revela un comportamiento asombrosamente parecido al humano. Las

1. Algunas culturas tradicionales, como los !kungs de África meridional, celebran los partos en soledad como señal de valor, pero en realidad, sobre todo en mujeres primerizas, se hallan presentes otras personas.

2. Aunque no sin peligro: en muchos lugares, una de cada 16 mujeres corren hoy el riesgo de morir durante el parto a lo largo de su vida, y para las menores de 30 años puede ser todavía la causa principal de mortalidad.

hembras ayudan activamente a la parturienta, observándola y tocándola durante el proceso. Y no es solo por curiosidad o por el deseo de sostener a la criatura: las hembras acompañantes permanecen mucho más tiempo con la madre durante el parto que el día anterior o posterior, y se muestran visiblemente más excitadas antes de la llegada del bebé que después; además, las comunicaciones sociales tranquilizadoras van dirigidas a la madre, no a prestarse apoyo mutuo. A las moscas y los machos (estos últimos no presentan un comportamiento protector) se les mantiene a distancia. Se observó, y esto es lo más insólito, que antes del alumbramiento algunas hembras bonobo con experiencia en partos remedaban los movimientos de la madre, ayudándola a sostener la cabeza del bebé y a cambiar de posición.

Los bonobos son famosos por sus sociedades dominadas por las hembras y articuladas por fuertes lazos de amistad. Es esto, combinado con la experiencia previa de la maternidad, lo que parece guiar su comportamiento como comadronas. Por el contrario, los chimpancés viven en grupos dominados físicamente por los machos, y las hembras adultas no suelen entablar amistades: prefieren parir a solas y después se aíslan. Esto se debe al riesgo extremo de infanticidio, ya sea por machos o por otras hembras, mientras que entre los bonobos no se ha registrado nunca.

Una de las razones principales por las que estos primates son tan diferentes es que, igual que los neandertales, no se pelean por la comida. Si en los chimpancés la escasez de recursos subyace en las agresiones de los machos y los partos en soledad, en los neandertales la caza colaborativa y los complejos procesos de la compartición de comida implicarían lo contrario. Con los alimentos llevados de las cacerías a las bocas ansiosas, las agresiones dentro de los grupos eran mucho menos probables, y así podían surgir amistades entre las hembras, como en los bonobos. Con partos difíciles más parecidos a los de los humanos, no es tan descabellado imaginar que los neandertales tuvieran también tendencias de partería.

El alumbramiento podía ser un marco donde la evolución favoreciera el incremento de la comunicación social, por cuanto creaba una situación de intensas interacciones emocionales donde la transmisión del conocimiento y las habilidades afectaba a la supervivencia. Además, las posibilidades se ampliaban aún más cuando convivían múltiples generaciones, lo que brindaba muchas oportunidades para observar y aprender los cuidados infantiles desde edad temprana. Los chimpancés jóvenes imitan el cuidado de las crías acunando piedras o pedazos de madera, y entre los humanos, los niños pequeños, cuando tienen ocasión, cargan a sus hermanitos de acá para allá. La presencia de madres experimentadas, e incluso abuelas, puede aliviar la experiencia abrumadora de convertirse en progenitora, sobre todo con los cuidados básicos tras el parto, como qué hacer con la placenta.

Masa de tejido grande y carnosa, los primates acostumbran a comérsela, pero quizá más por eludir la atención de los carnívoros que por su valor nutritivo. Los humanos suelen enterrarla, pero lo que los neandertales hacían con ella, fuera lo que fuera, probablemente variaba en función de dónde estuvieran e incluso de las tradiciones sociales. Después de expulsar la placenta, las mujeres experimentan generalmente una secreción conocida como los loquios, que puede ser copiosa y durar muchos días o hasta semanas. Aunque para algunas madres primerizas es perfectamente posible levantarse y seguir con su vida normal, en muchas sociedades el periodo de tiempo posterior al parto requiere descanso y un mayor apoyo de sus parientes. Para los loquios se necesitarían cantidades suplementarias de los materiales usados normalmente para absorber la sangre menstrual, así como comida extra: toda esa leche para saciar a los recién nacidos hambrientos de energía habría obligado a las madres neandertales a ingerir por lo menos quinientas calorías adicionales al día.

Una vez llegados al mundo, los bebés neandertales se habrían parecido muchísimo a los nuestros. Los hitos de su desarrollo debieron de ser casi idénticos en su transición, en menos de un año, de criaturas desvalidas a niños inquietos que dan sus primeros pasos. Se ha discutido mucho si crecían o no más deprisa, pero, en comparación con otros primates, la diferencia es insignificante y estos habrían sido totalmente dependientes durante muchos años.

Sabemos que en algunos casos a los bebés de un año todavía se les amamantaba. En la Grotte du Renne, en Arcy-sur-Cure, se hallaron proteínas específicas de huesos en fase de desarrollo en una zona donde se habían encontrado los restos de un niño neandertal de aproximadamente un año. Y más aún, los isótopos mostraron el nivel más alto de nitrógeno en un homínido del Pleistoceno. Estos índices tan elevados solo pueden provenir de consumir cantidades ingentes de peces de agua dulce, de comer carnívoros o —mucho más probable— de una alimentación basada en la lactancia.[3]

Incluso con cuidadores cariñosos y atentos, los bebés de tan corta edad corrían riesgos. En muchas sociedades de cazadores-recolectores, las enfermedades y las infecciones son las principales causas de mortalidad entre bebés, y uno de los momentos más peligrosos es el destete. Junto con las primeras comidas diferentes de la dulce leche materna, las pequeñas bocas ingieren un coctel de patógenos y parásitos nuevos. El destete total suele producirse entre los 2 y 4 años, y al disminuir la demanda de leche, la madre recupera su fertilidad y pronto vendrá un hermano de camino.

La edad del destete en los neandertales es otro parámetro que servía para determinar si crecían más deprisa, y los isótopos dentales son una manera de calcularla. Aunque los métodos son todavía muy novedosos y algunos son objeto de discusión, el bario es un isótopo que se ha propuesto como marcador de la lactancia. Al rastrear los niveles en el diente de un niño neandertal que vivió hace unos 100 ka en Scladina (Bélgica), el cambio de los registros aumenta; parece que fue amamantado durante algo más de siete meses hasta la incorporación de otros alimentos, pero, poco después del primer cumpleaños del bebé, el bario se interrumpe de repente.

Si en efecto el bario rastrea el consumo de leche materna, esa interrupción indicaría muy probablemente que la madre estaba enferma de gravedad o había muerto; no se parece en nada

3. El nitrógeno permite rastrear el lugar en la cadena alimenticia, y puesto que los bebés se alimentan de los cuerpos de sus madres, esto hace que parezcan hipercarnívoros.

al destete normal en humanos, primates o incluso homínidos anteriores. Pero, curiosamente, también implica que no había otras madres lactantes capaces o deseosas de adoptar a esta criatura. Otras investigaciones más recientes con micromuestras de un diente de un niño de casi 3 años datado hace unos 240 ka confirma que, incluso para los neandertales, el caso del niño de Scladina no era habitual. Aquí se advierte un destete mucho más gradual con una significativa prolongación de la lactancia hasta poco después de los 2 años, cuando va decreciendo poco a poco y cesa unos meses después.

Uno de los hitos celebrados con más alegría en la vida de un homínido bípedo es que empiece a caminar. Los bebés neandertales habrían sido transportados por rapidez y seguridad, y una evidencia indirecta de esto procede del niño de Payre. Los cambios en los isótopos indican que el grupo se desplazó mientras el bebé tenía solo unos pocos meses, demasiado pequeño para caminar sin ayuda. Además, fue durante su primer invierno cuando se habría necesitado alguna clase de envoltura protectora o transportador. Caminar independientemente está relacionado en algunas sociedades de cazadores-recolectores con el destete, porque la proximidad física del niño, bien en un envoltorio o en brazos de la madre, fomenta la prolongación de la lactancia. El transporte suele interrumpirse una vez que el niño es capaz de moverse sin correr demasiado peligro —o cuando pesa demasiado—, entre los 3 y 4 años. Así pues, si los niños neandertales dejaban de mamar a esa edad o antes, la interrupción de la lactancia podría marcar también el momento en que ya no solían ser llevados en brazos.

Igual que sostenemos de la mano a quienes vacilan al caminar, durante el destete ayudamos a los bebés ofreciéndoles alimentos especiales. Que las madres neandertales y sus criaturas compartían la comida es algo confirmado, pero ¿podemos identificar las «comidas infantiles»? Puede que haya un indicio en el niño de Engis (Bélgica), que registra niveles de nitrógeno mucho más altos en comparación con adultos de la misma región. Con unos 5 o 6 años, es muy improbable que estuviera consumiendo todavía leche materna suficiente para explicar estos índices, por lo que la respuesta debe estar en una dieta inhabitual. Los peces de agua dulce son una posibilidad, pero es quizá más probable que aquel niño comiera determinadas partes de renos o mamuts como los sesos, o incluso alimentos fermentados.

Otras partes de su anatomía demuestran que cuando los niños neandertales crecían empezaban rápidamente a ser muy activos. Lo que no es seguro, sin embargo, es qué concepto se tenía de la infancia, si es que lo había, como una etapa de la vida. Sin duda, la inmadurez física era comprendida y atendida, pero ¿recibían ayuda los niños para aprender a convertirse en adultos? El desgaste dental en niños muy pequeños indica al menos cierto grado de imitación; el esmalte de un incisivo de un niño de 3 años procedente de Combe Grenal ya estaba desgastado, probablemente por la sujeción de objetos con los dientes. Pero el desgaste en la dentadura del muchacho El Sidrón 1 proporciona otra pista curiosa.

Ya vimos en el capítulo 4 que el microdesgaste dental demuestra que había aprendido a comer utilizando una herramienta lítica para trocear la comida que sostenía con la boca; pero, en comparación con individuos de más edad, sus estrías son mucho más estrechas. Esto se debió a su falta de seguridad y movimientos vacilantes o, más probablemente, a que usaba utensilios más pequeños de borde delgado. Es posible que los tallara él mismo, pero el lascado fino no siempre resulta fácil, y puede que otro individuo se ocupara de fabricar lo que equivalía a una cubertería infantil. Puesto que el aprendizaje entre iguales era probablemente no menos importante que para otros cazadores-recolectores, es interesante que en El Sidrón el otro único individuo con estrías dentales de estrechez comparable sea con probabilidad un adolescente.

Si los jóvenes disponían de utensilios fabricados para ellos, esto indica la existencia de algún tipo de estatus infantil; pero ¿significa eso que los neandertales tenían juguetes? Los humanos, como muchos otros animales, lo aprenden prácticamente todo jugando. Esto incluye los objetos, y los críos se divierten con casi todo. Es posible que algunos objetos con determinadas cualidades estéticas —colores brillantes o superficies lustrosas— pudieran haber entretenido a los pequeños, pero el tiempo que se emplea en fabricarlos, unido al uso de materiales o sustancias relativamente raros, es un argumento en contra.

Muchos juguetes son versiones simplificadas o en miniatura de objetos de uso práctico. Algunas de las lanzas de Schöningen son visiblemente más cortas que otras, y está claro que no «simulan» ser armas, sino que quizá su tamaño se adaptaba a manos más pequeñas. Una emboscada a orillas de un lago podría haber sido un escenario relativamente seguro para los aprendices, donde la situación desventajosa de los caballos permitiría a los jóvenes practicar las lanzadas con los ojos bien abiertos y el corazón palpitante.

Después de la caza vendría el despiece, otra destreza fundamental. La mayoría de los utensilios líticos minúsculos no pueden considerarse juguetes, ya que su pequeñez suele provenir del reavivado. La producción de verdaderos microobjetos como diminutas puntas Levallois o laminillas era sistemática, y probablemente no por niños, porque las técnicas eran complicadas. Pero eso no significa que no sirvieran para que los deditos de los críos practicaran con ellos, igual que las minúsculas marcas de corte en pequeñas aves de Cova Negra podrían encajar en algún punto de ese espectro de actividades lúdicas y destrezas de supervivencia que, en definitiva, son los juegos de los niños.

Cuiden de nosotros

La infancia era la introducción a una vida llena de peligros y también de emociones. Las heridas y enfermedades, algunas graves, son muy comunes en sociedades de cazadores-recolectores, y los neandertales no eran diferentes. Numerosos huesos dan fe de que algunos sobrevivían a sus dolencias, pero es complicado demostrar que esto ocurriera gracias a la gentileza de otros. El niño de la Torre del Diablo en Gibraltar tenía solo 2 o 3 años cuando se fracturó la mandíbula, y es muy probable que necesitara ayuda de los adultos para comer. Pero, aunque cabría esperar que se prestara asistencia a los niños que empezaban a caminar, es más difícil afirmar lo mismo en el caso de individuos de más edad. La mandíbula del adolescente Le Moustier 1 también se había roto en algún momento de su infancia tardía, lo que quizá afectó a su capacidad para comer, pero es imposible decir si el muchacho podía valerse por sí mismo o precisó cuidados.

En el otro extremo de la escala, existieron ancianos neandertales desdentados como en La Chapelle-aux-Saints, pero también hay chimpancés en la misma situación que consiguen sobrevivir sin recibir ayuda ni alimentos blandos. Esto nos recuerda que las suposiciones sobre los cuidados dependen de la cultura y experiencia propias. Las actitudes de los animales varían notablemente. Los chimpancés, y en especial los bonobos, confortan a los individuos inquietos o heridos, pero no ayudan sistemáticamente a otros congéneres ni proporcionan provisiones. Por el contrario, animales sumamente sociales como los elefantes y los cetáceos actúan de consuno para prestar apoyo a sus heridos, a veces físicamente, y los leones, lobos e incluso mangostas traen comida en ocasiones a adultos incapacitados. Lo notable es que estas especies, mucho más que los simios, son por naturaleza cazadores y recolectores cooperativos.

Es improbable que los neandertales aislados pudieran sobrevivir mucho tiempo fuera del grupo. Si las heridas o la enfermedad formaban parte rutinaria de la vida, entonces los individuos que necesitaban asistencia —junto con los niños, las madres o los nacidos con enfermedades— habrían sido una presencia habitual y no anómala. Igual que matar, despiezar y comer animales comportaban una acción y unas recompensas compartidas, tiene lógica evolutiva que se ayudara a los individuos necesitados, por lo menos a veces.

Difícilmente puede explicarse la existencia de algunos neandertales verdaderamente dañados sin que ocurriera algo semejante. La temible herida en la cabeza de la mujer de Saint-Césaire le provocó probablemente confusión y sin duda un copioso sangrado, así que debió de recibir ayuda, al menos de forma temporal. De parecida manera, Shanidar 3 quizá tuvo suerte y se libró de un encharcamiento pulmonar cuando lo acuchillaron en el pecho, pero puede que le costara esfuerzo caminar y respirar; resistió más de dos semanas antes de morir, y por el incremento de las necesidades calóricas en los organismos neandertales, esto parece una supervivencia muy larga si nadie le facilitaba comida.

Pero es Shanidar 1 quien constituye el caso más convincente de apoyo prolongado. Con probable ceguera parcial, sin duda sordo de un oído, con la movilidad tremendamente reducida y falto de un brazo, resistió hasta edad avanzada, incluso añadiendo la artritis a sus achaques.

Pese a sus problemas de movilidad, los huesos de las piernas de Shanidar 1 registran niveles normales de actividad, y es patente que se adaptó a una vida con una sola mano en la edad adulta; sería insólito que hubiera superado todas estas dificultades completamente solo. Está claro que no llevó una vida marginal y que, después de recuperarse, puede que contribuyera a la recolección e incluso a la caza de presas pequeñas. Pero es igual de probable que durante el resto de su vida lo aprovisionaran con carne de caza mayor y lo protegieran.

Quizá el verdadero indicador de la separación entre cómo algunos animales cuidan unos de otros y los extremos a que llegan los humanos radica en las habilidades médicas. La costumbre de los chimpancés de comer sustancias bioactivas los ayuda con los parásitos o el equilibrio mineral, pero este hábito podría guardar más relación con las preferencias de sabor que con la verdadera comprensión de sus efectos en el cuerpo. A veces los chimpancés frotan sus heridas con hojas, y se ha visto a orangutanes aplicándose sobre la piel hojas mascadas, curiosamente de la misma planta que usan las culturas indígenas de la zona para aliviar el dolor. Pero de ahí media todavía un largo trecho hasta nuestra manera de aprovechar los recursos naturales para producir tisanas, emplastos, ungüentos y otros tratamientos.

No hay evidencia clara de herbalismo entre los neandertales, pero por su profundo conocimiento de las plantas no es del todo descartable. Un indicio importante de las propiedades medicinales de las plantas puede ser su sabor amargo, que los neandertales podían detectar y soportar. Cuando se identificó un probable consumo de aquilea y manzanilla en El Sidrón, las afirmaciones de que estas plantas se usaron como medicinas atrajeron mucha atención mediática. Pero ambas se emplean también como saborizantes, así que los motivos siguen sin estar claros. En realidad, la prueba de la automedicación es indirecta, obtenida de la cicatrización y la ausencia de infección en heridas terribles como las de Shanidar 1, la mujer de Saint-Césaire o la enorme herida craneal y otra posible amputación en Krapina.

Cuando murió, Shanidar 1 sin duda era sabio además de viejo. Pero ¿se salía su edad de lo normal? Las poblaciones muy pequeñas de neandertales, unidas a que un alto porcentaje de esqueletos pertenecían a adultos jóvenes, apuntan a unas vidas bastante cortas. De ser verdad, eso tendría serias implicaciones: los hombres estarían muriendo en la flor de su edad antes de haber tenido mucho tiempo para reproducirse. Pero todo esto se asienta en la suposición de que los fósiles reflejan con precisión el rango de edad del ser vivo. Un indicador de que no ocurre así es la notable infrarrepresentación de cuerpos femeninos, y, como veremos en el capítulo siguiente, a veces los cadáveres acababan en el registro arqueológico después de que los neandertales los hubieran manipulado. Considerándolo todo, el hecho de que haya relativamente pocos individuos ancianos —más de 60 años— no puede aceptarse como prueba de que los neandertales morían mucho antes de su momento biológico.

Aunque posiblemente nunca hubo multitudes de viejos canosos, igual que ocurre en sociedades de cazadores-recolectores recientes, tres generaciones convivientes debieron de ser algo normal para los neandertales. Y crecer con los abuelos es importante por dos razones fundamentales. Primero, porque el cuidado ocasional de los bebés resulta sumamente útil al liberar a los adultos para encontrar más comida o desempeñar otras tareas; y segundo, porque además de reforzar lo que los niños aprenden de los padres, la competencia de los abuelos es probablemente superior en tareas complejas, ya sea elaborar fórmulas de enmangue, rastrear o incluso prestar cuidados médicos.

El conocimiento y la experiencia acumulados a lo largo de una vida cristalizan en sabiduría. Los ancianos habrían sido importantísimos para el grupo en su conjunto, porque los neandertales que llegaban a los 40 habrían sido minas de oro en tiempos de crisis. Podían recordar hábitos antiguos, dónde estaban las cosas, qué hacer cuando fallaban las manadas o el clima se comportaba de manera distinta a lo que se guardaba en la memoria del resto del grupo. Este depósito de sapiencia abarcaba a las generaciones precedentes, a través de lo que habían aprendido de sus padres y abuelos. Tales conocimientos podían establecer la diferencia entre sobrevivir y perecer.

Los ancianos neandertales podrían haber sido importantes también para la historia social del grupo. Si entendían que el sexo engendraba hijos, habría existido también una cierta idea del linaje. Saber quién estaba emparentado con quién era lógicamente útil en la vida cotidiana, pero si se producían reuniones entre grupos —planificadas o no—, ese conocimiento podría haber resultado aún más vital. Entre los cazadores-recolectores, aparte de los recursos, uno de los motivos para recorrer largas distancias es socializar, lo que incluye encontrar pareja sexual.

No todos los neandertales eran endogámicos, y seguir el rastro de quiénes cambiaban de grupo, y quiénes eran amigos u hostiles, sería algo valiosísimo en la memoria de los neandertales más viejos.

Si aceptamos un cierto nivel de lenguaje en los neandertales, y que además podían proyectar sus mentes en el tiempo y el espacio cuando organizaban cacerías, repartían carcasas o fabricaban herramientas compuestas, entonces la existencia de contadores de historias no parece tan inverosímil. Los relatos surgen de la experiencia vivida, y en culturas orales de todo el mundo es principalmente a través de las historias como se conserva la sabiduría colectiva. Entre los cazadores-recolectores, las coincidencias en las historias son asombrosas, a menudo con una mezcla de información sobre el medio, normas sociales y orígenes culturales. Los detalles del mundo circundante son comprendidos y racionalizados a través de ideas relacionales. A veces los relatos antiguos de culturas muy distantes guardan extraordinarias similitudes. Las cosmologías celestes de la antigua Grecia y los aborígenes kothacas australianos comprenden tres brillantes conjuntos de estrellas: Orión (Nyeeruna), las Híades en Tauro (Kambugudha) y las Pléyades o las Siete Hermanas (Hermanas Yugarila). Las historias de extremos opuestos del mundo que explican estas constelaciones son casi idénticas: un cazador que persigue a un grupo de mujeres y se ve frustrado por otra entidad. El tema común de la persecución pudo haber surgido como respuesta a la aparición de las estrellas y sus movimientos por el cielo. Vista de esta manera, la naturaleza cuenta su propia historia y las personas se limitan a repetirla.

Podríamos imaginar que los cuentos neandertales funcionaban de manera comparable, y si el acervo cultural se transmite por la palabra, se convierte en una suerte de viaje por el tiempo, que permite a un grupo «conocer» sucesos ocurridos hace un siglo a través de los recuerdos de los ancianos. A veces las historias podrían haber sido antiquísimas. Especialmente rotunda es la evidencia que se obtiene de algunas culturas aborígenes, donde el conocimiento de cambios sutiles en el brillo de las estrellas perduró durante siglos, igual que la experiencia del impacto de un meteorito cuatro milenios atrás. Lo más asombroso es el recuerdo cultural de 10 000 años de antigüedad entre las comunidades costeras australianas de que el nivel de los océanos había subido al final de la última glaciación. Quizá los neandertales también «recordaban» cómo el mundo de sus antepasados se había transformado por cambios climáticos a escala milenaria, y hallaban en las constelaciones historias que ninguna persona viva ha visto.

La existencia emocional de neandertales que vivían, trabajaban, comían y dormían juntos era rica y se basaba en la cooperación. Su caza colectiva se reflejaba en la carne compartida y la distribución del espacio en sus lugares de ocupación. Nacidos en brazos amorosos, al crecer se convertían en seres sociales complejos, impulsados, como nosotros, por pasiones devocionales y destructivas. E igual que la amplificación de un sonido, puede que la colaboración dentro de los grupos neandertales evolucionara en tándem con múltiples generaciones y narraciones de historias.

En un mundo sin la neblina de la contaminación lumínica, el arco del cielo nocturno sobre sus cabezas y las mutaciones periódicas de la luna quizá eran parte de cánticos murmurados alrededor de un fuego. Sin duda, el lugar en sí y su vinculación a experiencias y recuerdos de relaciones con cosas, animales y con otros serían determinantes para su comprensión del mundo. Cuando historias y linajes se funden con la tierra, lo que ocurre con los cuerpos de los muertos se convierte en una de las formas más poderosas de investir de poder social a un lugar.

Capítulo 13

MANERAS DE MORIR

A cinco brazas de profundidad yace el olvido. Olas con crestas de caballos blancos se agitan bajo los reflectores del barco. El motor se para; llegada a destino. Se revisan por última vez las órdenes del tribunal, y un funcionario anónimo sube a cubierta, transportando algo. Un buque de marcada curvatura brilla bajo la iluminación eléctrica, mientras en derredor el mar aguarda como negras fauces bajo una luna envuelta en nubes. Corren los segundos hasta la hora fijada. Una gruesa salpicadura, y la urna —pues no es otra cosa— se hunde y desaparece. No habrá perlas en esta calavera, porque todo lo arrasó el horno y la trituradora. La tripulación espera nerviosa un cuarto de hora, mirando en el reloj el momento de la extinción: formada de sal, la tinaja de la muerte se ha disuelto. Una cenicienta molienda de

huesos se dispersa, se desintegra, desaparece. Aniquilación conseguida. Rugen los motores, deseosos de regresar a la tierra de los vivos, y pronto no queda más rastro que un sucio destello aceitoso en el oleaje; después, también eso desaparece.

La muerte unifica a todas las criaturas. Pero el modo en que estas responden dista de ser idéntico. En la hora más oscura entre el 25 y el 26 de octubre del 2017, los restos del abominable «Asesino de los Páramos», Ian Brady, se arrojaron secretamente al mar frente a las costas de Liverpool. Verdugo de niños, su juicio en 1966 fue el primero de un asesino en serie después de que Gran Bretaña aboliera la pena de muerte. Brady despertaba tal repugnancia entre la población que cuando murió los directores de las funerarias se negaron a ocuparse de sus restos. Por último, un juez ordenó una incineración sin oficio religioso, música ni flores, y que las cenizas fueran arrojadas al mar dentro de una urna de sal soluble, a fin de que no pudiera conservarse vestigio alguno de la existencia física de Brady. Incluso 50 años después, el Estado puso todo su empeño en cerciorarse de su destrucción.

Curiosamente, la prensa no vio después ninguna necesidad de explicar por qué se adoptaron estas medidas tan extremas. Los comunicados oficiales mencionaron el deseo de evitar aflicciones a sus parientes, pero había algo más. Las autoridades declararon que su ataúd había sido quemado en un horno auxiliar apartado de cualquier espacio público, y que todo se había limpiado de forma escrupulosa; esto tenía que ver con la contaminación moral.

La muerte y su gestión siempre han importado. Junto con el arte y el simbolismo, algunos de los más encendidos debates sobre los neandertales concernían a lo que hacían con sus difuntos. Pese a los avances de las tres décadas pasadas, e incluso al descubrimiento de un nuevo esqueleto, comprender lo que la mortalidad representaba para ellos es todavía materia controvertida.

Algunos investigadores sostienen que para demostrar la existencia de prácticas funerarias deben concurrir unos rasgos específicos en cada caso. Otros afirman que es necesario un contexto más amplio. Al sopesar estas opiniones, el empleo de nuevos enfoques tafonómicos resulta fundamental, como también lo es el reconocimiento de nuestras ideas preconcebidas. La mera presencia de huesos de homínidos no prueba que los neandertales los colocaran allí; pero, del mismo modo, la ausencia de un hoyo con forma de ataúd no significa que no dieran reposo a sus muertos.

Si se observa el mundo y se repasa la historia humana, salta a la vista que las prácticas funerarias siempre han ido mucho más allá de los entierros. Sin embargo, analizar los que los arqueólogos exhuman es complicado porque los cuerpos —o sus fragmentos— acaban en los yacimientos de muchas y distintas maneras.

Existen fragmentos de neandertales mezclados con acumulaciones naturales al aire libre de huesos animales, como el brazo de Tourville-la-Rivière, probablemente arrastrado por las inundaciones hasta las orillas arenosas del Sena, al pie de un paredón calizo, hace unos 180 a 235 ka. Las partes aleatorias encontradas en los yacimientos de despiece son interesantes, dado que tal vez estos lugares solo estuvieron ocupados durante periodos relativamente cortos. Entre los miles de huesos de renos de Salzgitter-Lebenstedt hay restos de al menos un adulto y un adolescente neandertales, quizá víctimas de la cacería.

En algunos casos los neandertales eran la presa, o al menos la comida de un carnívoro. En las falanges de un niño hallado en Ciemna (Polonia) se aprecia el daño característico provocado por los jugos gástricos de una rapaz grande. Los carroñeros también arramblaban con su parte, como demuestran los huesos de piernas y pies roídos en algunas guaridas de hienas. Pero en lugares donde la ocupación se alternaba entre neandertales y depredadores, es complicado determinar cómo los restos acababan siendo carroñados.

Incluso en los cuerpos más completos, y no digamos ya en los fragmentos, es dificilísimo probar que se colocaron deliberadamente en un lugar específico. Numerosas razones pudieron llevar a que los neandertales exhalaran su último suspiro en una cueva: haber sucumbido a la enfermedad, las heridas recibidas en otro lugar, incluso el hambre o la violencia. El problema deriva de las inflexibles listas de verificación de cómo «deberían» haberse tratado los restos, que pueden pasar por alto otras acciones significativas emprendidas por los vivos.

Los entierros no son el patrón oro, pero sí la referencia más lógica. Además, abarcan un variado espectro, desde una fosa excavada al efecto hasta un hueco o nicho natural, o, sencillamente, una cobertura de sedimentos. También hay que buscar otro sinfín de maneras de tratar los cuerpos, aunque no sea fácil identificarlas: abandonados, despedazados, quemados, conservados, exhibidos, reciclados o incluso comidos. Pero en primer lugar interesa comprender la procedencia de estos impulsos, y con ella los orígenes de la pena.

La muerte es emocionalmente abrumadora para nuestros parientes más cercanos. Las sociedades de chimpancés y bonobos se cimentan en estrechos vínculos, cuyo corte resulta traumático. Las reacciones varían, pero una muerte nunca se ignora, como se ha afirmado de los neandertales. Cada muerte ocupa a determinados individuos por entero —y con frecuencia a todo el grupo— durante muchas horas, con las expresiones emocionales extremas y la interacción con el cuerpo como norma. El ambiente es imprevisible y explosivo, fluctuando de la agresión a la sumisión, del consuelo a la dominación. El estrés se libera con cópulas o vocalizaciones, y a veces los sonidos son los que se asocian al miedo y las amenazas, muy similares a las alertas de «peligro extraño».

Tras un coro frenético inmediatamente después de la muerte, el ruido colectivo oscila de la calma a nuevos crescendos de desesperación. Pero otras veces reina la tranquilidad. Unos individuos determinados hacen vigilias, sentados y contemplando en silencio el cuerpo, incluso toda la noche. Unas veces estos vigilantes extienden sus manos, otras no; pero, en general, el impulso de tocar los cadáveres es inconfundible, sea metiéndoles los dedos, pasándoles la mano, jalándolos, acunándolos o acicalándolos. Las interacciones con los cuerpos, ya sea mirarlos a los ojos, acercarse o incluso intentar jugar, parecen en ocasiones encaminadas a obtener una respuesta.

Pero las circunstancias también importan: las muertes repentinas producen reacciones emocionales especialmente intensas, quizá por la incapacidad para procesar el cambio con rapidez. Y los lazos sociales también afectan a los acontecimientos. Los parientes cercanos y los amigos de los muertos suelen exhibir las reacciones más extremas, y permanecen cerca de los cuerpos.

El comportamiento de los chimpancés y bonobos demuestra, sin lugar a dudas, una hiperconsciencia de que la muerte significa un cambio de estado y de que, en algún momento, las cosas varían. Se examinan, pero no se intenta curar, heridas que normalmente serían lamidas. Los cuerpos se transforman en materiales, se convierten en algo que se usa para exhibiciones sociales. Una vez que esto ocurre, los individuos de alto rango empiezan a intentar controlar el acceso a los cadáveres, incluso si habían mostrado poco interés cuando el muerto vivía.

Las muertes de las crías despiertan respuestas más prolongadas. Las madres pueden transportar a bebés muertos por causas naturales durante semanas, más de 100 días en algún caso. Además, las madres repiten comportamientos como si la vida perdurara: les acicalan el pelaje, les tocan las caras, les espantan las moscas. Pero, conforme pasa el tiempo, estos instintos declinan, y se vuelven menos tiernas y protectoras.

Tráigannos los cuerpos

La lección fundamental es que quienes experimentan la mortalidad son los que se quedan atrás, y los neandertales forjaban sin duda vínculos emocionales tan profundos como los simios. También para ellos la muerte debía presagiar una tempestad de sentimientos desbocados e interacciones físicas. Los muertos no se convertían de repente en un desecho irrelevante, sino que se investían de una nueva autoridad social, quizá incluso más que en vida. Los cadáveres eran como estrellas de neutrones oscuros, atrayendo irresistiblemente hacia sí pasiones y emociones muy variadas. La dificultad para los arqueólogos radica en comprender cómo se expresaban, partiendo de los muchos miles de huesos y dientes de centenares de neandertales.

En algunos aspectos los cuerpos son como yacimientos dentro de yacimientos, corrompiéndose de modos predecibles conforme la carne, la grasa y los huesos se disgregan a velocidades diferentes. Kebara 2 es la parte superior casi completa del cuerpo de un neandertal de Israel; examinándolo de cerca se ve cómo unos huesitos de los dedos y muñecas se introdujeron en la cavidad estomacal vacía durante el proceso de descomposición. La tanatología —tafonomía forense— es fundamental para determinar hasta qué punto es «natural» un esqueleto neandertal.

Pero demostrar un entierro requiere ir más lejos. A tal fin se han propuesto criterios precisos: las fosas deben ser artificiales y estar rellenas de un depósito sedimentario muy diferente del nivel superficial. Los esqueletos deben yacer enteros en la base de la fosa, preferiblemente en posición extendida, y debe considerarse inhabitual la presencia de cualquier objeto asociado. El cumplimiento de estos minuciosos requisitos proporciona plena confianza en la intencionalidad de un entierro, pero al tiempo son tan restrictivos que incluso algunos casos humanos históricos podrían quedar excluidos.

En realidad, aun sin adoptar una postura crédula en exceso, cualquier yacimiento con un esqueleto siquiera parcialmente completo alerta de que allí ocurre algo singular, porque, en general, es rarísimo hallar cuerpos animales enteros en conjuntos cavernarios. De vez en cuando aparece un miembro todavía articulado en guaridas de carnívoros, pero los esqueletos completos son muy poco comunes, y casi desconocidos en criaturas grandes. Las únicas excepciones son los osos que murieron mientras hibernaban o los animales perdidos en sistemas de cavernas o caídos en trampas.

En una típica cueva o abrigo neandertal, sin embargo, para sobrevivir a la exposición natural y al carroñeo, los cuerpos necesitan ser protegidos de algún modo, o resultar poco atractivos. Un ejemplo ilustrativo es el gato montés del Abric Romaní, cuya inusual integridad se explica porque probablemente los neandertales lo despiezaron justo antes de marcharse, y al poco empezó la siguiente fase de depósitos calcáreos.

Del mismo modo, la conservación de cadáveres completos de homínidos requiere la concurrencia de circunstancias naturales especiales. Las teorías van desde afluencias rápidas de sedimentos hasta el deslizamiento de los cuerpos en agujeros y su posterior congelación, que los volvería indetectables para los carnívoros. Pero en la mayoría de los casos, no hay evidencia de que sucediera así, y además aún tendríamos que preguntarnos por qué ocurría solo con los neandertales.

Más anómalos todavía son los casos en que aparecen cuerpos incrustados en estratos arqueológicos. ¿Cómo pudieron permanecer intactos durante siglos mientras se formaban a su alrededor depósitos colmados de huesos animales muy fragmentados y utensilios líticos? O bien los miembros del grupo eran conscientes de ello y evitaron los restos o los cubrieron deliberadamente.

Muchos entierros neandertales fueron excavados hace décadas y se están sometiendo a nuevos análisis críticos. El caso quizá más famoso —objeto de controversia durante más de un siglo— comenzó en la primavera de 1908. Este fue, en palabras de Louis Capitan, el «año de los musterienses»: en marzo, los restos de Le Moustier 1 fueron considerados un entierro desde el principio; y después, pocos días antes de su exhumación total en agosto, se encontró otro esqueleto prácticamente entero unos 50 km al este, en el valle del Dordoña.

Ya hemos conocido al Viejo que yacía en una de las ocho cuevas cerca de La Chapelle-aux-Saints. Es el esqueleto más completo hallado hasta ahora, y los arqueólogos afirmaron que se trataba de una sepultura. Los huesos fueron exhumados rápidamente y enviados al laboratorio de Marcel Boule en París; después, toda la tierra que lo cubría se devolvió a la cueva a golpe de pala, donde permaneció 100 años, hasta que se puso en marcha una nueva campaña para averiguar cómo el Viejo había ido a parar allí.

Aunque los dibujos de la época se hicieran fuera de escala y después del hallazgo, respaldan la evidencia, proporcionada por los huesos, de la asombrosa integridad del cuerpo. El esqueleto procedía de la base de una «fosa», y una ilustración lo representa apoyado sobre piedras pequeñas. No era un montón de huesos sueltos, y casi todas las partes que faltaban tenían su equivalente por el otro lado, así que el esqueleto fue depositado allí entero. En la cueva solo se encontraron otros dos conjuntos de restos animales articulados: unos huesos de reno en un posible basurero en dirección a una pared, y partes de tibias de un uro o bisonte, supuestamente en algún lugar por encima del cráneo del Viejo.

Comparado con todo el conjunto faunístico, incluidos los osos cavernarios hibernantes, el Viejo se hallaba menos deteriorado. Más aún: su estado no solo era diferente al de los animales, sino también al de otros neandertales. Pasados por alto por los primeros excavadores (y por un habitante de la zona que continuó escarbando y enviando sus hallazgos a Boule), una investigación reciente identificó restos de al menos otros dos neandertales: un adulto y un niño de corta edad.

Basándose en la tafonomía, el cuerpo del Viejo parece haber tenido una historia singular, pero para los escépticos la explicación es que un neandertal se arrastró hasta una concavidad natural, ladeó la cabeza y murió. Su cuerpo congelado o momificado por el viento se libró de los carroñeros, o estos no pudieron acceder al cadáver porque la cueva fue ocupada por otros neandertales.

Pero ninguna de las dos explicaciones cuadra. El clima no era totalmente árido y glacial, y si otros neandertales vivían con el cadáver en descomposición, es difícil imaginar que no se apresuraran a cubrirlo con algo. Lamentablemente, no se conservan fotografías del esqueleto *in situ*, pero en otras aparece la cabeza fuera de la cueva, todavía parcialmente recubierta de sedimentos. Estas fotos revelan que el cráneo se había desplazado a la derecha del cuello, con desprendimiento de la mandíbula inferior y elevación del mentón al nivel de la nariz, probablemente durante la descomposición. Pero —y esto es importante— las vértebras cervicales no se vieron afectadas, lo que implica que los restos ya descansaban parcialmente sobre sedimentos antes de su corrupción; de lo contrario, la cabeza se habría caído.

Queda ahora la misteriosa fosa. Los primeros excavadores no observaron ninguna diferencia en los suelos, pero trabajaban deprisa, hasta de noche, con luz de velas o de gas, y a veces rompiendo parte del esqueleto. La fosa está supuestamente indicada por una depresión superficial, lo que sugiere que el sedimento interior era de estructura distinta y no se formó lentamente junto con el nivel circundante.

Tras una nueva y meticulosa excavación, los investigadores del siglo XXI confirmaron que la fosa había existido, estaba profundamente hundida[1] y, curiosamente, un borde estaba cortado por una fisura que contenía fragmentos verticales de hueso de reno. Las ondulaciones y grietas en el suelo de la cueva denotan ciclos de congelación-deshielo, que pueden forzar el descenso de materiales por crioturbación: una perturbación masiva de sedimentos con gelilevantamiento del terreno y «licuefacción» de sedimentos. Si este fenómeno se produjo después de la formación de un estrato arqueológico anterior, como indica el contenido de la fisura, es menos probable que la fosa fuera resultado de la erosión natural.

Esta evidencia geológica no constituye una prueba definitiva de que los neandertales sepultaran. Sin embargo, en otros lugares tuvieron inteligencia suficiente para abrir y rellenar fosas, mientras que la otra posibilidad principal —una cavidad donde hibernaban osos— tampoco encaja. En cualquier caso, la obsesión por el origen distrae de lo fundamental, porque el uso de cavidades naturales no impide que un esqueleto sea un depósito intencionado, como demostró la cueva de *H. sapiens* de Cussac, en el suroeste de Francia.

En suma, ninguna causa natural explica todas las características del Viejo de La Chapelle-aux-Saints. En 1908 supuso una revolución, y hoy, gracias a los análisis modernos, sigue siendo uno de los casos mejor fundamentados de entierro neandertal.

Estudios recientes podrían respaldar la intencionalidad de algunos supuestos entierros, pero en otros las interpretaciones solo han añadido confusión. El yacimiento de Le Regourdou, en el suroeste de Francia, descubierto por casualidad en 1954 durante la demolición de unas construcciones agrícolas, acabó convirtiéndose en el más grandioso de los supuestos entierros neandertales. Después de excavar por su cuenta durante varios años, una noche el propietario del terreno descubrió restos es-

1. Una fotografía de la nueva excavación repite otra de la visita de Boule en 1909: en lugar de una cesta de pícnic hay una maleta para el sistema de grabación láser en 3D.

queléticos y recabó ayuda de profesionales. Pese a la ausencia de un contexto original claro para los huesos, los artículos sobre un esqueleto ovillado dentro de una estructura de piedra con ofrendas de huesos de osos aparecieron repetidamente en publicaciones científicas.

Una historia así exigía un nuevo análisis crítico, y eso hicieron los investigadores, que descubrieron casi setenta piezas óseas más de homínidos entre la fauna. Esto confirmaba que el cuerpo, de un adulto joven, era uno de los esqueletos más completos jamás hallados. Pero otros elementos de Le Regourdou no resistían un examen moderno. Los osos habían muerto mientras hibernaban, y no hay evidencia de que el neandertal estuviera ovillado o en algún tipo de tumba rocosa.

Por otra parte, Le Regourdou presenta ciertas peculiaridades. Aparte de la alteración del cuerpo por los osos (y después por conejos excavando madrigueras), las conexiones anatómicas entre los huesitos de la mano indican que el cuerpo había estado originariamente completo. Sin embargo, faltaba casi todo el cráneo —dentadura superior incluida—, aunque no se aprecian indicios de procesos naturales, como la erosión, que pudieran haberlo desgastado o disuelto. No hay tampoco marcas de corte, que sin duda cabría esperar si los neandertales hubieran removido parte de la cabeza de un cadáver fresco, aunque los osos habían roído un hueso probablemente ya seco.

Todo esto implica que el cráneo se desprendió después de la descomposición total del cadáver, pero se ignora por qué medios y dónde fue a parar. Con notable mesura, los investigadores concluyeron que Le Regourdou es «problemático». Quedan muchas preguntas sin respuesta: ¿qué hacían los neandertales en lo más profundo de un sistema de cuevas? Se observan trazas de despiece en algunos huesos de oso, así que la caza de animales hibernantes es una posibilidad. El escaso número de utensilios líticos denota más un yacimiento de despiece que un espacio habitacional, a diferencia del contexto del Viejo de La Chapelle-aux-Saints. Pero en tal caso, era un lugar raramente visitado: menos del 1 por ciento de los huesos de oso presentan marcas de corte.

Una respuesta podría provenir de que, con el tiempo, Le Regourdou cambió. Lo que empezó siendo una profunda cueva de osos se convirtió en una trampa natural tras el derrumbamiento de una parte del techo. En el mismo nivel del neandertal se encontraron restos de otros animales como ciervos, jabalíes y caballos, víctimas de caídas. Acaso en el calor de la persecución un aciago día un cazador sintió de repente que el suelo desaparecía bajo sus pies y se precipitó en la oscuridad junto con su presa. La investigación descubrió además un nuevo hueso de homínido, lo que sugiere que un segundo individuo podría haber corrido la misma suerte.

Un quiebro final: bajando por la misma montaña de Le Regourdou se llega a otra cueva, Lascaux. Hace unos 17 ka los *H. sapiens* se adentraron en su oscuridad para pintar enormes caballos y toros por todo el techo, mientras en una cámara superior yacían los cuerpos de animales y de un neandertal ya con 80 000 años de antigüedad.

En 1993 se descubrió el que quizá sea uno de los casos más curiosos de CSI neandertal. Algo más antiguo que Le Regourdou, hace entre 170 y 130 ka, apareció un cadáver extraordinariamente completo al final de un estrecho túnel en la cueva de Lamalunga, cerca de Altamura, en el sur de Italia. Encastrado en la roca en el «Ábside del Hombre» y casi inaccesible tras numerosas estalagmitas, los investigadores tuvieron que echarle imaginación. Además de registrar los restos fósiles con una cámara GoPro y escaneo láser, pasaron a través de una grieta un sofisticado aparato para la obtención de muestras y extrajeron un fragmento de omóplato para analizarlo.

¿Cómo acabó allí este neandertal? La dispersión de los huesos demuestra que el cuerpo se disgregó al descomponerse, pero la postura originaria es dudosa, y ni siquiera queda claro que muriese allí. Lamalunga nunca estuvo habitada; no conserva ningún resto arqueológico. Es improbable que aquel hombre se perdiera, porque el cuerpo está a solo 50 m de la antigua entrada de la cueva. Si esta ya hubiera estado bloqueada, la única manera de entrar habría sido cayéndose por chimeneas que daban a la superficie; pero, a diferencia de Le Regourdou, la cueva de Lamalunga no parece haber sido una trampa natural para los animales. Allí ocurrió algo raro, pero todo lo que sabemos a ciencia cierta es que el cadáver se corrompió lentamente en la oscuridad, y que los huesos se desprendieron y cayeron resonando al suelo, antes de que le creciera una nueva y extraña piel de calcita granulosa.

Ya es algo extraordinario que esqueletos completos de neandertales adultos sobrevivieran durante decenas de milenios, pero más aún cuando se trata de frágiles bebés. Los cuerpos de los niños se descomponen más deprisa, y sin protección sus huesos tienden a destruirse. Como se vio en el capítulo 3, disponemos de restos de jóvenes neandertales de varias edades, entre ellos esqueletos completos de niños. Por raro que parezca, los huesos de los recién nacidos resisten un poco mejor la descomposición por su mayor mineralización. Pero incluso en comparación con los rarísimos ejemplos de crías de carnívoros descubiertos en guaridas, el número de bebés en los yacimientos neandertales llama la atención.

El recién nacido Le Moustier 2 mencionado más atrás no es un caso único. Una de las vidas neandertales más breves terminó hace unos 70 000 años en el Cáucaso. Con una o dos semanas de edad como máximo, su buen estado de conservación es asombroso. Apenas por encima de lecho de roca de la cueva de Mezmaiskaya, el diminuto esqueleto apareció tendido de costado, con las rodillas flexionadas, las piernas dobladas y el brazo izquierdo ligeramente inclinado hacia el pecho; casi parece dormido. Tan intacto que conservaba sus minúsculas yemas dentarias, y la mayoría de los huesos estaban en la posición correcta y sin apenas alteraciones, salvo algunas partes de los huesos inferiores de las piernas que probablemente se aflojaron por la erosión del sedimento circundante.

Explicar cómo esta pequeña criatura acabó en la cueva y apenas sufrió deterioro exige la concurrencia de una serie de circunstancias especiales o la participación de otros neandertales. Es muy improbable que se dejara allí olvidado a un niño tan pequeño, o que se deshicieran de él tras su muerte. Los jóvenes chimpancés huérfanos que no son adoptados por otros adultos normalmente enferman deprisa, se deprimen y mueren; pero incluso si este fuera un bebé abandonado, quedan otras cuestiones por aclarar.

Por regla general, los recién nacidos tardan muchas semanas en aprender a girarse, de ahí que la postura recostada resulte sorprendente, y aunque los roedores mordieron los huesos secos de las piernas, no se aprecia ningún daño por carroñeros grandes. Además, en comparación con el resto del nivel inferior de la cueva, los sedimentos circundantes al esqueleto presentaban una composición peculiar: en lugar de utensilios líticos o fauna, había pequeños fragmentos de carbón, ausentes en el resto del yacimiento.

Ya muriera en Mezmaiskaya o en otro lugar, sopesando las evidencias se infiere que fue colocado allí de forma intencionada y protegido. Casi podemos imaginar a una madre —tal vez todavía sangrando, con los pechos hinchados de leche— depositando el tierno cuerpecito en un hueco malamente escarbado antes de cubrirlo, quizá con los rescoldos de un hogar, y marcharse.

A diferencia del bebé de Mezmaiskaya, desenterrado en fecha relativamente reciente, poco puede decirse de cómo el niño Le Moustier 2 terminó en el suelo. La afirmación de Denis Peyrony de que era una fosa de gran tamaño es difícil de verificar porque, al parecer, no hizo dibujos ni fotografías.[2] Según su registro, el sedimento que la rellenaba parecía una mezcla de los tres niveles, lo que apoyaría la tesis de que se cavó un hoyo, y los huesos sin desgaste apuntan a que fue rápidamente cubierto. No se conserva información sobre la posición del cuerpo, pero estaba igual de completo que el de Mezmaiskaya. Una vez más, o bien concurrieron circunstancias naturales muy infrecuentes, o el niño Le Moustier 2 fue depositado por otros neandertales.

Es de suponer que los neandertales sobrellevaran el desgarro emocional de perder a los hijos de muchas maneras, y algunas quizá solo sean perceptibles para los arqueólogos mediante leves indicadores. En las culturas humanas antiguas, si bien algunos bebés fallecidos eran enterrados, otros eran colocados en basureros, paredes, pozos, bajo tierra o en tinajas. El procedimiento «correcto» variaba según la concepción que cada sociedad tuviera de la infancia. El niño de Roc de Marsal —cuyos dientes contribuyeron a que conociéramos las tasas de creci-

2. Fueron los obreros de Peyrony quienes descubrieron los restos, porque él estaba ocupado en la gestión de varios yacimientos, entre ellos La Ferrasie.

miento— podría representar algo parecido en el caso de los neandertales: un cuerpo que fue depositado, pero no de manera que pudiera considerarse un entierro.

Los nuevos análisis de este hallazgo de 1961 durante la década pasada se centraron en el estudio de la última morada del esqueleto casi entero: una fosa en la piedra caliza. Aunque la fosa es completamente natural, no está claro cómo llegó el cuerpo hasta allí. El niño yacía boca abajo, formando un ligero ángulo, lo que sugiere que el cadáver se había deslizado de algún modo; pero las piernas dan a la derecha y están ligeramente flexionadas, mientras que el brazo izquierdo cae al fondo de la depresión. Esta postura desmonta la teoría de que el cuerpo fuera arrastrado por el agua o desplazado por detritos flotantes, y además el clima de aquel periodo no era lo bastante extremo para momificarlo ni congelarlo.

El niño de Roc de Marsal constituye sin duda otro ejemplo de un cadáver completamente articulado cuando entró en el agujero. Aparte de los huesos de la mano colgante descolocados por lombrices y del deterioro en tibias y peronés por exposición, el cuerpo está íntegro, sin daños por carnívoros. Esto no puede considerarse un entierro, pero tampoco acaba de explicarse satisfactoriamente por procesos naturales. La cueva no contiene evidencias de sedimentación rápida y masiva, así que el material oscuro que rodea el cuerpo —idéntico al de otras depresiones— debió formarse muy poco a poco.

Quizá un niño perdido o abandonado entró arrastrándose y murió, aunque en posición poco común. Por otro lado, su edad de entre 2.5 y 4 años hace suponer un fuerte vínculo parental. Si el niño murió y el grupo estaba presente, la necesidad de interactuar de algún modo con su cuerpo sería acuciante, lo que explicaría su traslado y colocación en un espacio adecuado.

Un último dato interesante: junto con los típicos fragmentos de útiles líticos, huesos animales y dientes, el sedimento que rodeaba el esqueleto contenía tres objetos inhabituales. Las hienas, aves y huesos completos son muy raros en el resto del yacimiento, pero dentro de la depresión, junto con el cuerpo neandertal, había piezas óseas intactas de renos y pichones, así como una mandíbula completa de hiena; puede que no sean tan singulares como conchas o pigmento, pero su asociación con el esqueleto se suma a la lista de preguntas aquí planteadas.

¿LUGARES DE MUERTE?

Si los esqueletos aislados son difíciles de descifrar, más complicados todavía resultan los yacimientos con múltiples cuerpos. Ya vimos que en Le Regourdou y La Chapelle-aux-Saints había restos de más de un neandertal, y los nuevos análisis practicados en otros lugares demuestran lo mismo. En Le Moustier, en 1910, Otto Hauser encontró un solitario fragmento de cráneo y probablemente un diente (se desconoce su paradero actual), e incluso Feldhofer escondió más cuerpos de lo que se creía. En el 2000, los investigadores recolocaron piezas del remontaje del neandertal primigenio procedentes de los montones de desechos al pie del acantilado, y descubrieron además partes de otros dos individuos.

Una cosa son los fragmentos, pero ¿qué deberíamos pensar de los lugares con más de un esqueleto (casi) completo? A veces se han llamado cementerios, pero ese término implica una tradición mantenida durante muchas generaciones. Si los esqueletos neandertales procedían de niveles distintos con rasgos arqueológicos claramente dispares, es difícil hablar de una práctica continuada; pero, por otra parte, es innegable que determinados yacimientos presentan un exceso de muertos.

Así se evidencia incluso entre los ancestros inmediatos de los neandertales: de la Sima de los Huesos, en Atapuerca, se extrajeron restos fósiles de casi treinta individuos. Probablemente llegaron a la cámara en bloque desde algún punto a más altura en el sistema de cuevas, pero la cantidad de piezas, tanto de adultos como de adolescentes, es asombrosa. Además, el único utensilio que los acompaña es un bifaz rosa de cuarcita al que los arqueólogos pusieron por nombre «Excálibur». En la alborada del mundo neandertal, parece que el concepto de lugar para los muertos ya empezaba a surgir.

El más rico de todos es probablemente Krapina, con unos novecientos fragmentos de huesos de todo el esqueleto; sin embargo, están tan fracturados que resulta difícil calcular a cuántos neandertales corresponden. Basándose en los dientes, son al menos veintitrés —el mayor número documentado en un yacimiento—, pero empleando otros métodos pueden rondar los ochenta.

Krapina es excepcional, pero otros dos lugares también contienen restos de al menos 20 individuos. En La Quina se extienden por varios yacimientos y estratos adyacentes, pero L'Hortus, también en Francia, es especialmente curioso. Situada en mitad de un escarpe de 100 m casi vertical, el interior de esta cueva es estrecho y con forma de tobogán: como casa, nada confortable, pero esto no disuadió a los neandertales de usarla para estancias muy cortas. Sin embargo, en estratos posteriores parece que algo cambia y los huesos —incluidos los de muchos niños y un bebé— empiezan a acumularse en una sección del yacimiento. Esto persistió durante siglos, quizá milenios, pero el porqué es un enigma. No parecen darse circunstancias excepcionales para la conservación, así que ¿fue otra la causa?

Existen otros lugares que nunca estuvieron profusamente habitados y aun así contienen muchos cuerpos. No lejos de la cueva de los Aviones (Murcia) está la Sima de las Palomas, un profundo despeñadero repleto de depósitos datados entre el EIM 5 y el EIM 3. Casi destruida por la actividad minera en el siglo XIX, permaneció abandonada hasta que un naturalista de la zona descendió en rápel en 1991 y divisó huesos homínidos adheridos a la pared; eran los restos de lo que había sido una enorme pila rocosa cementada. Durante los 25 años siguientes los arqueólogos acometieron unas arduas excavaciones para las que emplearon un andamiaje construido al efecto, y concluyeron que aquello no era un agujero por el que se precipitaban los desventurados neandertales, sino algo más complejo. Aparte de los escasísimos utensilios líticos y algunos huesos animales quemados, se habían acumulado restos de al menos diez neandertales, probablemente durante siglos o incluso más.

Lo más notable del conjunto son tres individuos bastante intactos, todos de un periodo datable hace entre 45 y 55 ka. En el nivel inferior apareció un adulto, después venía un niño, y por encima una adulta de muy corta estatura; además —y esto es importante e indiscutible—, los esqueletos todavía estaban articulados. También son significativas las posturas: una de las piernas de la mujer estaba extendida, con la otra cruzada por debajo, mientras que sus brazos estaban doblados y con las manos cerca de la cara. Las manos de otro individuo mostraban una posición similar.

Desde luego, este no se considera un yacimiento habitacional, pero parece situarse en un estadio por encima de Le Regourdou y no era un lugar fácil donde caer por accidente. El yacimiento se encuentra situado en una montaña de mármol que se alza sobre la llanura costera, con la sima abierta como una herida en su flanco, y algo atrajo a los neandertales hasta allí una y otra vez.

Un sitio bastante diferente, pero con casi el mismo número de cuerpos neandertales, es el abrigo de La Ferrassie. A diferencia de la Sima de las Palomas, este sí es un yacimiento habitacional, y en este lugar se produjo la acumulación de al menos ocho individuos, algo difícilmente explicable por casualidad. El probable varón LF1 estaba casi completo y fue el primero que apareció en 1909 cuando la construcción de una carretera delante de las cuevas sacó a la luz el abrigo. En el verano siguiente apareció LF2 —más pequeño y quizá mujer— solo 50 cm al oeste. A continuación, y hasta la década de 1920, fueron saliendo otros cinco conjuntos de restos desde debajo del abrigo principal, de donde se extrajeron hasta 1000 m^3 de sedimentos.

También se encontraron restos de muchos niños: el más joven era LF5, un bebé prematuro de dos meses, mientras que LF4b era un recién nacido, LF6 tenía una edad aproximadamente preescolar y LF3 rondaba los 10 años. Seis décadas después un equipo diferente descubrió un niño de 1-2 años, LF8, al fondo del abrigo.

En los últimos años se han reanudado las excavaciones en La Ferrassie para entender cómo llegaron hasta allí al menos algunos de estos neandertales. Estos trabajos han modificado las posiciones precisas de LF1 y LF2, en parte tras el cotejo del sedimento que todavía recubre uno de los pies de este último. Ambos esqueletos se hallaban muy próximos y datan de hace unos 47.3 a 44.3 ka. Los otros individuos también parecen situados aproximadamente en el mismo nivel estratigráfico, y el espacio entre

LF3 y LF4 era incluso menor que entre LF1 y LF2. Esto significa que La Ferrassie proporciona algunas de las mejores evidencias de múltiples esqueletos próximos en el tiempo, y cuando se estudiaron las colecciones faunísticas en el 2019, se identificaron nuevos dientes de, como mínimo, otros dos adultos.

Algunas de las teorías sobre La Ferrassie formuladas a lo largo de los años no se tienen hoy en pie, como la presencia de objetos especiales en las tumbas, o de grabados circulares sobre una enorme laja caliza que cubre a LF6. Estos son elementos naturales, y de parecida manera, lo que llamaron «fosas» en otros puntos del yacimiento son probablemente depresiones originadas por procesos de congelación.

Pero ¿pudo alguno de los esqueletos haber sido depositado intencionadamente? La mayoría están orientados de este a oeste, y LF1 no yacía boca arriba, sino ligeramente ladeado, con el brazo derecho levantado y el izquierdo recto y extendido hacia abajo. Ambas piernas estaban flexionadas en ángulo hacia la derecha (igual que LF5 y LF3). La cabeza miraba a la izquierda, con la mandíbula inferior abierta y un poco separada del cráneo. Esta extraña posición se explica a la luz de nuevas investigaciones. Los sedimentos de la zona occidental del abrigo que contenían a LF1 y LF2 procedían de una plataforma superior, por fuera de las cuevas. Los dos cuerpos pudieron haberse deslizado de forma gradual ladera abajo.

La Ferrassie tal vez no sea un cementerio, como se ha afirmado, pero solo algo fuera de lo normal puede explicar por qué se acumularon tantos cuerpos, incluso después de muchos siglos. Estos restos resultan llamativos incluso comparados con el puñado de restos de *H. sapiens* posteriores encontrados aquí, y el número de jóvenes es especialmente significativo. Lo más relevante es que, al igual que en La Chapelle-aux-Saints y otros lugares, el estado de los restos homínidos era bien distinto del de los animales: más completos, con escaso desgaste y sin roeduras. La Ferrassie apunta a una tendencia continuada al tratamiento de la muerte que conducía a depositar allí los cuerpos, pero otro yacimiento posee evidencias aún más concluyentes.

Quizá se haya oído hablar del inmenso abrigo de Shanidar, en el Kurdistán iraquí, por las afirmaciones de que allí había un esqueleto con ramos funerarios. Esa teoría se considera hoy improbable —el polen podía deberse a acumulación natural—, pero aun así Shanidar es sumamente valioso porque proporcionó restos de al menos once neandertales, muchos de ellos esqueletos completos. Diez procedían de excavaciones realizadas entre 1953 y 1960, y el trabajo de campo en los últimos años sacó a la luz otro individuo.

Es difícil comprender Shanidar, en parte porque la mayoría de los fósiles no se exhumaron con técnicas modernas, pero también porque el yacimiento es conocido por sus peligrosos desprendimientos de rocas. Tales accidentes podrían explicar algunos de los esqueletos, como Shanidar 1 (S1), S2 y S3. En particular, la extraña posición de S5 podría deberse a que una roca le rompió la columna vertebral, forzando la colocación de la cabeza sobre la roca. Confirmar esta hipótesis es hoy difícil a pesar de que se excavaron más fragmentos del esqueleto en el 2015 y el 2016. Pero si la causa fue un desprendimiento de rocas, tuvo que ser repentino: aunque S5 superaba probablemente los 40 años, este neandertal no padecía las mismas limitaciones físicas que podrían haber ralentizado los movimientos de S1.

Son muy singulares, sin embargo, las circunstancias que se observan en cinco de los otros neandertales de Shanidar. Aun cuando no llegara a probarse la historia de las plantas, el cuerpo asociado, S4, tenía una postura interesante: ovillado casi en posición fetal sobre el lado izquierdo en una cavidad rocosa, con las rodillas flexionadas y la mano izquierda aparentemente pegada a la cara. Los escépticos señalarían la ausencia de fosas y propondrían que este individuo, sencillamente, murió en esa posición. Sin embargo, el clima de la zona no era lo bastante frío ni seco para la conservación natural del cuerpo, de lo que se deduce que fue protegido de alguna manera contra la erosión y las perturbaciones. Pero no hay ninguna causa natural de sedimentación rápida.

Y aquí empieza lo extraño. El esqueleto S4 era sumamente frágil, y en 1960 los arqueólogos decidieron trasladarlo en un solo bloque de sedimentos para su posterior excavación en el museo de Bagdad. Cuando hacían los preparativos, se observó que había fragmentos de otros dos adultos y de un bebé (S6, S8 y S9) debajo mismo de los de S4, tan próximos que algunos restos se habían mezclado.[3] Uno de estos otros adultos también parecía ovillado. Pero aquí no acabó la historia.

Cuando se reanudaron las excavaciones casi 60 años después, la zona que rodeaba el bloque fue trasladada, junto con más fósiles que sobresalían de la pared vertical de la zanja. Tras laboriosos trabajos se descubrió que era la parte superior completa de un adulto maduro, situado debajo mismo de donde habían estado los otros neandertales. Además, su postura, aunque más recostada, se parece extraordinariamente a la de S4. El cráneo aplastado pero completo yacía sobre el lado izquierdo, con el brazo derecho cruzado sobre la caja torácica y el puño cerrado. Por debajo del mentón, el brazo izquierdo estaba levantado, con la muñeca flexionada hacia atrás, casi como si estuviera durmiendo.

Dada la posición relativa del bloque y la situación en el nivel superior de S4, es bastante probable que el nuevo cuerpo pertenezca en realidad a S6 o S8. Un conjunto tan compacto de, como mínimo, cuatro individuos es algo insólito en los yacimientos neandertales: el único lugar donde tantos esqueletos se hallan estrechamente asociados en sus posiciones primigenias. Y algo mejor todavía: al examinar el contexto de los nuevos huesos, los investigadores descubrieron que estaban rodeados de sedimentos marrones depositados con rapidez, quizá los restos corrompidos del cuerpo, pero con presencia de curiosos restos vegetales. Y en lo que constituye la mejor evidencia obtenida hasta ahora de una fosa de entierro, todo estaba contenido en una depresión con una característica base cóncava. En un principio podría haber sido un canal de agua, pero la micromorfología sugiere una excavación artificial.

Lo más singular es un útil que pudo ser colocado intencionadamente junto con el cuerpo. Entre los nuevos restos óseos había solo dos utensilios líticos, uno de los cuales se encontró dentro de la caja torácica; su orientación es vertical, pero probablemente quedó en esa posición al descomponerse la carne, y se

3. Lamentablemente, no fue posible reconstruir por completo las relaciones espaciales entre los fósiles dentro del bloque porque los habían transportado al museo sobre el techo de un taxi, soportando baches.

halla a escasos centímetros de la mano izquierda, como si alguna vez aquellos dedos lo hubiesen sostenido.

Visto en conjunto, aunque Shanidar no es exactamente una necrópolis neandertal, allí hay algo más que los restos de los que perecieron por desprendimientos de rocas. Incluso en tales circunstancias, es muy probable que los sobrevivientes pudieran haber interactuado físicamente con los cuerpos: las muertes repentinas son bastante traumáticas y podrían haber provocado intentos de trasladar o modificar la posición de los cadáveres. Pero el agrupamiento de tres adultos y un bebé denota que estos cuerpos fueron depositados en el mismo espacio en un brevísimo periodo de tiempo, o bien que los neandertales regresaron en repetidas ocasiones al mismo lugar. En relación con esta última teoría, es muy interesante que dos enormes piedras, colocadas una sobre otra, se hallaran muy cerca del cráneo nuevo; no eran parte de un desprendimiento, sino que habrían sobresalido a través de los sedimentos, permaneciendo visibles mientras los otros cuerpos también se acumulaban.

Los cuerpos enteros de neandertales reposando en la tierra siempre nos han llamado la atención, pero ¿y los fragmentos óseos dispersos? ¿Son sencillamente de los perdidos, de los abandonados, de otros desdichados? Los cráneos y otros restos óseos «huérfanos» difíciles de interpretar abundan en las cuevas, pero también al aire libre.

Basta con fijarse en Alemania para comprobar la riqueza y variedad de algunos paisajes con neandertales. Las graveras fluviales proporcionaron el cráneo de Steinheim, otro de Warendorf, más parte de un adulto y de un niño muy pequeño en Sarstedt. Una gran porción de cráneo procede del cráter del extinto Wannen-Ochtendung, y Alemania es conocida también por los afloramientos de travertino y yacimientos de toba con restos neandertales. Junto con los rinocerontes cazados en Taubach, se encontraron dientes de adultos y niños ya en 1871, y de Bilzingsleben procedían los dientes y fragmentos de cráneo de al menos tres individuos.[4]

4. En 1816 se encontró otro probable cráneo neandertal que, de haberse reconocido como tal, habría sido el primer fósil homínido documentado.

Algunos yacimientos al aire libre tuvieron procesos inhabituales de conservación. Junto con perfectas improntas de hojas de roble, se excavaron fragmentos de al menos seis neandertales en la cantera de travertino de Weimar-Ehringsdorf. Aunque la mayoría eran cráneos, otros restos más completos de un niño incluían una mandíbula, parte del pecho y un brazo encastrado en el travertino, no lejos de fragmentos óseos de otro adulto. En lugares como estos que debieron haber atraído a herbívoros y carnívoros, parece improbable que un cadáver pequeño se hubiera librado de la dispersión, a menos quizá que estuviese sumergido en un charco.

En otros lugares, no alcanzamos a explicar la presencia de otras partes del cuerpo. En 'Ein Qashish, al norte del monte Carmelo, en Israel, los neandertales estuvieron activos en el paisaje durante largos periodos entre el EIM 4 y el EIM 3. En los estratos más antiguos los fragmentos de homínidos eran muy escasos, pero un estrato posterior contenía elementos de las extremidades de un neandertal: el fémur y la tibia izquierdos casi articulados, parte de los huesos de la pierna derecha y una columna vertebral. Todo procedía de un solo par de metros y probablemente pertenecen a un único varón joven.

El paisaje circundante —márgenes húmedos de una llanura aluvial con pozas estacionales— habría sido atractivo, y el individuo de 'Ein Qashish quizá había salido de caza. La causa de la muerte pudo ser una antigua lesión de ligamentos que lo dejaría cojo, convirtiéndolo en presa fácil para depredadores.

Pero no hay roeduras de carnívoros, y los huesos tienen todavía abundante grasa en sus extremos. Y más aún: el nivel en cuestión está bien conservado, con utensilios líticos, y parece improbable que la erosión hubiera removido la mitad superior del esqueleto. Pero los yacimientos al aire libre no eran sencillamente «estaciones de servicio» para cazadores. Lugares como Les Bossats nos dicen que los neandertales hacían muchas cosas fuera de las cuevas, como procesar pigmentos. En 'Ein Qashish hay fragmentos ocres en el mismo nivel que los huesos, posiblemente yunques o muelas de caliza y una concha marina proveniente de al menos 10 a 15 km. Ninguno de ellos está directamente asociado con los huesos, pero son muy raros para esta región. Si una colección semejante hubiera provenido de un yacimiento de los primeros *H. sapiens*, podría muy bien hablarse de actividades simbólicas.

Los neandertales debieron sentir la necesidad imperiosa de interactuar con los cuerpos, pero los resultados habrían dependido de dónde se produjeron las muertes. Bajo el cielo, la forma «correcta» de tratar con la muerte tal vez fuera diferente del interior de cuevas o abrigos. Aunque son escasas las evidencias específicas de colocación intencionada de cuerpos, lugares como 'Ein Qashish quizá reflejen alguna forma de participación activa de los neandertales.

La carne más próxima

No podemos estar seguros de que los restos neandertales en yacimientos al aire libre fueran manipulados a propósito, pero investigaciones recientes han descubierto que en cuevas y abrigos, aparte de entierros, pasaban otras cosas con los cadáveres. Cada vez se identifican más huesos de neandertales inequívocamente despiezados, entre ellos algunos de los restos primigenios de Feldhofer. En general, los neandertales repetían todo lo que hacían con los animales: desollar, desmembrar, desarticular, descarnar. A veces se dedicaban también a partir y triturar los huesos a conciencia. Esto se sabe desde 1899 porque el primer caso identificado estaba entre los cientos de huesos de Krapina. Allí se habían procesado todas las partes del esqueleto de varios individuos, con desollado y descarnado —incluso de los cráneos—, y algunos casos de fragmentación. Este descubrimiento ocurrido en los albores de la investigación sobre los neandertales, y su interpretación como canibalismo, sentó las bases de su reputación de agresivos.

Por el contrario, nadie reparó durante décadas en que Le Moustier 1 había sido despiezado. Las publicaciones originales, los diarios de Hermann Klaatsch y las fotografías que se conservan del yacimiento muestran la extraña posición del esqueleto.[5]

5. Hauser consignó que se habían sacado 22 fotos de cada fase de la excavación, pero solo han aparecidos unas pocas.

El cráneo estaba boca abajo, con la mandíbula inferior algo desprendida. Contrastando con la entrada del diario y con un dibujo de Klaatsch que sugiere que algunas partes superiores del cuerpo se hallaban en posiciones anatómicamente correctas, las imágenes muestran los huesos largos del brazo asomando por detrás de la nuca; este no era un cuerpo articulado.

El análisis moderno reveló que, además de estar desordenado, el adolescente de Le Moustier había sido despiezado. El cráneo fue desollado y descarnado; la lengua, arrancada; la mandíbula, cortada, troceada y posiblemente machacada, y la carne de un fémur también fue extraída. Es interesante señalar, sin embargo, que el cuerpo no se hallaba disperso, y el cráneo y la mandíbula inferior estaban juntos. Además, las fotografías y documentos de la excavación registran que la cara y la frente estaban en contacto directo con una piedra plana muy grande en comparación con otras rocas del sedimento circundante.[6]

Aunque separados por muchas decenas de milenios, Krapina y Le Moustier son yacimientos neandertales tardíos. Es durante este periodo, hace unos 130 ka, cuando el procesamiento de los cuerpos, aun sin convertirse en habitual, parece que deja de ser raro. En muchos contextos hay poca diferencia en el tratamiento de restos homínidos y animales, apreciándose un interés similar por las partes del cuerpo ricas en médula ósea. Un yacimiento recién identificado, Sirogne, en el sureste del Périgord, es un buen ejemplo: a los dientes de los neandertales les faltan las raíces, muy probablemente porque se machacaban las mandíbulas para extraer el tuétano.

Quizá sorprenda, no obstante, la escasez de pruebas directas de que los neandertales comieran los cuerpos procesados. Las marcas dentales no son comunes en huesos animales, y por eso resultan especialmente relevantes las que aparecen en restos homínidos. Al menos una diáfisis de Krapina presenta hendiduras pareadas poco profundas, exactamente igual que si alguien la hubiera roído como una mazorca.

6. Con mucha probabilidad una enorme lasca de pedernal o una placa caliza natural que, lamentablemente, se ha perdido.

Por regla general, sin embargo, las marcas dentales son escasísimas, algo especialmente significativo cuando se compara con el canibalismo entre *H. sapiens* de distintos periodos. Hace unos 15 ka, los huesos de al menos seis personas —que corresponden probablemente a distintas generaciones de un grupo— fueron despiezados en la cueva de Gough, en el suroeste de Gran Bretaña. Su procesamiento fue similar al de los animales cazados, con los que aparecieron mezclados, pero nada menos que el 65 por ciento presentaban trazas de procesado y casi la mitad, además, marcas de dientes.

La quema de restos homínidos es también muy rara entre los neandertales y puede inducir a confusión. En Zafarraya (Granada) se encontraron tres piezas quemadas asociadas a un hogar, pero, igual que ocurre con la controversia sobre la cocción de huesos animales, esto podría haber sido accidental. Sin embargo, Krapina también posee restos quemados, y en vista de las abundantes evidencias del procesado e ingesta de cuerpos, es razonable sugerir que algunos de los muertos fueron cocinados.

Supongamos que se practicaba al menos un cierto grado de canibalismo. La pregunta entonces es: ¿por qué? Conforme se acumulan los casos, los análisis del siglo XXI apuntan a interpretaciones más sutiles que el simple acopio de calorías. En Krapina, aunque se hallaban presentes cuerpos completos, no parece que se hubieran seleccionado los huesos más nutritivos para su procesado. Algo parecido ocurría en El Sidrón: en capítulos anteriores se han abordado los aspectos biológicos y el comportamiento de sus 13 o más individuos, pero es posible que además fueran canibalizados. Los huesos se habían sometido a un procesamiento muy intensivo, con signos de desmembramiento, troceado y martilleo.

Mas a pesar del despedazamiento de algunos cuerpos, este proceso no es exactamente igual al típico despiece de animales, y tampoco es sistemático ni se centra en las partes más sustanciosas. Los huesos no presentaban daños por carnívoros ni desgaste, y algunas partes del pecho, brazos, manos y pies estaban todavía articulados. Además, la representación de elementos es extraña: falta la mayoría de los huesos faciales, pero hay un hioides (hueso muy frágil situado encima de la laringe) y, extrañamente, numerosos dedos de los pies. Sin embargo, en los cuerpos de El Sidrón se observa un patrón: son los jóvenes los que muestran más marcas de corte, algo difícil de explicar si tan solo se tiene en cuenta la nutrición.

Olvidémonos por un momento de los cuerpos y pensemos en el canibalismo en sí. Para cualquier especie que viva en grupos pequeños con bajas densidades de población, comerse con regularidad unos a otros conduce a la extinción. Y ni siquiera sale rentable, porque, comparados con animales más o menos del mismo tamaño, los cuerpos homínidos son extremadamente pobres en nutrientes.

¿Pudo la inanición ser la causa? La vida de los cazadores-recolectores puede ser difícil, y en algunas poblaciones recientes la hambruna era algo conocido y temido, aunque raro. ¿Eran aquellos tiempos igual de desesperados para los neandertales? Varios casos de canibalismo se han vinculado a las condiciones glaciales. Por ejemplo, los restos desmembrados y tajados de dos adultos, dos adolescentes y dos niños proceden del nivel 25 de Combe Grenal, datado en torno a hace unos 70 a 65 ka y repleto de renos asociados al frío.

Pero las cosas no son tan sencillas. Como vimos en el capítulo 10, Les Pradelles es con certeza casi total un campamento tipo Quina de caza de renos, aunque las nuevas evidencias demuestran que allí no hacía mucho más frío que hoy en Gales o Escocia. Y este punto es importante porque, entre los animales despiezados, figuran también restos de, como mínimo, nueve neandertales procesados —adultos y niños incluidos— y sometidos a un tratamiento casi idéntico al de los renos, con descarnadura y corte de los extremos, quizá para obtener médula.

Este conjunto se ha considerado otro caso de canibalismo nutricional, pero tal hipótesis no se sostiene. No solo el frío no era extremo, sino que la inmensa cantidad de renos despiezados implica que, al menos estacionalmente, la comida no representaba un problema.

En el extremo opuesto del espectro climático, también se ha postulado que los yacimientos interglaciales de procesamiento de cuerpos se explican por la presencia de neandertales hambrientos no habituados a cazar animales de los bosques. Krapina está datado en el Eemiense, pero quizá después del pico climático, y hasta puede que incluya el periodo LEAP de disrupción climática extrema después de hace 121 ka. Pero los huesos proceden de dos niveles distintos, así que muy probablemente el despiece que se practicaba aquí abarcó una fase temporal más larga.

Curiosamente, hay otro yacimiento de canibalismo que quizá sea contemporáneo de Krapina. El nivel 15 de Moula-Guercy, una cueva del sureste de Francia, tiene una datación muy similar y al menos una parte de la fauna, como los puercoespines, podrían estar asociados a la aridez. Como mínimo, la mitad de los restos de seis neandertales —un anciano, una adulta, dos adolescentes y dos niños— estaban despiezados. El procesamiento en Moula-Guercy es intensivo: cráneos desollados, articulaciones y extremidades desmembradas, piernas descarnadas y huesos machacados de forma sistemática.

Pero cabe esgrimir argumentos contra las hambrunas interglaciales provocadas por el clima. Yacimientos como Neumark-Nord dejan claro que los neandertales se habían adaptado a la caza forestal, abatiendo los gamos con lanzadas precisas e incluso dejando atrás buena carne y tuétano. Los elefantes también eran presas; aun cuando el yacimiento de carcasas y lanzas de Lehringen es más un lugar de carroñeo que de matanza, está claro que estos neandertales eemienses tenían acceso a mucha comida. También disponían de presas más pequeñas, como tortugas o castores. Y no parecen registrarse tasas más altas de desnutrición en ninguno de los yacimientos de procesamiento de cadáveres que en otros lugares, ni tampoco si se comparan con algunas poblaciones de cazadores-recolectores recientes. El único patrón claro con relación al medio es la ausencia total de procesamiento de cuerpos fuera de Europa.

Más que estar asociado a climas determinados, ¿podría el canibalismo implicar sencillamente que los neandertales devoraban sin piedad a los individuos más débiles? De ser así, los niños y los ancianos habrían corrido más peligro, pero no superan en número a los adolescentes y adultos despiezados. Además, un hombre de Moula-Guercy figura entre los neandertales más corpulentos conocidos, y sin duda habría sido peligroso atacarlo.

La hostilidad hacia los extraños es otra explicación. Goyet, en particular, se ha presentado como un ejemplo de canibalismo motivado por agresiones. Las partes despiezadas son las secciones inferiores de las piernas, cráneos y muslos, lo que concuerda con la selección para obtener carne y médula. Las abundantes marcas de corte en más de un tercio de los restos atestiguan desmembramiento, descarnaduras e incluso —algo menos habitual— cortes profundos de destripamiento en la pelvis y las costillas. Además, se observa una fractura generalizada de los huesos —el único completo es la punta de un dedo de la mano— y un probable aplastamiento de los extremos de los huesos largos, todo lo cual apunta a su consumo. Sin embargo, la teoría de que eran «extranjeros» que fueron atacados y comidos se basa en interpretar que los isótopos reflejan a individuos foráneos, y no a neandertales que sencillamente se movían por un territorio muy extenso, lo que concuerda con los datos de traslado de utensilios líticos.

Otros lugares confirman que los individuos comidos procedían de la zona. Las singularidades anatómicas en los cuerpos de Krapina y El Sidrón sugieren que los muertos provenían de poblaciones estrechamente emparentadas, puede que de la zona. Y en Moula-Guercy, los isótopos indican que al menos uno de los individuos pudo crecer en un lugar situado a uno o dos días caminando, en la misma región de la que procedían muchos de los útiles líticos.

Si los grupos competían por la misma tierra, podrían surgir conflictos, pero el rango de edad generalmente amplio de los cuerpos procesados implicaría una matanza masiva o bien muertes por emboscada durante un largo periodo de tiempo. Además, los cuerpos despiezados no presentan tasas más altas de muertes violentas, y deberíamos suponer entonces que los neandertales tendían a ser agresivamente territoriales. Como se vio más atrás, la colaboración y la compartición de comida en el corazón de sus sociedades contradicen esta teoría.

El canibalismo y las matanzas pudieron haber tenido motivaciones primarias, pero no necesariamente enraizadas en la voracidad o la beligerancia. Los chimpancés ofrecen paralelismos fascinantes: aunque cazan mucho más de lo que se creía, y las desavenencias sociales pueden ser muy violentas, las muertes son raras.

Estas casi siempre afectan a otros grupos, y las más de las veces las víctimas son adultos o crías. Las muertes dentro de estos grupos son muy infrecuentes, pero se conocen casos de infanticidio. Las crías se convierten en objetivos en periodos de excitación extrema, bien sea después de un conflicto con extraños o provocada por alguna sed de sangre que se despierta en los machos después de la caza. El canibalismo forma parte a veces de esta dinámica social, lo que significa que para los chimpancés el consumo de un cuerpo es algo inherente que va más allá de la nutrición.

A veces los cadáveres se devoran con fruición y se comparten como si fueran presas de caza, o bien son tratados con agresividad, llegándose a golpear los cuerpos de adultos con ramas o piedras. Pero en otros casos la interacción es más tranquila, más exploratoria, y los matadores solo comen pequeñas porciones. En raras ocasiones se alimentan de partes determinadas de adultos matados, algo a lo que son especialmente proclives las hembras del mismo grupo.[7] Sin embargo, son las crías las que se comen con más frecuencia, y también de las que se consumen más partes. Los infanticidios después de las cacerías desembocan con especial frecuencia en canibalismo comunal, a veces con participación de las madres.

Una vez más, los bonobos proporcionan un contrapunto interesante. No se han documentado infanticidios, pero sí varios casos de canibalismo madre-cría, en los que además se compartió la carne. En una ocasión, tras la muerte natural de una cría, el grupo pasó toda la mañana comiendo buena parte del cuerpo, hasta que la madre se llevó los restos echándoselos a la espalda.

Esto demuestra dos cosas de capital importancia para comprender el canibalismo y el procesamiento de los cuerpos entre los neandertales. Primero, que no es necesario recurrir a la agresión a falta de otra explicación. Segundo, que después de su consumo los restos despedazados no son transformados en desechos, sino tratados como representación de los muertos, o vinculados a ellos.

7. A veces se interesan por los genitales de la víctima.

Entre bonobos y chimpancés, los cuerpos de los muertos despiertan muchas emociones. Incluso si el proceso empieza, como ocurre a menudo, con trauma y confusión, los cadáveres acostumbran a pasar a un estado transicional: no viven, pero tampoco son un trozo de carne; se les somete a una manipulación más intensiva que a los animales cazados, y son transportados durante más tiempo. En algunos casos —por no decir todos— los que se los comen deben de saber qué y a quién están consumiendo. El canibalismo es muy probablemente un medio poderoso por el que individuos y grupos procesan no solo el impacto de las muertes que provocan ellos mismos por impulsos emocionales, sino también de muertes por otras causas. En otras palabras: tiene que ver con la pena.

Tales situaciones serían igual de probables —si no más— entre los neandertales. Además, podríamos plantear que tanto chimpancés como bonobos usan herramientas en sus interacciones con los muertos. A los cadáveres los pinchan con palos, como si quisieran despertarlos; pero —y esto es lo más asombroso— en un caso escarbaron los dientes de un individuo muerto. Tras la muerte de un macho llamado *Thomas* en una reserva de Zambia en el 2017, su madre adoptiva *Noel* se negó a abandonar el cuerpo y empezó a limpiar cuidadosamente los dientes de *Thomas* con una brizna de hierba, vigilada de cerca por su hija joven.

El mondado de dientes con hierba o astillas es para los chimpancés, por naturaleza, un acto íntimo y afectuoso. El primer caso se documentó hace unas cinco décadas. *Belle*, una hembra integrada en un grupo de jóvenes huérfanos, mostraba especial preferencia por ser la escarbadora, y se observó cómo extraía un diente de leche suelto a su mejor amigo.

Trasládense ahora estas situaciones a los neandertales y añádase su capacidad cognitiva muy superior y unas vidas que giraban en torno al uso de utensilios líticos. No es difícil imaginar, partiendo de estos supuestos, que las habilidades para desmembrar carcasas de animales cazados pudieran trasponerse a un proceso de duelo con el despiece y el canibalismo como actos de intimidad, no de profanación.

Examinando en detalle el canibalismo y el procesado de cuerpos humanos entre los neandertales, pueden obtenerse evidencias que apuntan a una interpretación de este tipo. El propio despiece no siempre es idéntico al practicado con animales; a veces es más intenso, aun cuando el método sea similar. Esta tendencia se remonta al Paleolítico Medio, y se manifiesta en la Gran Dolina, donde esta práctica sobre los cuerpos dobla en proporción a la de los animales. Allí se prestó mayor atención a las cabezas, con extracción de lenguas y sesos, e incluso se desollaron los dedos de manos y pies.

En algunos yacimientos neandertales se observan patrones similares. Los restos de Krapina parecen sometidos a un despedazamiento más intensivo que la fauna, y en Moula-Guercy la mitad de los restos neandertales presentan marcas de corte, frente a menos de una cuarta parte en el caso de los ciervos, e incluso menos en otras especies. Además, se pone un énfasis adicional en la fragmentación de los huesos, posiblemente usando yunques, y solo los huesos de manos y pies permanecen intactos. Otra diferencia es que tan solo los huesos animales exhiben marcas de quema.

Las peculiaridades se dan en todas partes. En Les Pradelles los índices de despiece de renos y homínidos son los mismos —en torno a un 30 por ciento—, pero, aunque las partes animales eran claramente seleccionadas y llevadas al yacimiento por su valor nutricional, no ocurría así con los restos homínidos, con pocas piezas de extremidades y muchas de cráneos. Algo diferente sucedía aquí con los huesos neandertales, y no se limitaba a su lugar de procedencia. Pese a no estar separados de los de animales en el yacimiento, el estado de los restos homínidos es mucho más heterogéneo, y muestra más daños por carnívoros, como dientes que habían pasado por estómagos de hiena. Esto denota una diferencia no solo en el proceso de acumulación comparado con el de la fauna, sino también en lo que ocurrió con los restos en el yacimiento, donde posiblemente estuvieron expuestos.

Eternidades

Aunque cada contexto de procesamiento de cuerpos y canibalismo es único, pueden explorarse conexiones culturales entre ellos. Es probable que los neandertales fueran capaces de despiezar cualquier cosa con los ojos vendados, y, como los chimpancés con los mondadientes, recurrieran a habilidades familiares en su deseo de conectar con los muertos. Quizá esto, unido al consumo del cuerpo, proporcionaba consuelo en medio de la confusión y el miedo que infunde la muerte. Y quizá haya indicios de que los neandertales, igual que nosotros, intentaban conservar una parte de los difuntos.

Al examinar con creciente minuciosidad las colecciones de huesos faunísticos en busca de objetos trabajados como retocadores, los investigadores han descubierto piezas elaboradas con restos neandertales. En Krapina y Les Pradelles se utilizaron fragmentos de fémur, mientras que en Goyet se fabricaron cuatro retocadores con astillas de fémures y tibias. Además, allí da la impresión de que los neandertales escogieron específicamente huesos homínidos, pese a ser menos adecuados que los de otras especies y elementos óseos.

Parece que, como ocurre con la mayoría de los ejemplos de animales, los retocadores de Goyet y otros lugares se usaron mientras el hueso todavía estaba fresco. Los neandertales no se limitaron a recoger fragmentos al azar, y la selección se realizó muy posiblemente durante el procesamiento del cuerpo o no mucho después. Además, en Goyet los retocadores se usaron con especial habilidad, como demuestran las múltiples fases de los daños.

Hasta ahora todos los ejemplos proceden de yacimientos donde se procesaban cuerpos, y no hay evidencia de que estos retocadores —ni ninguno— se transportaran de un lugar a otro. Pero es una posibilidad sugestiva, y un recordatorio de que no sabemos cómo llegaron a yacimientos concretos la mayoría de los huesos y dientes de neandertales aislados.

Si la muerte estaba ligada a las emociones, ¿es posible que hubiera un elemento personal en el despiece, consumo y uso de los cuerpos? Es muy probable que al menos en ocasiones los muertos y sus «carniceros» mantuvieran una relación en vida. La cara es el punto central para la comunicación humana y la identidad individual, y por eso resulta curioso que las cabezas parezcan despertar una atención especial en algunos contextos. En Moula-Guercy, a diferencia de los ciervos, todos los fragmentos de cráneos homínidos presentaban trazas de carnicería y estaban especialmente fragmentados. Asimismo, el cráneo de Le Moustier 1 fue exhaustivamente despedazado, pero solo se observan trazas de carnicería en otra parte del cuerpo (el fémur derecho).

Esto nos lleva a uno de los utensilios más singulares de cualquier yacimiento neandertal. En 1906 La Quina fue el primer lugar donde los investigadores averiguaron qué eran los retocadores de hueso, pero también es famoso por proporcionar —en varios niveles y zonas— los restos de al menos veintidós neandertales. Entre ellos se encuentran varios trozos de un cráneo fracturado, probablemente del mismo adulto joven. Un fragmento con marcas de corte presenta además daños característicos de haber sido usado como retocador.

Los neandertales, por su conocimiento excepcional de la anatomía de las especies, habrían sabido lo que estaban manipulando. Más incluso que los retocadores de Goyet, la elección de este objeto no fue accidental: por su forma y grosor no se parece en nada a los restantes retocadores de La Quina y otros lugares, y además es el único retocador fabricado con el cráneo de cualquier especie y en cualquier lugar. Este objeto fue elegido a pesar de su inadecuación, y si bien hay otros retocadores inhabituales en el mismo nivel (una quijada de reno y un diente de caballo), el cráneo representa el único hueso neandertal de este nivel.

Los escépticos podrían seguir buscando algo más allá de la utilidad para demostrar que la reducción de los muertos a sus partes constitutivas era una práctica con resonancias sociales y simbólicas. Pues, asombrosamente, existe, y también involucra a un cráneo. El más completo de Krapina presenta 35 marcas de corte principalmente paralelas que discurren desde encima del arco superciliar hacia la parte de atrás del cráneo. Con solo 5 mm de largo, no encajan en ningún patrón de despiece, son únicas en ese yacimiento y no tienen parangón en ningún otro cráneo homínido de cualquier especie.

Estos cortes representan la serie más larga de marcas secuenciales dejadas por neandertales, más incluso que las del hueso de la hiena de Les Pradelles o del cuervo de Zaskalnaya.

Su aparición en un hueso homínido, y además en un cráneo —la parte del cuerpo con más connotaciones simbólicas—, es algo insólito. Lo que más se le asemeja es el comportamiento de los *H. sapiens* que vivieron más de 100 000 años después en la cueva de Gough. Allí, aparte del procesado del cuerpo y el canibalismo, se modificaron los huesos. Los cráneos fueron tallados, probablemente para que sirvieran de recipientes, pero lo más extraordinario es que sobre un fragmento de hueso largo alguien trazó un dibujo con pequeñas incisiones repetidas.

¿Se puede ir más allá de objetos o esqueletos específicos y decir algo sobre lo que significaba la muerte para los neandertales? La complejidad de sus interacciones con los cuerpos —ya sea depositar esqueletos completos o parciales, despiezarlos o usarlos como herramientas— encaja con una destreza y diversidad crecientes en otros aspectos de su comportamiento, como la caza, las tecnologías y la estética. La mayor frecuencia de casos datados después de hace 150 ka se debe no solo a una mejor conservación, sino a una ampliación de las prácticas sociales. Además, es reseñable que los lugares con restos neandertales suelan contener partes de varios individuos.

Quizá se adviertan también tendencias en lo que le ocurría a cada individuo. Las comunidades neandertales se hallaban constituidas sin duda por categorías comúnmente entendidas como edad y género, y tal vez por el estatus reproductivo y los grados de sociabilidad y destreza. Estas características habrían influido en cómo los individuos se trataban unos a otros durante la vida, y es probable que también tras la muerte.

Uno de los patrones más reseñables es la aparente escasez de esqueletos femeninos, que no se debe a la dificultad de identificar el sexo en los fósiles, porque cuando se dispone de datos genéticos, la clasificación anatómica queda confirmada. También se observan algunos patrones en la edad, y así en los muy jóvenes y los ancianos es más frecuente encontrar esqueletos separados que huesos procesados y reciclados. Krapina, por ejemplo, está repleto de adultos despiezados, pero no hay niños.

Por otro lado, los niños parecen asociados con posibles depósitos de múltiples cuerpos. El bebé Shanidar 9 se hallaba en el mismo espacio reducido que un varón adulto y dos probables hembras adultas, mientras que Dorothy Garrod creía que al lado del brazo izquierdo de la mujer de Tabun hubo un niño,[8] aunque no aparecieron restos durante la excavación del bloque sedimentario en Londres. Y hablando de Oriente Próximo, aunque hay muchos esqueletos, hasta ahora no se conocen casos de procesado de cuerpos.

Este capítulo podría dejar la impresión de que se hallan por doquier fósiles neandertales a los que les ocurrieron cosas raras, pero eso sería simplificar. Algunos yacimientos tienen unos pocos restos; otros, muchos esqueletos, y en cuanto al procesamiento de los cuerpos no se aprecia una correlación clara entre los yacimientos ni dentro de cada uno. El adolescente de Le Moustier fue despiezado, pero el bebé no.

A esto se añade que muchos yacimientos con gran riqueza arqueológica carecen de restos neandertales. Un ejemplo notorio es el Abric Romaní: ocupado durante decenas de milenios y excavado con rigurosos criterios científicos, ninguno de sus centenares de huesos pertenece a un homínido. Otros yacimientos de la península ibérica aparentemente usados por los neandertales de manera parecida sí conservan restos homínidos: en el 2016 se descubrió un diente de niño y fragmentos craneales en Teixoneres, y la Cova Negra contiene huesos de al menos siete individuos: dos adultos, un niño ya crecido y cuatro pequeños.

No menos curiosos son los yacimientos donde los objetos se han desplazado con el tiempo, y en casos como L'Hortus la presencia de cuerpos podría haber influido en lo que allí hicieron los neandertales. Elegir entre depositar o fragmentar los cuerpos pudo estar vinculado también con que los neandertales necesitaban moverse y contaban quizá con no regresar a un lugar determinado hasta pasados muchos meses. Lejos de denotar tradiciones funerarias diferentes, parte de esa variabilidad que observamos refleja quizá decisiones contextuales ligadas a la

8. En una carta escrita a su colega y amiga Gertrud Caton-Thompson un mes después del descubrimiento, escribió: «Hallamos vestigios de un niño de muy corta edad al lado del húmero izquierdo».

forma en que podía gestionarse esa muerte dependiendo de los desplazamientos y la estación.

Cómo estar muerto

En resumidas cuentas, ahora es muy difícil sostener que todos los huesos neandertales se acumularon por procesos aleatorios o que, en el caso de los despedazamientos, lo que importaba era llenar estómagos hambrientos. Una vez se comprende la amplitud de las prácticas funerarias, las fronteras entre lo que ellos y los primeros *H. sapiens* hacían con los muertos comienzan a difuminarse. Además, posiblemente los neandertales se ocupaban de los cuerpos antes que nosotros: la mujer de Tabun, que yacía boca arriba casi en posición horizontal, data de hace 140 a 170 ka.

Pero igual que ocurre con las tradiciones estéticas, las divergencias persisten. Ningún esqueleto neandertal intacto procede de yacimientos al aire libre; aunque también son raros entre *H. sapiens* hasta hace 30 ka, a partir de entonces existen entierros espectaculares. Los entierros dobles o múltiples son también más comunes en *H. sapiens*, como los dos gemelos recién nacidos cubiertos de ocre con 27 000 años de antigüedad que aparecieron en Krems-Wachtberg (Austria).

La identificación de los muertos también puede variar. En contextos de *H. sapiens*, aunque los varones adultos están igual de sobrerrepresentados y hay pocas mujeres, los ancianos no son más comunes, lo que debilita la teoría de su mayor longevidad. Llama la atención igualmente el número mucho más reducido de niños muy pequeños y bebés.

Una diferencia más perceptible aún concierne a la postura del cuerpo, que parece más formalizada en *H. sapiens.* Existen más ejemplos tempranos con las extremidades flexionadas que en los neandertales, pero con el tiempo se hace más común una postura de sarcófago: posición horizontal con brazos y piernas rectos. Por el contrario, los cuerpos neandertales suelen yacer total o parcialmente de costado, a veces con las piernas flexionadas en posición fetal, pero en otros casos dobladas o extendidas de forma asimétrica.

Los ajuares funerarios espectaculares son indudablemente un fenómeno *H. sapiens.* A unos minutos río abajo de Le Moustier, Peyrony descubrió que el abrigo de La Madeleine contenía la sepultura de un niño pequeño datado hace unos 11 a 9 ka, y, como el bebé Le Moustier 2, registró que había aparecido en una fosa; pero ahí termina el parecido. El niño de La Madeleine estaba tumbado, con un «aura» de pigmento rojo, y en derredor de su cabeza, hombros, rodillas, muñecas y tobillos había miles de dientes de animales pequeños y cuentas de conchas. Se habría tardado meses en cortar y triturar esos materiales, y los patrones de desgaste denotan una fricción prolongada de unos con otros; procedían de playas del Atlántico y el Mediterráneo y de yacimientos de concheros, lo que sugiere territorios extensos o amplias redes de intercambio. Lo más significativo es que estas piezas son miniaturas de las halladas en entierros de adultos, lo que denota que los niños recibían objetos adecuados a su etapa de la vida.

Los entierros de La Madeleine evocan la imagen de un niño que jugaba y corría mientras su vestimenta bordada brillaba y tintineaba. Ningún yacimiento neandertal posee nada parecido, pero ¿cuál es la evidencia más sólida de la colocación de objetos especiales con sus cuerpos? La consideración de «enseres funerarios» suele ser bastante subjetiva. Los cuernos de cabra cerca de los restos de un muchacho en Teshik-Tash o las patas articuladas de un caballo y una pantera en la Sima de las Palomas son inhabituales, pero no pueden asociarse claramente a los cuerpos. En las extrañas piedras bajo el rostro de Le Moustier 1 la vinculación es indudable, pero en una excavación tan antigua es imposible decir mucho más. La atípica lasca de *chert* a pocos centímetros de los dedos doblados de los nuevos restos de Shanidar es sugestiva, pero el caso más convincente es otro neandertal de Oriente Próximo.

Amud 7, una criatura de no más de 10 meses, fue desenterrada de una cueva cerca del mar Muerto en la década de 1990. Exactamente igual que el niño de Mezmaiskaya, yacía sobre el costado derecho encima de un lecho de roca, y salvo por un cierto aplastamiento por los sedimentos, incluso los dedos de manos y pies se hallaban en la posición correcta. Lo que singulariza a Amud 7 es que sobre su cadera derecha se apoyaba la quijada de un gran ciervo; esta especie es común en la cueva, pero no con huesos completos. La ausencia de intervención de sedimentos indica que la pesada quijada, acaso todavía con carne, fue colocada directamente sobre el cadáver antes de su descomposición.

Mas esto no es exactamente «ostentación» funeraria. Parece que los neandertales mostraron un interés estético en los minerales de colores, conchas y quizá partes de aves, pero no existen indicios de nada similar con los muertos. Por otra parte, no todos los primeros *H. sapiens* fueron sepultados en tumbas suntuarias. Las prácticas mortuorias de las primeras culturas del Paleolítico Superior europeo, hace entre 45 y 30 ka, se asemejaban más a las interacciones de los neandertales con los cuerpos: guardaban pedacitos de esqueletos, incluso dientes perforados. Los entierros verdaderamente fastuosos, como la tumba de dos niños en Sunghir (Rusia), no aparecen hasta más de 10 milenios después de los primeros *H. sapiens*.

Y los entierros de la «edad de oro» suelen distraernos de otras prácticas de estos pueblos que repiten tradiciones más antiguas parecidas a las de los neandertales. En Sunghir se llevaron huesos cubiertos de ocre desde otros yacimientos y se colocaron junto con los esqueletos. Incluso el canibalismo existió en el Paleolítico Superior. La cueva de Brillenhöhle, en Alemania suroccidental, es unos cuantos miles de años más antigua que la cueva de Gough, y contiene restos parciales de cuatro adultos muy despiezados y un bebé. Se da por supuesto que esto es un ritual funerario, no un asesinato.

Fuera de la burbuja euroasiática, sin embargo, se produce una inversión interesante. Las primeras poblaciones africanas de *H. sapiens* proporcionaron abundantes evidencias de un comportamiento complejo, pero casi ningún esqueleto. Solo dos yacimientos contienen cuerpos relativamente completos, uno de los cuales data de hace unos 70 ka, con pozos de cantera preexistentes que contenían los huesos, aunque no hay objetos asociados. El otro yacimiento es la cueva de Border (Sudáfrica), que contiene un posible entierro infantil con datación similar; sin embargo, como fue excavado en 1940, las asociaciones precisas entre los huesos, una supuesta fosa y una sola concha —originariamente ensartada y cubierta de pigmento— no están claras.

La muerte merece un capítulo completo por su íntima conexión con lo que nos define y diferencia de otros animales. Ni los neandertales ignoraban a los cadáveres ni los trataban como desechos; no mostraban indiferencia ante la muerte, y la necesidad de procesar —cuando no de racionalizar— este trauma emocional se canalizaba muy probablemente mediante la interacción con el propio cadáver.

La imagen de los neandertales como congéneres nuestros que luchan contra la mortalidad pinta el resto de su existencia con colores muy diferentes. El modo de superar esta experiencia traumática variaba mucho, y podía consistir en depositar los cuerpos en fosas, pero también en despedazarlos y devolver a la vida sus componentes consumiéndolos, utilizándolos como herramientas o marcándolos de manera especial.

Al centrarnos en los entierros como la mejor medida del significado de la muerte, devaluamos la manera específicamente neandertal de hacer las cosas. Del mismo modo, la hambruna o la violencia como explicaciones primordiales del canibalismo nace de tabúes occidentales recientes. De hecho, apenas se aborda el consumo de restos humanos como alivio de la pena, pero existe. En el 2017, un tabloide informó de una mujer británica que come regularmente las cenizas de su madre, y no es el único caso. Aunque esto parezca descabellado, piénsese que el cuidado y aun la exhibición de vestigios fisiológicos —desde rizos hasta osarios— gozan de hondo arraigo en la sociedad occidental, y que en la eucaristía el pan y el vino se convierten en el cuerpo y la sangre de Cristo en la boca de los fieles. Los católicos no lo consideran un ritual de muerte, sino de vida; quizá los neandertales pensaban lo mismo.

La lección más importante es que debemos juzgar a los neandertales en función de lo que efectivamente observamos, sin sesgar la mirada a través de una lente tintada por nuestras expectativas. Esas pequeñas marcas de corte en la coronilla del cráneo de Krapina hilvanan muchos elementos de la existencia de los neandertales: el hueso como alimento, material y soporte, y los utensilios líticos con que se practicaron las incisiones. A nuestros ojos, su valor estético es escaso, pero sin duda las marcas estaban cargadas de significado para quien las hizo, fuera uno o más de uno. Los cuerpos fragmentados y marcados reflejan un patrón más amplio de comportamiento que llevaba a los neandertales a despedazar, trasladar y redepositar muchos materiales. Y al hacerlo, extendían y destilaban las acciones, la memoria y la identidad a través del espacio y el tiempo.

Igual que los hogares eran los núcleos en torno a los cuales giraba toda la actividad en los yacimientos, la presencia de los muertos pudo haber influido en los procesos de asentamiento a escala paisajística. Los lugares asociados a los muertos pueden tener un extraordinario poder social: los chimpancés, los bonobos e incluso los elefantes parecen revisitar o evitar los parajes vinculados a muertes y cadáveres. Si los neandertales diferenciaban lugares y paisajes enteros por lo que hacían en ellos, involucrar en esto a los cadáveres sería solo la prolongación de un comportamiento ya existente. Podemos incluso imaginar que la enorme variedad de medios naturales en que vivieron fue destilando sus respuestas a la mortalidad. ¿Qué significaba morir en un mundo de hayedos y no en otro donde vastas manadas de renos batían la tundra?

De todo esto solo puede extraerse una conclusión. Si las tradiciones mortuorias se extienden más allá de nuestra especie, e incluso se remontan a nuestro último antepasado común con los neandertales, entonces ocurre lo mismo con una definición fundamental de la humanidad. No se necesitaba ningún marco espiritual formalizado; los «funerales» neandertales iban probablemente desde lo fervoroso y anárquico hasta lo metódico y preciso. Igual que la extinción de la vida nos arranca un plañido primario, también ellos se sentían motivados no solo por el miedo, sino también por el amor. Y son estas emociones las que subyacen al final de nuestra historia entrelazada: aniquilación y asimilación.

Capítulo 14

VIAJEROS DEL TIEMPO EN LA SANGRE

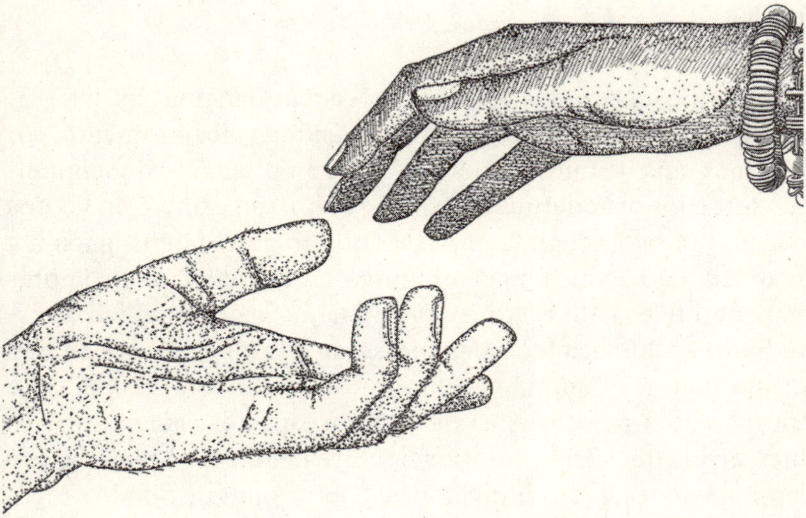

Se alejan de la faz del sol, siguiendo senderos que la tierra revela. Las cosas conocidas se muestran con apariencias inéditas: árboles vestidos con hojas nuevas, bestias con pelajes extraños. Incluso cambian las rocas bajo sus pies. Y ellos perciben a Otros. Están en la tierra del camino hollado, en el olor a piedra quemada que persiste en rocas fracturadas, en lejanos tendones de humo que ascienden hasta nubes bajas.

Los senderos confluyen, como siempre. Se baila bajo doseles de empapados árboles otoñales, junto a ríos impetuosos, ante bocas de cuevas oscuras. Unas veces irrumpe el miedo y bulle la sangre; otras, las manos se tienden, los dedos rozan pelo, piel y labios. Las cosas preciadas y conservadas —la mejor piedra, los cortes grasos— pasan de un lado a otro. Con susurros a la luz del fuego, se dan otras cosas mientras los muslos se tocan. Los vientres se hinchan y brotan caras pequeñas bajo las estrellas, ojos límpidos que se abren para mirar al mundo como si regresaran a él. Respirando un aire especiado por el humo de leña, se abren pequeños puños mientras mana la leche dorada. Los viejos permanecen en sus huesos, mientras la vida nueva late en la carne. La gente crea futuros que se extienden hacia la lejanía, girando en un torbellino de años, siglos, milenios.

Durante los últimos 160 años, poco más o menos, los investigadores se han dedicado a ascender trabajosamente por una montaña de huesos y piedras para ampliar sus conocimientos sobre los neandertales. Casi de súbito, eso cambió en las dos décadas pasadas cuando el ADN antiguo pasó de ensoñación a realidad. La genética puede iluminar muchas zonas de sombras impenetrables para la arqueología, así que la oportunidad de estudiarlo en los neandertales fue como coronar la cima de una cresta rocosa y contemplar de pronto un panorama inmenso e inesperado. Ancladas en el tiempo y el espacio, cada muestra es una mirilla que ofrece información privilegiada sobre el linaje y las conexiones de los individuos y poblaciones de donde proceden. El ADN, centrando más la visión, revela los mecanismos geológicos más allá de los huesos y puede incluso descubrir nuevas clases de homínidos.

El alud de adelantos tecnológicos, nuevos hallazgos y convulsiones teóricas ha sido realmente arrollador, e incluso los expertos suelen verse desbordados. Pero en medio de batas blancas, polvo de huesos y tubos de ensayo, esta es una historia de intimidades: el ADN abre en el más remoto pasado el panorama de un mundo de comunidades que se desplazaban, interactuaban y se cruzaban.

La historia de los neandertales forma un intrincado tapiz de linajes con legados genéticos dispersos por miles de kilómetros. La primera muestra se tomó en 1997 al individuo de Feldhofer. En aquel momento solo podía extraerse con fiabilidad ADN mitocondrial (mtADN), y el resultado reforzó la teoría evolutiva entonces dominante, que postulaba que los neandertales habían surgido y permanecido genéticamente aislados en Europa.

Los estudios posteriores parecieron apuntalar esta teoría, y como el mtADN solo se hereda por línea materna, los investigadores pudieron determinar el punto de convergencia genético de diferentes individuos. Así se obtuvo una datación aproximada de la «Eva mitocondrial» neandertal: una especie de tatara, tatara... tatarabuela.[1] El sorprendente resultado fue inferior a 130 ka, y como los fósiles neandertales se remontan a cientos de miles de años más atrás, sin duda algo no cuadraba.

Al analizarse más huesos, se evidenció que cada muestra podía cambiar de raíz la visión de conjunto. Inicialmente, el mtADN reveló que las poblaciones neandertales eran reducidas y homogéneas; individuos de España, Alemania y Croacia con una datación aproximada de hace 50 a 40 ka eran genéticamente muy parecidos. Pero, cuando se dispuso de más datos, empezó a percibirse la diversidad regional. A veces, la proximidad geográfica se correspondía con el parentesco: los ADN de varios individuos de Goyet se parecían más entre sí que a los de otros neandertales. Por otra parte, el estudio de los rasgos genéticos del segundo individuo de Feldhofer lo situaron más cerca del linaje de Vindija, en Croacia, que de los primeros neandertales de la misma cueva alemana.

Hace entre 50 y 40 ka, aún sobrevivían descendientes de remotísimas ramas de población dispersos por Eurasia occidental. En el 2007 se demostró, por ejemplo, que el niño de Teshik-Tash en Uzbekistán estaba relacionado con linajes europeos, mientras que aún más al oriente, en la cueva de Okladnikov, en la región siberiana de Altái, el mtADN de otro niño deparó una sorpresa aún mayor. Datado hace unos 45 a 50 ka, fue el neandertal aparecido más al este, y el descubrimiento reveló un reino euroasiático mucho más vasto que se extendía desde el Mediterráneo hasta Siberia.

Pero en algún punto se produjo una gran alteración, o quizá más de una. Resultó que el mtADN de algunos neandertales españoles y franceses se parecía más al del niño de Okladnikov que a un linaje que tenía por centro El Sidrón, Feldhofer y Vin-

1. Eva mitocondrial no significa la *primera* mujer neandertal, sino el último ancestro femenino común de todos los neandertales.

dija. Y lo contrario también se cumple: el bebé Mezmaiskaya 1 de Rusia, a miles de kilómetros de Europa, se halla más próximo a los neandertales italianos que al niño de Okladnikov.

Pero el mtADN no bastaba. Para relatar con plenitud y complejidad su herencia se necesitaba ADN nuclear, y cuando los avances tecnológicos lo permitieron, cundió una fiebre del oro en la genética neandertal. Las particulares condiciones de frío dentro de la cueva de Denísova, en la región siberiana de Altái, trazaron la frontera del «salvaje Este», porque allí el ADN se conservaba en condiciones excepcionales. Una muestra extraída de D5 —una falange de un pie— proporcionó el primer genoma nuclear neandertal de «alta cobertura»: nuestro preámbulo a la fórmula de otra especie humana.

La falange había pertenecido a una mujer —conocida como «la neandertal de Altái»— muerta unos 90 ka atrás, cuyo antiquísimo linaje se había escindido de otros unos 40 000 a 50 000 años antes. E, inopinadamente, el mtADN de Okladnikov, geográficamente el más próximo a ella, no era el más cercano desde el punto de vista genético. Era el recién nacido de Mezmaiskaya en el Cáucaso, miles de kilómetros al oeste, quien más concordaba.

La prodigalidad de Denísova en cuanto a ADN no ha cesado. Desde el 2016 se han tomado muestras genéticas de otros seis neandertales utilizando ADN de huesos e incluso de la tierra de la cueva.[2] Algunos tienen mtADN agrupado con la línea de consanguinidad de Altái, pero otros no, entre ellos un individuo, D11, que vivió hace unos 90 ka.

Estos resultados han revelado una estructura profunda dentro de la población neandertal euroasiática en conjunto. Dos ramas principales se desgajaron y quedaron aisladas en Europa y Asia durante milenios. Además, los descendientes de la mujer de Altái, una suerte de primos perdidos de todos los otros neandertales, habían desaparecido y fueron después sustituidos por una rama menor que arrancaba de la rama europea. Igual que con el mtADN en Europa, da la impresión de que a escala regio-

2. Parte del ADN de los sedimentos se ha descrito como «difuso» y podría proceder de acumulaciones de heces.

nal existieron múltiples linajes de ADN nuclear que, o bien fueron contemporáneos, pero no se mezclaron mucho, o se reemplazaron unos a otros con bastante rapidez.

Todo esto implica que hubo movimientos de linajes a escala continental, sin duda hacia el este, pero quizá también en dirección opuesta, en lo que probablemente fue más un proceso gradual que algo similar al concepto moderno de migración; pero el hecho de que se produjera en todas partes indica enormes y prolongadas alteraciones. En ninguna región podemos dar por sentada la continuidad entre los primeros neandertales previos al EIM 5 y los que vinieron después.

El reciente análisis genético del cráneo de la cantera de Forbes ha ampliado el retrato de familia. Además de confirmar su sexo femenino, demostró que su ADN nuclear se hallaba igualmente más próximo a los genomas de alta cobertura de individuos de Chagyrskaya en Rusia y del genoma de Vinija en Croacia. Esto la convierte en parte de la población ancestral de ambos.

Pero al mismo tiempo su ADN era diferente de la rama de Altái, lo que indica que la separación de sus primos orientales fue probablemente tan antigua como había indicado la datación de D5, hace unos 170 a 130 ka. Este periodo viene a coincidir con el final de la glaciación EIM 6, con un rápido calentamiento que conduce al pico climático del Eemiense. Al menos en algunas regiones de Europa, el registro arqueológico parece mostrar que los neandertales estaban cambiando tecnológica y culturalmente durante el EIM 5, que es también cuando vemos emerger algunas subpoblaciones de mtADN. Y después de la congelación del EIM 4, los neandertales de Europa estaban sin duda ensanchando su territorio, lo que desembocó en la recolonización de Dogerlandia occidental, hoy Gran Bretaña. Quizá algunos de estos desplazamientos tuvieron su eco en una diáspora hacia el este.

La revolución genética ha sido también la causa de descubrimientos pasmosos. Denísova es hoy famosa en todo el mundo no solo por el linaje neandertal de Altái, sino por un hueso minúsculo: la punta del dedo de una mano de una niña. Conocida como D3, su mtADN no coincidía con el de ningún grupo homínido, y la niña resultó ser la embajadora fortuita de una población entera «fantasma» cuya existencia nadie conocía. Desde entonces se ha extraído más ADN de estos homínidos —los denisovanos— en huesos, dientes y tierra de la cueva. Su presencia en Denísova se extendió desde hace unos 50 a 150 ka, pero como población se separaron de los neandertales hace más de 600 ka. En términos evolutivos, están más cerca entre sí que cualquiera de los dos, tomados por separado, con nosotros, pero no por mucha diferencia. Además, su ADN es más variado que el de los neandertales, así que o bien su población fue mucho más numerosa, o no padeció tantas extinciones internas.

¿Cómo eran los denisovanos? Durante casi una década los investigadores solo manejaron indicios exiguos de su aspecto. El ADN indica que algunos tenían ojos, pelo y piel castaños, y sus dientes no eran idénticos a los de los neandertales. Pero otros restos físicos son tan limitados —la punta del dedo D3 más tres dientes— que poco más podía decirse. En el 2019 los investigadores intentaron practicar la «retroingeniería» con los denisovanos fijándose en aspectos concretos de sus genes involucrados en el crecimiento corporal. Aunque no lo sabremos con certeza hasta que encontremos esqueletos —si llegamos a encontrarlos—, puede que sus cabezas fueran más anchas incluso que las de los neandertales, y los dedos más largos.

Más allá de la anatomía, sin embargo, las cosas se complican. Existen restos arqueológicos en Denísova, pero los estratos han quedado deformados por procesos naturales de congelación, y la acción de las hienas también pudo afectar. Además, las estimaciones genéticas para datar algunos de los fósiles no coinciden con las fechas de otros utensilios en sus estratos, lo que denota que algunos de los restos homínidos pudieron desplazarse de su contexto original. Por lo tanto, quizá no sea posible determinar quién hizo qué.

Todo apunta a los denisovanos como una especie asiática. Sorprendentemente, las proteínas de un maxilar de Xiahe, en la meseta tibetana —y 2200 km al sureste de Altái—, son denisovanas o de una población «hermana». Pero también sabemos que ellos y los neandertales vivieron en la misma cueva, si bien en épocas diferentes. ¿Llegaron a encontrarse? La respuesta es un sí rotundo. Los indicios en el ADN de D3 sugieren que sus ancestros se cruzaron en algún momento con neandertales, pero la verdadera conmoción estaba aún por llegar.

Volvamos a D11, el minúsculo fragmento óseo de una adolescente que vivió hace unos 90 ka. El hueso se encontró en el 2012 y solo fue reconocido como homínido mediante muestras de proteínas cuatro años después. El mtADN de D11 la clasificó como neandertal, pero solo por parte de madre; su ADN nuclear demostró que su padre había sido denisovano.

«Denny», como la apodaron, es el único híbrido homínido de primera generación jamás encontrado. Tan improbable fue su descubrimiento que los investigadores al principio no se lo creían, y las implicaciones son asombrosas. Se pensaba que el cruzamiento era raro, y que la evidencia directa estaría siempre agazapada en la penumbra genética, muchas generaciones más atrás de los huesos que estudiamos. Encontrar el fruto de una unión entre homínidos de especies diferentes implica que no puede haber sido tan infrecuente.

El ADN de Denny contenía vestigios de más hibridaciones. Al menos uno de los antepasados de su padre se había encontrado también con neandertales, aunque miles de años y muchísimas generaciones antes.

En una última sorpresa, este antiguo ancestro neandertal no era de la misma población genética que la madre de Denny, sino que pertenecía a la rama oriental del linaje europeo, encontrado también en Okladnikov. Por el contrario, la ascendencia neandertal del padre de Denny se entroncaba mucho más al oeste, en el conjunto El Sidrón-Feldhofer-Vindija.

Todo en este valiosísimo yacimiento demuestra claramente que, lejos de ser estáticas, estas poblaciones homínidas experimentaron cambios sustanciales a lo largo del tiempo. Las investigaciones más recientes sugieren incluso que podría haber ancestralidad mixta en todos los homínidos del lugar. ¿Por qué Denísova es tan excepcional? Nunca se han encontrado fósiles ni ADN de neandertales más al oriente, ni de denisovanos más al poniente. Quizá esta cueva se hallaba, literalmente, en la linde de sus dos mundos.

Una vez que los conocimos

Existe otra especie de homínidos cuyas posibles conexiones genéticas con los neandertales han sido objeto de especulaciones y fantasías durante más de un siglo: nosotros. En el 2010, a renglón seguido del debut de los denisovanos, llegó una segunda revelación: a diferencia del mtADN, el primer genoma neandertal demostró que sí habían contribuido directamente a nuestro linaje.

Por la ausencia de cruzamiento, su ADN debería haber sido igualmente distinto al de todos los demás seres vivientes, pero sin embargo las personas sin legado africano subsahariano presentaban más coincidencias con los neandertales. La única explicación lógica era que algunos *H. sapiens* hubieran tenido hijos con neandertales después de dispersarse desde el continente africano.

Esta noticia provocó una especie de seísmo en los orígenes humanos, con reverberaciones en muchos supuestos fundamentales sobre ambas especies. En un principio, se supuso que esta hibridación debió haber sido cronológicamente reciente, con mucha probabilidad en Europa hace unos 40 000 años. Una década después, las cosas están mucho más enrevesadas, y efectuar un breve recorrido por la historia de los *H. sapiens* puede ser de ayuda.

Aunque los homínidos se hallaban presentes en Eurasia hace mucho más de un millón de años, los fósiles más antiguos de *H. sapiens* son indudablemente africanos. Sin embargo, las viejas ideas sobre una «cuna de la humanidad» específica han quedado ahora superadas. La evidencia fósil y genética más reciente indica que evolucionamos a partir de una metapoblación anatómicamente diversa y conectada por muchas regiones del continente.

Durante el periodo crucial que transcurrió hace 800 y 600 ka, cuando los ancestros de los denisovanos y neandertales se escindieron de los que con el tiempo se convertirían en «nosotros», el registro fósil es, por desgracia, escaso. Pero después parece que los rasgos anatómicos compartidos hoy por todos evolucionaron durante un largo periodo de tiempo en diferentes regiones africanas. Los cerebros crecieron con rapidez después de hace 500 ka, pero los cráneos y los cuerpos se desarrollaron más lentamente y de manera localizada. La gente de Jebel Irhoud (Marruecos) que vivió hace unos 300 ka tenía ya cerebros grandes y rostros planos de apariencia moderna, pero cráneos superiores y posteriores más arcaicos. Los cráneos de *H. sapiens* más antiguos, muy similares a los de los humanos actuales, se han datado hace unos 200 a 150 ka en África oriental, más o menos por la misma época en que se estaba formando la anatomía neandertal «clásica».

Uno de los cambios recientes más relevantes ha sido que ahora se conoce la existencia de huesos similares a los de los primeros *H. sapiens* fuera de África. Aunque en la década de 1930 se encontraron esqueletos de Skhul y Qafezh en Oriente Próximo datados posteriormente hace de 90 a 120 ka, parecían ser anomalías. Hoy se ha demostrado lo contrario. En el 2018 la datación de un fragmento de maxilar superior del abrigo de Misliya, en el monte Carmelo, le atribuyó una antigüedad de entre 177 y 194 ka. A pesar de su estado fragmentario, puede afirmarse que no es neandertal.

Al año siguiente se anunció una datación incluso anterior, en torno a 210 ka, para un cráneo parcial de Apidima (Grecia) que fue clasificado como *H. sapiens.* Pero por las características del yacimiento —una cueva en un escarpe lleno de sedimentos que quizá provenían de un depósito en una ladera adyacente—, la procedencia exacta del cráneo no está clara y, además, otros investigadores apuntan a rasgos neandertales.

Es indudable que su extraordinaria antigüedad y su emplazamiento en la costa mediterránea implicarían una dispersión inesperadamente temprana, aunque el contexto ambiental es comparable al del norte de África. Sin embargo, ahora está claro que los primeros *H. sapiens* ya se habían adentrado muchos miles de kilómetros en Asia oriental probablemente hace más de 100 ka, adaptándose a ecosistemas muy distintos. Para llegar a China hace unos 120 a 80 ka, a Sumatra de 73 a 63 ka y cruzar hasta Australia hace por lo menos 65 ka, tuvieron que atravesar a pie montañas, desiertos y junglas, y quizá también surcar las olas en embarcaciones.

Casi nada de esto se sabía en el 2010. Entonces parecía aún como si los primeros *H. sapiens* hubieran vivido en Oriente Próximo en lugares como Qafzeh sin moverse durante decenas de milenios, hasta que fueron sustituidos por neandertales después de hace 90 ka. No fue hasta el primer genoma neandertal cuando todo cambió. Ahora, 10 años después, las cosas son mucho más complicadas, y más interesantes.

Los datos actuales arrojan entre un 1.8 y 2.6 por ciento de ADN neandertal en todas las personas excepto las de ascendencia subsahariana,[3] pero la distribución es desigual. Los europeos occidentales suelen tener la menor cantidad —2 por ciento o menos—, mientras que los indígenas americanos, asiáticos y oceánicos, incluyendo a los aborígenes australianos y los papúes, registran hasta un quinto más. Ahora creemos también que se produjeron múltiples episodios de cruzamiento, que en algunos casos dejaron también huella en los neandertales.

El ADN nuclear de los neandertales contiene atisbos de encuentros muy antiguos, e investigaciones recientes sugieren que el cruzamiento había sido la norma desde mucho tiempo atrás. Los ancestros comunes de los neandertales con los denisovanos —los neandersovanos— recibieron ADN de un homínido euroasiático «superarcaico» cuya existencia se remontaba a unos 1.5 millones de años. Después de que los denisovanos tomaran un camino aparte, aparecen otros vagos indicios de un cruzamiento temprano, en esta ocasión con los *H. sapiens*; aquella hibridación está en los linajes neandertales altaicos y europeos, lo que quiere decir que se produjo antes de su propia escisión hace unos 140 a 130 ka.

Otro indicador procede del primer fósil neandertal verdaderamente antiguo que produjo mtADN. En Hohlenstein-Stadel, en Alemania suroccidental, la datación indirecta del fémur de un varón lo sitúa hace unos 100 a 120 ka, y su mtADN no se parece en nada al de neandertales posteriores, lo que podría explicarse si procediera de un linaje que quedó genéticamente aislado hace 270 ka; de confirmarse el dato, este único individuo

3. También ellas tienen algo de ADN neandertal, pero parece el resultado de interacciones posteriores con migrantes *H. sapiens* euroasiáticos.

echaría por tierra la teoría de que el mtADN de los neandertales era muy limitado. Pero hay otra teoría. Quizá este mtADN parece tan distinto porque en origen no fue neandertal, sino heredado de encuentros tempranos con *H. sapiens*; además, ahora se aprecian indicios de que estaba sucediendo algo muy parecido con los cromosomas Y neandertales, posiblemente desde antes. Aunque esto suene raro, se conocen procesos similares en animales: el mtADN de los osos polares parece haber sido íntegramente reemplazado por el de los osos pardos durante su hibridación hace unos 130 ka.

Estas especulaciones requieren más muestras tempranas para saber con certeza lo que ocurrió, pero el cruzamiento posterior es más fácil de identificar. La fase de contacto que al parecer nos dejó la mayor marca genética tuvo lugar hace entre 75 y 55 ka y, sorprendentemente, se refleja en el ADN de un hueso de *H. sapiens* encontrado junto al río Irtish, en la región siberiana de Ust'-Ishim. Hace entre 46.8 y 43 ka, aquel fémur soportó el peso de un hombre con huellas de ascendencia neandertal por un cruzamiento que se produjo entre 7000 y 13 000 años antes de su muerte. Investigaciones posteriores establecieron dos episodios de hibridación: uno hace entre 54 y 50 ka y otro al menos cinco milenios después.

A primera vista, la fase más antigua concordaría con los cálculos basados en el genoma neandertal, pero hasta ahora ningún genoma neandertal secuenciado coincide exactamente con el ADN de personas vivas. Está claro que no provenía del linaje altaico, pero tampoco presenta más similitudes con Vindija o Mezmaiskaya 1 por la rama europea. Esto podría significar que el cruzamiento con la población originaria que ejerció más impacto en nosotros se produjo en una región para la que todavía no disponemos de ADN neandertal.

También implica que su rama se había desgajado hace 80 ka, lo que casa con los cálculos basados en el genoma que sitúan el cruzamiento hace entre 90 y 45 ka. Con criterios arqueológicos, esta datación puede precisarse más y remontarla hasta antes de 55 a 60 ka, puesto que los aborígenes australianos actuales portan genes neandertales y ya se encontraban en Australia por entonces. Juntándolo todo parece que ambas fases de hibridación en el ADN del hombre de Ust'-Ishim son demasiado recientes para coincidir con las que se ven en euroasiáticos actuales.

Otros datos apoyan también la existencia de múltiples periodos de cruzamiento tardío. Observamos que las primeras poblaciones de *H. sapiens* en Eurasia ya se habían separado en linajes diferentes hace 55 ka. La mayor cantidad de ADN neandertal en algunas personas actuales procede probablemente de episodios adicionales de hibridación dentro de algunos de esos linajes, que después se extendieron hasta Asia y más lejos.

Ahora sabemos también que posiblemente se produjeron interacciones más cerca de Europa. Después de los resultados de Ust'-Ishim, se publicó el ADN de otro fósil temprano de *H. sapiens.* Este hombre murió cientos de kilómetros al oeste, en la Peştera cu Oase (Rumania), hace entre 42 y 37 ka, y su ascendencia genética provocó casi tanto asombro como la de Denny, porque era neandertal aproximadamente en un 11 por ciento. Esto quiere decir que había tenido un antepasado neandertal de cuatro a seis generaciones atrás.

Es la misma brecha que nos separa de los prehistoriadores pioneros que escudriñaron el cráneo de Feldhofer en la década de 1860. E igual que Ust'-Ishim, el linaje del hombre de Oase también parece contener múltiples fases de cruzamiento, con otros dos milenios transcurridos antes de su muerte.

En conjunto, hubo al menos tres periodos, y posiblemente seis, desde hace 200 ka en que los neandertales procrearon hijos con nosotros.[4] Que todo esto se haya descubierto en menos de una década, trabajando con tan pocos fósiles, implica que se produjeron contactos y cruzamientos con mucha más frecuencia de lo que tal vez llegaremos a saber.

Sin embargo, hay que resaltar un patrón extraño. Ningún neandertal tardío, ni siquiera los de Vindija, geográficamente próximos y solo algo más antiguos que el hombre de Oase, presenta ningún aporte genético de *H. sapiens.*

4. Basándose en estimaciones de datación a partir de genomas, la fase más antigua de Ust'-Ishim es distinta, y la más reciente se solapa cronológicamente con la más antigua de Oase, pero la fase más tardía de Oase es también demasiado reciente y debe considerarse un tercer caso.

Este dato nos viene a recordar que las ubicaciones de los fósiles no son hoy indicadores fiables de dónde sucedieron las cosas varias generaciones atrás. Quizá cuando uno de los tatarabuelos de Oase se encontró con los neandertales, estos vivían mucho más al este o al sur, y de hecho todavía no se ha obtenido ADN de fósiles de Oriente Próximo y Asia central. Es igualmente posible que, debido a complicaciones reproductivas, nuestro ADN tuviera más probabilidades de ser rechazado en neandertales híbridos, o que desapareciera más deprisa en su población.

Si ahora alejamos la perspectiva desde los genes hasta los cuerpos, toca abordar la cuestión de exactamente cómo, y por qué, los neandertales mantuvieron relaciones sexuales con otros homínidos. Para explicar el número de episodios de cruzamiento y los porcentajes de ADN que conservamos, podría haber habido centenares —quizá más— de encuentros sexuales, con los híbridos consiguientes. Es indudable que los eruditos victorianos, dejándose arrastrar en sus fantasías por convencionalismos y prejuicios culturales,[5] sentían una secreta curiosidad por las relaciones entre especies. Pero comprender lo que sentían los neandertales y los primeros *H. sapiens* hace 50 000 años es mucho más difícil.

Es sabido que varios animales, desde perros que se frotan contra las piernas de sus amos hasta delfines demasiado cariñosos con los nadadores, prolongan su interés sexual más allá de sus congéneres. El bestialismo no es común entre los humanos —la media se sitúa entre el 1.5 y el 4 por ciento—, pero está extendido. El acceso fácil es el factor principal, y esas tasas pueden doblarse en algunas comunidades agrícolas, pero los motivos varían mucho en función de la cultura y la situación personal. En algunas sociedades de cazadores-recolectores, la sexualidad se halla imbricada en cosmologías donde la caza de animales forma parte del ciclo de la vida y la muerte; sin embargo, lo ha-

5. En la década de 1870 se creía que los monos sentían atracción sexual por las mujeres, y en una nota a pie de página de *El origen del hombre*, Darwin describió un experimento puesto en práctica un siglo antes con un orangután y una prostituta para determinar si era posible una progenie híbrida.

bitual es que no se produzca un contacto sexual directo con la presa.

Nada de esto encaja en realidad con los neandertales y con nosotros. Caminaban erguidos, portaban herramientas, probablemente llevaban vestimentas y usaban algún tipo de lenguaje. Es sumamente improbable que no hubiera un reconocimiento mutuo por ambas partes de que los seres que tenían ante sí eran personas, aunque de una nueva clase.

No hay ninguna evidencia inequívoca de cómo se produjeron los encuentros sexuales, solo de sus consecuencias. Considerando que las diferentes fases de cruzamiento ocurrieron en un vasto ámbito temporal y espacial, tuvo que haber muchas dinámicas distintas. El ADN da indicios de que pudieron aparearse más hombres neandertales con mujeres *H. sapiens* que a la inversa, pero los datos dejan la puerta abierta a otras posibles explicaciones.

Al teorizar sobre los contextos sociales de todo esto, se ha tendido a dar por sentada la violación como un mecanismo primario: un desafortunado residuo de cuando los prehistoriadores y la sociedad en general consideraban a los neandertales más como bestias que como posibles enamorados. Los chimpancés machos practican un sexo coercitivo, pero no con hembras desconocidas (a estas prefieren matarlas). Es teóricamente posible que parte de nuestra herencia neandertal derive de circunstancias no consensuadas, pero la xenofobia no tiene por qué imponerse a la xenofilia como la suposición por defecto.

Los encuentros del Pleistoceno quizá se parecían más al modo en que los bonobos se enfrentan con caras desconocidas. Los bonobos son esencialmente más cordiales: a diferencia de los chimpancés, bostezan contagiosamente incluso cuando observan a extraños; están más abiertos a interacciones positivas con otros grupos, y además se desconocen casos de patrullaje de fronteras territoriales y muertes de individuos ajenos al grupo. Debemos por tanto preguntarnos por qué la idea de unos compañeros sexuales impulsados por el deseo e incluso por una relación emocional se considera más fantasiosa que otras explicaciones.

Más pertinente es quizá constatar el hecho de que, con independencia de su concepción, los hijos híbridos fueran criados para sobrevivir. Cabe suponer que las más de las veces los niños permanecían con sus madres, y eran alimentados, limpiados, mantenidos calientes: queridos, en suma. Estas criaturas de linaje mestizo crecían, comprendían las culturas en cuyo seno nacían, y, a su vez, procreaban hijos.

Legados

La herencia de aquellas criaturas que se convirtieron en padres y después en una interminable sucesión de abuelos se plasma en que una quinta parte —quizá hasta la mitad— de la intrincada fórmula genética que hace «neandertales» a los neandertales pervive hoy. Aunque el genoma neandertal de cualquier persona no supere como máximo el 2 o 3 por ciento, sigue siendo una cantidad significativa. ¿Podemos determinar los efectos biológicos, o incluso psicológicos, de haber asimilado sus esencias?

El número real de genes a que nos referimos es ínfimo, y la selección natural suprimió sin duda una gran parte de lo que traía aparejada cada fase de hibridación. Aun así, los genes de los neandertales (y de los denisovanos) constituyen una porción sustancial de la pequeña parte «activa» de nuestro genoma, y es casi seguro que algunos de ellos nos ayudaron.

Esto es en buena medida ciencia puntera, y por eso el conocimiento actual de lo que esto significa para nuestros cuerpos, nuestra salud o incluso nuestras mentes es todavía heterogéneo. Los estudios que cotejan el linaje genético neandertal de un individuo con su historial médico denotan relación con problemas digestivos, infecciones de orina, diabetes e incremento de coagulación de la sangre.

Inventar explicaciones evolutivas para estas conexiones resulta tentador, pero si los investigadores apenas están empezando a entender el funcionamiento de determinados genes en nosotros, tanto mayores serán sus dudas sobre cómo habrían operado sus variantes arcaicas. Conviene también recordar que, igual que ocurre con nuestro genoma, muchos genes neandertales se copiaron por azar y fueron potencialmente neutros en sus efectos.

Pueden darse casos, sin embargo, en que los genes que acabamos por heredar tienen sentido con relación al desconocido mundo euroasiático en que se adentró el *H. sapiens.* Sin duda, las poblaciones dispersadas se habrían encontrado con nuevos patógenos, no solo enfermedades, sino también bacterias. Las personas con doble ascendencia de neandertales y denisovanos parecen haber «preferido» la versión neandertal de algunos genes implicados en las defensas de la piel contra las infecciones. De parecida manera, un gen que nos protege de las bacterias causantes de las úlceras de estómago provino de neandertales y denisovanos, pero las personas que portan dos versiones neandertales tienen más resistencia.

Eurasia presentaba otras dificultades para unos *H. sapiens* sin cientos de milenios de adaptación a niveles más bajos de rayos ultravioletas y oscuridad invernal. Asiáticos orientales y europeos comparten las versiones neandertales de los genes relacionados con la queratina responsables del pelo, las uñas y la piel. Es posible que fueran más útiles que las formas que hemos desarrollado en medios tropicales; pero, por otra parte, los neandertales presentan variaciones en el pelo y la pigmentación, así que los procesos debieron ser complejos. Los genes del reloj corporal son otro ámbito en que conservamos versiones neandertales, y esto tiene que ver probablemente con el hecho de que los ritmos circadianos están estrechamente relacionados con la duración del día y la intensidad de la luz. Quizá los neandertales trasmitieron algo que ayudó al *H. sapiens* a soportar inviernos oscuros y larguísimos.

Adaptarse a climas más fríos habría sido un problema de primer orden, e incluso con la protección de la vestimenta, la genética neandertal también pudo ayudar. Parte de su legado que sobrevive en nuestro genoma está relacionado con el metabolismo y, en consecuencia, con la eficiencia térmica. Un gen afecta a cómo las grasas pasan a las células, lo que aumenta en sus portadores actuales el riesgo de padecer diabetes tipo 2. Pero a los cazadores-recolectores esto quizá los ayudó a gestionar la energía y resistir la inanición. Algo parecido podría explicar también los genes que favorecen la obesidad y otro relacionado con las adicciones. En un remoto pasado, estos genes pudieron comportar ventajas al estimular el consumo de alimentos saciantes ricos en grasas.

Una gran porción de nuestro genoma carece de aportaciones neandertales, lo que tal vez significa que valía la pena conservar lo que ya teníamos. ¿Se debe a que las versiones neandertales eran también malas para ellos? En general, su ADN no parece más peligroso, pero se han identificado algunas variantes más dañinas.

Un caso se relaciona con la contaminación. Los hogares e incluso las micropartículas de carbón en el sarro de los neandertales nos dicen que a veces vivían rodeados de humo. Una mutación común a todos los vivos nos hace entre cien y mil veces menos susceptibles a la toxicidad del humo y la comida quemada. Dado que inhalar humo de hogueras o estufas mal ventiladas es la causa principal de muerte global de niños menores de cinco años, no es esta una cuestión menor.

Otro ejemplo de la posible inferioridad de los genes neandertales es la fertilidad. Las partes de nuestro genoma asociada a los cromosomas X e Y carecen indudablemente de aportaciones neandertales. Al menos un varón neandertal, El Sidrón 1, portaba tres tipos de genes que hoy se vinculan a los abortos de fetos masculinos. Esto llevó a conjeturar que los híbridos tenían más probabilidades de ser hembras, e incluso que esos hijos mestizos podrían haber comportado desventajas genéticas.

Pero como los genetistas llevan décadas aprendiendo, el ADN no se comporta de manera sencilla. Las más de las veces, los genes funcionan como las hierbas o especias de una receta, cuyos sabores varían dependiendo de los otros ingredientes y del método culinario. A medida que avancen las investigaciones sobre cómo actúan los genes de las personas, podremos contar historias más precisas sobre la herencia neandertal impresa en nuestros cuerpos.

Lo mismo vale para las mentes. Identificar los marcadores de ADN para las diferencias cognitivas en los neandertales ha sido un objetivo primordial de la antigua genética. ¿Pudo realmente haberse producido un «momento de iluminación» en que alguna mutación o combinación genética novedosa incrementó grandemente las tendencias del *H. sapiens* hacia tradiciones artísticas más formalizadas o entierros ostentosos? Una vez más, la realidad impone su incómoda incertidumbre. Algunos de los genes neandertales que hemos heredado participan en funciones cerebrales básicas como la gestión de la energía, pero la cuestión fundamental son las diferencias socialmente expresadas. Las personas con determinados genes neandertales puede que registren tasas más altas de trastornos emocionales o depresión, pero el efecto es insignificante en términos estadísticos, y no sabemos si esos genes funcionaban de manera idéntica en el pasado.

Revisten particular interés las variantes neandertales de los genes que afectan a la estructura cerebral. Algunos parecen relacionados con la expansión de la parte posterior del cráneo, que forma más materia cerebral y un mayor plegamiento superficial. Si las variantes neandertales perduran todavía en las personas, o bien no afectaban a la supervivencia de los híbridos y su progenie, o en realidad suponían ventajas.

Otras zonas «neandertalizadas» de nuestros cerebros se hallan más vinculadas todavía con los procesos de pensamiento avanzado, como aprender las secuencias de los movimientos de los dedos, y la conceptualización y el cálculo de cantidades relativas y números. De repente, todas esas secuencias de rayas y muescas en diversos huesos empiezan a parecer bastante más significativas.

Inesperadamente, los neandertales nos devolvieron además formas más antiguas de genes que habíamos perdido. Parece que una parte de la herencia genética de nuestro ancestro común con los neandertales desapareció con el tiempo en las primeras poblaciones de *H. sapiens.* Esa parte se insertó de nuevo en nuestro genoma mediante encuentros híbridos hace más de 100 ka. Pero no toda ella fue bienvenida: la variante ancestral del gen FOXP2 no se fijó, lo que indica que la variante que habíamos desarrollado entre tanto era importante.

El reverso de la moneda del cruzamiento es que algunos genes de los primeros *H. sapiens* debieron haber pasado también a los neandertales. Sin embargo, por el momento carecemos de información sobre este punto, porque ningún genoma neandertal tardío presenta aportaciones de *H. sapiens.* Este hecho subraya la importancia de que cada genoma nuevo sea estudiado en el laboratorio, y se está trabajando para ampliar el muestreo.

El aumento en el número de muestras genéticas ha modificado radicalmente la teoría de que los neandertales estaban definidos por una metapoblación reducida. Como se expuso más atrás, algunos análisis iniciales mostraban una diversidad genética muy inferior a los *H. sapiens* actuales.[6] Para explicar la desaparición de los neandertales surgieron teorías que la achacaban a la endogamia —el apareamiento sistemático entre individuos con parentesco cercano— y que incluso parecían respaldadas por casos inequívocos. En Denísova, los padres de la neandertal altaica tuvieron que ser una de estas tres parejas: primos hermanos dobles (que comparten ambos pares de abuelos), tía y sobrino, un abuelo o abuela con su nieto o nieta, o incluso hermanastros. Conforme a muchas definiciones culturales, eso parece más incesto que endogamia. El análisis ulterior de su ADN detectó además relaciones relativamente estrechas, aunque no tan extremas, entre sus antepasados durante muchas generaciones. El Sidrón indica una población genética también reducida, y un estudio del 2019 presentó una larga lista de peculiaridades en los esqueletos compartidas allí por muchos individuos, una característica que se repite en La Quina, otro yacimiento con muchos esqueletos.

¿Por qué importa la endogamia? Los apareamientos ocasionales entre parientes muy próximos no incrementan excesivamente los riesgos para la salud, pero a la larga pueden concentrar mutaciones perjudiciales y agravar problemas como la inmunodeficiencia. La mayoría de las culturas de *H. sapiens* históricas y presentes tienen tabúes sobre el apareamiento entre parientes demasiado próximos, y muchas especies animales parecen seguir reglas parecidas.

Pero la mayor abundancia de datos ha cambiado la perspectiva. Al secuenciarse el genoma de alta cobertura de Vindija, se observó que no contenía marcadores significativos de endoga-

6. El ADN de los africanos subsaharianos es mucho más rico que el de los euroasiáticos, que al parecer sufrieron un cuello de botella genético —una drástica reducción de la población— en algún momento de los últimos 80 ka.

mia en generaciones anteriores, y tampoco los padres de este individuo eran parientes cercanos. Esto significa que, lejos de ser la norma para los neandertales, los casos de endogamia e incluso de incesto probablemente tenían más que ver con la falta de opciones que con las preferencias. El genoma de Vindija reveló también que no todas las poblaciones de neandertales tardíos estaban disminuyendo, y los cálculos de población para los primeros neandertales se doblarían si el mtADN de Hohlenstein no fuera una importación de un antiquísimo cruzamiento con *H. sapiens.*

Los estudios más recientes han incrementado la complejidad del asunto. En el 2020, un genoma de alta cobertura de Chagyrskaya (Siberia) no reveló endogamia parental, pero sí procedía de una población reproductiva tan pequeña como la de la relativamente cercana mujer de Altái, con un promedio de unos sesenta individuos durante muchas generaciones. En rotundo contraste, el genoma *H. sapiens* más antiguo de Ust'-Ishim tiene un ADN más variado que el de cualquier muestra de neandertal tomada hasta ahora. Esto implica que la interconexión de los sistemas sociales del *H. sapiens* pudo haber sido diferente desde el principio.

La revolución en nuestro conocimiento de los neandertales provocada por el ADN antiguo en solo 10 años es extraordinaria. El utillaje lítico ya había revelado profundas fracturas dentro de sus poblaciones, pero la genética descubrió un mundo donde neandertales de linajes diferentes se desplazaban por los continentes. No solo los *H. sapiens* eran exploradores.

La conclusión más radical es que la esencia neandertal perdura a nivel celular, fluye por nuestras venas, la mueve el viento en nuestros cabellos. Su legado afecta no solo a lo que somos, sino también a quiénes somos. Pero hasta ahora hemos tomado muestras de menos de cuarenta neandertales —y solo tenemos tres genomas de alta cobertura— de entre los miles de restos esqueléticos en los museos, que representan a centenares de individuos. En la próxima década se abrirá aún más la puerta a su complejidad histórica y biológica, ahora solo entornada. Algunas preguntas como la frecuencia de los cruzamientos recibirán respuestas más precisas, pero otras, como quién criaba a los bebés híbridos, requieren la integración con la arqueología. Lo que está más claro que nunca, no obstante, es que el «final» de los neandertales fue un proceso en el que intervino la asimilación fisiológica y probablemente la cultural.

CAPÍTULO 15

DESENLACES

Fogonazos del sol, meneo de colas. El peso se desplaza de pezuña en pezuña. Envueltos por el dulce olor a sudor de la manada, cada ojo observa, fijando la mirada a través del estrecho valle hasta las montañas blancas que se alzan por el este. Flujos y reflujos de mareas de latidos ante sombras o ruidos. Dobladas las cabezas, lenguas de bisontes lamen el rocío, engullen pasto y hierbas para su lenta deglución. Volutas de humo juegan por las lindes del prado, cortadas por agujas de pino al bajar por la colina, dispersadas por la brisa hasta que apenas queda la matriz de las moléculas de hollín.

Pero ya es suficiente: las narices se ensanchan, las pupilas se dilatan, los cuerpos se tensan y explota un staccato *de bufidos. Las colas se yerguen, agitándose mientras surgen figuras de entre los árboles.*

La manada no se mueve, sintiéndose segura por la distancia. Pero nunca habían visto estas altas figuras, con sus olores y colores nuevos. La gente que se ha desplegado lentamente por la pradera bordeada de matorrales, mientras los bisontes vigilan, parece indecisa. Esto no es normal. Un momento de calma prolongada; después, se elevan los brazos tensos, y una bandada de armas finas cual juncos vuelan como aves, llevando muerte en las alas. Pequeñas puntas de piedra se entierran en vientres y cuellos lanudos; después, las pezuñas tropiezan, los ijares se derrumban. Los bisontes ilesos se desperdigan, con los corazones golpeteando en las costillas, mientras esas mismas partes de sus congéneres son troceadas sobre la hierba de la pradera, resbaladiza de sangre. Esta gente nueva, esta caza nueva, este temor nuevo pronto seguirán la marcha, hacia el anochecer.

«El Último Neandertal» existe en el imaginario colectivo desde hace mucho tiempo: un alma solitaria cuya muerte acaba instantáneamente con la especie en un solo punto del espacio y el tiempo. Aunque hoy sabemos que los neandertales ganaron una inmortalidad parcial en el orden celular, su desaparición del registro fósil y arqueológico es real. Lo que todavía desconocemos es la interconexión de esos hechos. Encontrar las respuestas es sumamente difícil: los huesos de homínidos escasean y, pese a los notables progresos en la datación, la máxima resolución alcanzada en mediciones de radiocarbono individuales ronda los 500 a 2000 años, muy por encima de las escalas de tiempo generacionales que nos interesan.

Los investigadores han puesto la mira en el periodo decisivo en que se encuentran los últimos fósiles neandertales y los estratos del Paleolítico Medio. La «redatación» reciente de huesos anómalamente jóvenes procedentes de varios yacimientos ha arrojado en todos los casos edades más antiguas. Por ejemplo, desde la década de 1990 la antigüedad de algunos restos de Vindija se situaba en unos 33 a 28 ka; pero la reconsideración del estudio tafonómico y el uso del análisis de los aminoácidos del colágeno para garantizar la obtención de muestras más puras los remontaron otros 10 milenios más atrás. De manera parecida, las dataciones más precisas en Spy (Bélgica) han elevado la franja de entre 38 y 34.6 ka de antigüedad a más de 40 ka. Por todo esto las dataciones insólitamente recientes de la cueva de Gorham (Gibraltar) —de 28 a 24 ka— parecen ahora menos probables, sobre todo porque se establecieron sobre carbón, un material engañoso, mucho antes de que se aplicaran las técnicas modernas de purificación.[1] La consolidación de los datos de numerosos yacimientos sitúa hace 40 ka, si no algo antes, el momento más allá del cual no existen pruebas fiables de la presencia de neandertales.

Ese es el «cuándo»; ¿qué pasa con el «dónde»? La historia ha dado por sentado que Europa fue el corazón territorial de los neandertales y, quizá, su último reducto. Pero en realidad su ámbito fue mucho más extenso: la cueva de Denísova queda dos veces más cerca de Ulán Bator, la capital de Mongolia, que de Le Moustier en Francia, y aunque no ofrece evidencias de neandertales tardíos, otros yacimientos de la región sí dan a entender que sobrevivieron en aquellos parajes casi hasta la misma época que en Europa.

Denísova pasa por ser el yacimiento más oriental de los neandertales, pero tal vez no fue realmente una frontera. La estepa y taiga que se extendía entre Bélgica y Beringia —el vasto territorio que comunicaba el norte de Asia con Alaska— era para ellos un medio sobradamente conocido, y hace entre 60 y 45 ka sus poblaciones europeas se hallaban sin duda en fase de expansión, lo que incluye la recolonización de Gran Bretaña.

Quizá surgió también el impulso de dirigirse hacia el horizonte del amanecer, y los pies neandertales llegaron a pisar las costas del Pacífico. El repetido mestizaje con los denisovanos demuestra que la presencia de otros homínidos en Asia oriental no supuso necesariamente una barrera para moverse. Algunos investigadores aprecian también rasgos neandertaloides en restos de homínidos chinos, aunque en otros aspectos se asemejan más a los primeros *H. sapiens.* Además, aparte de la tecnología Levallois, hace entre 47 y 42 ka alguien en la cueva de Jinsitai, en China, estaba fabricando utensilios muy parecidos a los conjuntos Sibiryachikha de Chagyrskaya y otros yacimientos nean-

1. Para el periodo de 40 a 50 ka, basta el 1 por ciento de contaminación para reducir la antigüedad real en más de 8000 años.

dertales unos 2500 km al oeste, en Altái. No es del todo descabellado imaginar que los últimos alientos que llenaron los pulmones neandertales se inhalaron no en la punta meridional de Europa, sino en algún lugar de las inmensidades de Asia central u oriental.

Los últimos restos claramente neandertales son una cosa, pero ¿hay casos de fósiles híbridos? Durante las décadas de 1980 y 1990, antes de la evidencia genética del cruzamiento, los investigadores discutían sobre si algunos huesos neandertales con una antigüedad inferior a 50 ka parecían indicar una complexión menos robusta. Se afirmó incluso la existencia de rasgos propios del *H. sapiens*, como mentones prominentes o cráneos más redondeados. Un yacimiento estudiado bajo estos supuestos fue Vindija, pero el genoma se demostró plena e inequívocamente neandertal.

Como se expuso en el capítulo 14, el rango de tiempo y espacio en que pudo producirse el cruzamiento también se ha ampliado, reduciendo la probabilidad de que los neandertales europeos muy tardíos fueran los últimos que presentaran características híbridas. La región de Oriente Próximo pudo ser una zona de contacto por su posición geográfica entre Europa y África, pero afirmar que los neandertales coincidieron allí en el tiempo con los primeros *H. sapiens* es arriesgado. Es posible que se alternaran hace entre 200 y 90 ka, aunque la datación de un cráneo parcial de *H. sapiens* en la cueva de Manot (Israel) hace más de 55 ka implica que los neandertales tardíos de Amud y otros lugares fueron más o menos coetáneos de esa población.

En realidad, aun cuando el cráneo de Manot guarda cierto parecido con los *H. sapiens* europeos de Paleolítico Superior, presenta además un chongo occipital: una de esas protuberancias sobre el cuello que se ven de forma esporádica en humanos recientes y antiguos, pero prácticamente en todos los neandertales. Hasta que sea posible la extracción de material genético en fósiles de Oriente Próximo —el clima caluroso lo dificulta—, poco más puede decirse.

Ahora mismo, la mandíbula de Oase sigue siendo el único representante fósil en todo el mundo de un cruzamiento tardío; sin embargo, como esta hibridación se produjo hasta seis generaciones antes de su nacimiento, sus manifestaciones físicas quedan diluidas.

Los huesos y los genomas han estado en la avanzada de las investigaciones recientes sobre los últimos neandertales, pero ¿fue ADN lo único que intercambiaron con nosotros? Los estratos que contienen sus tecnocomplejos distintivos desaparecen también hace entre 45 y 40 ka. Es lo que viene después lo que probablemente ha alentado los debates más controvertidos. Por toda Europa y Asia occidental, ciertos conjuntos extraños que parecen combinar las técnicas de lasqueado del Paleolítico Medio con una concentración de hojas y laminillas más propia del Paleolítico Superior se superponen a los últimos estratos neandertales reconocibles. Además, hay muchos más objetos tallados de hueso, astas y marfil.

Como se vio en el capítulo 6, los neandertales sabían cómo fabricar hojas y laminillas, pero nunca fueron su interés principal, y, de la misma manera, los útiles de hueso moldeados son muy raros. Y más importante aún: las culturas intermedias también contienen objetos inequívocamente simbólicos como piedras y dientes de animales perforados, así como unos curiosos anillos labrados.

Las cronologías precisas varían geográficamente: las dataciones más antiguas se sitúan en los confines orientales de Europa hace unos 45 ka, pero en sus extremos occidentales son algo más recientes y perduran hasta hace unos 41 a 40 ka. Pero en términos estratigráficos, no parece que se produjera un solapamiento. Dentro de cualquier yacimiento, los conjuntos del Paleolítico Medio quedan siempre por debajo de los intermedios, a los que siguen después los estratos clásicos del Paleolítico Superior. Las culturas de transición parecen encajar como efímeros interregnos entre las dinastías neandertal y *H. sapiens*. Los prehistoriadores solían bautizarlas con nombres muy diversos, a menudo derivados del yacimiento-tipo: Szeletiense en Hungría, Bohuniciense en la República Checa, Uluzziense en Italia, Bakokiriense en Bulgaria y el amalgamado Lincombiano-Ranisiano-Jerzmanowiciano identificado en Gran Bretaña, Bélgica y Europa oriental.

La pregunta del millón es quiénes fueron sus artífices. El Protoauriñaciense, que sigue a las culturas de transición en Europa, ha producido mtADN de un diente de *H. sapiens* en Fumane; pero los restos esqueléticos anteriores son escasísimos y, para frustración de los arqueólogos, muchos yacimientos fundamentales fueron excavados hace más de 40 años o muestran signos claros de alteración o de mezcla entre estratos. Gracias a una interpretación tafonómica más precisa se han podido comprobar las posibles alternancias de congelación-deshielo en sus sedimentos, y por eso para desentrañar el verdadero significado de estas culturas se requieren contextos arqueológicos de una integridad excepcional y métodos analíticos de alta resolución.

Una de las primeras culturas intermedias reconocidas como tales fue el Châtelperroniense, en Francia y el norte de la península ibérica. A mediados del siglo XIX, las obras ferroviarias entre una mina de carbón y una fundición sacaron a la luz fósiles y utensilios en la Grotte des Fées cerca de Châtelperron, en el centro de Francia. A lo largo del siglo siguiente fueron clasificados otros conjuntos similares, pero se dio por sentado que el intelecto neandertal no alcanzaba para producir las hojas o los útiles de hueso que contenían.

Después sobrevino un hallazgo asombroso. Más o menos a medio camino entre Poitiers y Burdeos, unos cultivadores de setas que abrían túneles en los acantilados de Roche-à-Pierrot descubrieron algo mucho más preciado que hongos: depósitos arqueológicos bajo un abrigo derrumbado. Las excavaciones comenzaron y en 1979, inesperadamente, aparecieron huesos neandertales en lo que parecía un estrato châtelperroniense.

Conocido como Saint-Césaire 1, aquel esqueleto no estaba solo.[2] Más al norte, en la Grotte du Renne, en Arcy-sur-Cure, unos huesos y dientes distribuidos por una serie de estratos châtelperroniense eran también neandertales. Estas revelaciones brindaban una paradoja a las teorías dominantes que veían el Châtelperroniense como algo creado por los *H. sapiens*, que habían reemplazado a los neandertales por poseer una cultura más avanzada. Como explicación surgieron dos teorías contrapuestas. Quizá el Châtelperroniense fue en realidad una inven-

2. Es Saint-Césaire «1» porque también hay dientes no publicados de un segundo individuo.

ción neandertal independiente, que convergió por casualidad con características propias del Paleolítico Superior; o bien fue obra de neandertales, pero como resultado de algún tipo de hibridación cultural. Las posibilidades abarcaban desde un contacto pleno hasta que los neandertales espiaron a grupos del Paleolítico Superior o hurgaron entre sus desechos y luego idearon cómo copiarlos.

Hoy las cosas se han complicado. Actualmente se conocen casi cien yacimientos châtelperronienses, desde la cuenca de París hasta el norte de la península ibérica, datados hace entre 44 y 41 ka. En Francia esta cultura sigue rápidamente a los estratos más recientes del Paleolítico Medio, pero al sur de los Pirineos parece haber una brecha de unos 2500 años antes de su aparición. En otros lugares duró quizá un milenio en todas las regiones: la misma separación temporal que entre nosotros y la primera emisión de dinero impreso.

Las excavaciones de nuevos yacimientos sin problemas tafonómicos han revelado un panorama cultural bastante distinto. Las lascas y herramientas del Paleolítico Medio solo se hallan presentes en conjuntos châtelperronienses de excavaciones antiguas o lugares con señales de alteración; esto significa que el aparente carácter «transicional» de esta tecnología debe ponerse en tela de juicio.

Los estudios detallados de estos estratos châtelperronienses «limpios» demuestran que aquel era un verdadero mundo laminar. Las hojas se retocaban por el lado opuesto a un borde cortante para hacer puntas châtelperronienses, y los artífices eran muy selectivos: las hojas de tamaño insuficiente se desechaban. Un yacimiento fundamental es el abrigo de Quincay, situado unos 100 km al noroeste de Roche-à-Pierrot. De los más de 450 núcleos, menos del 1 por ciento mostraba cicatrices de lascado. El remontaje confirmó el predominio de producción de hojas con la finalidad específica de ser retocadas para obtener puntas, de las que había más de 300.

En los yacimientos châtelperronienses al aire libre ocurre lo mismo. Canaules II, cerca de Bergerac, presenta una separación clara de los restos arqueológicos subyacentes del Paleolítico Medio. Aquel era un taller de producción masiva, con miles de utensilios en su estado casi primigenio procedentes de una capa muy delgada. Alrededor de un tercio estaban retocados, y una vez más salta a la vista que se pretendía obtener hojas especiales para puntas.

Más significativo resulta todavía que la tecnología laminar châtelperroniense no coincida con el modo en que los neandertales fabricaban hojas o laminillas, pareciéndose más bien a las técnicas protoauriñacienses. A veces se usaban lascas desechadas tras la preparación o el mantenimiento de núcleos, y esporádicamente incluso se retocaban; pero en contraste total con los neandertales, los châtelperronienses no tuvieron un interés sistemático en la producción de lascas.

Algunos investigadores, viendo similitudes entre las herramientas llamadas «cuchillos de dorso» que se encontraron en algunos conjuntos de bifaces y discoides, las presentaron como prueba de una «ascendencia» tecnológica directa de las puntas de Châtelperron. Pero otros han señalado que la tecnología de los cuchillos de dorso es completamente distinta, y que sus cicatrices paralelas se formaron por casualidad al tallar la superficie de los núcleos líticos. Y más aún: en varios yacimientos hay una fase Levallois final del Paleolítico Medio entre los estratos con cuchillos de dorso y el Châtelperroniense. Esto implica una separación temporal significativa que hace aún menos plausible una conexión directa.

Hoy Saint-Césaire y Arcy-sur-Cure siguen siendo los únicos yacimientos châtelperronienses —o de cualquier cultura intermedia— asociados a los neandertales, los dos muy problemáticos a pesar de las nuevas identificaciones con ADN. La Grotte du Renne fue excavada hace más de 30 años con métodos adecuados para la época, pero carecía de un registro de localización preciso y de estudios sedimentarios. Esto significa que los fragmentos esqueléticos de al menos seis neandertales solo tienen registrados el estrato y la cuadrícula. La mayoría estaba hacia el fondo del estrato châtelperroniense, pero otros procedían de más arriba, de lo que se dedujo que los neandertales estuvieron presentes durante toda su duración.

Sin embargo, además de bloques de piedra y útiles con tecnología del Paleolítico Medio hasta bien entrado el nivel del

Châtelperroniense, también hay cuchillos y punzones de hueso en el estrato subyacente del Paleolítico Medio; esto parece indicar perturbación o movimientos entre los dos depósitos. Hasta ahora, el remontaje lítico ha sido limitado, pero ha identificado también fragmentos que se movieron varias decenas de centímetros entre los diferentes estratos châtelperronienses. Además, las dataciones por radiocarbono arrojaron unos resultados anómalamente antiguos —más de 48 ka— desde bien entrado este periodo.

En suma, la Grotte du Renne contiene importantes evidencias de desplazamiento de objetos en el interior y a través de los estratos fundamentales. La investigación más reciente utilizó el análisis ZooMs para identificar otros restos neandertales, entre ellos los de la lactante ya mencionada, y datan de hace unos 42 ka. Estos nuevos restos óseos pueden estar relacionados con los ya conocidos de un niño, como el cráneo, la mandíbula y parte del tronco, lo que podría implicar una perturbación relativamente pequeña. Pero considerando la otra evidencia del movimiento de objetos, no es descartable que los huesos neandertales fueran desplazados hacia arriba desde un contexto original del Paleolítico Medio.

Aunque se ha propuesto que los propios châtelperronienses pudieron haber causado el problema al excavar, los procesos geotermales por la congelación de sedimentos pueden también provocar desplazamientos de más de 1.5 m en vertical, y hay abundante evidencia de que el Châtelperroniense ocurrió durante un periodo excepcionalmente frío. Lo que se necesita para estar seguros al interpretar la Grotte du Rennes es un análisis completo del remontaje.

El neandertal de Saint-Césaire, por el contrario, parecía un caso más sólido. Cuando se descubrió fue trasladado en un bloque de sedimentos de 1 m de diámetro para proceder a la excavación en el laboratorio. Sin embargo, nunca se han publicado todos los detalles sobre la posición y el estado de los restos óseos, aunque la datación directa arrojó una antigüedad de 42 a 40,6 ka, posiblemente una estimación a la baja por el poco colágeno.

Pero además Saint-Césaire ha sido objeto recientemente de un nuevo análisis que ha sembrado más incertidumbres sobre si este neandertal estuvo realmente en un estrato châtelperroniense intacto. El aplastamiento de los huesos indica una tafonomía y erosión complejas, faltándole casi todo el lado superior de la cara pese a que conserva los dientes; pero el análisis meticuloso del utillaje, publicado en el 2018, revela que las cosas no son tan sencillas como parecían.

Aunque solo se había registrado en 3D en torno al 15 por ciento de los 40 000 restos líticos exhumados en la década de 1970, se pudo reconstruir digitalmente los límites estratigráficos y reasignar a otros objetos su capa correcta. Los resultados demostraron que la mayoría de los útiles del estrato châtelperroniense no estaban relacionados con la producción de hojas, sino con las industrias Lavellois y discoide.[3] Además, todas las herramientas retocadas del tipo del Paleolítico Medio estaban fabricadas sobre lascas, no hojas. Y más llamativo todavía: aunque buena parte del estrato estaba mezclado, la tecnología de todos los utensilios líticos procedentes del interior del bloque de sedimentos de los restos de hueso corresponde al Paleolítico Medio.

Un colosal programa de remontaje dio como resultado que solo el 4 por ciento de los fragmentos líticos pudo volver a juntarse, mientras que en Canaules II el porcentaje fue nueve veces mayor. Esto ya sugería que las capas no estaban intactas, lo que quedó confirmado por los datos de remontaje espacial que revelaron que los objetos se habían desplazado varios metros a lo largo del acantilado y ladera abajo. Si a esto se añade que todo en el supuesto estrato châtelperroniense se encontraba mucho más deteriorado, parece como si algún flujo masivo de sedimentos desprendidos de los acantilados lo hubiera mezclado todo.

Los investigadores propusieron una explicación nueva para Saint-Césaire: allí había habido un estrato châtelperroniense, pero delgado y encima de un rico estrato del Paleolítico Medio. Más tarde, una perturbación geológica mezcló ambas capas. Los restos óseos, sin embargo, permanecen envueltos en el misterio. El cuerpo debió haber sido depositado antes de la mezcla, pues-

3. Es decir, el 90 por ciento de los 4400 utensilios líticos con características tecnológicas distintivas.

to que los utensilios líticos y rocas que lo rodean están igual de deteriorados que todo lo demás, lo que explicaría también la erosión del lado izquierdo del cráneo. Pero, aunque el diario de campo de la década de 1970 constata que fue encontrado en la base de lo que tomaron por el estrato châtelperroniense, ahora es imposible estar seguro de si salió de la capa del Paleolítico Medio o efectivamente lo habían depositado durante el Châtelperroniense.

Parece que ni la Grotte du Renne ni Sant-Césaire son contextos que vinculen indubitablemente a los neandertales con los châtelperronienses. Esto quiere decir que, ahora mismo, no sabemos quién lo hizo. Y también quiere decir que en Francia y el norte de España la cultura de los últimos neandertales identificables encajaba en el molde de lo que llevaban haciendo durante decenas de milenios: conjuntos discoides y Levallois. Y aunque en varios lugares sí mostraron interés en los pigmentos, las conchas fósiles, las marcas y algunas herramientas de hueso como los *lissoirs*, el Châtelperroniense de la Grotte du Renne y otros lugares contiene indudablemente utensilios que van más allá. Entre las herramientas óseas de cuidada manufactura figuran tubos hechos con patas de aves, collares de dientes de ciervo, zorro y lobo perforados y estriados, y unos enigmáticos anillos de marfil de mamut tallados, pulidos y grabados. Con todo, existen indicios de posibles contactos culturales, pero con ideas que van en dirección opuesta: quizá fueron los châtelperronienses quienes tomaron de los neandertales su interés por las grandes rapaces, como demuestra la falange de águila de la Cova Foradada (Tarragona). Y tal vez aprendieron de los neandertales a hacer *lissoirs* y los decoraron después con sus grabados en forma de V.

El Châtelperroniense acaparó la atención mucho tiempo, pero a lo largo de décadas también han evolucionado los debates sobre la posible autoría neandertal de otras culturas de transición. Una es la Uluzziense, concentrada principalmente en Italia, cuyo conocimiento ha progresado gracias a dos pavorosos desastres naturales acaecidos hace entre 46.5 y 39.7 ka. El primero se originó en la pequeña isla de Pantelaria, un macizo volcánico activo por última vez en 1891 que se desprende como un guijarro de la suela de Sicilia. Una violenta erupción registrada hace entre 46.5 y 44.5 ka reventó una enorme caldera y proyectó al cielo una nube de cenizas. Los vientos predominantes dispersaron estos depósitos sobre gran parte de Italia, y son visibles en yacimientos arqueológicos como la Toba Verde. Al noreste de Pantelaria, cerca de Nápoles, se encuentran los famosos Campos Flégreos, que fueron también teatro de una colosal erupción hace entre 40 y 39.7 ka. Las cenizas, más espesas y extendidas incluso que la Toba Verde, cayeron sobre la gente en el sur de Italia y atravesaron el Mediterráneo para llegar hasta algunas regiones de Rusia. Conocida como la Ignimbrita Campana (IC), este estrato es lo bastante distintivo para permitir su identificación microscópica y química.

La Toba Verde y la IC encierran un valor extraordinario para los arqueólogos porque son marcadores temporales muy breves que delimitan el Uluzziense. Considerada al principio una cultura vernácula de los neandertales, las nuevas investigaciones sobre el Uluzziense indican que las cosas no son tan sencillas. El número de yacimientos es inferior a los del Châtelperroniense —menos de treinta—, pero se encuentran por toda Italia, salvo en el noroeste, y se extienden hacia el este hasta los Balcanes y Grecia. Basándose en la Toba Verde, la IC y la datación por radiocarbono, parece que el Uluzziense más antiguo empezó después de hace 44.5 ka.

El yacimiento más conocido es la cueva del Cavallo[4] en Apulia, hoy la región más calurosa y seca de Italia. Unos extraños utensilios líticos con forma de medialuna encontrados aquí y en otros yacimientos a partir de la década de 1960 acabaron definiendo al Uluzziense más o menos por la misma época en que se discutía sobre el Châtelperroniense. Pero varias décadas de minuciosos estudios tecnológicos demuestran que son dos fenómenos completamente distintos.

Los ulluzienses carecían de tecnologías sistemáticas secuenciales como la Levallois o la discoide. Se han encontrado unos cuantos núcleos trabajados centrípetamente, pero en su mayoría combinaban la talla ocasional con una técnica peculiar.

4. También se conoce como Uluzzo «A».

Conocida como «bipolar», consistía en apoyar un extremo de un núcleo sobre un yunque de piedra y partirlo después con un percutor. Esta técnica apenas permite controlar la forma de los productos, que además suelen tener los extremos astillados, pero sirve para piedras imperfectas como las losas y los pequeños cantos importados de Cavallo. Las lascas bipolares quedan tan listas para su uso como las lascas u hojas discoides o Levallois, así que son ideales para obtener fragmentos muy pequeños y planos.

Y esto es lo que querían los uluzzienses. Sus utensilios más sobresalientes son las herramientas con forma de media luna, ya mencionadas, llamadas lunados, que se fabrican sobre lascas planas o segmentos de hojas retocando hacia la punta más gruesa; esto dejaba un «dorso» curvo frente al borde largo y cortante. Los uluzzienses manejaban también una tecnología orgánica, aunque no es muy común. Además de retocadores de hueso, hacían también objetos cilíndricos, con punta aguzada en uno o ambos extremos, a menudo pequeños y en ocasiones minúsculos: un par mide menos de 5 mm de ancho. Cuando han podido identificarse, todos son restos óseos de caballo o ciervo y algunos eran reavivados una y otra vez. Probablemente no eran puntas de armas, sino punzones para hacer agujeros en materiales de dureza media como cuero o más blandos como pieles; algunos de los más pequeños podrían haber servido incluso de anzuelos.

También hay algunas evidencias de artefactos estéticos y simbólicos. De Cavallo proceden unas conchas pequeñas, algunas aparentemente perforadas. Otras conchas tubulares eran partidas y serradas para obtener trozos pequeños que quizá se usaban como ornamentos. Hasta ahora, sin embargo, no han aparecido objetos tallados de hueso o astas, collares ni objetos pintados o decorados.

El Uluzziense es interesante porque demuestra la complejidad de determinar las diferencias y similitudes tecnológicas con el Paleolítico Medio que lo precedió. A veces se encuentran tallas bipolares en esos conjuntos, pero nunca son predominantes. Lo más llamativo es que hay capas del Paleolítico Medio en Cavallo que contienen útiles bipolares, pero también Levallois, lo que significa que los neandertales eran perfectamente capaces de utilizar piedra de escasa calidad en técnicas de tallado más complejas. Y a diferencia de los neandertales, que si podían escogían el tipo de roca para las diferentes actividades, los uluzzienses estaban tan centrados en la talla bipolar, los segmentos y los lunados que utilizaban todo tipo de rocas.

¿Por qué esta obsesión? Comprender la función de los segmentos ha sido crucial y ha llevado a la conclusión de que algunos se enmangaban y usaban como herramientas para cortar y raspar materiales vegetales y animales, pero los daños por impactos sugieren que la mayoría era armas.

Algunos funcionaban como puntas; otros, tal vez, eran púas en una lanza. Su minúsculo tamaño —por término medio menos de 3 cm de largo y extremadamente estrechos— los aleja de las lanzas y los acerca a dardos o incluso flechas. En dos yacimientos uluzzienses se han encontrado bloques de pigmento rojo y amarillo, y como la mayoría de los lunados de Cavallo tenían residuos rojos, sobre todo sobre los dorsos curvos, parece que el ocre se usaba en los enmangues para un tipo de caza muy particular.

Pero lo que el Uluzziense comparte con el Châtelperroniense es la reciente polémica sobre quiénes los crearon. En el 2011, el análisis de dos dientes encontrados en la década de 1960 en Cavallo los identificó como *H. sapiens*, pero basándose en la anatomía, no en el ADN.

Lamentablemente, su estado impidió una datación directa, y además han surgido críticas sobre la seguridad de su contexto original. Uno procedía supuestamente de un hogar en el fondo de la capa uluzziense, en el punto donde atravesaba la Toba Verde hasta el nivel del Paleolítico Medio. El otro estaba por lo visto entre 15 y 20 cm más arriba, pero como fueron desenterrados hace 60 años, sus ubicaciones precisas no son seguras.

Además, los primeros arqueólogos apreciaron una considerable perturbación en el yacimiento por excavaciones antiguas y saqueos recientes, y una erosión que algunos lugares se extendía por todos los niveles uluzzienses. Es difícil saber con certeza si esto afectó a los dientes, y aunque la mayoría de los investigadores acepta que las piezas son de *H. sapiens*, sin dataciones directas ni ADN, que sería lo ideal, no todos los consideran una evidencia fiable de quiénes fueron los uluzzienses.

Otro paralelismo con el Châtelperroniense procede de sugestivos indicios de conexiones culturales en el Paleolítico Medio que no tienen que ver con el tallado lítico. En la cueva de La Fabbrica, en el centro-oeste de Italia, el análisis de residuos de pegamento en útiles uluzzienses demostró que contenían una mezcla de resina de pino o conífera y grasa animal. Hasta donde se sabe, los neandertales no usaban esa combinación, pero en el 2019 un nuevo análisis de residuos en los segmentos de Cavallo encontró una fórmula con tres ingredientes, ocre, resina vegetal y cera de abeja, y, como vimos en el capítulo 7, los dos últimos sí fueron usados por neandertales italianos.

Es imposible asegurar que esto constituya una convergencia relevante o la evidencia de algún contacto cultural; pero sin duda el resto del Uluzziense no comparte características con el Paleolítico Medio ni en los utensilios líticos ni en los materiales orgánicos. Los neandertales fabricaban esporádicamente herramientas de hueso, pero ninguna que permita establecer paralelismos con las formas pequeñas, aguzadas y muy delgadas del Uluzziense.

Así pues, esta cultura no parece haber evolucionado directamente del Paleolítico Medio, ni tampoco es laminar como la châtelperroniense y la mayoría de las culturas del Paleolítico Superior. Lo que tiene en común con este último es su focalización en los utensilios diseñados para ser retocados (una posibilidad interesante es que las puntas châtelperronienses fueran también puntas de armas enmangadas).

En Italia, los últimos neandertales desaparecieron no hace más de 43 a 42 ka, y con independencia de quienes fueran sus promotores, el Uluzziense había terminado, como mucho, 1 o 2 milenios después. Pero en todo el resto de las regiones suroccidentales europeas se aprecian señales de que las cosas no eran siempre tan nítidas. En algunos lugares, el horizonte de cenizas de IC se encuentra debajo de aparentes capas del Paleolítico Medio, lo que sugiere que posiblemente aún había neandertales un par de siglos después de hace 39 ka. Y en Buran-Kaya, siguiendo por los montes de Crimea desde Zaskalnaya, se encontró otra cultura intermedia —el Streletskayense o Szeletiense Oriental— bajo un nivel del Paleolítico Medio que data de hace 41.1 a 43.9 ka. Yacimientos posteriores conservan restos de *H. sapiens* asociados con el Streletskayense, así que también aquí da la impresión de que los neandertales se quedaron después de que otros penetraran en sus territorios.

Las dos últimas décadas han demostrado la dificultad de acreditar con evidencias seguras la existencia de culturas genuinamente híbridas asociadas con los neandertales. No es que estos carecieran de inteligencia para hacer lunados uluzzienses o puntas châtelperronienses, sino que la verdadera diferencia es conceptual. Tales objetos se fabricaban siguiendo patrones rigurosos y eran objeto de retoques metódicos porque formaban parte de un sistema integrado de caza para el que se empleaban armas compuestas con asistencia mecánica: lanzas ligeras, puntas de dardos o incluso flechas. Esto es muy diferente de lo que vemos en los neandertales, donde si bien existieron algunas armas enmangadas, eran lanzas de acometida para clavar de cerca o arrojadizas, como las jabalinas.

Las posibles convergencias en otros materiales tampoco son especialmente notorias. El hecho de que tanto los neandertales como los uluzzienses italianos usaran adhesivos de resina y cera de abeja es muy interesante, pero un fenómeno aislado. Por el contrario, el Uluzziense y el Châtelperroniense —que cubren a lo sumo un par de milenios y muchos menos yacimientos— contienen más herramientas de hueso que todo el Paleolítico Medio. Más llamativa todavía resulta la frecuencia y variedad de objetos estéticos y simbólicos en culturas intermedias comparadas con las del Paleolítico Medio; son mucho más raros todavía que en culturas posteriores del Paleolítico Superior, pero nada parecido a los dientes perforados, huesos y piedras, herramientas decoradas u objetos tallados que sabemos que fueron fabricados por los neandertales.

Del sureste de Francia proviene una última cultura, más misteriosa todavía, que merece la pena abordar. Lo que la hace tan desconcertante es que es unos 10 000 años más antigua que el Châtelperroniense y posiblemente de autoría neandertal. El capítulo 9 ya introdujo el yacimiento clave, la cueva de Mandrin, en cuyas paredes se acumularon cronologías de hollín de alta resolución. Pero lo que la cueva contiene además es el ejemplo más rico y mejor estudiado del Neroniense, raro no solo por su tecnología, sino también porque se encuentra entre conjuntos típicamente asociados con los neandertales: lo precede un nivel Quina, y después vienen cinco estratos del Paleolítico Medio, datados hace unos 47 ka.

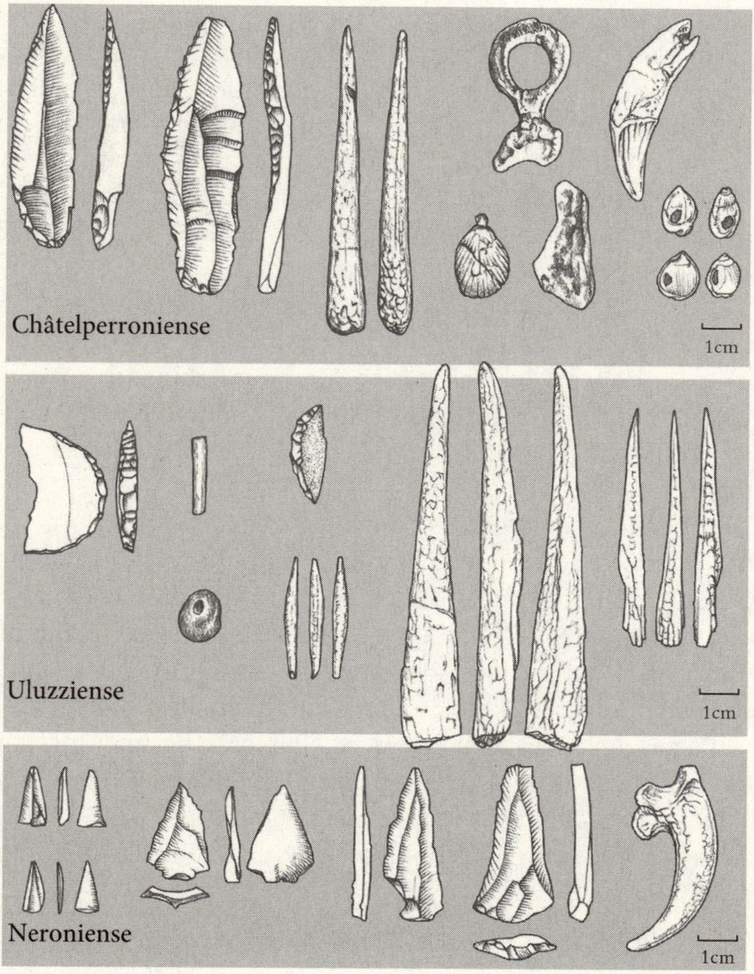

Figura 8. *Objetos del Neroniense en el sureste de Francia y de dos culturas intermedias posteriores al Paleolítico Medio: la châtelperroniense y la uluzziense.*

Por el momento no hay fósiles asociados a esta cultura extraña y antigua que den respuesta alguna a la pregunta de quiénes la crearon. Un fragmento de cráneo no distintivo proviene del yacimiento tipo de la cueva de Néron, a 70 km de Mandrin río arriba,[5] pero no tiene colágeno suficiente para la datación por radiocarbono y, por tanto, es también improbable su adecuación para el análisis de ADN. Esto quiere decir que en este caso es la arqueología la que habla, y la cueva es riquísima en este sentido. El Neroniense de Mandrin —menos de 20 cm de espesor y unos 50 m^2— ha producido 60 000 objetos más probablemente millones de pequeños fragmentos de desechos de talla. Por su tecnología, no tiene ningún equivalente durante este periodo en Europa occidental, puesto que combina hojas, laminillas y puntas tipo Levallois obtenidas secuencialmente —y esto es fundamental— sobre los mismos núcleos, lo que prueba que era un sistema tecnológico integrado.

Y la riqueza del conjunto es realmente extraordinaria: se contabilizaron unas 1300 puntas, más que en todos los yacimientos europeos del Paleolítico Medio combinados. Aunque varían de forma, se fabricaron sistemáticamente en tres tamaños, algunas se dejaron intactas y otras fueron profundamente retocadas.

Un tercio mide menos de 3 cm de largo y se consideran por tanto microlitos, pero otras son tan diminutas —de 8 a 15 mm de largo y 2 mm de grueso— que los investigadores las denominaron nanopuntas. El análisis de uso y desgaste confirma que incluso las más minúsculas fueron dañadas por impactos a gran velocidad. Como resultaban demasiado pequeñas para encajar en las astas de las lanzas y, según revelan los experimentos, también demasiado ligeras para ser efectivas a distancia sin impulso mecánico, podemos suponer que se trataba de una suerte de dardos lanzados con un propulsor o, en el caso de las nanopuntas, de puntas de flecha.

5. La cueva de Néron fue descubierta en la década de 1870 por el artista y arqueólogo Ludovic-Napoléon Lepic, amigo de Edgar Degas; en realidad se encuentra situada al lado mismo de Moula-Guercy, aunque los depósitos arqueológicos de este último son mucho más antiguos.

Todas estas características convierten el Neroniense en un relámpago repentino. En los conjuntos neandertales conocidos, las hojas nunca fueron dominantes. En la cueva de Mandrin, en torno al 75 por ciento de todos los utensilios están relacionados con la producción laminar y las puntas. De parecida manera, los neandertales hicieron lascas muy pequeñas, incluso usando métodos Levallois, y laminillas en muchos contextos, pero normalmente condicionados por los recursos pétreos de que disponían. En el transcurso de varios cientos de miles de años, solo hay un objeto que podría relacionarse con la tecnología de propulsión: la punta ósea de Salzgitter. Es pequeña, claramente trabajada y adelgazada en la base, y es casi seguro que estuvo enmangada, aunque no se sabe con certeza cómo. Pero en Europa, después de la cueva de Mandrin, no aparecen puntas líticas pequeñas comparables, diseñadas para armas de propulsión, durante más de 10 milenios.

La datación demuestra que el estrato neroniense se depositó quizá hace entre 50 y 52 ka, y la cronología del hollín apunta a no más de varias décadas, incluso unos pocos años tan solo, entre esta capa y el nivel Quina precedente. Aun cuando existiera alguna similitud tecnológica, no transcurrió el tiempo suficiente para que se produjera la transición de una a la otra. Salvo por un puñado de otros estratos neronienses en la misma región, no existe nada remotamente parecido durante miles de años y cientos de kilómetros.

Pero con lo que sí guarda semejanza es con algunas de las denominadas culturas del Paleolítico Superior Inicial (PSI) en Oriente Próximo y los confines de Europa. Datadas hace unos 45 a 50 ka, son más antiguas que las culturas intermedias europeas, y el Bohuniciense de la República Checa es de especial relevancia, porque incluye puntas Levallois hechas sobre núcleos de lámina, y en algunos lugares los utensilios líticos están miniaturizados.

Al menos algunas culturas del PSI fueron obra de los primeros *H. sapiens*. El Bachokiriense de Bulgaria tiene huesos datados hace unos 46 ka, aunque tecnológicamente no se halla tan cerca del Neroniense; además, es varios miles de años más joven. En teoría pudieron producirse dispersiones «crípticas» de los primeros *H. sapiens* por Europa occidental, o bien pudo existir una antigua población híbrida. En efecto, el ADN de Ust'-Ishim y otros huesos de los primeros *H. sapiens* indican cruzamientos de hace 55 ka, así que quizá las poblaciones relacionadas con esta hibridación se desplazaron hasta Europa desde algún lugar de Asia; pero su número debió ser reducido, porque no dejaron ninguna otra huella hasta el valle del Ródano.

Pero después de todo esto se atisba una conexión cultural con los neandertales. El Neroniense de la cueva de Mandrin produjo una de las garras despiezadas de águila imperial más grandes que se han conservado en Europa. El interés por las garras de rapaces no es en absoluto una característica del Paleolítico Superior, así que su presencia allí en el Paleolítico Medio, el Neroniano y un yacimiento del Châtelperroniense es interesante, puesto que en términos líticos son muy diferentes entre sí.

El Neroniense continuará en el terreno de las especulaciones hasta que se extraiga ADN, posiblemente de los sedimentos. Pero incluso si se acredita que los neandertales no fueron sus responsables, es interesante por lo que implica sobre su dinámica poblacional. La cronología del hollín en la cueva de Mandrin revela un cambio sumamente rápido desde una tradición precedente de base Quina hasta el Neroniense: no más de lo que dura una vida humana, o más rápido todavía. Después, el Neroniense en sí parece brevísimo: un estrato delgado solo corroborado por unas dieciocho ocupaciones dentro del conjunto de niveles de hollín.

Después de este periodo, la cueva permaneció abandonada durante varias generaciones, quizá milenios. Pero no todo acabó con el Neroniense. Cuando nuevamente se encendieron fuegos en la cueva de Mandrin, en derredor de las llamas se sentaron personas —presumiblemente neandertales— que fabricaron de nuevo utensilios del Paleolítico Medio. En la primera fase post-Neroniense, la cantidad de hojas y puntas decrece de forma espectacular, al tiempo que aumenta la producción de lascas, aunque con frecuencia son muchísimo más pequeñas de lo normal. La segunda fase comprende cuatro niveles, y las lascas aumentan visiblemente de tamaño y, en esencia, se asemejan a las de cualquier otro contexto del Paleolítico Medio.

El post-Neroniense es notable también en dos sentidos. El territorio lítico, basado en la extracción de piedra, cambia por completo, reduciendo su extensión y sin cruzar ya hasta la orilla occidental del Ródano. Más aún: la cronología del hollín sugiere más de noventa ocupaciones y, por tanto, un periodo de estabilidad.

Una manera de entender esta secuencia en su conjunto es que los neronienses, quienesquiera que fueran, desplazaron a los neandertales hasta tal punto que la región se despobló durante muchas generaciones. Pero aquello no duró, ni tampoco los extinguió. En la cueva de Mandrin esa desaparición no se produjo hasta miles de años después, cuando la capa final del Paleolítico Medio viene seguida directamente, en menos de un siglo, por el Protoauriñaciense.

Sueños en extinción

Lo que ocurrió en la cueva de Mandrin nos indica que el final del Paleolítico Medio distó mucho de ser un proceso sencillo en el plano cultural. Y habrían de transcurrir otros 10 milenios para que se produjera el último contacto íntimo conocido entre neandertales y *H. sapiens*, como demuestra el ADN del hombre de Oase. No sabemos con exactitud dónde se encontraron sus ancestros —en dos siglos pudieron haberse desplazado cientos o miles de kilómetros—, y no hay objetos asociados a su mandíbula. ¿Cómo debemos denominar a alguien como Oase? ¿Cuántos antepasados neandertales, y con qué proximidad temporal, definen la hibridación? ¿Fue su ancestro mestizo el único de su grupo, o formó parte de un patrón más extendido? ¿Se convirtieron en materia de historias transmitidas de generación en generación hasta llegar a la suya?

Hasta que se descubran nuevos yacimientos intactos que contengan fósiles con ADN extraíble, no saldremos del ámbito de las conjeturas. Pero al menos puede afirmarse una cosa: no se produjeron fusiones masivas de poblaciones ni de culturas. Dentro de sus rangos, ningún neandertal del periodo crucial hace entre 80 y 40 ka muestra indicios de hibridación, y tampoco los presentan todos los primeros individuos *H. sapiens*: ni el mtADN de Bacho Kiro, ni un diente protoauriñaciense en Fumano casi de la misma antigüedad que Oase.

Pero los patrones genéticos de las personas actuales indican que sí se produjo un cierto grado de asimilación. Aunque los neandertales se mantuvieron físicamente distintos, incluso en sus últimos restos óseos documentados, la escala y repetición del cruzamiento, más la amplitud de los genes que conservamos, implican que fueron —y son— humanos. En términos biológicos, los individuos capaces de aparearse y procrear vástagos viables son de la misma especie. Los chimpancés y bonobos, que física y socialmente son bastante diferentes, solo llevan separados desde hace unos 850 ka: aproximadamente el mismo tiempo transcurrido desde que nuestros ancestros se escindieron del linaje que conduciría hasta los neandertales y denisovanos.

El concepto de *allotaxa* que maneja la zoología moderna quizá sea más apropiado para designar lo que fueron los neandertales con respecto a nosotros: especies estrechamente emparentadas que varían en su morfología y comportamiento, pero pueden reproducirse. Los yaks y las vacas son un ejemplo, y sin duda ocurría también en la fauna del Pleistoceno: a veces se cruzaban diferentes clases de mamuts, y hace poco se descubrió que los osos pardos actuales conservan un pequeño porcentaje de ADN del oso cavernario. Y en casos recientes de cruces entre osos polares y *grizzlies*, los biólogos observaron además «retrocruzamiento» entre las especies híbridas y sus parentales.[6]

La conclusión fundamental que puede extraerse sobre el fin de los neandertales es esperar lo inesperado. Pese a los extraordinarios avances en las cronologías, los análisis tecnológicos y la identificación durante las últimas décadas, en muchos aspectos persisten más dudas que nunca. Entre las incertidumbres más tenaces figura la causa de la separación, dispersión y quizá incluso sustituciones visibles en la metapoblación neandertal desde el EIM 5. Una posibilidad es el impacto climático, con una rápida subida de las temperaturas hacia el pico del Eemiense, seguida de un mundo en fluctuación con enormes saltos de

6. Todos se remontan a una osa polar que tuvo crías con dos *grizzlies*, y cada uno se apareó seguidamente con sus vástagos híbridos.

temperatura de 11 a 16 °C. Los cambios de población se reflejan también en la arqueología, con la proliferación de tecnocomplejos y tradiciones regionales hace entre 125 y 45 ka.

Otro tema que requiere indagaciones más exhaustivas son los procesos que originaron los encuentros entre neandertales y otras especies, singularmente los primeros *H. sapiens.* Somos proclives a pintarnos como víctimas, pero fuera de África estuvimos a punto de extinguirnos al menos una vez, y sufrimos un severo derrumbe poblacional hace unos 70 ka, antes de que se produjera el grueso de los cruzamientos con los neandertales. Además, a pesar de unas poblaciones que en su dispersión se extendieron hasta Australia hace 65 ka —adaptándose a áridos desiertos y húmedos bosques montanos, e incluso cruzando el océano hasta Indonesia—, no hay signos claros de *H. sapiens* en Europa central u occidental hasta más de 20 000 años después.

Tal vez aquel territorio ya estaba ocupado, y los neandertales consiguieron, al menos durante un tiempo, impedir que llegaran otros. Pero ahí tenemos al «comodín de la baraja» neroniense, que nos recuerda que lo que la arqueología nos permite averiguar no completa, ni mucho menos, la historia.

Otra ironía más es que las constantes afirmaciones de que los primeros *H. sapiens* poseían una superioridad intrínseca no se tienen en pie. Los congéneres del hombre de Oase se extinguieron en Europa y se hallan más próximos a los indígenas americanos y los asiáticos orientales de nuestros días. Más asombroso todavía es el caso del hombre de Ust'-Ishim, que vivió justo antes o después de la profunda división genética que dio origen a los antiguos linajes *H. sapiens* euroasiáticos orientales y occidentales. Y, sin embargo, apenas guarda parentesco con ninguna persona actual.[7] Además, durante los 25 000 años después de Oase, parece que las sucesivas poblaciones del Paleolítico Superior se fueron reemplazando unas a otras, siendo a su vez sustituidas por culturas prehistóricas posteriores. Los parisinos, londinenses o berlineses actuales con aparente ascendencia europea apenas tienen vínculos ni siquiera con pue-

7. Un estudio indica posibles descendientes entre siberianos indígenas orientales y asiáticos orientales.

blos mesolíticos de hace solo 10 000 años. La mayor parte de su ADN procede de una afluencia masiva de pueblos de Asia occidental durante el Neolítico.[8]

Esto significa que muchas de las primeras poblaciones de *H. sapiens* están más extinguidas que los neandertales, lo que dice poco en favor de un supuesto dominio evolutivo. Es indudable que nos aguardan nuevos cambios de paradigma cuando se obtengan más muestras de ADN antiguo. Nuestras evidencias actuales de cruzamiento se asemejan quizá un poco a la protohistoria de los descubrimientos de exoplanetas, cuando se daba por sentado que estos cuerpos celestes eran raros, y sin embargo varias décadas después parece que en nuestra galaxia hay más planetas que estrellas. Hoy sabemos que Eurasia fue siempre un crisol con cientos, quizá miles de niños híbridos. Puede que los yacimientos neandertales alberguen en secreto más pruebas de ellos, o de sus descendientes cercanos, dispersas entre fragmentos de huesos o sedimentos cavernarios sin identificar.

El destino de los neandertales ha acaparado una ingente atención, aun cuando quizá sea lo menos interesante de ellos. Sus últimos 100 000 años fueron un periodo de colosales dificultades, pero más que un prólogo a un canto de cisne neandertal, fueron un ámbito para aprovechar nuevas oportunidades. Hace 20 000 años, estábamos solos sobre la superficie de este planeta. Sin embargo, los neandertales siguieron viviendo, a su manera. Aunque nuestros encuentros se nos hayan borrado de la memoria, nuestra sangre y nuestros niños conservan los frutos de las interacciones con los otros modos de ser humanos experimentados por el universo. Huesos y piedras esperaron mucho tiempo bajo tierra para que redescubriéramos nuestro futuro compartido. Y cuando por fin lo hicimos, todo cambió.

8. Esto desautoriza a quienes intentan vincular una supremacía blanca con el Paleolítico Superior.

CAPÍTULO 16

QUERIDOS INMORTALES

Las lámparas de aceite dan un brillo lustroso a la seda del sombrero de copa. El hombre que lleva esta declaración de elegancia conoce bien el olor penetrante a hollín y polvo de esta tierra norteña. Hasta que experimentó el miasma que permea Londres, creía que el humo de carbón de Sunderland podía ser el hedor acre de Lucifer. Pero eso había sido años —y una vida— atrás. Ahora, de regreso, sonríe a una multitud congregada para escuchar su mensaje. Magnates de la industria, intelectuales de manos ásperas y revolucionarios sociales llenan por igual los duros bancos. Han venido incluso algunos mineros, restregándose una suciedad tozuda en los rabillos de los ojos, como si sus cuerpos sudaran oro negro. Redes de pequeños ferrocarriles como vasos capilares transportan toneladas y toneladas de densos trozos

negros desde la Gran Mina de Carbón del Norte hasta los muelles de Sunderland, de donde prosiguen viaje para alimentar hogares, hornos y calderas. Y enormes buques, con motores incandescentes como fuego del infierno en sus vientres de hierro. Él conoce los barcos, las galletas duras y la carne salada; bodegas repletas de botines imperiales y, hasta muy recientemente, de cuerpos tan negros como el suyo.

Quitándose el sombrero, Samuel Jules Celestine Edwards se aclara la garganta, siente la pesada verdad que carga. Su peso es la esperanza de generaciones comprimidas en su pasado, como los antiguos bosques tropicales triturados en carbón. Hablando alivia su carga e irradia su luz. Como antes de cada conferencia, su pensamiento vuela hasta una isla luminosa abrazada por el límpido Caribe, hasta sus padres y las historias que contaban: su legado de dolor y orgullo. Reconcentra su atención y empieza a lanzar su proclama sobre la selección natural y los extraños cráneos que preconizan que ninguna raza debe pisotear a otra. Sobre un futuro donde la remota historia compartida del hombre sea la senda hacia su salvación.

Un año después del descubrimiento de Feldhofer y 7200 km al otro lado del Atlántico, nació un niño negro. Criado en una colonia caribeña británica, los padres esclavos de Samuel James Celestine Edwards habían sido liberados menos de tres décadas antes. Con solo 12 años se convirtió en polizón, y pasó la década de 1870 viajando por el mundo hasta recalar en la ciudad industrial de Sunderland, en el norte de Inglaterra. En la década de 1890, ya licenciado en Teología, estudiaba Medicina y se había convertido en un respetado y popularísimo conferencista que predicaba el evangelio y la abstinencia alcohólica. Por si no bastara con eso, era además biógrafo, el primer director de prensa negro de Gran Bretaña (de *Fraternity*, el órgano de la Sociedad para el Reconocimiento de la Hermandad del Hombre) y el fundador de una revista, *Lux*.

Socialista y antiimperialista acérrimo, las conferencias de Edwards congregaban a numeroso público cuando hablaba con verbo elocuente sobre la emancipación y el anticolonialismo.[1] Más concretamente, denunciaba que la ciencia evolutiva era ra-

1. En 1891 visitó de nuevo Sunderland, donde Hall Nicholson —minero, ora-

cista, porque prodigaba las comparaciones de los negros con los orangutanes. En un artículo de 1892 titulado «La carrera de los negros» —escrito entre los descubrimientos de Spy y Katrina— observó que, en vez de indicar que los pueblos negros y aborígenes eran razas infrahumanas separadas, el número creciente de fósiles homínidos implicaba precisamente lo contrario. Todos los pueblos de la tierra tenían un origen común, y por tanto los unía una capacidad igual para la inteligencia, la civilización y la compasión.

Fantasmas y fantasías

Edwards decía la verdad, por supuesto, pero iba muy por delante de su época; eran los eminentes prehistoriadores quienes se negaban a ver lo que tenían delante. Aunque las historias sobre los orígenes de muchas culturas indígenas hablan de linajes antiquísimos, incluso eternos, de antepasados, los intelectuales occidentales tardaron mucho más en comprender el tiempo remoto representado por los neandertales. Los primeros vislumbres empezaron con John Conyers, un boticario del siglo XVII con pasión por las antigüedades, adquirida cuando curioseaba por las entrañas de Londres durante la colosal reconstrucción que siguió al Gran Incendio. Fue él quien, en 1673, había recogido el hacha de mano de Gray's Inn encontrada por un tal señor Lilly en unas graveras cerca del antiguo manantial de Black Mary's Hole. Conyers lo reconoció como un objeto de fabricación humana, pero, aunque entendía los rudimentos de la estratigrafía —había anotado el descubrimiento de unas vasijas romanas sepultadas bajo restos más recientes—, la verdadera edad de las graveras y el hacha de mano rebasaba los límites de su imaginación.

La evaluación crítica del mundo natural iniciada en la época clásica se había petrificado un tanto tras largos siglos de tradición judeocristiana que solo admitían unos pocos milenios de

dor seglar y mi tatarabuelo— debió contarse muy probablemente entre su público.

historia, pero siempre persistió la fascinación por el tiempo y los restos antiguos, especialmente fósiles.

La paradoja de unas formas de vida congeladas en piedra parece que atrajo incluso a los neandertales, que recogieron una concha de los desechos de un mar antiguo y la llevaron consigo, roja tras frotarla con ocre, cruzando las montañas italianas. Culturas muy posteriores racionalizaron los fósiles insertándolos en sus visiones del mundo: los huesos enormes de las cuevas eran de dragones o cíclopes. Las herramientas de piedra, cuando las reconocían como fabricadas con manos, eran obra de elfos. Solo cuatro años después del descubrimiento de Gray's Inn, el historiador natural y químico Robert Plot concluyó que los huesos descomunales imposibles de atribuir a ninguna criatura conocida debían tomarse como prueba de la existencia de antiguos gigantes; en realidad, eran huesos de dinosaurio. La idea de un mundo lleno de razas humanoides desaparecidas que convivían con animales extintos se hallaba muy arraigada.

Transcurrieron casi dos siglos entre Gray's Inn y el Big Bang neandertal de 1856. En esos años se produjeron colosales transformaciones sociales, económicas y tecnológicas que modificaron sustancialmente la visión del universo en la sociedad occidental, mientras que para una persona media el electromagnetismo, la radiación y las comunicaciones inalámbricas parecían quizá cosa de magia. Durante el siglo XVIII se extendió el propio concepto de tiempo, cuando la contemplación de las rocas llevó a los geólogos a pensar en enormes abismos que nunca podrían encajar en las cronologías bíblicas. Durante la década de 1850, la comprensión creciente de la inmensa antigüedad del planeta y la aceptación de los fósiles de primates fueron indicadores de la idea de los antiguos humanos. Mas, pese a todo eso, nadie esperaba a los neandertales. Para Thomas Huxley, ilustre biólogo británico, abrían una caja de Pandora que remontaba los orígenes de nuestro linaje a un tiempo casi inimaginablemente remoto:

> ¿Dónde, pues, debemos buscar al Hombre primigenio? ¿Fue el *Homo sapiens* más viejo plioceno o mioceno, o más antiguo toda-

vía? [...] debemos ampliar en largas eras el cálculo más generoso hecho hasta el momento sobre la antigüedad del Hombre.[2]

Hoy sabemos que toda la historia humana que te separa del ocre pintado en las paredes de Lascaux hace 15 000 años podría transcurrir nuevamente más de dos veces antes de que llegaras a los últimos neandertales. Y más de veinte veces tendría que rebobinar la película del tiempo para remontarte al primero de su especie.

El significado de los neandertales fue, y es, innumerable. No tenemos constancia de lo que pensó el capataz de Feldhofer al darse cuenta de que aquellos huesos no eran de oso; ni sabemos por documento alguno lo que sintió el capitán Flint al presentar el cráneo de la cantera de Forbes. Una excepción a las áridas descripciones científicas del siglo XIX procede de la reacción de Charles Darwin al mismo fósil. Lo encontró «maravilloso» y, muchas décadas después, las nuevas generaciones se sintieron eufóricas al verse cara a cara con los neandertales.

Durante la exhumación de Le Moustier 1 en 1908, Klaatsch llevó un vívido diario personal. Junto con impresiones profesionales sobre los fósiles, describe pequeñas rivalidades entre cuadrillas, noches de champán especulando a la luz de la luna sobre los cazadores de la Edad de Hielo, y sus propias cavilaciones hasta mucho después de oscurecido. La excavación y los restos óseos lo electrizaron, y su diario pasa al presente de indicativo y exclama: «¡Qué dientes!». Aquel antiquísimo muchacho le llegó al alma, y anota que la noche siguiente al laborioso reensamblaje de los fragmentos —«la labor técnica más cargada de responsabilidad que he intentado llevar a cabo»— soñó con el cráneo.

Los neandertales se infiltraron en las imaginaciones, y no solo de los científicos. A las dos décadas de su debut, empezaron a aparecer novelas de fantasía sobre el mundo primitivo que saciaban el apetito popular de conocer a estas criaturas cautivadoras, aunque solo fuera con el ojo de la mente. Mezclándose con el incipiente género de la ciencia ficción, es curiosa la fre-

2. Thomas Huxley, 1863. *On Some Home Fossil Remains*. Actas de la Real Institución de Gran Bretaña 3 (1858-1862), pp. 420-422.

cuencia con que historias sobre encuentros con los neandertales se hallan retacadas de hostilidades y combates. La novela *En busca del fuego* de J. H. Rosny, publicada en 1911, relata choques violentos.

En 1955, tras los desastres de dos guerras mundiales, los *H. sapiens* evolucionaron para convertirse en los máximos agresores en *Los herederos* de William Golding. Somos nosotros, y no ellos, la insaciable especie depredadora, incapaz de percibir la sensibilidad y compasión de los neandertales. Esta tendencia general prosiguió, corregida y aumentada, en las décadas siguientes; pero no fue hasta la década de 1980 y la exitosísima serie de Jean M. Auel *Los hijos de la tierra* cuando se permitió a los neandertales amar y ser amados.

La obra de Auel es profética en otros sentidos. Su osada conjetura sobre relaciones íntimas entre especies se consideró algo extremista, pero 30 años después la ciencia genética le dio la razón.[3] Más aberrantes aún les habrían parecido las criaturas híbridas a los prehistoriadores del siglo XIX, aunque también habrían sentido curiosidad. Si un moderno viajero del tiempo hubiera asistido a la conferencia de William King en 1863 sobre los nombres de las especies y anunciado que los extraños «pitecoides» del valle de Neander se hallaban, a escala molecular, presentes en la sala, la consecuencia habría sido el ridículo o un tumulto.

Pero ya entonces los neandertales estimulaban la imaginación sobre los viajes al futuro. En 1885 un clérigo con aspiraciones intelectuales llamado Bourchier Wrey Savile publicó un tratado contra la evolución y la selección natural titulado *The Neanderthal Skull on Evolution, in an Address Supposed to Be Delivered A. D. 2085, with Three Illustrations*. Después de un largo prefacio encontramos al propio cráneo actuando como narrador en una velada a fines del siglo XXI, en el escenario de la principal sala de conciertos de Londres: St James's Hall, en Piccadilly. Abriendo su disertación con unas palabras encantadoras —«desacostumbrado como estoy a hablar en público»—, el cráneo asegura a su audiencia (supuestamente masculina) con prolijos ar-

3. Puede que la mayor influencia de Auel haya sido inspirar a generaciones futuras de arqueólogos.

gumentos religiosos que no puede reclamar parentesco alguno con los humanos, desea educadamente que se «despidan como "amigos"» y desaparece.[4] Por mucho que cambie de aquí al 2085, es improbable que se produzca un giro copernicano en nuestra consideración de los neandertales como unos primos perdidos hace mucho tiempo.

Wrey Savile no habría aprobado el lugar de los neandertales como unos antepasados que llevamos dentro, pero tenía razón en que existe el deseo de emparentar con ellos. Así se pone de manifiesto en el poder de las recreaciones. La ilustración más antigua conocida es un dibujo a tinta de Huxley, garabateado durante un mitin, en que los pinta con un aspecto bastante simiesco pero con una encantadora vitalidad. El primer intento serio de recreación en 1873 sorprende por su modernidad, pues los representa con un arma enmangada y compañía canina. A principios del siglo XX surgieron visualizaciones contrapuestas que reflejan teorías diferentes sobre los orígenes humanos.

La recreación claramente simiesca del «Viejo» de La Chapelle se publicó por primera vez en un periódico francés y la reprodujo el *Illustrated London News* en 1909: encorvado, alzando un garrote y con pelambre y pies de mono. Esta recreación estableció la imagen primitiva que tanto ha perdurado; supuestamente ideada en colaboración con Boule, su apariencia decididamente simiesca quizá refleje el rechazo de este al *H. sapiens* como un posible descendiente de los neandertales. Dos años después el mismo periódico publicó una visión contrapuesta. Encargada por el prehistoriador británico Arthur Keith, que veía a los neandertales no como unos fracasados que desembocaron en un callejón sin salida, sino como antepasados directos, la imagen resulta mucho menos amenazadora. Un hombre con barba abundante pero cuidada, sentado junto al fuego, fabrica una herramienta; además de la escena doméstica, un collar insinúa una mente pensante y moderna.

Las recreaciones han ido evolucionando hasta el siglo XXI, representándolos con un grado creciente de precisión anatómi-

4. Wrey termina el libro con un recurso literario más que trillado: «¡De repente desperté y comprendí que todo era un SUEÑO!».

ca y humanización. Los utensilios representados cambiaron, lo que refleja un mayor aprecio por su cultura gracias a los estudios arqueológicos. Pero lo fundamental es que sus poses y, sobre todo, sus caras no traslucen sufrimiento, sino inteligencia, dignidad y satisfacción.

Lo más fascinante de todo son las esculturas. El espectador, rodeando un cuerpo, contempla una cara y siente una corporeidad que es casi presencia física, algo inalcanzable en una ilustración. Los neandertales se han transformado también, pasando de criaturas abatidas a personas que expresan confianza, alegría y amor; incluso, en un caso, un punto de desenfado. Como corresponde a una época obsesionada por la fama, una recreación del 2008 expuesta en el Museo del Hombre de París reconoció su condición de celebridades vistiéndolos con ropa de la diseñadora agnès b.

Pero ver reconstrucciones es muy diferente de encontrarse con restos fisiológicos de verdad. Como ocurre con famosas piezas arqueológicas como el busto de Nefertiti o los vaciados de Pompeya, los fósiles neandertales auténticos ejercen un inquietante magnetismo que paraliza el corazón. Entran unas ganas imperiosas de agacharse, sortear el gentío del museo y contemplar con fijeza esos rostros sin carne. En sus acristaladas vidas ultraterrenas, visitando a veces continentes que sus pies nunca pisaron, los neandertales son escrutados por un número de personas miles de veces superior a las que vieron en el transcurso de sus vidas.

Parte de la causa de que nuestra obsesión por los neandertales nunca haya menguado reside en los medios de comunicación. Al ofrecer un potente coctel de ciencia y preocupaciones sociales —incluso morales—, los neandertales eran un contenido perfecto para que los periódicos del siglo XIX sacaran ediciones y ediciones para contentar a millones de lectores.[5] Pero hoy son más populares todavía. Las búsquedas en internet sobre los neander-

5. Hubo incluso un periódico de fines del siglo XIX que funcionaba como un buscador de internet: el interesado especificaba unas palabras clave y, previo pago de una cantidad, un ejército de documentalistas buscaba artículos, los recortaba y se los enviaba por correo.

tales han superado largamente a otras más imprecisas sobre la evolución humana, y los medios de comunicación actuales se prestan encantados a satisfacer los deseos de su público.

Sin embargo, de aquí puede derivarse una distorsión de la ciencia. El aluvión de nuevos datos supera la capacidad de asimilación de los profesionales, a lo que no ayuda la pertinaz focalización en dos temas: cognición o extinción. Las variaciones sobre «¡Los neandertales no eran tan tontos después de todo!» o «¡Eran todavía más tontos que nosotros!» distorsionan una realidad interesante y matizada basada en el procesamiento, el contexto y la variación.

Pero el revuelo provocado por la revelación, tras el estudio del primer genoma, de que los neandertales eran nuestros antepasados directos fue un fiel reflejo de cómo se sentían los investigadores. Aquel descubrimiento modificó la opinión de la sociedad probablemente más que ningún otro acontecimiento desde el descubrimiento de la especie.[6] Los neandertales ya no eran cavernícolas abstractos, sino personas. Las investigaciones sobre el ADN suelen presentarse en términos de blanco o negro, con un mensaje sencillo y contundente, pero apenas se presta atención a otros aspectos igual de interesantes, porque los propios datos son complejos y difíciles de comunicar.

Esto implica la persistencia de muchos tópicos sobre los neandertales, como por ejemplo que carecían de una tecnología refinada y eran incapaces de innovar. La otra razón de que perduren los estereotipos es que, en vez de debatir sobre ellos en sí, los neandertales aparecen como nuestro contrapunto. En este sentido, siempre se les ha representado como «el otro» por excelencia, la sombra en el espejo. Contemplarlos es encontrarse con un reflejo multiespectral de nuestras esperanzas y miedos, no solo por su aparente destino, sino por el nuestro.

El poder en el pasado

Volvamos a Samuel Edwards. ¿Por qué los doctos científicos de la época no llegaron a las mismas conclusiones sobre la evolu-

6. Las búsquedas por internet de «extinción neandertal» disminuyeron.

ción humana que el hijo de unos africanos que habían sido esclavos? Sencillamente, porque se hallaban instalados en un mundo de jerarquías que los colocaba en la cúspide. Desde el siglo XVIII, los científicos no solo habían tomado la medida del mundo, sino también la de sus pobladores. Linneo se estaba mirando literalmente al espejo cuando en 1758 dio nombre al *H. sapiens*, considerándose a sí mismo como el espécimen tipo.[7]

Desde el principio, los neandertales se vieron enredados en justificaciones científicas de la supremacía racial blanca. Las ideas falaces de que el tamaño del cráneo reflejaba la inteligencia e incluso el grado de moralidad se impusieron en el siglo XIX, sirviendo para justificar primero la esclavitud y después el colonialismo. La etnografía y la arqueología prehistórica encasillaron a los cazadores-recolectores como «salvajes», en el sentido animalístico del término. Incluso Darwin —de quien se esperaba más juicio, pues comprendía que la diversidad puede provenir de orígenes comunes— veía en las poblaciones indígenas con que se encontró en Tierra del Fuego (Chile) supuestos impulsos animales y naturalezas violentas.[8] Y pese a que Alfred Russel Wallace reconocía que los cazadores-recolectores y el caballero victoriano tenían cerebros prácticamente de idéntico tamaño, no alcanzaba a entender para qué unos seres «irreflexivos» iban a necesitar tanta capacidad de cálculo.

Las interpretaciones de la época sobre el cráneo de Feldhofer evidencian el influjo de estas posturas en la comprensión de los neandertales, que, al mismo tiempo, servían para propiciarlas. Los primeros artículos aparecidos en la prensa alemana en 1856 establecieron comparaciones raciales directas, definiendo el cráneo sin vacilación como perteneciente a los indios «cabezas planas» de Norteamérica. Schaaffhausen equiparó su anatomía con la de los «negros» y los aborígenes australianos, igual que Huxley, que calificó a los primeros de «brutales» e hizo re-

7. Las ediciones posteriores adoptaron para los humanos una clasificación geográfica con subespecies, que define a las razas no blancas en términos siempre negativos.

8. Denominados genéricamente «fueguinos» en aquella época, puede que fueran yaganes.

ferencia al cerebro de Sarah Baartmann, conocida como la «Venus hotentote» y deshumanizada a conciencia como un espécimen de museo sometido a autopsia pública. La perspectiva de William King era parecida, aunque prefería considerar a los andamaneses la raza humana más «degradada», «lindantes con la ignorancia de las bestias». El año anterior se habían enviado a Gran Bretaña, con destino a colecciones anatómicas, los cráneos de unos nativos de las islas Andamán asesinados por colonos.

El efecto pernicioso de semejantes comparaciones fue fomentar la idea de que las poblaciones no blancas representaban ramas primitivas del género *Homo.* Más o menos por la época en que Samuel Edwards escribía su avanzado artículo sobre la evolución humana, Ernst Haeckel —influyente biólogo, correspondiente y protegido de Darwin— situó a las «razas inferiores» más cerca de las bestias y justificó el colonialismo porque sus vidas eran menos valiosas.

Con el nuevo siglo, la prehistoria se promocionó como guiada por el noble propósito de hacer avanzar el conocimiento, pero se continuó esgrimiendo a los neandertales para reforzar creencias racistas. Las afirmaciones de que los negros carecían del refinado abanico de expresiones faciales de los caucásicos alentaron polémicas sobre si los neandertales podían o no sonreír. Mientras discutían el descubrimiento de La Chapelle, Boule declaró sin reparo que los aborígenes australianos eran los más primitivos de todos los humanos.

Las jerarquías en el progreso anatómico y cultural de los pueblos pretéritos fueron obra de la arqueología, sustentándose en ilustres estudiosos como el egiptólogo sir Flinders Petrie, que proporcionaron las medidas de cráneos antiguos. Esto alimentó directamente perniciosas ideas de competencia y pureza racial que sentaron los fundamentos de la eugenesia. Así queda reflejado en algunas obras de ficción, como *La raza abominable* de H. G. Wells (1921), que aboga sutilmente por la erradicación de una raza homínida animaloide, y casi parásita, en aras de la supervivencia de los humanos. En otra publicación, Klaatsch situó a los pueblos aborígenes en una rama separada de los homínidos que arranca de primates de Oceanía y Asia, y Wienert, otro antropólogo que estudió a Le Moustier para Hauser, trabajó para la Oficina de Raza y Asentamiento, que supervisaba la «pureza» del personal de la SS y coeditaba el *Zeitschrift für Rassenkunde* (Diario de la Ciencia Racial). El hallazgo primigenio de Feldhofer se encontraba en territorio del Reich, y los nazis obligaron a cerrar el museo en 1938 porque no resaltaba en grado suficiente el origen racial del «pueblo germánico».

Tras los horrores de la II Guerra Mundial comenzó el rechazo de toda ciencia con fundamentos raciales. Las investigaciones sobre los neandertales empezaron a apartarse de la obsesión por las mediciones craneales para centrarse en el comportamiento. Pero los efectos persistieron: el eminente antropólogo Carleton Coon describe a los caucásicos como la raza «alfa» y a los aborígenes australianos como la «omega» en su libro de 1962 *The Origin of Races* (El origen de las razas). Es solo durante las cuatro últimas décadas cuando se impusieron las teorías, confirmadas genéticamente, de un origen común de los humanos en África. La naturaleza humana de los neandertales pasó a discutirse en contraposición colectiva al *H. sapiens*. Esto es importante porque la ascendencia tiene que ver fundamentalmente con la identidad, y la arqueología proporciona las evidencias materiales que legitiman o refutan los pasados en disputa.

En el caso de los neandertales, son sobre todo los creacionistas —cristianos o de otras confesiones— quienes han intentado amoldar los fósiles a sus creencias. Extrañamente, una de las primeras personas que tuvieron acceso a los restos de Le Moustier 1 después de la reunificación de Alemania fue un creacionista estadounidense, Jack Cuozzo. Dentista de profesión, su estudio sobre los dientes constituyó un capítulo de la publicación sobre el esqueleto. Pero la creencia de Cuozzo en la escritura revelada le llevó a explicar la anatomía neandertal dentro de un esquema bíblico, y a sospechar de los científicos.[9] Todo esto culminó en un libro al estilo de *El código Da Vinci*, con acusaciones de conspiración contra su persona.

9. Afirma que la forma del cráneo de Le Moustier 1 se explicaba porque había sido bombardeado, algo que no es verdad porque no estaba dañado, y sostiene asimismo que como los fósiles son infinitamente más raros que los utensilios líticos, esto siembra dudas a la hora de interpretar el Paleolítico.

Pese a la fama de los neandertales como los perdedores de los Juegos Homínidos, no se han librado de las maniobras de los nacionalistas. La animosidad francesa hacia el trabajo de Hauser en Le Moustier no tenía que ver solo con la venta de antigüedades, sino con su condición de extranjero. Tras la Guerra Franco-prusiana librada una generación antes, los franceses estaban ansiosos por reclamar parte de Alsacia y Lorena, de ahí que causara resquemor que una preciada «posesión» científica francesa se convirtiera en propiedad germana. Se aludía al propio Hauser como alemán, a pesar de que era suizo, y circularon rumores de que se dedicaba al espionaje. Cuando en 1914 empezó la movilización de la I Guerra Mundial, abandonó el país, dejando desordenados los registros de la excavación. Sin embargo, la pertinaz fama de Hauser como ladrón del patrimonio francés no es del todo justa, porque también Peyrony obtenía grandes beneficios vendiendo objetos, pero a los estadounidenses.

Aunque la animosidad franco-germana perdure en la actualidad solo como recurso cómico, los vínculos nacionales de Le Moustier 1 provocan malestar todavía hoy, en el siglo XXI. Dando testimonio de la colaboración internacional en la investigación científica, en el 2005 participaron especialistas de nueve países en la elaboración de la publicación definitiva sobre los restos óseos. Pero un crítico se quejó de que ninguno de los artículos estaba en francés, a pesar de que Francia era el país «nativo» de Le Moustier 1. Al año siguiente se celebró, con el apoyo de la Unesco, un congreso para celebrar el 150 aniversario del descubrimiento de Feldhofer. El museo, sin darle mayor importancia, se refirió a sí mismo como el «hogar del alemán más famoso».

A muchos cientos de kilómetros, otros toman posesión de «sus» neandertales. Las nuevas excavaciones en Shanidar respondieron a una invitación del Gobierno regional kurdo. En lucha figurada y literal por su existencia como nación independiente, Shanidar significa para los kurdos las más remotas esencias de su historia cultural. Algunos estudiosos extranjeros —ni siquiera especialistas en el Paleolítico— cuentan que en entrevistas televisivas se les pidió que confirmaran que los neandertales de Shanidar son, en definitiva, los «primeros kurdos».

Aunque están proliferando las peticiones de repatriación de restos humanos y objetos culturales arrebatados sin consentimiento en los últimos cientos de años, es difícil entender cómo podría una comunidad determinada reivindicar la propiedad de unos huesos neandertales basándose en vínculos ancestrales. Así y todo, ya se ha cursado la primera solicitud de repatriación.

En el 2019 las autoridades gibraltareñas solicitaron el regreso «a casa» de los dos cráneos de la «Roca». La elección de las palabras es emotiva y, probablemente, también inexacta. Los territorios primigenios del niño de la Torre del Diablo y la mujer de la cantera de Forbes habrían rebasado con mucho la pequeña zona de Gibraltar. Aunque sus restos se quedaron allí, es posible que la mayor parte de sus vidas transcurrieran en lo que hoy es España o incluso el lecho del Mediterráneo.

La disciplina científica de los orígenes humanos se funda en la creencia de que aborda cuestiones de relevancia global en beneficio de toda la humanidad. Pero con frecuencia se da primacía a los intereses occidentales, como demuestra el hecho de que una cantidad significativa de las investigaciones actuales y pasadas que comparan a los neandertales con cazadores-recolectores —incluidos los estudios mencionados en este libro— utilizan material óseo de comunidades indígenas. Al menos algunos de estos restos llegaron a los museos occidentales por medios discutibles o poco éticos, y muy probablemente haya parientes vivos de algunos de los huesos hoy embalados en plástico o pinzados por calibradores. Es importante ocuparse de este legado con afán constructivo para que el estudio de los neandertales no siga causando un perjuicio a las comunidades indígenas.

Pensar fuera de la cueva

Aunque se han explorado cuerpos de indígenas —y, más recientemente, ADN— en los estudios neandertales, sus saberes y concepciones del mundo se consideraron durante mucho tiempo irrelevantes para el estudio científico del pasado. Pero los conocimientos de las comunidades de cazadores-recolectores demuestran hasta qué punto es vital manejar perspectivas que no provengan de tradiciones científicas occidentales, principalmente urbanas. Es posible obtener explicaciones muy diferentes de lo que vemos en el registro arqueológico si recurrimos a personas con habilidades de las que muchos científicos carecen. Un proyecto reciente sirvió de modelo a estas posibilidades de colaboración invitando a expertos rastreadores ju/'hoan sa de Namibia para que examinaran huellas físicas en cuevas europeas del Paleolítico Superior. Sus conocimientos permitieron identificar huellas nuevas y proporcionaron interpretaciones distintas de lo que había ocurrido en estos lugares.

No se han planteado todavía colaboraciones de esta clase para la arqueología neandertal, pero aun así es posible aprovechar perspectivas indígenas para repensar los orígenes humanos. Incluso la pregunta «¿De dónde venimos?» no es un punto de partida universalmente compartido, puesto que para muchas culturas indígenas los pueblos primigenios surgieron y existieron fuera de un tiempo lineal. En ciertos aspectos, esto viene a concordar con la evidencia reciente de enormes metapoblaciones en África y Eurasia, de las cuales provenimos nosotros y los neandertales: cambiantes caleidoscopios de comunidades que se separaron y mezclaron durante muchos cientos de milenios.

Poner énfasis en las ideas indígenas de interconexión, unidad y parentesco es otra manera de quitárselo a la preponderancia occidental en el conocimiento de los neandertales. Nuestra biología limita el modo en que percibimos la realidad: si tus ojos pudieran percibir infrarrojos, te verías resplandecer. Pero también otros factores pueden afectar al modo en que los humanos ven el mundo.

Los cazadores-recolectores reparan en cosas que a otros se les escapan —rastrear sería un ejemplo—, mientras que otras culturas clasifican fácilmente tonalidades del verde que a los occidentales les cuesta incluso distinguir. Advertir en los neandertales motivaciones que no encajan en las explicaciones al uso es una manera de intentar aplicar estas ideas. Puede que siguieran criterios racionales en la dosificación de energías o las ecuaciones costo-beneficio, pero sus decisiones se habrían basado en las emociones, como es norma en todos los humanos.

Además de esto, probablemente los neandertales compartían perspectivas de más amplio alcance con los cazadores-recolectores indígenas, cuyas cosmologías suelen basarse en ideas relacionales. No se trata aquí de establecer burdas analogías de corta y pega, sino de cuestionar la objetividad de los supuestos que la mayoría de los investigadores emplea.

Utilizando estas ideas podríamos reimaginar las interacciones de los neandertales con otros animales. Las interpretaciones actuales se articulan en torno a la dominación, la explotación y el conflicto: la vida como lucha contra la naturaleza, y los animales como artículos de consumo que no piensan ni sienten. Por el contrario, los planteamientos relacionales recalcan las similitudes entre humanos y no humanos. Existen jerarquías, y también se derrama sangre, pero un mundo relacional está lleno de comunidades basadas en el reconocimiento de una condición común de persona, de la cual los humanos son miembros y no amos. La supervivencia humana no está en conflicto con las demás criaturas, sino entretejida en las relaciones con ellas.

De pronto, la caza y la subsistencia de los neandertales se ven con ojos muy distintos. Para homínidos abocados desde su nacimiento a una existencia marcadamente social, el mundo está desde el principio lleno de entidades y obligaciones mutuas. Suponer que las criaturas con las que interactúas también piensan es lógico, e incluso revela capacidad de adaptación, puesto que las habilidades cinegéticas requieren prestar atención a los cuerpos, hábitos y motivaciones.

Lo que los neandertales pensaban y sentían sobre los animales en un mundo así rebasa su valor calórico. Muchas de sus cuevas y abrigos muestran claramente fases en que ellos se hallaban ausentes, pero allí vivían animales. La Cova Negra estuvo poblada en este «otro tiempo» por lobos y roedores que mordisqueaban los restos de comida de los neandertales, mientras los cuerpos de generaciones de murciélagos que vivían revoloteando en la oscuridad caían al suelo congelados por el invierno. Una perspectiva relacional nos permite plantearnos no solo lo que los neandertales pensaban de los restos de ocupantes homínidos anteriores, sino también de otras criaturas.

Concebir a los animales como seres pensantes y sintientes implicaría asimismo que, aparte del aprecio por las cualidades materiales de sus cuerpos, los neandertales podrían haber valorado otros aspectos. Esto nos ofrece un contexto donde explorar cómo el centrar su atención en la caza de especies concretas iba más allá de la mera disponibilidad.

El interés por las aves, y singularmente por las rapaces, podría ser un ejemplo en este sentido, pero también lo es la caza sistemática de osos en Biache-Saint-Vaast hace unos 200 000 años. En varios niveles de depósitos fluviales, muchos miles de huesos demuestran que los neandertales cazaron y despiezaron a conciencia por lo menos 107 osos de Deninger y pardos. Aunque en la Francia septentrional predominan las tierras llanas, Biache-Saint-Vaast se emplaza en el punto preciso donde el río Scarpe corre hacia el norte desde las montañas hasta las planicies de Flandes. Como los osos buscan sus guaridas en laderas con terreno algo blando, habrían podido cazarlos durante la hibernación incluso fuera de las cuevas. Pero la mayoría son machos adultos, lo que no encaja con el patrón que se observa en oseras como Rio Secco. El propio río podría haber sido un paraje propicio para tender una emboscada, sobre todo si los machos adultos estaban distraídos pescando.

Pero comoquiera que los neandertales se las ingeniaran para abatirlos, los osos no son fáciles de encontrar, y aunque proporcionan mucha carne y grasa, es más peligroso cazarlos que a otras presas más abundantes como caballos o ciervos gigantes. Estas especies se hallaban presentes en Biache-Saint-Vaast, pero los neandertales prefirieron uros y osos. El pesado pelaje de estos últimos podría haber sido un motivo, y las marcas de corte respaldan esta suposición, pero la caza del oso es la menos habitual aquí durante las fases más frías. A falta de causas relacionadas con su rentabilidad como presa, se propuso para los osos de Biache-Saint-Vaast una explicación basada en motivaciones sociales, pero con un sesgo muy occidental: los neandertales seleccionaban de forma deliberada presas peligrosas para ganar prestigio.

Sin embargo, es igualmente posible que se tratara de algo relacional entre homínidos y osos. Curiosamente, si bien muchas culturas indígenas consumen osos —algunas, como los natashan innus, incluso denominan su tierra «el lugar donde cazamos osos»—, también existen casos en que se concibe a estas criaturas como fuertemente ligadas a la condición de persona y a los humanos, como sucede en los pueblos naskapis, tlingits, iroqueses y algonquinos.[10] Durante el Paleolítico, los osos compartían los hábitos neandertales de meterse en la tierra para vivir, dejando sus huesos y marcas de zarpas en las mismas cuevas. Teniendo esto en cuenta, hay otra cosa rara en Biache-Saint-Vaast: el gran número de cráneos despiezados. Los osos no llegaban hasta aquí como carcasas completas, pero si las pieles y la grasa eran el objetivo principal, ¿por qué cargar las pesadísimas cabezas? Los ojos, la lengua y el cerebro podrían haberse extraído con facilidad en otro lugar.

Hay infinidad de evidencias de que los neandertales seleccionaban lo que llevaban en función de la calidad. En los animales, eso incluye el tamaño relativo y la suculencia de las partes del cuerpo, pero, tanto aquí como en otros lugares, las cabezas son más comunes de lo esperado, sobre todo de animales grandes. Si las relaciones sociales neandertales se establecían, renovaban y gestionaban compartiendo la comida, quizá las partes de los cuerpos animales cumplían la misma función de otra manera.

Esto plantea el fenómeno de la fragmentación, algo omnipresente en las vidas de los neandertales. Los percutores y retocadores blandos satisfacían necesidades funcionales, pero desde una perspectiva relacional pudieron haber tenido una trascendencia más profunda. En primer lugar, su ingente número en algunos yacimientos —más de quinientos en Les Pradelles— resulta llamativo, y parece una sobreabundancia si se compara con otros lugares similares en actividad y cantidad de animales. Aunque la mayoría parecen hechos sobre hueso fresco, otros probablemente se transportaban de un lugar a otro. Incluso podrían interpretarse como objetos que representan un punto en un ciclo de materiales interactuantes: los utensilios líticos cortan carne y trocean huesos, y después las herramientas óseas afilan y dan forma a los bordes de piedra. Puede que esta recurrencia tuviera una resonancia más profunda para los

10. Los osos son longevos y pueden caminar sobre dos patas, sentarse y amamantar cachorros.

neandertales y que estuviera relacionada con la elección de especies e incluso partes esqueléticas concretas. Y esto nos devuelve a Biache-Saint-Vaast, donde, a pesar de que los osos constituyen la segunda especie más frecuente, casi ninguno de los cientos de retocadores procedía de sus cuerpos.

La vigilancia, la persecución incansable, el sangriento despiece, el transporte y la conservación de los animales y de sus cuerpos eran probablemente fundamentales para los neandertales a la hora de comprender el mundo y darle respuestas emocionales. Resulta interesante entonces que, aunque la piedra sea un material mucho más común, la inmensa mayoría de las marcas y grabados intencionados están hechos sobre hueso. Una vez más, las especies marcadas no coinciden con las fuentes principales de alimentación: piénsese en el cuervo de Zaskalnaya o la hiena de Les Pradelles, que era vieja y probablemente traída de otro sitio. Les Pradelles es un lugar repleto de interacciones y ciclos materiales: el trabajo de la piel, la talla de los huesos, los abundantes retocadores y, en el mismo estrato que el hueso grabado de la hiena, los cuerpos neandertales intensamente procesados.

La muerte y la respuesta de los neandertales ante ella son otro campo que requiere con urgencia nuevas interpretaciones. Incluso sin continuar obsesionados por la ausencia de tumbas cuidadosamente excavadas, las discusiones sobre el procesamiento de cuerpos suelen limitarse al canibalismo nutricional o a escenarios violentos que responden más a nuestras suposiciones que al manejo de datos sólidos.

Las visiones occidentales del mundo rebajan a un neandertal despiezado al nivel de presa: capturado, consumido, desechado. Pero imaginemos que los neandertales se vieran a sí mismos como seres que viven entre otras entidades íntimamente conocidas, cuyas acciones cobraban tanto sentido como las de los miembros del grupo. Quizá cuando los cuerpos eran tocados, trasladados, despiezados, se desplazaban las fronteras entre pelajes lanudos, plumas y pieles suaves. Desde una perspectiva relacional, despedazar y comerse a los muertos podría estar menos relacionado con finales que con ciclos y conexiones dentro de los yacimientos o a través de los paisajes. Dejados íntegros a veces, en otras ocasiones los muertos se incorporaban al ritmo de cuerpos, grasa y sangre sustentador de la vida.

Cuando imaginamos interacciones que no giran únicamente alrededor del antagonismo, el miedo y la lucha, se plantea la posibilidad de entender de manera distinta la historia de los neandertales y los humanos. En vez de concebir a los *H. sapiens* como colonizadores que se adentran en tierras nuevas propicias para la explotación, surge por sí sola una historia diferente. Un mundo que se abre a sí mismo, caminos que se despliegan cuando cambian las estaciones, ofreciendo nuevas oportunidades. Tierras y criaturas desconocidas que se encuentran; pueblos nuevos y al tiempo antiguos que se convierten en parejas de una danza sin fin.

Voltéese el espejo y veremos a los neandertales, ya no como seres que esperaban impotentes la extinción, sino como criaturas intuitivas y astutas que no veían en los recién llegados una amenaza para su existencia, sino una oportunidad para la conexión. No hubo un final, sino muchos encuentros, conjunciones, transformaciones; una manera de sobrevivir, de renacer.

Desapariciones

Comoquiera que lo conceptualicemos, la desaparición de los neandertales ha gravitado sobre casi todos los aspectos de cómo los hemos investigado, retratado y soñado. Las narraciones de su fracaso —y nuestro éxito— han sido dominantes. El resto de este libro debería dejar claro que, en realidad, no hay ninguna respuesta lógica ni sencilla a por qué estamos aquí nosotros y no ellos (al menos en forma corpórea). No existieron asteroides colosales o Ragnaroks volcánicos globales como los que probablemente acabaron con casi todos los dinosaurios.

En estas páginas finales podemos reconsiderar lo que ocurrió. Primero, los cuerpos. Apenas hay evidencia de unas características específicas que nos reportaran ventajas decisivas. Las diferencias al caminar eran mínimas, aunque no tanto al correr. La robustez de los neandertales no les supuso una merma del agarre manual preciso; igual que los primeros *H. sapiens*, los neandertales tenían manos de artesanos. Para casi todos los rasgos anatómicos negativos hay contrapesos verosímiles.

¿Fue algo conductual? A veces se afirma que los neandertales se habrían parecido demasiado a pandas antojadizos, con dietas limitadas a la caza mayor que no podían adaptarse a los cambios. Pero en otras ocasiones se les ha acusado de no ser lo bastante selectivos. Algunas de las investigaciones isotópicas más recientes demuestran que los neandertales y los primeros *H. sapiens* de Europa compartían un nicho homínido definido, con muchas más similitudes entre sí que con depredadores de pelo. Ambos comían mamíferos, lo que rebate otra teoría sobre una posible inferioridad. En ciertos ambientes, la caza mayor fue probablemente la mejor estrategia, pero en otros lugares y ocasiones, los neandertales fueron perfectamente capaces de cazar presas pequeñas y recolectar plantas si les convenía.

Tal vez otras complicaciones acabaron con ellos. Parece que no les gustaban los periodos plenamente glaciales, pero ¿fue el clima durante los últimos milenios hasta hace 40 ka peor que el que habían soportado antes? En la cueva de Geißenklösterle (Alemania), búhos reales y cernícalos disfrutaron de muchas comidas a base de pequeños mamíferos hace entre 45 y 40 ka. Como los roedores suelen ser sensibles al clima, las sobras de rapaces nos indican que, aunque las verdaderas especies de tundra se hacen más comunes al final del Paleolítico Medio, solo dominaron realmente tras la desaparición de los últimos neandertales. Si no reinó un frío intenso durante el EIM 3, fue quizá su impacto a mayor escala lo que lo hizo diferente.

Aunque los cazadores-recolectores son capaces de adaptarse a los extremos, la inestabilidad puede resultar catastrófica. Después de soportar el calor del Eemiense, los neandertales vivieron una sucesión de altibajos climáticos durante el EIM 5 tardío, que pudo ser incluso un periodo de expansión y diversidad cultural. Sin embargo, tras el deshielo de la glaciación del subsiguiente EIM 4, el clima convulsionó. A partir de hace 55 ka, el EIM 3 degeneró en un frenesí intermitente de ciclos estadiales-interestadiales, donde a veces se saltaba de un clima llevadero a un frío terrible en el lapso de una vida humana. Eso no quiere decir que los neandertales vivieran en crisis permanente, y así, después de días paradisíacos en la tundra veteada de flores, siguieron llegando veranos con los rostros tostados por el sol.

Pero aquella incertidumbre constante habría incrementado los riesgos, como se observa en las especies que constituían sus presas principales: caballos y mamuts se veían obligados a modificar su dieta, y quizá alteraron su comportamiento, con el impacto consiguiente en las tácticas de caza tradicionales.

Pero la historia no se explica en su totalidad por el caos climático. Un estudio reciente sobre lo ocurrido con las hienas durante ese periodo crucial llegó a una conclusión sorprendente: se vieron más afectadas que los neandertales por la cuantiosa disminución de las presas durante la glaciación del EIM 4, pero se recuperaron del desastre cuando una temporal templanza climática propició el crecimiento de tundra esteparia e incluso bosque abierto poblados de herbívoros. Los neandertales reflejan la misma situación, expandiéndose con la subida de las temperaturas —llegaron incluso a recolonizar Gran Bretaña— y ampliando su diversidad tecnológica. Pero aquella edad de oro no duró. Neandertales y hienas soportaron por igual la presión del declive de las presas con el enfriamiento del EIM 3. Los carnívoros de tenaces mandíbulas resistieron junto con los osos cavernarios en Europa suroccidental hasta hace unos 31 ka, pero los neandertales, que antes los habían desplazado, no pasaron de hace 40 ka.

Algo más estaba ocurriendo. Basándose en la demografía, al menos algunos grupos neandertales incluían a ancianos, cuya sabiduría y experiencia probablemente mitigaron el desastre. Pero si la situación se deterioró más allá de la memoria compartida, la huida pudo haber sido la única opción para la supervivencia. Si las tierras meridionales ya estaban ocupadas por otros neandertales, entonces los del norte, más dependientes de la caza mayor, quizá se quedaron sin refugio. Y había un factor añadido al que ninguna generación se había enfrentado en tan gran número: el *H. sapiens*.

Es probable que la población total de homínidos aumentara al principio del EIM 3. La genética nos confirma que los neandertales ya se habían encontrado con los *H. sapiens* por esta época, con múltiples fases de cruzamiento. Aun admitiendo que las relaciones fueran principalmente amistosas, la competencia por los recursos habría alcanzado la máxima intensidad de toda nuestra historia colectiva, al tiempo que empezaba verdaderamente la inestabilidad climática hace unos 45 ka.

Al terminar este libro a finales de primavera del 2020, es imposible no preguntarse si se podría haber añadido un terrible contagio, que hubiera pasado de ellos a nosotros. Lógicamente invisibles en los restos óseos o genomas, lo que se consideraba una cuestión marginal en las últimas décadas ya no parece tan improbable.

Aunque algunos linajes neandertales estaban menos aislados genéticamente que otros, la población en su conjunto llevaba cientos de miles de años disminuyendo con lentitud. Pese a toda su inteligencia, flexibilidad y resistencia, la arqueología indica que tenían sistemas sociales débiles y pequeños, integrados por grupos reducidos que casi nunca se juntaban en grandes concentraciones. Los desplazamientos de utensilios líticos a larga distancia se hacen más comunes conforme avanza el Paleolítico Superior, y —un punto fundamental— se empieza a llevar lejos objetos que no son de piedra. Lo que define al mundo posneandertal son los sistemas simbólicos compartidos que reflejan conexiones con comunidades lejanas. Ser bien recibidos en las hogueras de amigos a muchos valles de distancia podría determinar la diferencia entre niños que sobreviven con posos de leche o cuerpecitos escuálidos depositados en frías oquedades.

A lo largo de miles de años, pudieron aumentar las pequeñas tragedias cuando acervos génicos localizados se desgajaron y quedaron inactivos. A diferencia de las largas historias de mundos genéticamente pequeños y de reproducción intergrupal que son visibles (pero no generales) en los neandertales, hasta ahora ningún genoma de los primeros *H. sapiens* indica procesos similares. Pero se observa una paradoja: si los neandertales tendían a escindirse socialmente, es llamativo que se produjeran tantos contactos y cruzamientos no solo con nosotros, sino también con los denisovanos.

El colapso climático, unido a un continente mucho más poblado, pudieron haber creado las condiciones para que nosotros perduráramos y los neandertales desaparecieran. Pensemos de nuevo en aquellos macacos europeos que se extinguieron más o menos por la misma época. Es probable que también ellos estuvieran traspasando una delgada línea en términos energéticos: intentar comprimir la comida, los desplazamientos y las relaciones sociales en los cortos días boreales es tarea difícil, y quizá imposible, en inviernos rigurosos. Con cuerpos más costosos de mantener que los nuestros, bordear el precipicio en condiciones extremas habría sido muy peligroso para los neandertales.

Una tormenta perfecta resultante de la acumulación de tensiones diferentes pudo ser catastrófica. Tanto poblaciones como especies pueden desaparecer por factores que no tienen nada que ver con la inteligencia, sino que sencillamente se deben al tiempo y las crías. El destino de los últimos neandertales que no se juntaron con nosotros quizá fue más un adiós susurrado que un grito de guerra: una desaparición tranquila acompañada por el canto quejumbroso de las madres en la noche.

Tal vez nunca descubramos los detalles precisos de lo que ocurrió: ¿cómo podríamos, cuando la historia de cada neandertal desde el Atlántico hasta Altái es singular y exclusiva? Pero algo sí sabemos: la creencia de que el neandertal fue un homínido temprano fracasado, en una senda que no conducía a ninguna parte, ha sesgado las interpretaciones del registro arqueológico durante más de un siglo. Los resultados iniciales de mtADN que no muestran cruzamiento alguno fueron solo un informe parcial, pero los aceptamos como evidencia. Ensayemos un experimento mental: ¿qué ocurriría si hubiéramos encontrado el primer fósil neandertal en el 2010, provistos de las herramientas genéticas para averiguar inmediatamente dónde encajábamos? Desde el principio se les habría considerado una rama de la familia de la que solo estuvimos separados temporalmente y, al mismo tiempo, nuestros mil veces tatarabuelos. ¿Cómo se habrían llamado? ¿Y si Denísova hubiera sido el primer yacimiento de fósiles, y hubiéramos sabido desde el principio que eran posibles los híbridos neandertales de primera generación?

Las cosas se ven con otros ojos ahora que sabemos que la sangre que alimenta las neuronas que chisporrotean como fuegos artificiales en seis mil millones de cerebros —el tuyo, mientras lees estas páginas— porta el legado de los neandertales. Que la inmensa mayoría de los vivos sean descendientes suyos constituye, se mire como se mire, un éxito evolutivo. Hablar de extinción ya no parece acertado, pero, al mismo tiempo, no los asimilamos por entero. Nuestros cuerpos no son idénticos a los de los primeros *H. sapiens*, pero nadie vivo se asemeja realmente a los neandertales. El hecho de que existieran híbridos que amaron y criaron a su prole es el argumento más convincente en favor de nuestra cercanía a todos los niveles. No solo nos sentimos recíprocamente atractivos, sino que también debió de producirse algún grado de comunicación cultural.

Por supuesto, todo queda más claro con un juicio retrospectivo, pero, si la década pasada nos ha enseñado algo, es que nadie espera la siguiente revelación neandertal.

Hasta fecha recientísima, el mundo entero hervía en homínidos: neandertales, denisovanos, los diminutos «hobbits» indonesios *H. floresiensis* y otras poblaciones consideradas provisionalmente asiáticas como el *H. luzonensis*, mientras que en África el *H. naledi* debió de ser la vanguardia de otras poblaciones todavía sin identificar. La ardua labor que nos aguarda consistirá en combinar evidencias cada vez más abundantes, pero de muy distinta clase: cómo conectar la genética con la diversidad física y sacar conclusiones poniéndolas en relación con las culturas que produjeron.

En esencia, la larga obsesión por el destino de los neandertales refleja nuestro pavor a la aniquilación. La extinción resulta aterradora. ¿Es una coincidencia que mientras nuestra especie toma tardía conciencia de lo que quizá sea su peor amenaza hagan furor las ficciones apocalípticas? Abocados a la destrucción, deseamos parábolas reconfortantes donde siempre seamos Los Que Vivieron. Y más aún, queremos sentirnos especiales: casi todas las historias que nos han contado sobre los neandertales ha sido reafirmaciones narcisistas de que «ganamos» porque somos criaturas excepcionales destinadas a sobrevivir.

Sin embargo, los neandertales nunca fueron algo así como una estación de servicio en la autopista que conduce a las Verdaderas Personas. Su destino fue un tapiz tejido con las vidas de bebés híbridos, grupos enteros asimilados y, en los rincones más remotos de Eurasia, solitarios linajes menguantes —últimos sobrevivientes de una especie— que solo dejaron tras de sí ADN filtrándose lentamente en el suelo de una cueva.

Futuros

Los adelantos genéticos del siglo XXI que nos permiten recuperar ADN neandertal en el polvo parecen cosa de magia, pero lo cierto es que nos plantean dilemas lindantes con la ciencia ficción. La enorme curiosidad por saber qué hacía diferentes a los neandertales y cómo nos afectó el cruzamiento está impulsando la investigación por distintas vías. La extrapolación a partir de genomas y bases de datos de historiales médicos es una de ellas, pero la única manera de saberlo con certeza es observando el ADN en organismos vivos.

A este respecto, ya ha empezado la experimentación biológica introduciendo genes neandertales en ratones, y se han estudiado ranas «neandertalizadas» para determinar si experimentan el dolor de distinta manera. Pero debemos preguntarnos si es correcto causar sufrimiento a criaturas sintientes para investigar sobre los orígenes humanos.

Por si eso no fuera suficientemente problemático, están en curso varios proyectos para crear *neanderoides:* pequeños grupos de neuronas humanas modificadas genéticamente. Se tarda nueve meses en cultivarlos, pero no son verdaderos cerebros, puesto que carecen de conciencia o capacidad de procesamiento conocida. Aun así, desarrollan espontáneamente una estructura variada, son capaces de establecer conexiones eléctricas internas, y en el 2019 —desmintiendo las afirmaciones iniciales de que no recibirían estímulos— se informó de que habían estado conectados a robots controlables por señales. Estas máquinas cuadrúpedas pueden caminar, y un equipo planea crear un sistema retroalimentado de señales de entrada para rastrear el desarrollo neural.

Todos estos proyectos despiertan profunda inquietud. No se ha llevado a cabo ningún debate abierto dentro de la comunidad científica sobre cuestiones éticas y, como todavía no se ha hecho pública, la investigación se realiza en la oscuridad. A falta de un código de buenas prácticas consensuado por la profesión, paso a paso vamos avanzando colectivamente en una trayectoria indirecta hacia neandercerebros autoconscientes.

Las dudas sobre todo esto no solo tienen que ver con la moral, sino con la ciencia en sí. El medio y el contexto social causan un potente impacto en la función del ADN y, como no podemos replicar el Pleistoceno ni la sociedad neandertal en un tubo de ensayo, los resultados de los estudios con manipulación genética son discutibles.

Si no actuamos, pueden sobrevenir futuros aún más terribles. Es totalmente posible que un laboratorio no regulado decida insertar genes neandertales en primates, «a ver qué pasa». Una vez traspasada esa línea roja, el peligro de que alguien intente crear un bebé híbrido humano-neandertal es real. Algunos expertos en genética ya han hablado, en broma pero en serio, de clonarlos utilizando madres humanas subrogadas y, en el 2019, el caso de bebés humanos modificados genéticamente sin autorización demostró que ya no es algo descartable. Experimentos de esta naturaleza entrañarían un grave peligro para la salud, y no hay certeza de que los «casi humanos» gozaran de protección legal o derechos.

Si nuestros remotos ancestros se convierten sin consentimiento en objetos para su propio estudio, estamos aceptando que los humanos —si bien de otra clase— sean juguetes de la ciencia. ¿Y con qué finalidad? El planeta cobija muchas criaturas que poseen sensibilidad, inteligencia, conciencia de sí mismas e incluso cultura. Y no solo no mostramos especial interés en establecer una verdadera comunicación con elefantes, cuervos, cetáceos o primates (salvo los chimpancés, pero solo en nuestros términos), sino que la magnitud de los abusos que cometemos con ellos es ya un señalamiento acusatorio de lo que podríamos permitir que ocurriera a los neandertales, aun sabiendo qué —y quiénes— son.

En el corazón de todo esto hay principios, finales e incertidumbres. Las grandes convulsiones intelectuales del siglo XIX en la comprensión del universo incluían no solo una colosal inflación del tiempo, sino también del espacio. La lenta asimilación durante siglos de que la Tierra era solo una esfera de un sistema solar experimentó una súbita aceleración que desembocó en el reconocimiento de que nuestro sol tampoco era algo singular, sino uno más entre un número incalculable. El que por entonces era el mayor telescopio del mundo enfocó difusas «nebulosas espirales» en los confines de la visión y descubrió más galaxias, tapizadas de estrellas. El cosmos, en sus cuatro dimensiones, había crecido hasta casi rebasar los límites de la mente. Antes de que transcurrieran cuatro décadas desde el descubrimiento de Feldhofer, florecían ideas sobre la vida en la Luna, en la órbita de otras estrellas o en el lejano futuro. En 1878 circulaban historias sobre platillos volantes; en 1893 H. G. Wells se imaginaba cómo serían los humanos dentro de un millón de años. Cuatro años después de la publicación de *La guerra de los mundos*, en 1909 —el mismo año en que Peyrony desenterraba los huesos de la pierna del neandertal La Ferrasie 1— se pusieron en marcha los primeros proyectos para escuchar por radio señales extraterrestres.

Sintonizar las voces de los neandertales sería la materialización de un sueño, pero en algunos aspectos ellos ya representan nuestro primer encuentro con los extraterrestres: inteligencias no de fuera de la Tierra, sino de fuera de nuestro tiempo. Los primeros encuentros entre ellos y nosotros durante el Pleistoceno tuvieron que ser algo digno de ver, pero, 40 milenios después, el abismo entre los victorianos y los seres cuyos huesos exhumaron provocaba tanto sobrecogimiento como cualquier idea de alienígenas.

Además, las profundas cuestiones que esto suscitó en el siglo XIX sobre de dónde venía y adónde iba la humanidad son exactamente las mismas que se plantean hoy los prehistoriadores, investigadores de SETI[11] o escritores de ciencia ficción. ¿Qué es la capacidad de sentir, la inteligencia, la creatividad, la propia conciencia?

Estos temas se entrecruzan también con la más reciente versión de «el otro» surgida durante el siglo XX: la inteligencia artificial. Las maneras en que permitimos a los neandertales ser humanos —admitir su competencia como cazadores, talladores y artistas, o imponer restricciones sobre qué prácticas relativas a la muerte entrañan significado— reverberan en las pruebas de autoconciencia en sistemas de inteligencia artificial. Dotar a las máquinas de una verdadera conciencia quizá esté pronto a nuestro alcance, y ya sabemos que una quinta parte de todas las

11. Búsqueda de inteligencia extraterrestre.

estrellas tienen un planeta con una masa terrestre potencialmente habitable. Aunque el viaje hasta semejante lugar se produciría a escala multimilenaria, algún día podríamos llegar hasta ellos. De ser así, no viajaremos solos: junto con una voz en la máquina, allí estarán los neandertales, dentro de nosotros.

La magnificencia y desolación del tiempo más remoto en la historia de la tierra aterrorizó y cautivó a los primeros geólogos. A este planeta indeciblemente antiguo poblado de innúmeros lagartos terribles, peces de fauces monstruosas y multitudes de amonites, los neandertales trajeron una suerte de alivio; los orígenes de la humanidad formaron parte de esta magna historia.

Y la revelación de su existencia no vino de manos de la divinidad, sino en medio del ruido y la mugre de la Revolución Industrial. Nuestros primeros neandertales descubiertos fueron extraídos de la tierra por la explotación de canteras y minas, obras públicas y la expansión urbanística, incluso por la guerra. Los explosivos que despedazaron a los neandertales de Feldhofer fueron fabricados como munición, y los dos cráneos de Gibraltar fueron sacados a luz por hombres cuya presencia en el peñón obedecía a causas militares. En la actual era de la biotecnología digital, pueden analizarse minuciosamente miles de fragmentos óseos en busca de biomarcadores homínidos. El hijo de un neandertal y una denisovana no se recupera cavando en el suelo, sino a partir de minúsculos filamentos de colágenos y números en una pantalla.

Parece lógico que, por ser la primera especie de homínidos que (re)descubrimos, los neandertales sean los que conocemos más íntimamente y los sintamos ahora más cerca que nunca. Después de más de 160 años, por fin hemos empezado a verlos tal y como eran. Exitosos, flexibles, incluso creativos: todas estas cualidades se les podrían aplicar con justicia. Por encima de cualquier otra consideración, los neandertales fueron sobrevivientes y exploradores, pioneros en maneras nuevas de ser humanos, expandiéndose por el espacio y hasta por el tiempo, experimentando con maneras nuevas de fragmentar, acumular e incluso transformar sustancias materiales. En juntar objetos especiales, en marcar cosas y lugares, en explorar lo que significaba estar muerto, arden lentas brasas estéticas y brilla una erupción de vínculos simbólicos.

Terminemos nuestro viaje compartido por estas páginas bajando la guardia. Desafía lo imposible y emprende un viaje cuántico hasta el Pleistoceno. Cierra los ojos y escoge un mundo: una llanura herbosa bajo el fresco sol invernal; una cálida senda en el bosque, pisando blanda greda; o una costa rocosa hoy sumergida, con el griterío de las gaviotas salando el aire. Ahora escucha, da un paso adelante. Ella está aquí:

> Cuando estén lo bastante cerca, aprieten la piel de su palma contra la suya. Sientan su calor. Bajo su piel circula la misma sangre. Respiren hondo para reunir coraje, alcen la barbilla y mírenla a los ojos. Tengan cuidado, porque les pueden fallar las rodillas. Las lágrimas asomarán a sus ojos y les darán unas ganas irreprimibles de llorar. Esto se debe a que son humanos.[12]

Neandertal. Humano. Familia.

12. Prólogo de *La última neandertal* de Claire Cameron, citado con permiso [Madrid: Maeva, 2019; trad. Álvaro Abella].

EPÍLOGO

Esta es la década de los neandertales. Las generaciones han contemplado los grandes monumentos óseos que testimonian su existencia, intentando revestirlos nuevamente de carne con el ojo de la mente. Queremos ver esos anchos pies y esas piernas que trepaban por abruptas cumbres o se agazapaban tras las hojas; esos brazos y manos que levantaban rocas llenas de futuras herramientas; o esos muslos de caballo todavía tibios veteados de grasa deliciosa. Después de experimentar durante tanto tiempo solo breves segundos de conexión, la emoción visceral y electrizante de saber por fin que continúan con nosotros —en el latido imperioso de miles de millones de corazones, en bebés que salen llorando a la luz— todavía no ha cesado. Pero siempre han sido sus cráneos los que nos han cautivado. Enormes caras familiares y a la vez extrañas, tras las cuales descansaron en otro tiempo cerebros sutiles, procesando un mundo desaparecido contemplado por cuencas vacías.

Y, sin embargo, todo pasa.

> Como un lobo hambriento en la oquedad de un árbol [...] Son como el río y el otoño [...] nada se les resiste.[1]

Esta es la visión de William Golding de la humanidad extendiéndose por el mundo, contemplada a través de los ojos de su neandertal protagonista, Lok. Su espeluznante visión se publicó 99 años después del descubrimiento de Feldhofer, y 40 000 años —casi diez veces menos que el lapso de existencia de los neandertales— después de que el mundo se redujera a una sola clase de humanos: nosotros.

Transportados dentro de nuestros cuerpos, los neandertales se enfrentan hoy a otra crisis. La Tierra, donde existimos en una atmósfera pavorosamente delgada, semejante a miel untada sobre una manzana, ha soportado largo tiempo la creciente carga que depositamos sobre ella. Nuestra fascinación compartida por las propiedades materiales ha metastatizado en un tumor de creación y consumo, al tiempo que nuestros hábiles dedos fabrican cada vez más cosas de piedra, hierro, plástico.

Cuando doy término a este libro durante el confinamiento domiciliario del 2020, abundan las preguntas existenciales. La pandemia de la COVID-19 se ha adueñado del mundo en apenas un mes, acelerada en su expansión por millones de vuelos que conectan cada rincón del globo. Más lenta, y temporalmente olvidada pero más grave todavía, es la crisis climática.

Desde que comenzó el actual periodo interglacial hace unos 12 000 años, hemos disfrutado del sol en los climas benignos de un mundo donde los casquetes polares están inmóviles.

Sin la Revolución Industrial probablemente habrían llegado unos cuantos miles de años dorados más antes de que el mercurio empezara a descender. Pero la liberación de CO_2 —superior a la de todo el Pleistoceno— ha retrasado de forma indefinida la siguiente edad de hielo.

1. De *Los herederos*, de William Golding.

Lo que está ocurriendo no conoce precedentes. Durante el próximo milenio —unas treinta generaciones— nos vemos abocados a un mundo más caliente y peligroso que cualquiera de los anteriores donde sobrevivieron los homínidos. Durante el Eemiense, hace 120 000 años, la temperatura era por término medio uno o dos grados más alta que hoy, y aparte de los hipopótamos en el Támesis, el nivel del mar era de 5 a 7 m superior. Las costas donde hoy se asientan pintorescas casas de campo y ciudades populosas estaban anegadas. Y eso con niveles de CO_2 muchos más bajos que los que ya hemos alcanzado.

A falta de acciones drásticas e inmediatas, los modelos climáticos más actualizados nos encaminan a un futuro pavoroso. Los casquetes polares corren peligro de desaparecer, y en tal caso el nivel de los océanos subiría 20 m o más. El año pasado mermó la Gran Barrera de Coral; el Ártico, la Amazonia y Australia ardieron, y no han parado de batirse récords de calor.

Sobre la antigua estepa euroasiática pisada por los neandertales en épocas remotas, de las vastas extensiones de permafrost conocidas como *yedoma*[2] emergen los cadáveres del Pleistoceno —patas de mamut, cabezas de lobo, crías completas de leones cavernarios— como avanzadilla de la muerte. El Gran Deshielo podría brindar incluso la ocasión para nuestro tercer encuentro con los neandertales: en algún lugar, aprisionado todavía en hielo por fango y permafrost de hace 50 000 años, seguro que yace un cuerpo.

Podríamos consolarnos pensando que los neandertales sobrevivieron a similares condiciones extremas de cambio climático. Al expirar los periodos glaciales, debió parecer que la tierra misma se desintegraba cuando el antiguo permafrost se transformó en ciénagas borboteantes que se extendían veteadas de lagos de horizonte a horizonte. Los altozanos aparecían y desaparecían como gigantescas setas estacionales, los bosques se estremecían y anegaban, se abrían cráteres inmensos. Laderas enteras se licuaron como helado cuando suelo, plantas y

2. Tipo de permafrost del Pleistoceno rico en materia orgánica, *yedoma* significa «sin renos» en la lengua de los nenets siberianos, porque eran lugares donde tenían que desplazarse a pie.

todo se deslizó por las vertientes arrasando ecosistemas, y ríos antes translúcidos —la infraestructura de la vida— corrieron espesos de sedimentos mientras la tierra mudaba la piel.

Pero una Eurasia con quizá unos pocos cientos de miles de almas es muy diferente de los millones y millones que hoy la pueblan. Los neandertales podían moverse y escapar de las penalidades. Nosotros no tenemos guías para el destino que aguarda a nuestra civilización expansiva, industrializada, compleja hasta lo inimaginable. Lo que ha quedado demoledoramente probado por la COVID-19 es que, incluso con la protección de la tecnología, hemos tomado un rumbo que conduce a la incertidumbre y a una inestabilidad todavía mayor.

Este futuro de sol abrasador, ciudades sofocantes, inundaciones, tempestades y quizá nuevas pandemias es como un bisonte que viene bramando a embestirnos. Si no nos movemos deprisa, nuestros hijos serán corneados. Y en la sangre con que rieguen la tierra estarán los últimos neandertales.

MAPA DE YACIMIENTOS

2 Schöningen
3 Salzgitter-Lebenstedt
4 Königsaue
5 Neumark Nord
6 Höhlenstein-Stadel
7 Taubach
8 Engis (Awirs)
9 Spy
10 Scladina
11 Lynford
12 Pontnewydd
13 La Cotte de Saint Brelade
14 Caours
15 Tourville-La-Rivière
16 Le Rozel
17 Biache-Saint-Vaast
19 Arcy-sur-Cure
20 La Folie
21 Saint-Césaire
22 Jonzac
23 Les Pradelles
24 La Roche Cotard
25 La Quina
26 La Chapelle-aux-Saints
27 Le Moustier
28 Roc de Marsal
29 La Ferrassie
30 Combe Grenal
31 Coustal
32 Pech de L'Azé I y IV
33 Regourdou
34 Les Canalettes

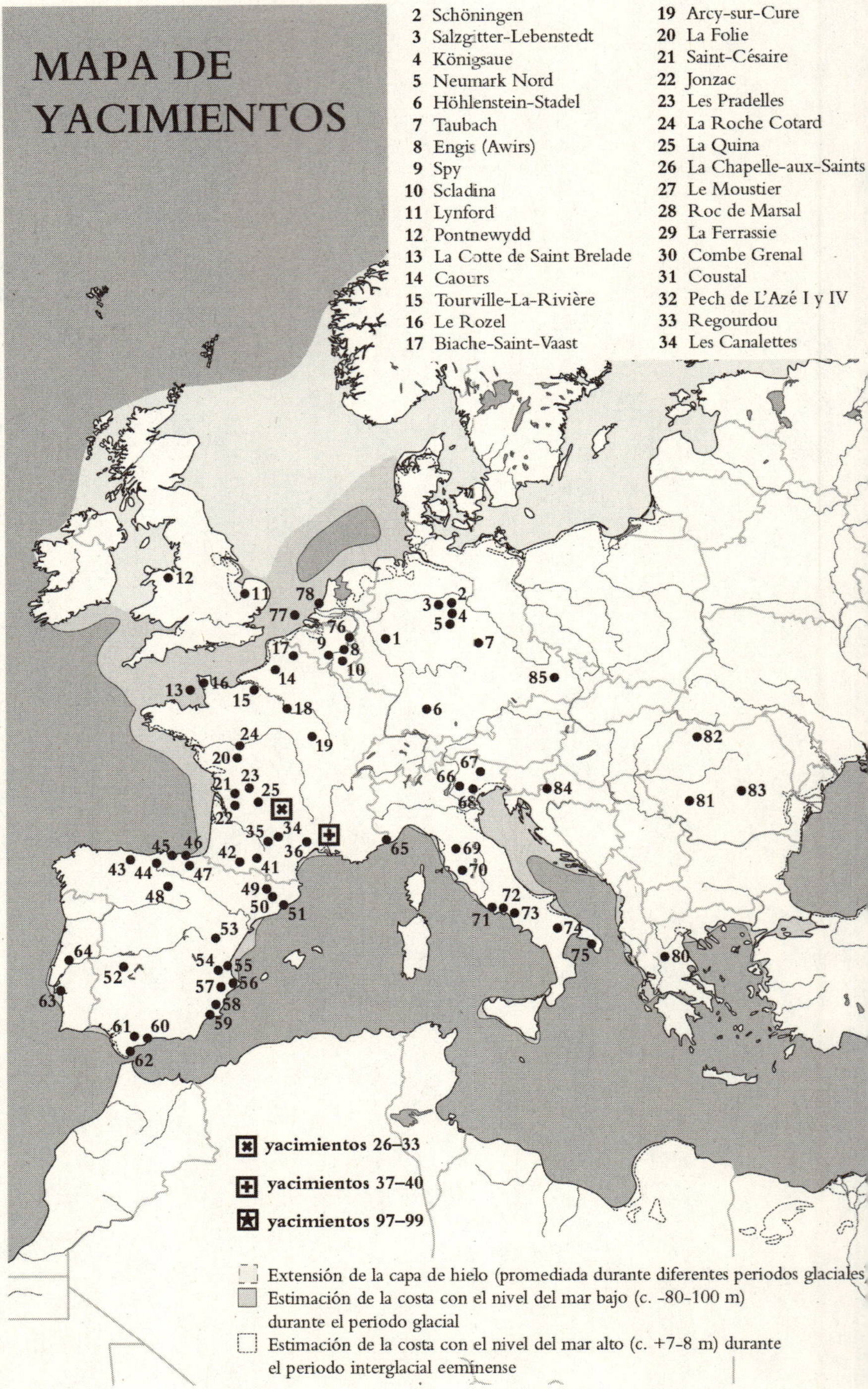

L'Hortus
Moula Guercy
Payre
Abri du Maras
Mandrin
Mauran
Noisetier
El Sidrón
La Pasiega
El Cuco
Aranbaltza III
Axlor
Yacimientos de Atapuerca
La Roca dels Bous
Teixoneres
Abric Romaní

53 Las Callejuelas
54 Cova Negra
55 Bolomor
56 Abric del Pastor
57 El Salt
58 Sima de las Palomas
59 Cueva de los Aviones
60 Bajondillo
61 Ardales
62 Yacimientos de Gibraltar
63 Figueira Brava
64 Oliveira
65 Barma Grande
66 Fumane
67 Rio Secco
68 De Nadale

70 Poggetti Vecchi
71 Fossellone y Sant'Agostino
72 Moscerini
73 Roccamonfina
74 Lamalunga (Altamura)
75 Cavallo
76 Maastricht-Belvédère
77 Zeeland Ridges
78 Zandmotor
79 Lakonis
80 Theopetra
81 Cioarei-Boroşteni
82 Peştera cu Oase
83 Gura Cheii-Râşnov
84 Krapina

86 Zaskalnaya
87 Mezmaiska
88 Ust'-Ishim
89 Denisova
90 Okladniko
91 Chagyrskay
92 Teshik-Tasl
93 Wezmeh
94 Shanidar
95 Umm el Tl
96 Dederiyeh
97 Kebara
98 Tabun
99 Amud

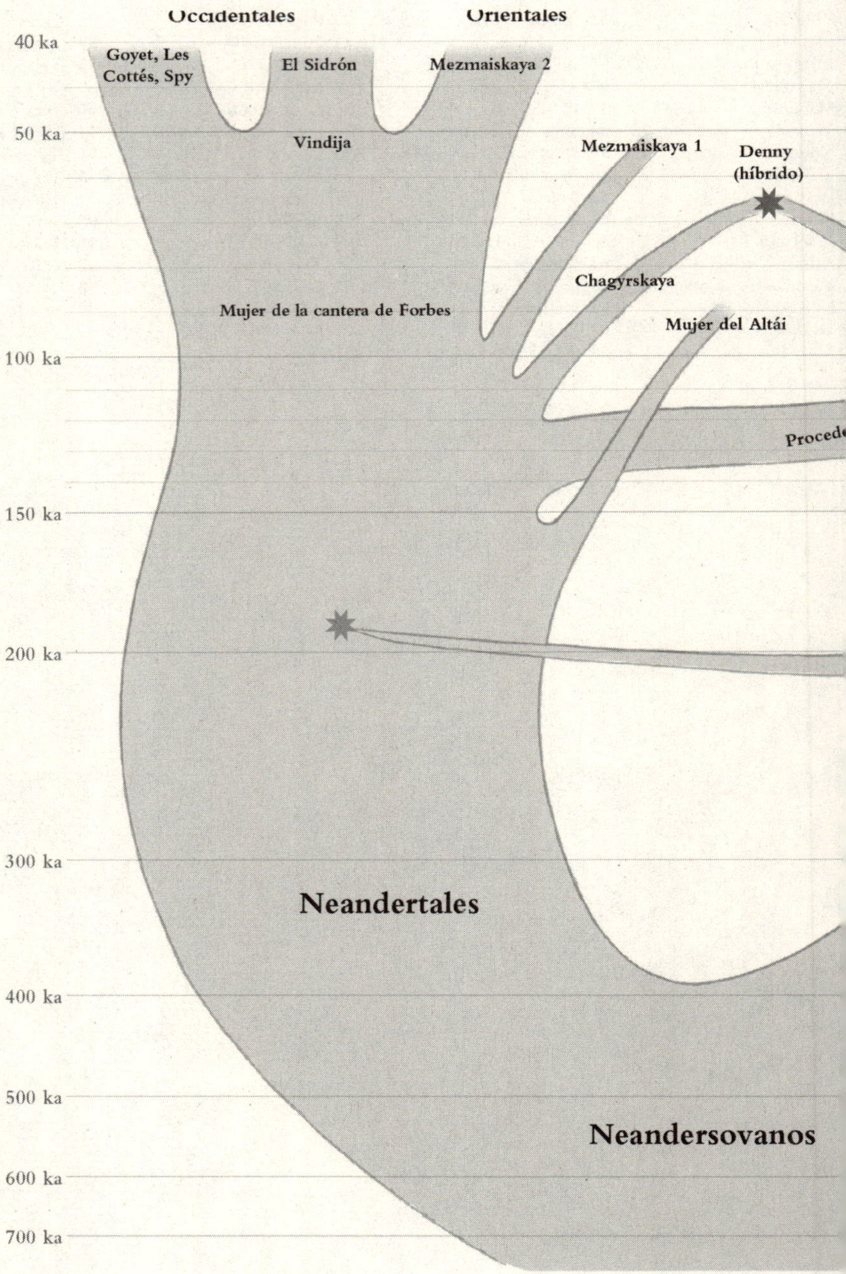

Occidentales
Orientales
40 ka
50 ka
100 ka
150 ka
200 ka
300 ka
400 ka
500 ka
600 ka
700 ka
Goyet, Les Cottés, Spy
El Sidrón
Mezmaiskaya 2
Vindija
Mezmaiskaya 1
Denny (híbrido)
Chagyrskaya
Mujer de la cantera de Forbes
Mujer del Altái
Neandertales
Neandersovanos

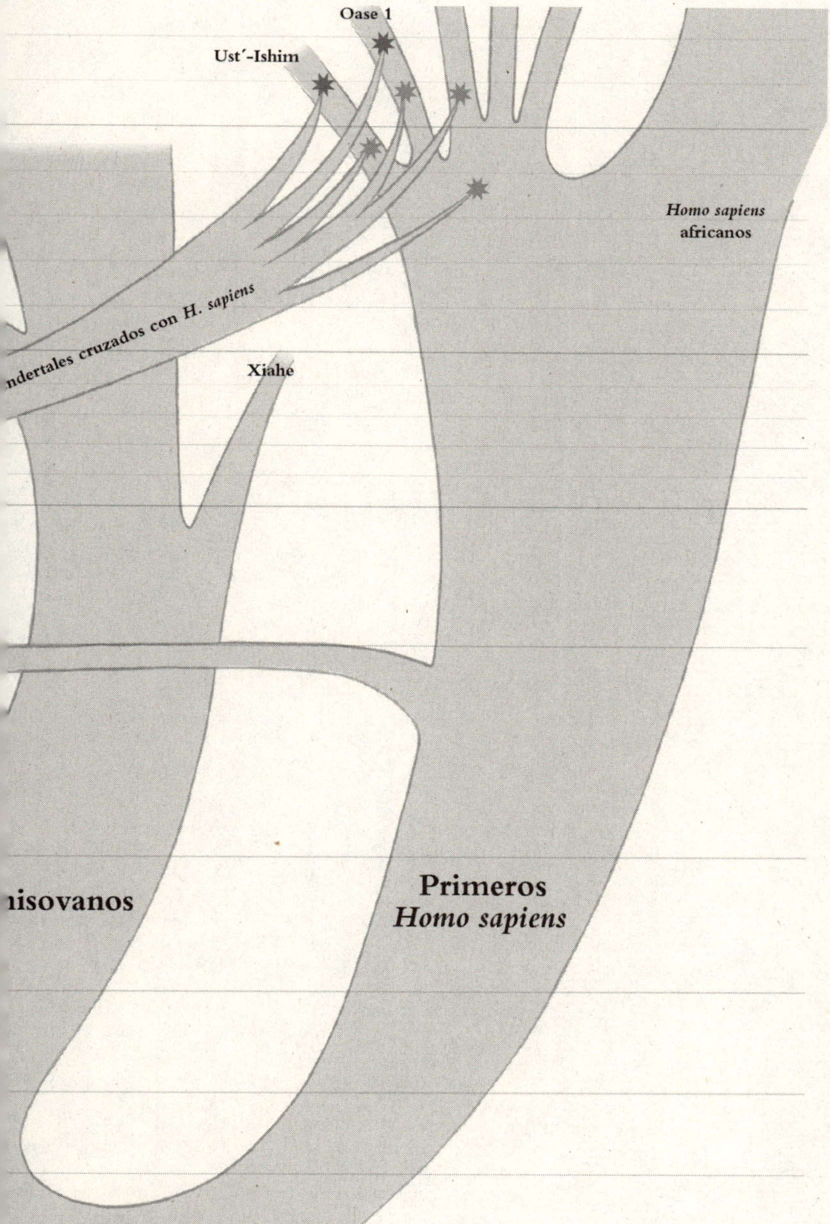
Oase 1
Ust´-Ishim
Homo sapiens africanos
ndertales cruzados con H. sapiens
Xiahe
nisovanos
Primeros Homo sapiens

AGRADECIMIENTOS

Escribir este libro fue tan difícil como me había temido cuando empecé a trabajar en él hace unos ocho años; abordar un ensayo definitivo sobre el tema que constituye tu gran pasión es un inmenso privilegio, pero también una cruz. Las dudas sobre su exactitud se me magnificaban, e incluso la idea de acometer un proyecto semejante se me antojaba a veces una muestra de presunción. Y sin embargo, también me parecía una empresa vital e importante por los propios neandertales. A ellos debo expresar mi primer agradecimiento, porque nunca dejan de ser fascinantes, desconcertantes, sorprendentes e impresionantes. Siempre me han revitalizado, incluso cuando el propio proceso de escritura se hacía tedioso o se estancaba.

Y hablando de escribir, debo un reconocimiento especial al crítico que rechazó mi primer artículo académico en el 2009, aduciendo que mi estudio de los contextos sociales y las implicaciones cognitivas de la tecnología neandertal de la brea de abedul «encajarían mejor en una novela de Jean Auel». Esas razones suyas me decidieron a buscar la manera de seguir escribiendo una «exposición algo *new age* de los sentimientos de los humanos arcaicos del Paleolítico» mientras continuaba dedicándome a la arqueología.

Y en este sentido, quiero reconocer la deuda que he contraído con Jean M. Auel. Sus esfuerzos para intentar representar los pequeños detalles de la vida en el Paleolítico despertaron desde mi niñez el interés por la prehistoria, y en muchos aspectos su representación de los neandertales resultó clarividente. Otras novelistas que me hicieron revivir este periodo son Elizabeth Marshall y Claire Cameron; estoy agradecida a esta última por permitirme usar una cita de su libro *La última neandertal.* Además, estoy en deuda con otros muchos escritores de distinta clase cuyo talento me ha servido de inspiración. Una selección mínima debería incluir a Gavin Maxwell, Richard Fortey, Kerstin Ekman, Primo Levi, Nan Shepard. Debo un reconocimiento especial a los otros autores de Bloomsbury Sigma que me han animado y apoyado, y particularmente a Jules Howard, Kate Devlin, Ross Barnett y Brenna Hassett.

Son muchos los colegas arqueólogos sin los cuales no habría llegado a este punto. Estoy agradecida a Robert Symmons, Richard Jones y Naomi Sykes por abrirme las puertas de la arqueología por primera vez; a John McNabb por el apoyo prestado durante mi máster y, en general, desde entonces, y a las muchas instituciones que hicieron posible mi doctorado sobre la arqueología de los últimos neandertales en Gran Bretaña. Agradezco a Beccy Scott, Matt Pope y otros por la oportunidad de trabajar sobre los útiles neandertales de La Cotte de St Brelade una vez acabada mi tesis.

Al escoger unos pocos nombres de los estudiosos y pensadores cuya obra me ayudó a considerar los neandertales he de incluir a Clive Gamble, Tim Ingold, John Speth, Louis Liebenberg, Zoe Todd, Vanessa Watts, Kim Tallbear, Donna Haraway y la comunidad aborigen yolngu, incluida Bawaka Country.

Muchos de mis compañeros de posgrado me ayudaron a desarrollar mis ideas sobre la prehistoria y la arqueología, y me apoyaron también a la hora de escribir: vaya mi agradecimiento para Ana Jorge, Christina Tsoraki, Erick Robinson, Nick Taylor, Geoff Smith, Karen Ruebens y Becky Farbstein.

Empecé a escribir este libro poco después de mi estancia de posdoctorado como investigadora en el laboratorio PACEA de la Universidad de Burdeos. Muchos de mis colegas de allí fueron acogedores y fuentes de estímulo e inspiración, pero por encima de todo quiero transmitir mi profundo agradecimiento a Brad Gravina por las disputas intelectuales sobre los neandertales, y cuya calurosa amistad ha continuado mucho después de que ocupáramos despachos contiguos.

Estoy también inmensamente agradecida a toda mi red profesional, en particular cuando decidí salir de una crisálida académica para emprender una carrera de vuelo más libre en la escritura y la creación literaria. De todas las personas siguientes he aprendido y con todas he disfrutado manteniendo esclarecedores debates arqueológicos sobre los neandertales, muchas veces en las redes sociales: John Hawks, Alice Gorman, Julien Riel-Salvatore, Chris Stringer, Will Rendu, Colin Wren, Annemieke Milks, Marie Soressi, Jacquelyn Gill, Tom Higham, Kate Britton, Catherine Frieman, Jacq Matthews, Paige Madison, Jenni French, Andrew Sorensen, Hanneke Meijer, James Cole, Radu Iovita, Clive Finlayson, Ben Marwick, Manuel Will, James Dilley, Shanti Pappu, Michelle Langley, Antonio Rodríguez-Hidalgo, Patrick Randolph-Quinney, Caroline VanSickle, Joseba Rios-Garaizar... y muchos muchos otros que he olvidado.

Mientras escribía este libro percibí muy escasos ingresos, y por eso estoy enormemente agradecida a la Society of Authors por la concesión de una Author's Foundation Grant en el 2016, y a las becas del Contigency Funds en el 2018 y 2020, que mejoraron muchísimo mi situación. Asimismo, doy las gracias a los directores de *The Guardian, Aeon* y otros medios por publicar mis escritos.

Mi enorme gratitud para Jim Martin de Bloomsbury Sigma por ofrecerme la oportunidad de escribir un libro tan voluminoso, y por conservar la fe cuando mi pensamiento crítico no alcanzó para hacer unas estimaciones realistas de cuánto tardaría. Mi editora Anna McDiarmid en Sigma cuenta también con mi agradecimiento por su comprensión constante y por su capacidad para meter prisa, que sabe envolver en una capa de tranquilo optimismo. Trabajar con Myriam Birch convirtió la corrección de pruebas en un verdadero placer a pesar de la urgencia. En Bloomsbury, primero Kealey Ridgen y después Amy Graves y Alice Graham, se ocuparon espléndidamente de la publicidad y el *marketing*. Trabajar con Alison Atkin, autora de las ilustraciones que abren los capítulos, fue maravilloso; siempre estuvo abierta incluso a mis ideas más peregrinas y captó la emoción de escenas concretas exactamente como yo esperaba. Gracias a la escritora Jen Marlow por su compañía en la mesa de la cocina. Las aportaciones de las personas que amablemente leyeron secciones o capítulos del manuscrito fueron valiosísimas: gracias a

Brad Gravina, Angela Saini, John Hawks, Geoff Smith, Brenna Hassett, Tori Herridge y Suzanne Pilaar Birch.

Estas tres últimas mujeres merecen además mi infinita gratitud por estar allí, casi las 24 horas, como mi colectivo personal de animadoras anarquistas y feministas. Desde el 2013, por monumental o menor que fuera la crisis, me han ofrecido su apoyo incondicional y su sabiduría. Y en cada pasito adelante o cada pequeño triunfo, sus voces de aliento me dieron la confianza que necesitaba para seguir adelante, no solo con este libro, sino para elegir un camino fuera de la investigación académica.

Por encima de todo, es mi familia la que ha sido, más que una roca, una montaña a la que aferrarse. Ojalá pudiera regalar el libro a mi abuelo Sam que compartía mi pasión por la historia, y a mi abuela Dorothy que amaba la literatura y la poesía (a su abuelo Hall Nicholson, que fue minero y orador de la Sunderland Secular Society en la década de 1890, hago mención en el último capítulo). La devoción por la música clásica que me inculcó mi otro abuelo Neville también me ha servido de sostén mientras escribía, y sigo hallando inspiración en mi abuela Jean, gracias a cuyo cariño inquebrantable ninguna mala crítica me importará jamás.

Mi hermano Jack y mis padres Rosalynd y Peter siempre han estado ahí y siempre estarán ahí, apoyándome incondicionalmente a pasar por vaivenes, caídas y subidas. Su amor, fe y orgullo significan más de lo que puedo expresar.

Por último, quiero dar la gracias a mi marido Paul. No hay palabras adecuadas para lo que te debo.

Este libro es para mis hijas y para las tres mil generaciones de madres antes de mí, que nos conectan tangiblemente con los neandertales. Aquí siguen, en cada fibra de mi ser y en mis dos niñas pequeñas (que a veces disfrutan oyendo hablar de los «andertales» sobre los que escribe mamá, pero a las que les gustaría que fuera ahora mismo a jugar con ellas).

MID WALES, JUNIO DEL 2020

ÍNDICE ONOMÁSTICO

A

aborígenes australianos 320-321, 372, 373, 418, 419
Abri des Pechêurs (Francia) 283
Abri du Maras (Francia) 170, 171, 263, 300-301
Abri Peyrony (Francia) 261
Abric del Pastor (España) 208, 215, 234, 235, 236, 238, 242
Abric Romaní (España) 19, 140-141, 174, 202-203, 207, 209, 211, 213, 216, 217-221, 222, 223, 224, 225, 226, 233-234, 235, 239, 242, 244, 263, 328, 357
abuelos 319
adhesivos 141-142, 151-154, 173, 258, 398-400
ADN neandertal 364-369, 372-377
  evidencia de cruzamiento 370, 372, 374-375, 376-378, 382, 405
  herencia de 377-380, 405-406
  inserción en organismo vivos 434-435
  mtADN 364-366, 367, 369, 372-373, 432
adolescentes 55-58, 67, 75, 81, 307-308, 316
adultos de más edad 78-80, 317, 319-321
ahumado
  comida 189, 264
  pieles 211, 259, 300
ajuares funerarios 359-361
allotaxa 406
Altái (Siberia) 365-366, 372, 381
Amud (Israel) 182, 359-360, 388
Anaktuvuk, paso de (Alaska) 256-257
análisis de isótopos 92, 167, 181, 186, 246-249, 253-254, 313, 314, 350
análisis genético *véase* ADN neandertal
anatomía 52-55, 58-63, 66-73, 85-87, 428
androstenona 61
Apidima (Grecia) 371
Aranbaltza (España) 138
arcos superciliares 52-53, 59

Arcy-sur-Cure (Francia) 390-391, 392-393
Ardales, cueva de (España) 288
aritmética, nociones básicas de 292-293
armas
    compuestas 397
    hueso y cornamentas 149
    lanzas 70, 136-139, 150, 151-152, 163-164, 251-252, 316
arqueología biosocial 71-57
arte 33, 282-283, 294-295
artefactos de conchas 143-145, 153, 287-288, 299, 301, 302, 359, 397
Atapuerca (España) 39
audición 60-61, 280-291
aves
    como alimento 171-174, 194, 221-222, 234-235
    interés simbólico 222, 295-299, 395, 404
Aviones, cueva de los (España) 287, 338
Auel, Jean M. 414
australopitecos 37, 112
Axlor (España) 149

B
Baartman, Sarah 419
Bachokiriense, cultura (Bulgaria) 403
Bajondillo (España) 175-176, 195
Balzi Rossi (Italia) 84
Barme Grande (Italia) 149
Berbería, macacos de 98, 101
Biache-Saint-Vaast (Francia) 143, 425-426, 427
Bilzingsleben (Alemania) 292, 343
bisonte 97, 147, 168, 188, 245, 262, 264
bitumen 141, 143, 153, 174
Bize, cuevas de (Francia) 30
Blombos (Sudáfrica) 302, 303
Bolomor, cueva de (España) 174
bonobos 307, 310, 317, 326-327, 351-352, 362, 376, 406
Border, cueva (Sudáfrica) 360
Bordes, François 44, 126, 127, 162-163
Boule, Marcel 47-48, 69, 80, 330, 415, 419
brazos y piernas 68, 69, 70, 72, 86
brea de abedul 141-142, 151, 153, 154, 174, 206
Breuil, Henri 103
Brillenhöhle, cueva de (Alemania) 360
Brixham, cueva de (Gran Bretaña) 30
Brome, Joseph Frederick 24
Bruniquel (Francia) 276-279, 304
buey almizclero 101

Buran-Kaya (Crimea) 399
Busk, George 23, 24, 25, 26

C
caballos 95, 97, 98, 137, 146, 147, 154, 164, 165, 167, 169, 193, 218, 219-220, 221, 234-235, 249, 264, 287, 316, 333, 430
cálculos dentales 77, 141, 143, 152-153, 184-185, 187, 188, 379
calzado 260, 268
caminar 68-69, 72, 314
Campitello (Italia) 142
canal de la Mancha 97
Canaules II (Francia) 391-392, 394
canibalismo y procesamiento de cuerpos 345-353, 360, 361, 427
Capitan, Louis 45, 68, 329
carbón 209-210
carnívoros 147, 178-180
carreras 68, 69
castores 96, 171
Causse du Larzac, meseta de (Francia) 170
Cavallo, cueva del (Italia) 143, 396-399
caza 158-178
  armas 151-152, 154, 163-165, 173, 174, 251-251, 315-316
  aves 171, 172-174, 194, 221-222, 234, 295-297
  carnívoros 178-179
  caza mayor 162, 164-165, 167-168, 178-180, 193, 196, 219-221, 233, 252-257
  caza menor 170-171, 174-175, 197, 221, 233
  especialización 166. 195
  movilidad 254, 255-257
  para pieles 258, 263
  por niños 193-194, 314-315
  rastreo 268-270
  renos 149, 159, 192, 196, 242, 253-257, 260, 263, 264, 348
  tortugas 96, 106, 174, 195, 235, 349
  tradiciones 192-197
Célebes, isla de (Indonesia) 303
cera de abeja 142, 151, 399
cerebros 50-51, 52-53, 59-60, 61-62, 67, 280-281. 380
Chagyrskaya (Rusia) 367, 382, 387
châtelperroniense, cultura 390-396
chimpancés 37, 59, 177, 192, 279-280, 294-295, 301, 311, 312, 317, 318, 326-327, 350-352, 362, 376, 406
Christy, Henry 32, 47, 55, 109
Ciemna (Polonia) 325
ciervos 95-96, 105, 152, 163, 220-221, 234, 251-252, 253, 264-265 *véase también* renos
Cioarei-Boroşteni, cueva de (Rumania) 284-285

Clacton-on-Sea (Gran Bretaña) 136, 139
clima 90-102
  anatomía y 66, 68, 86
  cambio climático hoy 441-442
  extinción de los neandertales y 406, 429-431
  interestadial eemiense 94-98, 251-252, 348-349, 367, 406-407, 429
  intersestadiales y estadiales 93
  nivel del mar y 95, 98-99, 100, 103, 441-442
  periodos glaciales 68-69, 91-92, 93, 94, 100-102, 103, 106, 129, 130, 205-206, 252-265, 347-348, 429
  periodos interglaciales 91-92, 93, 94-100, 101, 251-252, 348-349, 366-367, 406-407, 429-430
  pulso árido del final del Eemiense (LEAP) 99, 349
  registro paleoclimático 91-94, 95, 99
color de piel, pelo y ojos 60
Combe Grenal (Francia) 30, 120, 123, 125, 126-127, 149, 161-162, 286, 291-292, 300, 315, 348
combustibles 208-210
Commont, Victor 113
conejos 170-171, 174-175, 194, 209, 235, 332
comparaciones raciales 417-422, 194, 235
contaminación 379
Conyers, John 411
Coon, Carleton 420
conteo 293-294
cueva de Coustal (Francia) 122
Cova Foradada (España) 395
Cova Negra (España) 173, 174, 194-195, 316, 357, 424
cráneos 50, 52-53, 58-59, 62, 67
  anatomía 50, 52-53, 57, 58-61, 62, 67
  excrecencias óseas 78
  heridas 79, 81-83
creacionistas 420
culturas intermedias 390-402
    Châtelperroniense 390-395, 398, 401
    Neroniense 401-407
    Streletskaiense 400
    Uluzziense 389, 395-401
Cuozzo, Jack 420
cuero 260
curtido 299-300
Cussac (Francia) 331

D
Darwin, Charles 23, 25, 413, 418
De Jouannet, François René Bénit

Vatar 30, 109
De Mortillet, Gabriel 109
De Nadale (Italia) 264-265
De Perthes, Jacques Boucher de Crèvecoeur 30-31
Denísova, cueva de (Siberia) 19, 366-367, 368-369, 381, 387
denisovanos 368-369, 372, 377-378, 387, 431, 433
destete 313-314
Diepkloof (Sudáfrica) 302-303
dientes
abcesos 76, 80
análisis de isótopos 247-249, 313
anatomía 53, 86
cálculos 76, 141, 142, 153, 183, 184, 185, 188, 189, 216, 247
desarrollo 46-47
desgaste y daño 69-70, 72-75, 183-184, 185, 261, 315
líneas de interrupción del crecimiento 76-77
palillos 77
periquimatias 49-50
dieta 158-186
alimentos marinos 103, 143, 175-176, 195
alimentos para bebés 314
aves 171-173, 194, 221-222, 234-235
carnívoros 178-179
caza mayor 160-169, 218-221, 233-235, 252-257
caza menor 161-163, 170-178, 193-196, 221-222, 235
hipótesis del carroñeo 160, 163
huevos 174
insectos 177-178
miel 142, 177
necesidades energéticas 158-159, 312
peces 171, 176
plantas 180-186, 187-189, 190
tortugas 174, 195, 235
tradiciones basadas en la comida 192-197 *véase también* procesamiento de comida
diferencias sexuales 70-71
dióxido de manganeso 207
Dogerlandia 98, 367
dolor 325-327
Dryopithecus 36, 37

E
Edwards, Samuel Jules Celestine 410, 417, 418
'Ein Qashish (Israel) 344-345
El Cuco (España) 176, 155

El Esquilleu (España) 225
El Salt (España) 152, 186, 205, 208, 211-212, 213, 218, 224, 225, 230-231
El Sidrón (España) 49-50, 51, 73, 74, 75-76, 141, 153, 185-186, 188, 189, 308-309, 315, 318, 347-348, 350, 365-366, 379, 381
embarazo y trabajo 310-312
emociones 279-280, 306-307 *véase también* estética y simbolismo
endogamia 85, 245, 381-382
Engis (Bélgica) 23-24, 314
enseres 225-227
entierros, *véase* prácticas mortuorias
especies adaptadas al frío 66-67
esqueleto de «El Viejo», 80, 317, 329-331, 415
estadios de isótopos marinos (EIM) 92-94
  glacial EIM 4 94, 98, 101, 126, 129-130, 206, 253, 257, 264, 344, 367, 430
  interglacial EIM 3 93, 94, 101, 129, 255, 338, 429-430
  interglacial EIM 5 94-95, 98, 99, 100-102, 130, 338, 367, 406, 429
estera 227
estética y simbolismo 276-304
  anillos de Bruniquel 276-279, 304
  arte 31, 282-284, 294-295
  comparados con los primeros *Homo sapiens* 302-303
  conchas 287-288, 302, 397
  conteo 293-294
  culturas intermedias 396, 400
  huellas de manos 290
  lengua 280-283, 320-321
  manuports 283-285
  marcas grabadas 291-294, 355
  narración de historias 282-283, 320-321
  ornamentación corporal 299-302
  pigmentos 285-290, 297-299, 302
  plumas y garras de aves 221, 295-299, 394-396, 404
estratigrafía 28, 46-47. 213
Evans, John 31
evolución humana 30, 41, 419, 433
extinción de los neandertales 406-408, 428-433

F
Falconer, Hugh 25, 30, 32
Feldhofer, cueva de (Alemania) 21, 23-24, 25-26, 28, 110, 337, 364, 365, 418, 420
Figueira Brava (Portugal) 176, 195
Flint, Edmund 24-25
Flores (Indonesia) 41, 433
Forbes, cantera de (Gibraltar) 24-25, 78, 367, 413, 422
formas de vida 54-55, 67-68, 86
Fossellone, cuevas de (Italia) 142

fósiles neandertales 11, 21-33, 44-52
datación 28-33, 386
descubrimiento 22-27
envejecimiento de individuos 49-51
identificación del sexo 71-74
nombres 25
solicitudes de repatriación 422
fuego 206-216
Fuhlrott, Johann Carl 21, 22, 28
Fumane, cueva de (Italia) 116, 120, 125, 162, 169, 175, 179, 221-222, 287-288, 296, 302, 389-390

G
Gailenreuth, cueva de (Alemania) 27
Garrod, Dorothy 72, 81, 103, 357
gato montés 203-204, 328
Geißenklösterle, cueva de (Alemania) 429
gen FOXP2 281, 380
Generosa, cueva (Italia) 179
Gibraltar 10, 24-25, 78, 81, 102-104, 172-173, 182-183, 294, 316, 366, 386-387, 413, 422
Gigantopithecus 37
Golding, William 414, 440
Gorham, cueva de (Gibraltar) 10, 103, 104, 294, 386-367
Gough, cueva de (Gran Bretaña) 347, 366
Goyet (Bélgica) 248-249, 350, 354-355, 365
Gran Dolina (España) 39, 178-179, 353
Grotte des Fées (Francia) 390
Grotte du Renne (Francia) 313, 390-391, 392-393, 395
Gura Cheii-Râşnov, cueva de (Rumania) 141

H
Haeckel, Ernst 419
Happisburgh (Gran Bretaña) 40
Hauser, Otto 44, 55-56, 127-128, 337, 419-420
Hawkes, Jacquetta 71-72
herbalismo 318
heridas 79, 80, 81, 82, 83, 84, 85, 316-318
herramientas
compuestas 141, 143, 151-152, 153, 154
conchas 143-145, 153
hueso y cornamentas 129-133, 134, 135, 145-150, 261-262, 392-393, 394
lissoirs 262, 299, 395
madera 138-139, 141
palos cavadores 139, 152, 182

retocadores 119, 145-148, 149, 151, 152, 254, 255, 264, 271, 286, 300, 302, 354-355, 426, 427
véase también utensilios líticos
hienas 91, 160, 166, 178, 253, 269, 292-293, 336, 430
hilos 300-301
hipótesis del carroñeo 160-163
Hobbes, Thomas 75
«hobbits» de Flores 41, 433
Hodgkin, Thomas 24
hogares y espacios habitacionales 200-228, 232-234, 272-273
análisis cronológico y espacial 212-216
análisis micromorfológico 222-224, 227
combustibles 207-211
enseres 225-227
estructuras construidas 226
fuego 204-212
residuos/desechos 222-224
uso del espacio 216-222
Hohlenstein-Stadel (Alemania) 372, 382
Homo antecessor 39
Homo ergaster 39
Homo floresiensis 38, 433
Homo heidelbergensis 38, 40
Homo luzonensis 433
Homo naledi 38, 433
Homo sapiens, primeros 32, 39, 67, 112, 150, 151, 240, 261, 271, 280, 291, 302, 370, 371
anatomía 52-54, 67-68
cruzamiento 370, 372-373, 375, 376, 380-382, 430, 434
historia de 370-371
prácticas mortuorias 358-359, 360
problemas de salud y heridas 83-85
simbolismo 285-286
huellas de manos 289
huellas de pisadas 37, 266-268
hueso y cornamenta
combustible 210
marcas grabadas 291-294, 355
útiles 145-150, 151, 132, 254-256, 261-262, 291-294, 353-356, 394-395, 397, 399, 400, 425-428
Hunas (Alemania) 96
Huxley, Thomas 67, 412, 415, 418

I
íbices 106, 235
Íbex, cueva del (Gibraltar) 104-105

identificación de sexo 71-73
Ignimbrita Campana 344, 399
Ileret, Kenia 269
indígenas americanos 177, 178, 209, 262, 372, 407 *véase también* pueblos árticos
interestadial eemiense 94-98, 251-252, 348-349, 367, 406-407, 429-430

J
Jebel Irhoud, Marrruecos 371
Jinsitai, cueva de, China 387
Jonzac (Francia) 124-125, 193, 195, 253, 254, 255, 256, 257, 259. 260, 263, 266
juguetes 315

K
Kebara, cueva de (Israel) 182, 223
Keilmessergruppen 131
Keith, Arthur 417
Kenyanthropus 37
Kiik-Koba (Crimea) 292
King, William 25, 27, 414, 419
kiviaq 190
Klaatsch, Hermann 56, 345-346, 413, 419
Königsaue (Alemania) 141, 152, 298
Krapina (Croacia) 51, 77, 82, 83, 183, 296, 298, 318, 337-338, 345-347, 353, 354, 355, 356, 361
Krems-Wachtberg (Austria) 358
Kůlna (República Checa) 147
kurdos 421

L
La Chapelle-aux-Saints (Francia) 68-69, 80, 317, 377
  esqueleto de «El Viejo» 68-69, 80, 329-331, 415
La Cotte de St Brelade (Reino Unido) 165-166, 176, 226
La Fabbrica (Italia) 399
La Ferrassie (Francia) 45, 48, 68, 71, 339-340
La Folie (Francia) 225-226, 234, 262
La Madeleine (Francia) 31-33, 109, 359
La Pasiega (España) 289
La Quina (Francia) 85, 190, 261, 338, 355, 381
La Roche-à-Pierrot (Francia) 83, 390
La Roche-Cotard (Francia) 290
lactancia 312, 313-314
Lagar Velho (Portugal) 84
Lakonis (Grecia) 223, 247
Lamalunga, cueva de (Italia) 333-334
lanzas 70, 74, 136, 137-139, 145, 152, 163-164, 171, 251, 252, 316, 400
Larson, Doug 10

larvas de reznos 177
Lartet, Édouard 32, 36, 47, 55, 109
Lascaux (Francia) 333
lateralidad 69-70, 72-73, 281
Le Moustier (Francia) 19-20, 32, 44-45, 46-47, 55, 109, 123, 127-128, 337, 346, 359
  adolescente Le Moustier 1 55-58, 68, 75, 77, 81, 267, 308, 316, 329, 245-346, 355, 357, 413, 420-421
  infante Le Moustier 2 45, 48-49, 50, 55, 335, 357
Le Rozel (Francia) 176, 244, 267
Lehringen (Alemania) 136, 138, 139, 251, 349
Les Bossats (Francia) 226, 291, 344
Les Canalettes (Francia) 170, 209-210
Les Eyzies-de-Tayac (Francia) 31-32, 48
Les Fieux (Francia) 296
Les Pradelles (Francia) 146, 147, 181, 233, 254, 255-256, 292-294, 302, 348, 353, 354, 426, 427
lengua 279-283, 321
Leysalles, Jean 55
L'Hortus, cueva de (Francia) 74, 338, 357
lissoirs 262, 299, 395
lobos 167, 249, 251
longevidad 78-79
Lubang Jeriji Saléh (Borneo) 303
Lubbock, John 109
Lyell, Charles 28, 31
Likóv, familia 269
Lynford, cantera de (Gran Bretaña) 122, 165

M
Maastricht-Belvédère (Países Bajos) 285
madera
  combustible 208-210
  utensilios 136-141, 164, 182, 251, 315
Madjedbebe (Australia) 302
malformaciones óseas 78, 79
Maltravieso (España) 178, 289
mamíferos marinos 176
mamuts 27, 31, 32, 91, 98, 101, 106, 147, 149, 164-167, 188, 226, 406, 430
Mandrin, cueva de (Francia) 201, 217, 402-405
manos 53, 70-71
Manot, cueva de (Israel) 388
manuports 283-284
marcas grabadas 291-294, 355
marisco 103, 143-144, 175, 195, 197
Mauran (Francia) 168, 188, 189, 195, 245

Mayer, August Franz Josef Karl 26
menstruación 308
metápodos 146-147
métodos de datación 28-33, 200, 276
Mezmaiskáia (Rusia) 85, 310, 334-335, 359, 366, 373
micromorfología 222-224, 227, 342
miel 142, 177
Misliya (Israel) 371
Mladeč (República Checa) 83
moluscos 97, 103, 176, 195, 231, 287
monos 37, 96
Montastruc (Francia) 283
Moscerini, cueva de (Italia) 143-144
Moula-Guercy (Francia) 152, 247, 349, 350, 353, 354-355
muerte 310, 319, 324-327, 427
  véase también prácticas mortuorias
mujer Tabun 1 71-72, 183, 310, 357, 358
musteriense, cultura 109-110, 113, 117, 126, 131
Museo Etnográfico de Berlín 56

N
nacimiento 309-312
narices 62-63
narración de historias 282-283, 320-321
nazis 56, 420
Neander, Joachim 22
Neander Thal (Alemania) 22
neroniana, cultura 400-405
Neumark-Nord (Alemania) 97, 163, 182, 212, 251-252, 299-300, 349
niños 45, 46-51, 67, 312-316
  alimentos para niños 314
  aprender a caminar 314
  desgaste y daño dental 74-75, 315
  destete 313-314
  en yacimientos con varios cuerpos 338, 339, 357
  evidencia de entierros 333-337
  juguetes 315
  lactancia 312, 313-314
  nacimiento 309-312
  problemas sanitarios y heridas 80-81, 83-84, 313, 317
  recolección y caza 193-195, 315-316
nivel del mar 95, 98, 99, 100, 103, 441
Noisetier, cueva de (Francia) 105

O
Oase, hombre de 374-375, 388, 405

ojos 61-62
Okladnikóv, cueva de (Siberia) 365-366
Oliveira, cueva de (Portugal) 174, 195
orejas 60-61, 281
organización social 244-246, 430
osos 105, 178-180, 277, 332-333, 373, 406, 425-426, 427

P
palos cavadores 139-140, 152, 182
Pantelaria (Italia) 395
parásitos 77, 177
patrones de movilidad 229-249
  análisis de isótopos 246-249
  extensión del rango 239-240
  grupos de fabricación Quina 252-265
  intercambio de utensilios líticos 243
  organización social 243-246
  rastreo 268-270
  territorio 240-243
  transporte de piedra 236-243
Payre (Francia) 171, 247-248, 314
Pech de l'Azé (Francia) 30, 48, 121, 125, 193, 205, 207, 254, 261, 283-284, 291
pemmican 189
periodos glaciales 68-69, 91-92, 93, 94, 100-102, 103, 106, 129, 130, 205-206, 252-265, 347-348, 429
periodos interglaciales 92, 93, 94-95, 105, 182, 251, 349, 429, 440
pesca 171, 176
pescados y mariscos 103, 171, 175-176, 189, 190, 314-315
Peştera cu Oase, cueva de (Rumania) 374-375
Pešturina, cueva de (Serbia) 292
Petrie, sir Flinders 419
Peyrony, Denis 44-45, 47-48, 68, 335, 359, 421
piel, trabajo de la 257-265
  bolsas y contenedores 263-264
  curtido 299-301
  efectos en el cuerpo 66-68, 69, 301
  fabricación de cuero 299-300
  herramientas 259, 262
  ropa 260, 261, 262, 299, 301
  tiendas 256, 262-263
pies 68-69
pigmentos 284-289, 291-292, 294, 298, 302, 359, 398
placenta 312
plantas
  alimento 180-186, 187-188
  medicinales 318

Plot, Robert 412
Poggetti Vecchi (Italia) 138, 139
prácticas mortuorias 323-362
  ajuares funerarios 358-360
  canibalismo y procesamiento de cuerpos 345-353, 361, 427
  comparadas con los primeros Homo sapiens 358, 359, 360
  evidencia de entierros 328-331
  modificación de huesos 353-356
  yacimientos con varios cuerpos 337-343, 356, 357
Prestwich, Joseph 31
problemas de salud y heridas 75-85
  cuidados 316-317
  niños e infantes 81, 84, 311, 316
  plantas medicinales 318
procesamiento de comida 186-191
  ahumado 189, 264
  almacenamiento 188-190, 263-264
  cocina/cocción 187-189
  congelación 189
  fermentación 190-191
Proconsul 37
proporciones 66-67
protoauriñaciense, cultura 389-390, 392
PTC (feniltiocarbamida) 191
pueblos árticos 73, 76, 137, 177, 183, 165, 189, 256-257
pulso árido del final del Eemiense (LEAP) 99, 349

Q
Qafzeh (Israel) 371, 372
Quina, tecnocomplejo
  ausencia de hogares 204-206, 262-263
  caza de renos 124, 252-257, 262, 263, 264
  pigmentos 285-286
  trabajo y usos de la piel 258-264
  utensilios de hueso 145-146, 254, 255, 426-427
  utensilios líticos 115, 117, 118, 119, 124, 125, 129, 131, 144, 253-254
  útiles de conchas 143-145
Quinçay (Francia) 391
Quincieux (Francia) 233

R
Rabutz (Alemania) 182
rango geográfico 102-106
rastreo 219, 268-270
reconstrucciones 260, 416
registros de polen 93, 95, 99, 101, 212

Regourdou (Francia) 331-333, 337
relaciones sexuales 307-309, 375
renos 27, 62, 91, 101, 124, 146, 149, 150, 159, 192, 193, 242, 249, 252-257, 260, 261, 262, 263, 283, 329
reproducción 308-309
  véase también cruzamiento
resina de pino 142, 151, 177, 399
retocadores de hueso 119, 145-148, 149, 151, 152, 254, 255, 262, 271, 302, 354-355, 426-427
Rio Secco (Italia) 179
Roc de Marsal (Francia) 49, 205-206, 256, 335-336
Roca dels Bous (España) 207
Roccamonfina, volcán (Italia) 267
ropa 260-261, 299, 301, 302
Rosny, J. H., 414

S
Sagan, Carl 47
Saint-Césaire (Francia) 83, 317, 392, 393-394
Salzgitter-Lebenstedt (Alemania) 149-150, 173, 192, 263, 325, 403
Sant'Agostino, cueva de (Italia) 142
Schaaffhausen, Hermann 21, 418
Schmerling, Philippe-Charles 23
Schöningen (Alemania) 137-139, 145-146, 147, 148, 151, 152, 153, 161. 163, 164, 168, 169, 173, 188, 193, 233, 252, 259, 299, 316
Scladina (Bélgica) 147, 286, 313
sentidos
  gusto 191
  oído 60-61, 281
  olfato 61-62
  vista 59-60
Shanidar (Irak) 79, 86, 340-341, 343
  esqueleto Shanidar 1 79-80, 82, 317-319
  esqueleto Shanidar 3 82, 184-185, 188, 317
Sima de las Palomas (España) 338, 359
Sima de los Huesos (España) 40-41, 75, 82
Sima del Elefante (España) 39
simbolismo *véase* estética y simbolismo
simios 36-39, 59, 178, 192, 279, 293-295, 301, 307, 310, 311, 317, 318, 326-327, 350-353, 361, 376, 405
Sirogne (Francia) 346
Somme, valle del (Francia) 30, 109
Spy (Bélgica) 27, 51, 68, 110, 166-167, 183, 185, 186, 248, 386
streletskayense, cultura 400
Sunghir (Rusia) 84, 360

T

tafonomía 47, 160, 328, 330, 394
talla
  bipolar 397-398
  conchas 143-144, 153
  hueso 147-150
  técnicas 110-112, 113, 117, 118, 120, 121
tanatología 328
Taubach (Alemania) 168, 180, 343
tecnocomplejo discoide 115-118, 125, 129, 130-131, 239, 286, 287-288
tecnología de enmangue 141-142, 151-154, 174, 259
tecnología Levallois 113-115, 117, 118, 120, 125, 129-131, 164, 257, 387, 392, 397, 403
Teixoneres, cueva de (España) 175, 234-235, 357
Terra Amata (Francia) 170
territorio 204, 218-221
Teshik-Tash (Uzbekistán) 74, 359, 365
Theopetra, cueva de (Grecia) 268
tiempo geológico 28
tiendas 262-263
Toba Verde 396
Torre del Diablo (Gibraltar) 81, 103, 316, 422
Torrejones, cueva de (España) 178
tortugas 96, 106, 174, 195, 235, 349
Tournal, Paul 30
Tourville-la-Rivière (Francia) 70, 120, 306
Trinil, Java 303

U

uluzziense, cultura 395-400, 401
Umm et Tlel (Siria) 164
unidades de materia prima (UMP) 214-216, 218, 235
uros 95, 96, 167, 218-220, 221, 262, 264-265, 425
Ust'-Ishim (Siberia) 373-374, 382, 404, 407
útiles líticos 23, 29-31, 107-128, 132-134, 136, 152 389
  bifaces 39, 113, 117, 121-122, 123, 127, 130-131, 145, 207, 261
  cambios con el tiempo 129-132
  cuchillos de dorso 392
  enfoques de segunda generación 123-125, 133, 238
  excavación moderna de 128
  herramientas compuestas 141, 143, 151-152, 153, 154
  hojas 119-121, 125, 130, 391-392, 394, 403
  intercambio de 243-245
  laminillas 115, 120, 125
  Lomekwiense 38
  lunados 397, 398

para niños 315-316
puntas 114, 125, 130, 137, 138, 139, 148, 150, 262, 391-392, 400, 402-403
ramificación 123-124
reciclado 123-125, 266
retoque/reafilado 100, 111, 112, 114-115, 119, 122, 126, 145, 152, 286, 300, 355
tecnología de núcleo preparado 113-114
tecnología discoide 115-118, 123, 129, 131, 239
tecnología laminar 117, 119-120, 132, 391-392
tecnología Levallois 113-115, 117, 118, 119, 120, 124, 125, 127, 129-131, 150, 164, 239, 253, 396
tecnología Quina 115, 117, 118-119, 124, 125, 129, 131, 144, 146, 193, 239, 252-253
tipologías 109, 129-130
transporte de 236-243, 250, 431
útiles de piedra *véase* utensilios líticos

V
Vanguard, cueva (Gibraltar) 103-104
Vârtop, cueva de (Rumania) 267
Victoria, cueva (Gran Bretaña) 91
Vindija (Croacia) 365, 369, 374, 381-382, 386, 388
violencia 81-83
Virchow, Rudolf 26, 27
visión 59-60
Vogelherd (Alemania) 303

W
Wallace, Alfred Russel 23, 418
Walou, cueva de (Bélgica) 171
Weimar-Ehringsdorf (Alemania) 344
Wells, H. G. 419, 436
Wrey Savile, Bourchier 414-415

Z
Zafarraya (España) 347
Zaskalnaya (Crimea) 292, 293, 295-296, 399-400
Zeeland Ridges, fragmentos de cráneo de los 77, 142

CRÉDITOS FOTOGRÁFICOS

(a = arriba, ab = abajo i = izquierda, d = derecha, c = centro)

Cuaderno de color: P. I: © Inrap, Dist. RMN-Grand Oalais / imagen Inrap (a); © Peter Pfarr, Niedersächsisches Landesamt für Denkmalpflege (ab). P. II: © Archive of the Royal College of Surgeons of England. Foto: Paige Madison (a); © Philip Gunz (c); © Almudena Estalrrich (ab). P. III © Fumane project: Marco Peresani (a, c, ab). P. IV: © Martisius et al. Science Reports 10: 7746 http://creativecommons.org/licences/by/4.0/ (a); © Francesca Romagnoli; basado en figura 2 Quaternary International 407 (2016)29–44 (c); © Jordi Mestre/ IPHES (ab). P. V: © Landesamt für Denkmalpflege und ArchäologieSachsen-Annhalt / Juraj Lipták (a); © Rafael Martínez Valle (c); © D. Cliquet, Ministère de la Culture (ab). P. VI: © Thomas Higham (ai); © Erik Trinkaus (ad); © Francesco d'Errico (ci); © Graeme Barker (abi, abd). P. VII: © Jacques Jaubert (ai); © Public sector information licensed under the Open Government Licence v3.0 (ad); © Christine Verna (ci); © Amud Cave archives, The Institute of Archaeology, Hebrew University of Jerusalem. Foto: Erella Hovers (b). P. VIII: © Tom Björklund (tl, b); © Field Museum Library (ad).

Interior: figura 1: basado en elementos proporcionados por gentileza de John Hawks, y en la figura 2, Galway-Witham, J. et al. 2019. Aspects of human physical and behavioural evolution during the last 1 million years. Journal of Quaternary Science, 34: 355-378. Figura 2: dibujo a partir de la figura 3, Caspari, R. et al. 2017. Brother or Other: The Place of Neanderthals in Human Evolution. En Marom, A. & Hovers, E. (eds.) Human Paleontology and Prehistory: Contributions in Honor of Yoel Rak. Springer.